5·18은 끝났는가

5·18민중항쟁과 한국사회의 진로

5·18은 끝났는가

학술단체협의회 편

푸른숲

■머리말

상실과 고통의 시대, 5 · 18 시대 정신의 부활을 꿈꾸며

지금 우리는 어디에 서서 무엇을 꿈꾸고 있는가? 20세기의 끝자락 IMF와 신자유주의로 상징되는 새로운 야만의 돌풍 속에서 세계는 지금 대전환의 기로에 서 있다. 우리 사회도 예외는 아니다. 헌정사상 최초로 선거를 통한 여야간의 평화적 정권 교체에도 불구하고 오로지 권력 다툼에 여념이 없는 보수 정치권의 상식 이하의 행태들, 일방적 정리 해고와 대량 실업의 구조화 · 장기화 조짐, 실업공포증의 만연과 개인간의 적대적 경쟁 심화, 급증하는 홈리스와 가정의 파괴적 해체, IMF형 범죄의 창궐 현상 등은 지금 우리의 현주소가 상실과 고통의 시대라는 것을 단적으로 말해준다. 이러한 시대 상황에서 과연 무엇을 위해, 어디로 나아가는 것이 희망을 찾는 길이라고 할 수 있을까? 그 길의 현실화를 위해 지금 우리는 무엇을 어떻게 해야 할까? 학술단체협의회가 주관하고 5 · 18기념재단이 주최하며 광주광역시청이 후원하는 이번 5 · 18국제학술심포지엄(동시에 제12회 학단협 연합심포지엄이기도 한)의 핵심적인 문제 의식은 바로 이러한 물음에 대한 답 찾기라고 할 수 있다.

5 · 18은 끝났는가? 그에 대한 답은 긍정적이지 못하다. 19년 전인 1980년 5월, 광주와 인근 지역을 중심으로 독재와 부정의와 거짓에 대한 민중들의 저항의 깃발이 올랐다. 이름하여 5 · 18민중항쟁이 바로 그것이다. 손바닥으로 해를 가리려는 비이성적인 작태에 의해 꽤 오랜 세월 그것은

법과 질서와 안정을 해치는 '폭도들의 난' 으로 조작되기도 했다. 한때 그것은 단순히 지역이라는 울타리에 갇혀 협소한 문제로 치부된 채 진실이 왜곡되기도 했다. 또 언제부턴가는 민주화운동의 일환이라는 제한적인 성격만을 위로부터 공식적으로 부여받기도 했다. 그러다가 아래로부터의 지속적인 힘의 동원에 의해 급기야 학살의 원흉이자 전직 대통령 출신인 전두환과 노태우가 구속되고, 5 · 18특별법이 제정되기에 이르렀다. 나아가 얼마 전에는 80년 5월 당시의 피해자와 진압군의 만남이 과거와의 화해라는 이름 아래 진행되기도 했다. 물론 이러한 진행 과정은 어느 정도 바람직한 것이 사실이다. 그럼에도 불구하고 5 · 18은 아직 끝난 것이 아니다. 규명되지 않은 진실과 복권되지 않은 많은 문제들이 아직까지도 해결을 기다리며 남아 있기 때문이다. 오늘의 위기를 극복하고 내일의 희망을 찾기 위한 첫걸음이 다름아닌 바로 여기서부터 시작되어야 한다고 굳게 믿기 때문이다.

이제 우리 학단협은 5 · 18민중항쟁의 어제와 오늘에 대해 다양한 영역에서 역사적 복원 작업과 5 · 18의 전국화와 세계화를 통해, 그리고 무엇보다 5 · 18 시대 정신의 부활을 핵심으로 하여 상실과 고통으로 상징되는 오늘의 위기 상황을 넘어서서 내일의 희망을 일궈가고자 한다. 이를 위해 총론 3편과 1장의 4편, 2장의 4편, 3장의 4편 등 총 15편의 글들이 제출되었다. 일일이 지적하기는 어렵지만, 각 편마다 기존의 연구 성과를 넘어서려는 진지한 주제 의식과 참신한 학문적 아이디어, 은폐된 진실의 규명과 왜곡된 사실의 풍부한 복원 등으로 채워져 있다.

먼저 총론에서는 민족사적 인식을 넘어 세계사의 지평으로 5 · 18을 자리매김(안병욱)하고, 80년 5월 '광주' 의 교훈을 되새김으로써 민주적인 발전의 촉진(랜즈버그)을 다루고 있다. 그리고 5 · 18 유관 단체의 활동을 중심으로 5 · 18민중항쟁의 현재적 과제(나간채)를 제시한다.

다음으로 1장(역사 속의 5 · 18 민중항쟁)에서는 민주변혁운동의 역사적 흐름 속에서 5 · 18민중항쟁의 의의와 성격을 규명하고(정해구), 민중 학살의 성격과 동원 이데올로기를 중심으로 5 · 18의 자화상을 그려내고(김무용) 있다. 광주 외곽 지역의 항쟁을 중심으로(오유석), 또 79년 부마항쟁과 비교함으로써(박철규) 5 · 18민중항쟁의 특징과 성격을 규명한다.

2장(5 · 18민중항쟁과 우리의 오늘)에서는 타이와 인도네시아와 한국 등 아시아 개발 독재에 대한 '사회 도전'의 정치 경제를 통해 5 · 18의 의미를 비교 분석(박은홍)하고, 또 한국 사회 정치 변동 과정에서 나타난 5 · 18 담론의 변화 과정을 추적(전재호)한다. 나아가 5 · 18민중항쟁에서 오늘의 금창리 핵 위기에 이르기까지 한반도 속의 미국이 어떤 의미를 가지는지(강정구), 5 · 18민중항쟁 이후 재미 한인 사회의 정치 구조가 어떻게 변했는지(장태한)를 규명한다.

끝으로 3장(5 · 18민중항쟁과 한국의 사회 · 문화)에서는 먼저 인권과 법의 시각에서 5 · 18을 다루면서, 자기 결정권, 참여민주주의, 지역 분권 등의 개념을 적용한다(박홍규). 그리고 언론의 보도 행태의 측면에서(송정민), 역사 서술 변천의 측면에서(이용기) 5 · 18의 문제를 심층 분석하고, 5 · 18과 김남주의 관계를 통해 문학적 접근(나카무라)을 시도한다.

이처럼 15편에 달하는 방대한 공동 연구 작업을 무사히 마칠 수 있게 된 데에는 많은 분들의 물심양면의 지원과 함께 보이지 않는 성원이 짙게 배어 있다. 먼저 이번 심포지엄이 원만하게 진행될 수 있도록 여러모로 도움을 준 광주광역시청의 고재유 시장님과 5 · 18기념재단의 이기홍 이사장님 및 관계자분들, 바쁜 와중에도 흔쾌히 집필을 마쳐준 국내외 필자분들, 그리고 이 논문들을 모아 단행본으로 엮는 데 노력을 아끼지 않은 도서출판 푸른숲 관계자분들께도 이 자리를 빌려 진심으로 감사의 말씀을 전한다. 아울러 힘든 가운데서도 학단협 일을 선뜻 맡아 진보적 학술운동의 맥을 이으면서 그 활성화에 전력하고 있는 여러 운영위원들과 김혜린 간사께도 고마운 마음을 전한다.

아무쪼록 오늘의 심포지엄이 우리 사회 민주화의 진전과 역사 진보의 길에, 궁극적으로는 인간 해방의 길로 나아가는 데 조금이나마 보탬이 될 수 있기를 기대한다.

1999년 5월 15일

학술단체협의회 공동대표

강정구, 김대환, 김진균, 박진도, 안병욱, 이이화

차례

총론

5 · 18, 민족사적 인식을 넘어 세계사의 지평으로

안 병 욱
(가톨릭대 국사학과 교수)

1. 5 · 18항쟁의 세계사적 인식

5월광주항쟁이 우리 역사에 제기한 과제는 무엇인가. 오늘 우리는 광주 민중의 5월 투쟁으로부터 무엇을 얻어야 하는가. 자명할 것 같은 대답도 막상 구체적으로 설명하려면 쉽지 않다.

1980년 5월에 광주의 80만 시민은 수백 명을 역사의 희생으로 바치고 아무런 성과 없이 참담하게 물러서야 했다. 영웅적인 투쟁에도 불구하고 적어도 그 당시에는 무참히 패배하고 말았다. 우리 역사에서 이런 희생은 비단 1980년 광주뿐만이 아니다. 가까이 군사 정권과 유신의 억압 아래서, 4 · 19항쟁의 과정에서, 더욱이 해방 공간과 6 · 25전쟁을 통해서 헤아리기조차 어려운 희생을 끊임없이 치러야 했다. 그러면서도 그 희생에 값하는 성과를 획득하지 못했다. 그보다는 오히려 민족의 분단, 동족 상잔의 비극, 살인 폭력의 압제를 중첩해서 당해왔다. 우리 역사는 수많은 파동과 끝없는 희생을 근세 이래로 반복해 온 것이다.

1980년대 말 세계사는 사회주의 체제의 붕괴라는 일대 변동을 겪었다. 지난 20세기 역사를 이끌어왔던 두 축 가운데 하나가 무너진 대변혁이었다. 아직도 냉전의 틀 속에 갇혀 있는 우리들에게 동유럽을 중심으로 전개된 그와 같은 역사 변혁은 많은 교훈을 주고 있다. 그 가운데서 무엇보다 우리의 주목을 끄는 것은 그러한 변혁이 어떻게 민중의 별다른 희생 없이 이루어졌는가 하는 점이다.

비슷한 시기에 어떤 곳에서는 별다른 희생 없이 역사의 대변혁을 이룩한 데 반해서, 우리 역사에서는 무수한 희생에도 불구하고 아무런 성과를 얻지 못한 것이다. 적어도 광주항쟁 이전까지는 그렇다. 이러한 차이는 어디서 비롯되었으며 무엇을 의미하는가.

유럽 사회에서 역사 발전이란 민중의 저항 투쟁을 통해 얻는 것이고, 또 항쟁으로 표출되는 민중의 요구를 누구도 거스르지 못한다는 공감대가 형성되어 있다. 그것은 민중항쟁을 정당한 것으로, 또 역사의 순리로 받아들이는 의식이다. 그 때문에 사회주의 해체 과정에서 집권 기득권층의 반발을 최소한으로 막아내고 민중의 희생을 줄일 수 있었다.[1] 근세 유럽 역사에서 쌓여온 진보적인 역사 의식을 폭넓게 공유하고 있기에 가능한 일이다.

그에 비해 지난 우리 역사가 끊임없이 무수한 희생을 치러야 했던 것은, 시행착오의 과정을 맹목적으로 되풀이할 뿐 역사의 경험을 축적하여 그로부터 필요한 교훈을 구하지 못했기 때문이다. 역사 계승이 충실하게 이루어지지 못함으로써 희생이 반복되었고 파행의 역사가 이어졌던 것이다. 그 원인은 역사적인 사건에 대한 평가를 올바르게 진행하지 못한 데 있다. 광주 민중항쟁의 의의를 정당하게 평가하고 그 성과를 올바로 계승하기 위한 부단한 노력을 기울여야 하는 이유가 여기에 있다.

---

1) 게를린데 진 · 한스베르너 진 공저, 박광작 · 김용구 · 이현대 공역, 《새로운 출발을 위한 전환 전략—독일 통일과 경제 정책》, 서울프레스, 1994, 6~7쪽.

그동안 광주항쟁에 대한 학계의 연구 역시 시작된 지 20주년이 다 되어가지만 만족스럽게 진행된 것은 못 된다.[2] 그런 데는 여러 이유가 있겠지만 우선 지적할 것은 한국 사회가 특수한 정치 사회적 상황으로 인해 광주 문제를 둘러싼 내적인 갈등 요인을 아직도 불식하지 못한 데 따르는 부담 때문이다. 반면에 이로부터 광주의 투쟁이 계속되어야 하는 논리가 발생한다. 그러므로 아직도 진행 중인 광주항쟁에 대한 학술적인 검토가 어떻게 이루어지는가에 의해 지나간 과거가 아니라 그 의의가 살아나기도 하고 혹은 왜곡되기도 하는 역사가 되는 것이다.

본고에서는 이런 점을 고려하면서 한국 역사의 민주적 발전과 민족통일을 위해 꼭 넘어야 할 과제인 미국의 대한 정책과 한국인들의 대미 인식의 전환 문제가 광주항쟁을 통해 어떻게 투영되었는지를 살펴보겠다. 또 '시민전쟁' 이라는 관점에서 광주항쟁을 재조명함으로써 세계사적 지평에서 그 의의를 분석해 보겠다. 이와 더불어 광주항쟁이 단순한 민주화운동이 아니라 민족통일과 민주적 변혁으로 나가는 장기적 역사 과정이라는 의미를 되새기려 한다.

2. 광주항쟁의 계승과 대미 인식의 전환

1980년 광주민중항쟁은 그 당시에는 비록 참담한 패배로 막을 내렸지만, 그 이후 한국 사회가 질적으로 변화할 수 있는 역사적인 계기를 제공하였다. 민중으로 하여금 역사의 주인임을 일깨워 예속적인 사고 방식을 버리고

2) 최근에 '5 · 18 기념재단' 이 선도하여 한국정치학회 주관으로 《5 · 18학술심포지엄》(1997, 5. 8) 및 한국사회학회 주관으로 《세계화 시대의 인권과 사회운동》(1998, 5, 14) 등의 학술대회가 잇달아 열렸고 그 결과들이 출간되었다.

주체적인 역사 의식을 가질 수 있게 하였고 억압과 차별을 거부하도록 하였다. 이는 수많은 희생을 치르고 난 후 그 희생이 더 이상 과거 역사에서처럼 무의미하게 끝나지 않도록 반추하고 새로운 각오로 항쟁의 외연을 확장함으로써 일구어낸 성과다.

우선 1980년 광주민중항쟁과 관련하여 우리가 반드시 규명해야 할 점은 한국 사회에서 민주적이고 진보적인 세력을 근원에서부터 제거하려는 국제적인 음모에 관한 것이다. 한국 사회의 발전을 저지하기 위하여 19세기 이래로 추진되어 온 국제적인 공작의 실체를 명확히 인식하고 이에 대처하기 위해서다. 그들 음모자들은 폭력 세력을 이용해 진보 세력을 송두리째 도려냈으며, 그 대신 국내적인 기반이 취약하고 정당성이 없는 대리인을 내세워 한국을 지배해 왔던 것이다.

1948년 제주4 · 3항쟁도 그 역사적인 한 예가 될 것이다. 당시 미국은 한반도 분할 지배를 획책하기 위해 전민족의 여망을 억누르면서 남한에 친일우익 정권을 만들어내고자 하였다. 미국은 목적을 달성하기 위해서는 적절한 희생양이 필요하다고 보았다. 그러한 대상으로 지목된 곳이 육지로부터 고립되어 있으면서도 진보운동이 활발한 제주 지역이었다. 음모자들은 제주 지역의 진보 세력과 운동 역량이 노출되도록 유도하였고 그렇게 드러난 역량을 일거에 타격하였다. 학살 만행을 통해 남한 사회 전체에 당시의 추세를 시위하고 과시하려는 목적도 있었다. 그런 과정에서 3만여 명의 제주 민중이 희생되었고, 이렇게 자행된 무차별 살육을 통해서 여타 지역의 분위기도 위압적으로 장악할 수 있었다.

제주 4 · 3항쟁과 1980년 5 · 18광주민중항쟁은 그 배경이나 과정이 매우 유사하다. 5 · 18광주민중항쟁에 대해서도 당시 한국 주둔 미군사령관 위컴은 "미리 싹을 잘라버릴 필요"가 있어서 한국 군대와 협조했다고 서슴없이 밝히고 있다.[3] 그의 발언으로 제주 4 · 3항쟁과 마찬가지로 광주 참극에 개재된 외세의 의도를 확인할 수 있다.

미국은 한반도에서 자국의 영향력을 안정적으로 유지하기 위해서 예방혁명적인 수순을 취했다. 그 과정에서 유신 독재자 박정희가 제거되었으나 정권의 승계는 의도한 대로 손쉽게 진행되지 못했다. 한편으로는 군부 내의 분열과 대립이 야기되었고, 기득권층 내에서도 구심점을 잃고 갈등과 혼란이 증폭되었다. 이런 모습은 미국의 이익에 어긋나는 상황을 초래할 수 있었다. 다른 한편에서는 새로운 변화가 진행되었다. 이른바 '서울의 봄'이라고 하는 전면적인 민주화운동이었다. 그간 축적된 반유신운동의 역량들이 기반이 되어 사회 변혁의 요구가 폭발적으로 터져나왔다. 미국으로서는 자칫 물꼬를 엉뚱한 곳으로 열어주는 형국을 자초할 수도 있었다. 1980년의 한국 사정은 미국이 모델로 삼았던 20년 전의 4 · 19항쟁과는 사뭇 다르게 전개되어 갔다.

이런 사정에서 미국과 그에 결탁한 반역사 세력들의 무자비한 음모가 진행되었던 것이다. 특수전 부대를 각 대학에 주둔시켜 무자비한 폭력을 자행함으로써 한편으로는 민주 세력을 움츠러들게 하고, 또 한편으로는 아직 용기가 살아 있는 민중을 이끌어내 '초기에 싹을 제거해 버리는' 공작이었다. 미국은 이를 뒷받침하기 위해 항공모함을 한국에 파견하고 최정예 전투부대를 광주로 이동시키도록 조치하였던 것이다.

이 과정에서 미국이 보여준 한국인과 한국 역사에 대한 인식이 더욱 우리를 어처구니없게 만든다. 미군사령관 위컴은 전두환을 지지하면서 "한국인들은 들쥐 같다. 누구든 강한 사람이 앞에서 끌고 가면 그 뒤를 죽 따라간다"고 평하였다.[4] 그의 말에 따르면 한국인들은 강한 힘을 가진 자를 무조

---

3) Mark Peterson, 'Americans and the Kwangju Incident' (1988년)에 인용된 위컴의 발언. 《사회와 사상》 1989년 5월호 게재의 번역문 참조. 이에 대해서 이삼성, 〈'광주'에 대한 미국 관료들의 인식과 역사 서술—마크 피터슨 논문의 비판적 검토〉, 《미국의 대한 정책과 한국 민족주의》, 한길사, 1993년 참조.

4) 심재훈, 〈광주 사건은 폭동이 아니라 봉기였다〉, 《5 · 18 특파원 리포트》, 풀빛, 1997, 62쪽.

건 추종하기 때문에 그런 힘을 보여주는 자가 바로 한국의 지도자라는 것이다. 당시에는 "한국인들을 들쥐와 같다"고 비하한 표현이 커다란 논란 거리였다. 그러나 더 큰 문제는 누구든 권력을 장악하기 위해서는 무력이나 폭력 시위를(5 · 17쿠데타와 같은) 통해 힘을 과시할 필요가 있다고 교사(敎唆)한 데에 있다. 이런 인식을 전제로 삼아 수천 명을 가볍게 살상할 수 있었던 것이다.

그러므로 무엇보다 광주에서 폭력 살인을 통해 반역사적 행위를 도발한 구체적인 전후 관계를 명확하게 인식할 필요가 있다. 물론 관계 자료의 은폐 · 조작으로 인해 진실을 밝히는 일은 쉽지 않다. 그럼에도 이러한 노력을 포기할 수 없는 것은 우리 역사에서 이와 같은 음모가 다시는 되풀이되지 않도록 하기 위해서다. 앞으로 다가올 민주적인 변혁이나 민족 통일의 과정은 역사의 대전환기인 동시에 기득권층에게는 일대 위기로 작용할 것이다. 그런 시기에 기득권을 확보하고 있는 지배자들은 지금보다 더한 반동적인 역할을 할 가능성이 높다. 우리는 그간의 경험에 비추어 그들이 결코 역사 발전에 순응하지 않을 것이라는 점을 충분히 예견할 수 있다.

광주항쟁에 개재된 이와 같은 측면은 항쟁이 일단 종식된 후 그 의미와 성과를 되새기고 반성하는 과정에서 심도 깊게 고찰되었다. 미국 문제를 처음으로 제기한 것은 1980년 6월에 만들어진 〈광주 시민 의거의 진상〉이라는 문건이었다.[5]

> 마지막으로 이제 우리는 미국을 바라보는 눈이 달라져야 한다. 우리는 미국을 참으로 오랫동안 혈맹의 우방으로 생각하고 신뢰해 왔다. 월남에서의 명분 없는 전쟁, 남미의 군사 독재 정권 지원, 대 이란 정책에 대한 냉정한 비

---

5) 전남사회문제연구소편, 〈광주 시민 의거의 진상〉, 《5 · 18광주민중항쟁 자료집》, 도서출판 광주, 1988, 207쪽. 1980년 6월에 나온 이 문건에는 "광주항쟁 직후 직접 항쟁에 참여한 사람들이 진상을 밝히기 위해 정리한 것이다"라는 편집자의 설명이 붙어 있다.

난에도 우리의 미국에 대한 신뢰는 변하지 않았다. 그런데 이번 광주사건을 비롯한 10 · 26 이후의 일련의 미국 태도에 대하여 우리는 종전과 같은 눈으로 바라볼 수 없게 되었다. 한 · 미 협의하에 실시되는 국군의 작전이 어떻게 동족을 대량 살육하는 데 이용되었으며, 미국은 이에 동의할 수가 있었을까.

더구나 사태 후, 미국의 선명치 못한 입장 설명과 태도는 이제 미국이 남미와 이란에서 배척받듯이 한국에서도 배척받을 수밖에 없음을 온 한국민에게 똑똑히 보여주었다. 한국의 민주화와 인권 옹호가 미국의 국가 이익에 우선할 수 없다는 미국의 기본 입장이 분명하게 드러난 이상 우리는 미국을 새로운 눈으로 주시해야 한다.

오늘날 광주항쟁의 가장 큰 성과로 거론되는 미국에 대한 달라진 시각이 항쟁 당시에 일반화되었던 것은 아니다. 오히려 당시에는 더 이상의 유혈 사태를 막기 위하여 미국이 개입해 줄 것을 요구하였고, 또 시민들에게 의도적으로 미국을 거론해 희망적인 뉴스를 전파하기까지 했다.[6] 그래서 외신기자들에게 미국대사와 협상을 주선해 주도록 부탁도 했으며[7] 심지어는 광주 시민을 구하기 위해 미국의 항공모함이 부산항에 입항하였다고 선전하기도 했다.[8] 당시 일반인들의 의식 수준을 감안한 궁여지책이었다. 그러나 한국 사회의 발전을 위해서는 이런 상황을 획기적으로 전환하지 않으면 안 되었다. 대미 예속적인 인식하에 한국 사회의 변화와 발전을 기한다는 것은 처음부터 명백히 한계를 갖는 일이었다. 위의 문건은 바로 그러한 조건에서

---

6) 브레들리 마틴, 〈윤상원, 그의 눈길에 담긴 체념과 죽음의 결단〉, 《5 · 18 특파원 리포트》, 풀빛, 1997, 154쪽.

7) 헨리 스톡스, 〈기자 사명과 외교 요청의 갈등 속에서〉, 같은 책, 41쪽.

8) 1980년 5월 25일자에 작성된 시민결의문에는 "미 제7함대 소속 항공모함 2척이 부산에 정박하여 전두환 일파의 더 이상의 무모한 만행을 견제하고 있으며"라고 고지하고 있다. 광주광역시 5 · 18사료편찬위원회편, 〈광주시민여러분께〉, 《5 · 18광주민주화운동 자료총서》, 제2권, 62쪽.

나온 문제 제기였으며, 당시의 분위기에서는 획기적인 의미를 지닌 것이다. 한반도에서 민주화운동이건 변혁운동이건 나아가 민족의 통일이건 기본적으로 미국의 구실을 제어하는 일이 관건임을 일반 대중에게 적시한 것이다. 이와 같은 인식이야 이미 존재했지만 의미 있는 일은 가장 적절한 순간을 포착하여 일반 대중에게 설득력 있게 다가설 수 있었다는 점이다.

이후로 정순철, 문부식 등은 1980년 12월 광주 미문화원 방화 사건과 1982년 3월 부산 미문화원 방화 사건을 통해서, 일군의 대학생들은 1985년 5월 서울의 미문화원 점거 농성 투쟁을 통해서 광주 시민 살육 작전에 개입한 미국의 책임 문제를 대중적으로 확산시켰고 국제적인 차원에서 확인시키는 과업을 수행하였다. 이런 운동의 성과로 이제 한국에서 더 이상 친미사대적인 이념이 맹목적인 통치 이데올로기로 작용하지 못하게 되었다.

3. 민주와 민족통일의 도정에서 본 광주항쟁

1980년 광주민중항쟁에는 수많은 희생이 따랐다. 그로부터 7년 후인 6월항쟁에서는 그 운동의 범위나 규모에 비해 그다지 큰 희생이 발생하지는 않았다. 광주항쟁에서는 희생의 대가를 곧바로 얻어내지 못한 데 비해, 6월항쟁에서는 그 당시 바로 승리를 쟁취하였다. 큰 희생에도 불구하고 패배한 경우와 큰 희생 없이 소기의 목적을 달성한 경우, 이 둘의 차이는 어디에서 비롯된 것일까.

광주항쟁 이후 80년대 전반기 내내 희생을 무릅쓴 영웅적인 투쟁이 계속되었다. 광주에서 갈 데까지 간 폭력을 경험하고 난 후 이제는 어떠한 희생도 더 이상 두려운 것이 될 수 없었기 때문이다. 그로 인해 80년대 운동에는 예전과 다른 특징들이 나타났다. 우선 투쟁이 지속적이고 강력해졌으며 투쟁 규모도 크고 광범위해졌다. 그리고 운동의 대상을 놓고 금기시하거나 삼가야 하는 부분을 더 이상 용인하지 않았다. 또한 부과된 과제를 두고 머뭇거리거나 회피하지 않고 정면에서 부딪히고 원칙에 입각해서 투쟁해 나갔다. 반면 지배 권력은 살인 폭력을 일상적인 통치 수단으로 삼아 탄압하였고 억압자와 기득권 세력은 언론과 결탁하여 혹세무민의 여론을 조성하여 대중의 이성적 판단을 방해하였다. 그들은 이런 과정에서 지역 차별을 구조화하였고 지역 감정을 적극적으로 조장하였다. 무비판적인 대중들은 대체로 통치자와 기득권 세력의 편견을 맹목적으로 추수하였다. 그런 형편에서도 당시 운동은 지역과 계층에 별 상관없이 광범위한 지지를 받았다. 이 또한 광주 희생의 뜻을 반성적으로 검토하고 그 정신을 올바로 계승하기 위해 부단히 노력한 결과다. 광주항쟁은 이 모든 운동의 배경이었으며 혁혁한 투쟁의 원천이었다.

이런 투쟁들을 기반으로 하여 1987년 6월항쟁이 분출하였다. 6월항쟁에서는 광주의 투쟁을 교훈 삼아 희생은 줄이면서 성과를 극대화하기 위한 방안들이 강구되었다. 그리하여 항쟁을 효율적으로 이끌어갈 지도부를 구성하고, 공권력을 빙자한 폭력이 어느 한 곳을 겨냥하여 집중적으로 행사되지 못하도록 분산시키는 전술을 펼쳤다. 무엇보다 두드러진 것은 광주 희생의 정신을 이어받아 꺾일 줄 모르는 전투력을 구사한 일이었다. 그 때문에 집권층은 손쉽게 항쟁을 제압하지 못하였다. 강한 항쟁 세력을 진압하기 위해 군대를 동원하거나 계엄령을 발동하기도 어려웠다. 광주의 유혈 진압이 야기한 결과로 인해 통치 기간 내내 시달려왔는데 또다시 같은 사태를 연출한다는 것은 엄청난 부담이었기 때문이었다. 당시 그들이 그 부담을 감당하기는 불가능했다. 전두환 정권의 후견 역할을 해온 미국의 처지에서도 무력 사용은 엄청난 희생을 각오해야 하는 일인데 80년의 경험에서 성공한다는 보장도 없을 뿐만 아니라, 80년 사태의 후유증을 감안할 때 고려할 수 없는 일이었다[9]. 곧 광주 희생의 중압감이 6월항쟁에서 폭력적인 공권력을 무력화시켰다. 광주 희생의 의의를 계승함으로써 새로운 희생 없이 6월항쟁의 승리를 일구어낸 것이다. 이는 우리도 바야흐로 투쟁의 업적이 축적되고 항쟁의 정신이 계승되는 역사를 열어가는 것을 의미한다. 이런 전통이 확고하게 정립될 때 비로소 우리는 미구에 닥칠 변혁과 통일의 역사를 최소한의 대가만을 치르는 가운데 맞이할 수 있을 것이다.

그와 같은 의의를 이어가기 위해서 광주 시민과 사회 단체들이 학살 만행자들에 대한 재판을 요구하였다. 국회에서는 1988년 5 · 18광주민주화운동 진상조사 특별위원회를 구성하고 청문회를 진행하였다. 비록 진상을 제대로 규명하지는 못했지만, 많은 사람들은 광주에서 살기 등등한 모습으로 민중 앞에 군림하던 자들이 불과 8년 후에 초라한 행색으로 국민 앞에 불려와 비굴한 변명을 늘어놓는 것을 보면서 역사의 위력을 실감할 수 있었다.

1994년 전두환, 노태우 등을 고소 · 고발한 것으로 시작된 5 · 18학살자들에 대한 사법 심판운동은 우여곡절을 겪으면서 1997년까지 계속되었다. 이 운동을 통해 두 전직 대통령을 구속하여 재판정에 세우고 판결문을 통해서나마 살인 학살에 대한 책임을 물어 사형을 선고할 수 있었다. 명목뿐이더라도 지난 역사의 잘못을 바로잡는 중요한 계기였다. 이는 광주 시민들이 비록 1980년에는 최정예의 특수부대를 앞세워 자행된 학살 만행에 패배하였지만 역사 속에서 마침내 그 반역의 현실을 뒤엎고 승리했음을 의미한다.

이들에 대한 재판은 5 · 18항쟁에 나타난 우리 역사의 정수(精粹)가 그들 폭력 세력에 의해 유린되고 야만으로 얼룩졌던 것을 청산하는 일이다. 재판을 통해 오욕의 과거를 청산하려는 것은 혁명 과정에서 수행할 과업을 대신하는 것으로 이는 세계사적으로도 그 예가 드물다. 다른 역사에서 전제군주나 독재자를 심판하고 처벌한 것은 혁명의 와중에서나 가능한 일이었다. 그 시기를 놓치면 지난 잘못을 처벌할 기회를 잃게 되는 것이다. 뒷날 역사에

9) 이에 대해 조현연은 "'죽은' 80년 5월의 광주가 '산' 미국의 발목에 족쇄를 채웠던 것"이라고 표현하기도 했다. 조현연, 〈한국 정치 변동의 동학과 민중운동 : 1980년에서 1987년까지〉, 한국외국어대학교 정외과 박사학위 논문, 1997, 151쪽.

서는 대부분 지난 잘못을 용인하고 말았다. 우리처럼 재판을 통해 실정법으로 처벌한 경우는 드물었다. 이런 사법 심판은 어떤 면에서는 세계사적인 의미를 갖는 또 다른 역사로 기록될 것이다.[10)]

많은 사람이 우리 현대사가 파행으로 이어지는 이유로 과거 청산이 제대로 이루어지지 못한 점을 들고 있다. 1945년 해방되었을 때 지난 식민지 유산을 청산하는 과업을 엄정히 수행하지 못하였다. 오히려 일부에서는 일제의 유산을 이어받고자 했으며 민족 반역자들을 용인하고 활용하였다. 1960년 4월항쟁 시기에도 이런 관행은 재현되어 독재 권력을 무너뜨린 성과가 오히려 청산되었어야 할 대상의 수중으로 환원되고 말았다. 그후로도 독재 권력의 그늘에서 배양된 잔재들이 청산되지 않고 살아남아 우리 역사의 행보를 파행으로 이끌고 있는 것이다. 이로부터 우리는 과거 청산의 중요성을 절감해 왔다. 그런 형편이기 때문에 5 · 18학살자들에 대한 재판이 비록 만족스러운 것은 아니더라도 과거 청산의 새로운 관행을 세워간다는 측면에서 또 다른 의미를 부여할 수 있는 것이다.

이제 앞으로 다가올 통일과 변혁의 과정에서도 또 다른 희생이 없도록 하기 위해, 그리고 과거의 청산되지 않은 잔재들이 발목을 잡지 못하도록 광주항쟁의 교훈을 현명하게 계승하도록 노력해야 한다.

4. 시민전쟁으로 본 광주항쟁

1980년 이후 오늘의 시점까지 5월 투쟁은 한국의 민족운동, 민중운동의 원천이었다. 그동안의 반독재운동과 과거 청산운동, 통일운동 등은 바로 이 원천에서 비롯되었다. 그러나 이러한 의미와 성과를 정확히 설명하고 그 정

---

10) 안병욱, 〈전 · 노 재판에 대한 역사적 평가〉, 《역사비평》 35호, 1996년 겨울호.

신을 충실히 실현하기 위해서는 시각을 새롭게 정립할 필요가 있다.

1980년 5월에 전개되었던 투쟁에 대해 우리는 일반적으로 '5 · 18광주민중항쟁'이라는 명칭을 사용한다. 이 명칭이 보편성을 띤 것으로 무난하다는 데 이의는 없다. 하지만 이 명칭이 역사성을 충실히 담아내고 있는지는 검토를 요한다. 어떤 것이건 적절한 명칭이 되기 위해서는 당시 광주 시민들이 추구했던 의도와 목표, 그리고 항쟁의 내용을 충실히 반영할 수 있어야 한다. 1980년 5월의 광주를 항쟁, 곧 저항과 투쟁이라는 구도로 올바르게 평가하고 적절하게 해석하는 데는 한계가 있다.

한국 사회의 기득권 세력은 정치 권력층 · 독점자본가, 이들과 야합하여 특권을 누리는 언론을 비롯한 중간층, 그리고 미국이었다. 그들은 1979년 예방혁명적인 필요성에서 유신 정권을 몰락시켰지만 아직은 군사 파쇼 체제를 필요로 했다. 그러나 그 대체 권력을 생산해 내는 과정에서 애초의 의도와는 어긋나게 또 다른 폭력 정권을 만들어냈던 것이다. 그로 인해 우리 역사에서 그동안 피땀 어린 노력과 수많은 희생을 통해 이루어낸 자유와 평등을 향한 민주적 발전의 기초가 파괴되었다. 사회 발전의 중대한 전환점에서 폭압적인 반역으로 인해 좌절과 절망을 맛보아야 했다. 이러한 반동과 폭력적인 도발에 맞서 당시 광주 시민은 자위적인 방어선을 구축하고 전투를 벌였다.

시민들은 최소한의 민주적 질서라도 지켜내고자 했다. 10 · 26 이후에 사회의 민주화는 그 누구도 거역할 수 없는 당연한 추세였다. 이는 국민 모두가 요구하고 한순간도 지체할 수 없는 시급한 과업이었다. 광주 시민은 이러한 흐름을 거역하는 반란 세력을 격퇴하고 나아가 왜곡된 한국 사회의 지배 구조를 청산하고자 했다. 이러한 문제 의식은 운동의 전개 과정에서 점차적으로 확대 · 심화되었다.

광주 시민은 이를 위해 목숨을 걸고 투쟁하였다. 스스로 무장하고 시민군을 조직해서 살인 군대와 전쟁을 치렀다. 이는 반역사적 세력에 대항하여 억압과 폭력을 거부하고 자유와 평등을 확보하기 위한 전쟁이었다. 전쟁을 통해 광주 시민은 살인 군대를 격퇴시키고 해방 공간을 확보할 수 있었다. 여기에서 우리는 광주 시민의 봉기를 사회의 민주적 발전을 향한 '광주 시민 전쟁' 으로 이름붙일 수 있는 근거를 찾을 수 있다.[11)]

광주 시민들은 항쟁 기간에 시민군을 조직하고 무장 투쟁의 의도를 명백히 표명하였다. 〈광주 시민은 통곡하고 있다〉는 성명서는 "지금 광주에서는 제2의 군부 독재를 저지하기 위하여 젊은 대학생들과 시민들이 피를 흘리며 싸우고 있습니다. (중략) 이에 우리 광주 시민 일동은 이 고장을 지키고, 이 민족의 민주의 혼을 지키기 위해 분연히 총을 들고 일어섰던 것입니다."[12)] 라고 하여 일시적인 흥분이나 일부 시민의 무장이 아닌 전시민의 무장이고 시민을 위한 시민군임을 밝히고 있다.

시민군 명의로 성명서를 발표하여 "너무나 무자비한 만행을 더 이상 보고 있을 수만 없어서 너도나도 총을 들고 나섰던 것"을 설명하였다.[13)] 또 시민군 조직하에 계엄군의 침투에 대처하기 위한 기동타격대와 치안 유지를 위한 순찰대를 편성하여 운영하였다.

〈민주시민회보〉 제10호에서는,

> 1.(중략) 반민족적이요, 역사를 역행하는 유신 세력의 일소를 위해 끝까지 싸운다. 이는 민족사의 요청이다.

---

11) 항쟁 기간에 학생혁명위원회라는 말이 단편적으로 제기되었지만 기타 다른 유인물에서는 첨예한 계급 의식이 표현되지 않았다. 혁명위원회라고 하더라도 당시 한국의 계급 상황에 비추어 피지배층의 포괄적인 연대를 나타내는 민중운동적인 차원을 벗어나는 것은 아니었다. 또 당시의 항쟁 전선은 계급 차이에서 형성된 것이 아니라 광주 시민 대 쿠데타 관련 세력 사이에 있었다. 따라서 계급적 성격보다는 정치적 · 사회적 의미의 '시민'이라는 표현을 사용하는 것이 더 적절하다.

12) 광주 시민 일동, 5월 26일자 성명, 《5 · 18광주민주화운동 자료총서》제2권, 88쪽.

13) 시민군 일동, 5월 25일자 성명 〈우리는 왜 총을 들 수밖에 없었는가?〉, 위와 같은 책, 63쪽.

2. 우리는 전두환 쿠데타 세력이 득세하는 현 정부 당국을 국민의 정부로서 인정할 수 없다.

3.(중략) 우리 광주 시민은 이들 유신 미치광이들을 위한 세금이요, 방위성금이라면 단 한푼이라도 납입하기를 거부한다.(후략)[14]

고 하여 전두환 쿠데타 세력을 정부로 인정하기를 거부하였고 그들을 위한 납세도 거부한다고 선언하였다. 이 선언은 광주시민학생구국위원회[15]에서 발표하였다.

이런 특징은 여러 나라의 민중 봉기들을 현장에서 관찰한 기자의 시각에 의해서도 객관적으로 설명되고 있다.[16]

나는 5 · 18광주항쟁이 아시아의 타 지역에서 발생한 여느 봉기와 다르다는 점을 발견했다. (중략)그러나 광주는 달랐다. 탄압을 뚫고 진상 규명을 이뤄냈으며 그 불길이 아직도 타고 있다.

특히 아시아 지역의 현대사에 민중이 자발적으로 무장하여 독재 정권에 항거한 사건은 광주 한 군데뿐이다. 내가 아는 한 어느 나라에서도 광주와 같은 경우는 없었다.

그 기자는 1992년의 타이 방콕과 1984년의 인도네시아 자카르타에서도 많은 희생자를 낸 대규모 민중 봉기가 있었지만 이들 투쟁은 숱한 희생을 치르고도 진상 규명조차 하지 못하고 대부분 일과성으로 그치고 말았던 사

14) 광주시민학생구국위원회, 5월 26일자 성명, 《5 · 18광주민주화운동 자료총서》제2권, 98쪽.
15) 이 위원회는 수습대책위원회를 개편한 것이다. 당시 현장을 취재하였던 〈슈트 도이체 차이퉁〉 특파원인 게브하르트 힐셔는 이 위원회를 가리켜 자치정부라고 기술하였다. 〈목가적 전원도시에서 펼쳐진 악몽〉, 《5 · 18 특파원 리포트》, 88쪽 및 영문판 *Kwangju in the Eyes of the World*, 28쪽.
16) 심재훈, 앞의 글. 그는 당시 〈뉴욕 타임스〉 서울 주재 기자였다.

실을 지적하면서 광주항쟁의 특징을 이와 같이 설명했던 것이다.

무엇보다 광주항쟁을 시민전쟁의 관점에서 파악해야 하는 것은 27일 전남 도청에서 전개된 최후의 결사 항전 때문이다. 그들의 결사 항전의 의미를 전쟁 상황이 아니고는 적절하게 설명할 마땅한 방도가 없는 것이다. 당시의 도청은 시민 항쟁의 중심이었고 항쟁의 지도부가 있던 곳이다. 그리고 계엄군이 막강한 화력을 앞세워 총공세로 침략해 들어오는 상황에서 당시 시민군의 전투력으로는 대적하기 불가능했다.

> 도청에 들어간 우리들이 모여 있으니까 돌아가신 윤상원 대변인이 오셔서 우리들에게 당시 상황을 얘기하고는 "굳은 각오가 아니면 지금 상황을 헤쳐 나가기가 어렵다. 굳은 각오와 결의가 없는 사람은 지금 나간다고 해도 말리지 않겠다"는 내용의 말로 다시 한 번 다짐을 주었다.[17)]

위의 증언에서 볼 수 있는 것처럼 목숨을 잃을 것이 너무도 확실하였으므로 사수대원들은 얼마든지 그 자리를 피해 다른 방식을 택할 수도 있었다. 그러나 그들은 문자 그대로 결사 항전으로 도청을 지켜내고자 했던 것이다. 전쟁 이외의 명칭으로는 이런 상황의 합리적 해석이 불가능하다. 이는 분명한 전쟁이었다.[18)]

---

17) 천영진 증언(당시 전남대 학생), 한국현대사사료연구소편, 《광주5월민중항쟁 사료전집》, 풀빛, 1990년, 786쪽.

18) 이정로는, 〈광주봉기에 대한 혁명적 시각 전환〉, 《월간노동해방문학》, 1989년 5월호, 38쪽에서 "광주봉기를 민중항쟁이라고 불러서는 안 된다. 이 표현은 민중이 무엇을 위해 투쟁했고 무엇을 위하여 죽음을 달게 안아들였는지 전혀 드러내지 못한다. (중략) '무장 봉기'라는 규정은 광주 민중의 삶과 죽음의 의미를 총체적으로 담아낼 수 있는 유일한 명칭이다. 광주 민중은 민주주의를 위한 '압력'을 넣기 위해서가 아니라 '타도'하기 위해서 총을 들었다. 그것은 '시민 항쟁'의 차원을 넘어서 '반란'이요, '혁명'이며, '주권 탈취'의 한판 싸움이었다. (중략)그것은 '실패한 무장 봉기'였다"고 하여, 무장 봉기로 불러야 함을 강조하고 있다. 민중 항쟁이라는 용어가 가지는 한계를 적절히 지적한 점은 참고가 된다.(원문의 강조 표시를 따름.)

시민군이 전두환 일당과의 전쟁에서 승리하지 못하고 패배함으로써 우리 역사는 이른바 삼청교육대 등에서 나타난 바처럼 폭력 사회로 전락하였다. 전두환 정권은 유태인 학살에서 권력의 근거를 찾은 나치 정권이나 무자비한 테러와 보복으로 암흑가를 지배하는 마피아와 같은 폭력 조직에 불과하였으며, 우리 역사에 영원히 지울 수 없는 반문명(反文明)의 시대를 남긴 것이다. 또 그들은 반민주적이고 반민족적인 집단을 양성하여 우리 사회에 뿌리 깊게 정착시켜 놓았다. 이들은 민주적인 사회 발전을 억제하였고 국민의 역량이 변화를 향해 결집하는 것을 방해하였다. 이로부터 정당한 공권력보다는 폭력과 테러가 우선하였고, 올바른 가치관과 건전한 윤리보다는 극단적 이기심이 만연하였다. 이 때문에 초래된 역사의 퇴보는 단지 그들이 집권한 13년 간으로 국한되지 않았다.

5. 맺음말

광주의 시민전쟁은 우리 현대사에 의미 있는 문제들을 제기하고 있다. 특히 이것들은 떠오르는 과제인 민족통일과 관련하여 음미해 봐야 한다.

첫째, 한국 사회에서 무장 봉기가 지니는 의미가 무엇인가. 어떻게 시민들이 무장할 수 있었으며, 조직적인 기반이 없었음에도 불구하고 어떻게 일시적이나마 막강한 군대를 물리칠 수 있었는가. 해방 공간의 의미는 무엇이며 이 공간에서 시민들은 어떤 의식을 지니게 되었는가. 그리고 그 경험이 이후의 운동에 어떻게 투영되고 있는가 등을 세밀히 추적할 필요가 있다. 가까운 우리 역사에서는 무장 투쟁의 경험이 전혀 없다. 남미의 도시유격대와 같은 활동이 한반도에서는 거의 불가능했다. 따라서 축적된 경험이 전혀 없이 막강한 군대를 상대로 승리한다는 것은 불가능한 일로 여겨져왔다. 그런 조건에서도 해방 공간을 며칠씩이나 확보했다는 것 자체가 운동사상 획기적인 사실이다.

둘째, 항쟁을 지도하거나 시민의 대표로서 협상을 이끌었던 지도부의 활동에 대해 어떻게 평가할 것인가. 당시의 전술들은 올바른 것이었는가. 당시 지도부의 임무는 급박한 상황에서 올바른 판단을 내리고 시민군을 지도하여 운동의 역량을 계속 유지 · 고조시켜 승리로 이끌어내는 일이었다. 때로는 전술적으로 후퇴하거나 협상을 이끌 수도 있다. 그러기 위해서는 대중으로부터 신뢰와 권위를 확보해야 한다. 이러한 지도력이 항쟁 과정에서 즉자적으로 형성되기는 어렵다. 오랫동안의 준비와 축적이 바탕을 이뤄야 했다. 우리 역사에서 민중의 무한한 잠재력에 비해 이를 조직하고 선도하는 지도 역량이 미흡한 것을 알 수 있다. 많은 항쟁들에 나타난 대중들의 폭발적인 동력을 올바로 수렴하여 이를 바탕으로 사회 변혁을 이끌어내지 못한 것이다. 이는 항쟁의 경험과 운동 역량을 내적으로 축적해 오지 못했기 때문이다. 이런 문제를 광주항쟁 한 차례로 해결하리라 기대하는 것은 무리다. 앞으로 이런 점을 극복하는 일이 광주항쟁의 정신을 살려가는 길이다.

민족의 통일로 가는 과정은 또 하나의 변혁운동이다.[19] 그 과정에서 지금까지보다 더 큰 파동과 반동의 역작용을 겪어야 할지 모른다. 광주항쟁을 통해서 한국의 민주화와 민족통일이 서로 분리된 두 개의 과제가 아니라 기실 미국의 한국 지배 정책에 긴박되어 있는 하나의 문제라는 점을 새삼 확인할 수 있었다. 이런 문제를 해결하기에는 지금까지의 축적된 우리의 역량이 아직은 부족한 측면이 있다. 하지만 위에서 제기한 사항들을 반추하면서 대비한다면 우리 시대에 통일을 성취하는 일이 어렵지만은 않을 것이다. 여기에 오늘날 광주항쟁의 성과를 계승하는 참다운 뜻이 있다.

1980년 5월 이후 은폐와 침묵에 맞서 광주의 진실을 전하고 그 의미를 역

---

19) 안병욱, 〈한반도 통일국가의 목표와 체제〉, 《한반도 통일국가의 체제 구상》, 한겨레신문사, 1995년, 16~17쪽.

사 속에서 되살리기 위해서는 또 다른 불굴의 정치 투쟁이 필요했다. 그 결과 이제는 바야흐로 그 정당한 의미와 계승의 방향을 모색할 수 있게 되었다. 그러나 한국 현대사의 도정에서 광주 문제를 관찰하되 각기 위치에 따라 입장이 다를 수 있다. 여기에는 항해를 끝낸 후 항로를 점검하는 경우, 항해 도중에 지나온 항로를 확인하는 경우, 그리고 제3자가 항로를 지켜보는 경우에 해당하는 차이가 있을 것이다. 이런 가운데 광주항쟁의 세계사적인 조명은 단순히 보편적인 개념이나 이론틀을 내세운 논리에 있는 것이 아니다. 잡다한 이론의 논란을 통해서가 아니라 역사 속에서 광주항쟁의 구체적인 의의를 추구함으로써 가능해지는 일이다.

5 · 18의 교훈, 민주적인 발전 촉진하기

마티 하트-랜즈버그*

(미국 루이스 & 클라크대 경제학과 교수)

현재 한국의 어려운 경제적 · 사회적 상황 속에서, 나는 경제 위기에 대한 가능한 대응, 가장 중요하게는 민주적인 발전을 촉진시킬 수 있는 방법에 초점을 맞추어 논의할 것이다. 이 주제는 광주와는 거리가 있어 보이겠지만, 광주항쟁을 둘러싼 사건들은, 적절하게만 이해한다면, 현재의 위기에 대한 긍정적인 대응을 공식화하는 데 중요한 통찰력과 지침을 제공할 것이라 믿는다. 따라서 나는 독자들과 더불어 광주의 역사, 중요성 그리고 교훈에 대한 나의 이해를 나누는 것으로부터 출발하려 한다. 그런 다음 위기에 대한 현재적 대응을 비판적으로 검토하는 데 집중할 것이다.

---

* Marty Hart-Landsberg(Lewis & Clark College), 번역 : 김동택(한국정치연구회 연구위원, 정치학 박사)

1. 5 · 18의 역사, 중요성 그리고 교훈

광주항쟁은 민주적인 발전에 대한 한국 민중의 투쟁에서 분수령적인 사건이었다고 생각한다. 한국은 1960년대에 급속하게 발전했지만 점차 독재 체제하에 들어갔다. 이때 지식인과 교회 활동가들에 의해 지도되는 민주주의를 위한 작지만 중요한 운동이 존재했다. 지나치게 단순한 요약일지도 모르지만, 그들의 목적은 정부로 하여금 형식적인 시민권과 인권을 존중하도록 하는 것이었다.

민주주의를 진작시키고자 모색했던 사람들은 커져가는 낭패에 직면하였다. 그들은 박정희 대통령에게, 특히 1972년 유신 체제 수립 이후에, 국제적인 압력을 넣을 수 있을 것이라 희망했다. 그러나 미국과 일본 정부는 그러한 압력을 행사하지 않았고, 오히려 한국의 '경제 기적'을 계속해서 찬양했다. 예컨대, 한 · 미 관계에 대한 미 하원 보고서는 유신에 대한 미 행정부의 반응을 다음과 같이 묘사하고 있다.

> 유신이 선언되었을 때, 미국은 재빨리 자국의 정책을 그것에 결합시켜야만 했다. 북한과의 협상과 경제적 성취 때문에 서울은 워싱턴에 대해 상당히 우호적이었다. 그리하여 채택된 정책은 불개입이었다. 닉슨 대통령은 1973년 김종필 국무총리와 면담에서 "다른 대통령들과는 달리, 나는 한국의 내정에 개입할 의사가 없다"는 것을 반복하여 말했다.[1)]

그러나 사회적 조건은 민주주의를 위한 투쟁을 상당히 강화시키고 변형시킬지도 모르는 방식으로 변화하기 시작했다. 새로운 반체제운동은 1970

---

1) U.S. House of Representatives, *Committee on International Relations*, 'Investigation of Korean-American Relations', U.S.Government Printing Office, 1978, p.205.

년대 동안 성장하였고, 노동운동은 전태일의 행동에 의해 상징화되었고 동기를 얻었다. 지속된 정치적 탄압과 노동자 행동주의의 성장은 복합적으로 작용하여 많은 교회와 학생 민주주의 활동가들로 하여금 민주주의가 경제적 · 공동체적 결정 구조에서 의미 있고 직접적인 대중 참여를 포함시키는 것이라고 이해의 폭을 넓히게끔 했다. 이러한 재정향의 일부로서, 그들은 노동자들과 농민들의 자체 조직을 강화하는 것을 자신들의 임무로 간주하기 시작했다. 이런 의미에서, 활동가들은 민주주의와 발전을 분리하는 것이 실수란 점을 깨닫기 시작했다. 달리 말하자면, 둘은 함께 합쳐질 때만 진정한 의미를 갖게 되는 것이다.

1970년대 후반이 되자, 박정희 대통령의 독재에 대한 반대운동은 70년대 초반과 질적으로 달라져 있었다. 첫째, 조직되고 활동적인 노동운동과 농민운동에 결합되어 있었다. 둘째, 이들 운동은 교회와 학생운동에 기반을 둔 인권운동과 민주화운동에 상당히 긴밀하게 연결되어 있었다. 마지막으로 이들 운동은 자신들의 관점을 협소하게 한정된 경제적 문제에서부터 광범위한 정치적 문제로 확대시키면서, 변형되어 가고 있었다.

1978년과 1979년에는 파업이 횟수와 강도 면에서 전반적으로 확대되었다. 한국 경제가 침체기에 접어든 1979년 여름 무렵, 학생들과 노동자들의 시위가 전국의 주요 도시 대부분에서 진행되고 있었다. 과거의 시위와 달리, 이제 학생들과 노동자들은 서로의 요구를 직접적으로 지지하고 나섰다. 민주주의의 요구는 이제 보다 나은 노동 조건과 생활 조건의 요구와 결합되었다. 이것이 1979년 10월, 박정희 대통령의 암살을 야기시켰던, 부산과 마산에서 발생했던 대중들의 폭발에 대한 배경이다.

박정희 대통령의 암살 이후, 민중들이 새로운 정치 · 경제를 창조하는 데 있어서 자신들의 선택을 반영할 기회를 가졌던, 상대적으로 자유로웠던 짧은 시기가 존재한다. 단일한 전망이 출현하지는 않았지만, 이와 같은 새로운 정치 · 경제는 독재와 분단에 의해, 혹은 재벌과 수출에 의해 지배되지 말아야 한다는 일반적인 의견 일치가 나타났다. 이러한 정치 발전이 한국 엘리트들을 위협했다고 말하는 것은 결코 과장이 아니다.

이러한 사태의 발전을 저지하기로 결정한 전두환은 우선 1979년 12 · 12 쿠데타를 통해 군부를 장악한다. 그 다음 그는 1980년 5월 17일 정부도 장악하였다. 계엄령을 선포한 다음, 그는 국회를 해산시키고 모든 정치 활동과 노동 활동을 금지시켰다. 군대가 주요 도시들과 대학에 파견되었다. 이러한 맥락에서만 우리는 광주의 민중봉기와 그것에 대한 야만적인 탄압을 이해할 수 있을 것이다. 전두환은 자신의 사악한 탄압을 북한의 침략으로부터 나라를 지키고 질서를 유지하기 위해 필요한 것이었다고 정당화하였다.

당시, 많은 한국인들은 전두환의 행동을 부추기는 데 미국이 어떠한 역할을 했는지 의문스러워한다. 전두환은 미국이 자신을 완전히 지지한다고 주장했다. 그는 5월 30일 공개 성명을 통해 이러한 점을 밝혔다. 그러나 미국 정부는 전두환의 발표에 대해 공개적으로 거리를 두고자 했다. 당시와 1989년에 미 국무성 백서는 미국 정부는 공수특전대의 광주 투입 여부에 대해 사전 정보를 갖고 있지 않았으며, 폭력적인 결과에 커다란 충격을 받았다고 적고 있다. 그러나 1996년에 다수의 미국 정부 비밀문서들이 공개되었는데, 거기에는 미국 정부가 1980년 전두환의 계획에 대해 충분히 통보받고 있었을 뿐만 아니라 전두환의 행동에 청신호를 보냈다는 것이 잘 드러나 있다. 미 정책 당국자들은 평화적인 수단을 통해 한국 정부가 질서를 유지하는 것을 선호하였지만, 그들의 기본 목적은 현존하는 정치적 · 경제적 체제를 유지하는 것이었다.[2)]

한국에서 현상을 유지하려는 미국 정부의 바람은 민주화운동을 한국의 '문제 거리' 로 간주하도록 했다. 예를 들어, 동아시아 태평양 담당 국무 차

---

2) 광주항쟁에 대한 미국의 인지 · 개입에 관한 문서로, Tim Shorrock, 'Ex-Leaders Go On Trial Seoul', *Journal Of Commerce* February 27. 1996 참조.

관보인 리처드 홀브루크는 민주화운동에 관계된 사람들을 '상대적으로 한 줌인 극단주의 반체제 기독교도들'이라고 폄하하였다. 1979년 12월 그는 주한 미국대사인 윌리엄 글라이스틴으로 하여금 민주화운동가들이 정부를 너무 심하게 몰아붙인다는 비판을 하도록 명령하였다. 1980년 5월 9일, 학생들이 연일 시위에 나서고 있을 동안, 글라이스틴은 전두환과 최규하 대통령에게 미국은 질서를 유지하는 데 필요하다면 시위자들에게 무력을 사용하는 것을 반대하지 않을 것이라고 말했다. 그는 전두환이 이미 한국의 공수특전단에 작전 준비를 하도록 명령했다는 것을 알고 있었으면서도 그렇게 말했던 것이다.

사실, 전두환에 대한 미국 정부의 지지는 한국 군대가 광주에서 5월 18일과 19일에 자행한 야만적인 탄압에 대해 공식적으로 보고를 받은 이후에도 계속되었다. 단적인 사례로, 1980년 5월 22일 카터 정부는 이후로도 광주를 재탈환하는 데 한국 군대가 무력을 사용할 수 있다는 것을 승인하였다. 글라이스틴은 한국 외부무 장관에게, "필요하다면 미군이 광주에서의 질서 회복 노력과 다른 곳의 문제를 억제하려는 한국 군대의 노력을 직접적으로 도와줄 것"이라고 말했다.

단순한 정리일지도 모르지만 5 · 18의 경험은 다음과 같은 네 가지 중요한 교훈과 통찰력을 제공했다고 믿는다.

첫째, 한국 민중들은 가장 혹독한 조건에서조차도, 모든 한국인들의 더 나은 미래를 위해, 압제에 저항하기 위해 모두 함께 단결할 수 있었다. 이것은 중요한 유산이다.

둘째, 한국의 엘리트들은 자신들의 자본주의적 특권을 보존하기 위해 무슨 짓이든 기꺼이 할 수 있다.

셋째, 미국 정부는 한국의 민주적인 발전 촉진에 우선 순위를 두고 있지 않다.

넷째, 한국인들과 미국 정부 모두 자신들의 행동을 정당화시키는 데 이용했던 것은 다름아닌 분단, 그리고 근거 없이 주장되는 북한의 위협인 까닭에, 분단은 민주적인 발전을 현실화시키는 데 주요한 장애물로 남아 있다.

광주에서 일어난 사건은 한국의 정치적 삶에 장막을 드리웠던 반면, 그후 몇 년 간 활동가들은 이들 네 가지 이해에서 교훈을 얻어 상당히 고무적인 결과를 생산해 낸 대중운동을 건설하였다. 특히 사회적 연대와 생산에 대한 민주적 통제의 원리에 기반한 새로운 정치 · 경제의 창조가 목적이었던 사회운동에 의해 지도되는 강력한 노동 계급을 형성하려는 시도가 시작되었다. 여기에 포함된 시도들은 분명히 한국의 기존 수출 주도형, 독점-지배적 자본주의 체제를 거부하였다. 이러한 노력들은 또한 통일에 대한 의미있는 진보를 촉진시키려는 갱신된 시도와 결합되었다. 그리하여 민주주의에 대한 요구는 경제적 변형과 통일에 대한 요구에 합류했던 것이다. 그리고 진정한 성과는 1980년대의 후반기에 이러한 의제를 발전시키는 과정에서 획득되었다.

안타깝게도 이제 당시의 추진력은 상실된 것처럼 보인다. 가장 중요한 결과들 가운데 하나는 5 · 18에서 얻은 교훈과 통찰력이 망각되었다는 것이다. 이러한 점을 현재의 한국 상황에 대한 간략한 검토를 통해 조명해 보도록 하겠다.

2. 경제 위기

현재의 상황에 대한 논의에서 가장 적절한 출발점은 경제 위기다. 한국은 한때 성공적인 자본주의적 발전 모델로 간주되었다. 한국 민중들은 늘 발전과정의 복합성에 대해 나라 바깥의 사람들보다 더 잘 이해했다. 하지만 산업화와 성장은 분명히 나타났다. 이제 이 나라는 끔직한 경제 위기의 와중에 있고 민중들은 위기의 원인이 무엇인지를 이해하기 위해 노력하고 있다.

위기에는 내적 · 외적 근거가 모두 존재한다. 한국의 경제 경험에 대해 많은 설명들이 존재하지만, 나는 한국에서 정부가 과거 이 나라의 성장과 산업화를 몰아가는 데 핵심적인 역할을 했다고 주장한다. 그것의 대체적인 전략은 수출 주도형 재벌의 핵심 부분을 만들어내고, 금융을 통제함으로써 재벌에 대한 통제를 유지하는 것을 포함하고 있다. 다른 무엇보다도 국가는 난폭한 반노동 축적 체제를 형성하고 유지함으로써 재벌들의 수출 노력을 지원했다. 이 전략은 일본이 기술과 돈을 기꺼이 제공하고, 미국이 돈과 시장을 기꺼이 제공했기 때문에 상당 부분 성공했다. 한국 경제의 최정점은 고도의 성장률과 최초이자 유일했던 무역 흑자를 획득했던 1980년대 후반이었다.

그러나 이 시기는 또한 한국의 전략에 의해 촉발된 모순이 가시화한 시기이기도 했다.[3] 예를 들면, 한국의 급속한 경제 성장은 국가가 재벌의 투자 활동을 통제하는 것을 어렵게 만들면서, 점차 재벌을 독립적으로 만들었다. 한국의 수출 성공은 일본으로 하여금 기술 이전을 보류하도록 만들었고, 미국으로 하여금 한국에 대해 원화의 가치를 재평가하고, 수입과 해외 투자에 대해 국내 시장을 개방하고, 개입주의적 활동을 축소하라는 압력을 넣게 하였다. 마지막으로 과거의 산업화는 이제 작업장에 대한 통제를 둘러싸고 재벌에 대한 직접적인 도전을 통해 착취의 종식을 모색하기에 충분할 정도로 강력한 노동 계급을 만들어냈다. 1990년대 초반에 이르러, 한국 경제는 심각한 곤란에 처했다. 1990년에 시작된 상품 무역 적자는 계속 적자 상태에 빠져들게 되었다. 수출 성장률, 이윤, 투자 등 모든 것이 하락했다. 1993년 전반기에 이르면 경제는 경기 후퇴를 향하고 있는 것처럼 보였다.

재벌을 규제할 수 없는 국가, 혹은 일본과 미국을 달랠 수 없는 국가로서

3) 그것의 모순과 더불어, 한국의 성장 전략에 관한 세부적인 분석은 Martin Hart-Landsberg, 'Rush to Development : Economic Change and Political Struggles in South Korea', *Monthly Review Press*, 1993에서 발견할 수 있다.

는 노동자들에 대한 공격을 개시함으로써 성장을 다시 촉진시키는 방법밖에는 달리 선택의 여지가 없었다. 이것은 1980년대 후반 노태우 정권하에서 시작되어 반복해서 나타났으며, 그런 다음 김영삼 정권하에서도 다시 나타났지만, 잡다한 성공만을 거두었다. 한국의 경제 문제를 복잡하게 만든 것은, 미국과 더불어 자신의 긴장을 감소시키기 위한 방법을 모색했던 일본의 자본이 동남아에 비중 있는 투자를 했고, 따라서 (한국에 대한) 다수의 경제적 경쟁자들을 창출하게 만들었다는 점이다. 타이, 말레이시아, 인도네시아는 모두 똑같은 수출 주도형, 노동 억압형 성장 전략을 추구하기 시작했다. 중국과 일본 자체를 더하면, 외환 거래 수입과 수출 가격에 대한 하락 압력을 야기시키면서, 수출품의 지역적인 과잉 생산이 어떤 결과를 가져오는가를 목격하기란 매우 쉬운 일이다. 현재의 위기에 대한 이해에서 한국의 문제가 지구적 자본주의의 작동 속에 존재하는 모순의 결과라는 점을 분명히 하는 것은 그러한 맥락의 이해에 있어서 중요한 부분이다.[4]

이러한 발전들은 재벌 이윤의 압박을 야기시켰다. 49개 재벌 그룹들은 1996년에 2,740억 달러를 팔아 단지 3천2백만 달러의 총이윤을 기록했다. 이것은 약 0.01퍼센트의 이윤율을 뜻한다.[5] 여러 거대 기업들과 중요 기업들은, 1997년 중 · 후반 동남아의 통화 위기가 폭발하기 이전인, 1997년 초에 파산하였다. 다시 되돌아갈 수는 없다. 한국의 과거 성장 전략은 복원될 수 없다.

이제 한국에 대한 최근 미국과 IMF의 행동과 의도를 검토해 보고자 한다. 광주의 경험은 한때 민중들로 하여금 미국 정부를 믿지 말라고 가르쳤다.

---

4) 남한을 포함한 동아시아 경제 위기의 원인과 결과에 대한 확장된 논의로, Martin Hart-Landsberg, 'The Asian Crisis : Causes and Consequences', *Against the Current*, p.73 (March-April 1998)과 Paul Burkett, 'East Asia and the Crisis of Development Theory', *Journal of Contemporary Asia*, Vol 28, No 4, 1998 참조.

5) 'Soul is Still Teetering on the Edge', *Business Week*, December, p.29.

미국 정부의 정책은 한국 민중에게 가장 좋은 것이 무엇인가를 바탕으로 한 정직한 이해에 의해 촉발되지 않는다. 나는 광주 이후의 시기에도 바뀐 것은 아무것도 없다고 주장한다. 〈뉴욕 타임스〉는 최근 아시아 위기에 대한 네 차례의 연재 기사에서 그 증거들을 제시하였다. 기사에 따르면, 미 행정부는 미국 회사들, 특히 은행, 증권, 보험사 들을 위해 전세계에서 시장 개방을 공격적으로 밀어붙여 왔다. 한국은 주요한 목표들 가운데 하나였다. 그래서 행정부는 매력적인 미끼를 내걸었다. 만약 한국이 굴복한다면(금융 체제를 자유화한다면), 산업화된 나라들의 모임인 OECD에 가입할 수 있도록 하겠다는 것이다. OECD의 고위 당국자는 "OECD에 가입하기 위해 한국은 본래 계획했던 것보다 더 빨리 자유화를 시행하는 것에 동의했다. 그들은 한국 정부가 너무 서두르면, 다수의 금융 기구들이 적응하기 힘들 것이라 우려하였다". 한국에 대한 압력은 1996년 6월 20일 3쪽짜리 미 재무부의 내부 비망록에 잘 드러나 있다. 그 비망록은 재무부의 공식 입장을 개관하고, 재무부가 더 많은 자유화를 촉구하려는 최우선 지역들을 열거하고 있다. 결국 워싱턴의 주장은 금융 감시 구축을 강조한 것인데, 문서의 3쪽 가운데 한국이 은행 감시 기구 혹은 법적인 제도들을 발전시켜야 한다든가, 혹은 유사한 조치들을 취해야 한다는 암시는 어느곳에서도 발견되지 않는다. 오히려 목적은 분명하게도 OECD를 한국 시장을 개방시키기 위한 하나의 방법으로 사용한다는 것이다. 즉 미국 은행과 증권업을 위한 사업에서 승리를 획득해 낸다는 것이다.[6]

위기가 한국을 강타하자마자 미국은 혼란을 이용하여 압력을 가하면서, 한국 정부가 모든 경제 활동을 자유화시키고, 탈규제화시키고, 민영화하도록 요구하였다. 이들 가운데 어떤 것도 한국 민중의 안녕을 위한 것은 없으

6) Nicholas D. Kristof and David E. Sanger, 'How U.S. Wooed Asia to Let Cash Flow In', *The New York Times*, February 16, 1999 참조.

며, 자유 시장의 미덕에 대한 진지한 믿음에서 비롯된 것도 아니다. 그러나 유감스럽게도, 미국 정책의 배후에 존재하는 근원적인 동기에 대한 과거의 비판적 이해는 상실해 버린 듯하다. 처음에는 김영삼 정권이, 이제는 김대중 정권이 소위 자유 시장 정책을 기꺼이 받아들여 왔다는 사실이다.

한국이 이러한 정책을 채택한 결과는 무엇이었나? 그 결과는 심각한 경기 후퇴, 수입 불균등의 확대, 실업의 증가다. 앞으로 경제 상황은 어떻게 될 것인가? 재벌에 의해 더 많이 지배되는 경제, 외국 자본에 더 많이 종속되는 경제, 수출에 더 많이 의존하는 경제, 경쟁력 달성을 명분으로 노동자들을 더 많이 탄압하는 경제가 이후의 모습이다. 그러나 5 · 18의 또 다른 교훈은 재벌에 의해 지배되는 경제, 수출을 위해 조직된 경제는 다수의 노동자에 대해서는 아무런 관심도 없다는 바로 그것이 아니었던가.

3. 민주적인 발전 촉진하기

한국 민중이 어떻게 민주적인 발전을 촉진시킬 것인가를 다시 한 번 생각해 볼 필요가 있다. 과거의 경험에서 많은 긍정적인 교훈을 얻을 수 있다. 그간 경제적 활동의 국가 계획 혹은 사회적 통제는 효과적이었다. 한국을 급속하게 성장시킬 수 있었던 것은 자유 시장이 아니라 경제에 대한 국가의 규제였다. 물론 문제는 계획을 주도한 것이 다름아니라 독재적 국가이며 그것의 목적이 독점-지배적, 수출 주도형 경제의 창출에 있었다는 점이다. 그러나 5 · 18 이후의 짧은 기간 동안 활동가들이 정치적 의제로 삼았던 도전이란, 민주적으로 계획되고 작동되는 경제, 다수의 민중에 의해 통제되고 그들을 위해 작동하는 경제, 사회적 통제는 다만 경제 활동이 국내적으로 중심화되고 민족적으로 통제되고 환경적으로 민감하게끔 경제를 총괄적으로 정리해 내는 것이다.

그러한 미래상은 한국뿐만이 아니라 다른 나라의 노동하는 민중들에게도 매력적인 것으로 남아 있다. 그것을 성취하기 위해서는 무엇보다도 민족 경제의 보전을 보증하는 새로운 정책 도구의 창출, 생산을 규제하고 책임지는 새로운 민주적 제도의 창출, 그리고 다른 사회 운동과 밀접한 연결을 가지고 방향을 설정하고 우선 순위를 설정하는 강력하고도 조직화된 노동 계급 운동의 창출을 요구한다. 이러한 것들은 아직 조금도 창출되지 않았으며 국가는 이러한 창출을 실현시키기에는 아직도 의지가 부족한 상태로 남아 있다. 그러나 문제는 변화의 방향이다. 즉 이 나라가 올바른 방향으로 움직임으로써 현재의 위기에 대응하고 있는가의 문제다.

이러한 문제 제기는 나로 하여금 민주주의에 대한 논의로 나아가게 한다. 한국 민중은 지난 20년 간에 걸쳐 만들어진, 두 명의 대통령—김영삼과 김대중—을 선출했던 민주적 선거를 포함한 정치적 성과를 자랑한다. 그러나 5 · 18의 또 다른 교훈은 발전과 민주주의를 분리시키는 것, 즉 마치 하나의 독립적인 추세가 다른 하나와 무관하게 진보를 만들 수 있다고 보아 분리된 과업으로 취급하는 것은 위험하다는 것이다.[7] 이것은 반드시 명심해야 할, 절대적이며 결정적인 문제다. 적어도 내가 앞서 규정했던 것처럼, 김영삼과 김대중 둘 다 민주적인 발전이라는 목적으로부터 벗어나는 정책을 추구했기 때문에 이 논의는 적실성이 있다. 예를 들어, 김대중은 의도적이든 아니든 더 많은 외국의 통제를 초래하도록 민족 경제를 개방하는, 재벌의 권력을 강화하는, 그리고 노동운동과 다른 진보 세력의 연계를 약화시키는 정책을 계속해서 주창하고 있다. 그러한 정책들은 민주적인 발전 과정을 전진시

7) 이 논의에서 통일에 대한 불충분한 주목에도 불구하고, 나는 민주적 발전을 촉진시키려는 노력은 통일 과정을 형성하고 전진시키는 데 반드시 대중적 참여에 대한 요구를 포함해야만 한다고 믿는다. 앞서 언급한 것처럼, 이것 또한 광주의 교훈과 통찰력 가운데 하나다. 나는 이 문제를 다음 글에서 충분히 다루었다. Martin Hart-Landsberg, 'Korea : Division, Reunification and U.S. Foreign Policy', Monthly Review Press, 1998.

키는 데 필요한 기반 자체를 파괴한다.

나는 5 · 18의 역사에 대한 주의 깊은 연구는 많은 것들을 가르쳐준다고 믿는다. 많은 세력들이 민주적인 발전에 결정적인 사회적 · 경제적 제도들을 파괴하고자 뭉치고 있는 이러한 위기의 시기에, 5 · 18의 역사를 되찾는 것은 무척 중요하다.

5 · 18민중항쟁의 현재적 과제
—유관 단체의 활동을 중심으로*

나 간 채

(전남대 사회학과 교수)

1. 머리말

1980년 5월 광주에서 지역 주민의 대규모 항쟁이 발발하였다. 이 항쟁은 이른바 신군부 세력의 폭력적 억압에 맞서 전시민이 목숨을 걸고 싸운 용감하고 의로운 봉기였다. 군대는 참여 대중과 일반인을 구별하지 않고, 다수의 민간인을 반인간적인 만행으로 학살하여 이 항쟁을 진압했다. 그리하여 10일 간의 이 폭발적인 항쟁은 한국전쟁 이후 유례가 없을 만큼 참혹한 희생을 남긴 채 좌절되었다.

그후 이 사건은 지난 십수년 동안 이른바 '광주 문제' 로 상징화되어 우리 사회의 여러 측면을 규정해 왔다. 지배 권력을 장악한 신군부 가해자 집단은 이 문제를 철저하게 왜곡하고 은폐해 왔다. 권력 집단의 이 책략은 심화

---

* 이 논문을 준비하는 과정에서 장시간 동안 증언과 토론에 임해 주신 여러 선생님께 진심으로 감사드린다.

된 지역 감정의 망령과 결합되어 상승 효과를 발휘하였고, 그 결과 광주는 불온시되었고 증오의 대상이 되었다. 그러나 다른 한편으로 민주 세력에게 광주는 신군부 권력에 대한 민주화운동의 동력을 제공하는 원천이 되었다. 적지 않은 젊은이가 '광주'를 호명하며 스스로 죽음을 선택했고, 더 많은 민주 시민들이 '광주'를 순례하였다. 이와 같이 광주는 한국 사회에서 애정과 증오가 극적으로 교차하는 모순된 공간이었고, 한국 민주주의가 정상적으로 성장하기 위해서는 극복해야만 하는 과제가 되었다.

그러나 무참하게 좌절되었던 80년 5월의 작은 불씨는 그 이후에도 꺼지지 않았다. 신군부 권력 집단은 항쟁에서 '살아남은 자'들을 철저히 탄압했고 온갖 유혹과 위협으로 회유하려고 했지만, 이들 5월 당사자들은 권력의 박해에 시달리면서도 학살자에 대한 싸움을 멈추지 않았다. 이 싸움은 규모와 형태를 달리하면서 최근에도 계속되고 있다. 그 과정에서 6월항쟁, 특별법 제정 투쟁이 발발하였고, 5 · 18재판을 거쳐 학살자들은 일단 단죄되었다. 80년에 좌절되었던 항쟁이 16년 후에 새롭게 승리하여 부활한 것이다. 이른바 '광주 문제' 해결의 결정적인 고리가 풀린 것이다.

그리하여 항쟁의 그날이 국가기념일로 제정되었고, 그 항쟁에서 죽은 자들의 묘역은 성역화되었으며, 살아남은 자들의 대다수가 3차에 걸쳐 일정한 배상도 받았다. 이 당사자들을 보훈 대상자로 예우하는 법안이 현재 국회에 제출되어 있다. 학계에서도 이러한 흐름에 맞추어 5 · 18의 의미를 새롭게 발굴해 내고 그 의의를 평가하는 행사가 활성화되었다. 예컨대 한국정치학회의 심포지엄(1996)과 한국사회학회의 심포지엄(1996)이 대표적인 사례다. 따라서 이제 항쟁의 역사는 하나의 전환점에 이른 것이다. 물론 아직도 '광주 문제'에 있어서 불완전한 해결이나 미해결의 과제가 적지 않다. 그러나 우리의 현대사에서 국가 폭력에 희생당한 허다한 사례에 비추어보면, 광주는 어쩌면 '선택받은 소수'일 수 있다.

역사의 전환점은 흔히 새로운 성찰을 요구한다. 이와 관련하여 이 글도

극적인 역사의 반전을 성취해 낸 광주민중항쟁의 현재를 확인해 보는 작업의 하나다. 따라서 이 논문이 제기하는 질문은 '변화된 역사적 환경 속에서 오늘 5 · 18이 당면한 과제는 무엇인가' 라는 것이다. 이 질문에 대한 접근 방법으로 여기에서는 5 · 18 유관 단체의 활동에 주목하여, 90년대 후반에 전개된 이 단체들의 주요 활동을 조직적 측면과 운동적 측면으로 구분하여 정리하고, 이에 근거하여 오늘의 사회 현실에서 5월운동 단체들이 담지해야 하는 과제들을 탐색해 보고자 한다.

여기에서 '유관 단체' 란 5 · 18광주민중항쟁과 직접 관련된 일이 그 단체의 주요 사업으로 수행되는 단체를 말한다. 따라서 여기에는 항쟁과 관련하여 흔히 직접 피해자를 지칭하는 당사자 단체뿐만 아니라 일반 시민 단체도 포함될 수 있다. 분석의 대상은 광주 지역의 주요 유관 단체에 한정한다. 그리고 '5월운동' 이란 80년 5월의 항쟁이 종료된 후에 그 항쟁과 관련하여 특정한 목적을 가지고 상당 기간 지속적으로 전개된 집합적인 활동을 말한다. 여기에서는 폭력적 형태의 5월 투쟁과 집합적 의례 행사도 포함하는 개념으로 사용한다. 설명을 위한 자료는 각 단체에서 발표한 정관이나 회칙, 회의 자료, 기타 자료집, 각종 발표문 등과 주요 유관 단체의 회원을 대상으로 한 집중적인 면접에 의해 수집되었다.

2. 5월운동의 정치사회적 조건

사회운동의 성격을 규정하는 정치사회적 조건에는 다양한 요인이 고려될 수 있지만, 여기에서 5월운동은 국가 폭력에 대한 도전이고 저항이라는 점에서 다음의 두 개념이 중요한 설명 도구로 도입될 수 있다. 그 하나는 국가 권력의 성격과 작용 방식이고, 다른 하나는 도전 집단의 운동이다. 그런데 이러한 분석틀은 맥아담의 정치 과정 모델(McAdam, 1982)이나 틸리의 정치체 모델(Tilly, 1978)에서 유사한 형태로 드러난다. 정치체 모델은 사회운동을 국가를 중심으로 하는 지배(세력) 연합과 이로부터 배제된 도전(세력) 연합 간의 경쟁과 갈등 관계로 파악한다. 5월운동을 이와 같은 연합체들간의 갈등으로 파악할 수 있다. 또한 정치 과정 모델에서는 정치적 기회 구조와 통제 방식을 중요하게 고려한다. 이 장에서는 이러한 개념을 기초로 하여 5월운동의 정치사회적 조건을 중심으로 약술하고, 다음 장에서 5월운동 단체의 주요 활동을 정리하고자 한다.

이러한 관점에서 90년대 5월운동의 정치사회적 조건은 항쟁 직후와 비교하면 상당한 차이가 확인된다. 항쟁 직후의 상황을 보면, 무자비한 군사력으로 항쟁 세력을 압살한 신군부 권력은 이를 '불순분자들에 의해 조종되는 폭도의 난동' 으로 규정하였고, 이에 따라 항쟁 이후 계속되는 5월운동에 대하여 철저한 억압 정책을 지속하였다. 무력으로 집권에 성공한 이 집단은 상대적으로 높은 내부 통합력을 보였고, 또 지배 권력을 형성해 가는 과정에 있었기 때문에 일반 대중의 집단 행동이나 사회운동에 대하여 매우 폭력적이고 억압적으로 대응해 왔다. 정치적 기회 구조는 심하게 제약당했고, 통제의 메커니즘은 엄격하였다. 다수의 젊은이들이 이 극단적인 억압 구조에 저항하여 스스로 생명을 끊었다. 그러나 이러한 상황에서도 5월운동은 매우 치열하게 전개되었다. 특히 유족과 구속자 가족이 이 운동의 중심에서 섰던바, 이들은 야수적인 권력의 박해와 탄압에도 불구하고 생업마저 포기하고 온갖 수단을 동원하여 강력한 도전을 전개하였다. 5월 단체의 이와 같은 투쟁이 가능했던 배경에는 당사자의 주관적 의지와 아울러 토착 사회의 광범하고도 강력한 지원이 기반으로 작용했다. 80년대 전반의 지역 사회 상황은 80년 당시에 못지않게 전민중적 항쟁이 고조되어 있었다.

그후 80년대 후반의 5월운동과 관련된 정치사회적 조건은, 광주민중항쟁의 연장선상에서 파악되는 87년의 '6월항쟁' (김동춘, 1997), 노태우 정권의 광주민중항쟁에 대한 성격 재규정(학생과 시민의 민주화를 위한 노력의 일환), 총선에서 여소야대 정국의 형성, 국회의 '5 · 18광주민주화운동진상조사특별위원회' 구성과 청문회 개최, 3당 합당 등으로 특징지을 수 있다. 이러한 사실들에 비추어보면, 5월운동에 대한 기회 구조와 활동 공간이 확장된 측면이 있는 것은 사실이지만, 이는 6월항쟁에서 확인된 전민중의 민주화 열망이 권력 집단에 작용한 압력의 결과로 보인다. 따라서 '광주 문제'에 대한 기본적인 시각은 권력 집단 자체가 가해자이기 때문에 본질적으로는 적대적이었지만, 국민적 압력에 밀려 양시론적 입장을 취하고 있는 것으로 보인다[1].

90년대 5월운동의 정치사회적 조건은 김영삼 정권의 성격에서 드러난다. 광주민중항쟁에 대한 집권 초기의 시각은 6공화국의 양시론적 입장에서 더 나아가 '민주화를 향한 역정에서 우뚝한 한 봉우리', '오늘의 정부는 광주민주화운동의 연장선 위에 있는 민주 정부(1993)' 라는 표현에서 볼 수 있듯이 더욱 적극적인 평가를 내리는 듯한 인상을 준다. 그리하여 5월운동에 대한 기회 구조는 합법적으로 개방되어 있었고, 보상과 기념 사업이 추진되기도 하였다. 그러나 3당 합당의 산물인 김영삼 정권의 집권 세력이 반호남 지역 연합적 성격(최장집, 1997, 6)을 갖고 있으며, 특히 광주항쟁의 가해자 집단이 중요한 구성인자인 점을 고려한다면 정권의 5월운동에 대한 기본 입장은, 광주 문제에 대한 적극적이고 민주적인 해결을 지향하기보다는 소극적이고 미봉적인 대응에 그칠 수밖에 없는 한계를 갖고 있다.

정부의 이와 같은 한계는 집권 중반 이후부터 드러난다. 그것은 검찰의 불기소 결정에 뒤이어 '역사에 맡기자' 라는 입장으로부터 결정적으로 반전하는 5 · 18특별법 제정 지시(1995년 11월)에서 확인된다. 이와 같은 입

---

1) 80년대 5월운동의 정치사회적 조건과 이에 대응한 5월운동의 양상에 대한 보다 구체적인 설명은 다음을 참고할 것. 나간채, 〈광주 지역 5월운동 조직의 형성과 발전〉, 나간채 편, 《광주민중항쟁과 5월운동 연구》, 전남대학교 5 · 18연구소, 1997 ; 정근식, 〈민주화와 5월운동, 집단적 망탈리테의 변화〉, 위의 책, 1997.

장 전도의 계기는 6월항쟁을 능가할 정도로 광범하게 확산되고 있던 범국민적 특별법 제정운동이 결정적인 압력 요인으로 작용한 것이다. 물론 또 다른 배경으로 지배 블럭 내부 균열과 이에 따른 5, 6공 세력 통제론도 일정하게 영향을 미친 것으로 추정된다. 5, 6공 세력 통제론은 전직 대통령의 비자금 문제와 연계하여, 이들이 정당 결성 등의 수단을 통해 강력한 정치적 경쟁 세력으로 성장하려는 움직임에 대한 사전 예방적 조치였다는 것이다.

그런데 광주 지역 5월운동의 사회적 조건이 되는 전국적 수준의 특별법 제정운동은 좀더 구체적으로 살펴볼 필요가 있다. 이는 '5 · 18 진상 규명과 광주항쟁 정신 계승 국민위원회'[2]가 결성된 후에, 이 기구와 항쟁 피해자가 중심이 되어 전 · 노 씨와 그 휘하의 책임자 33명을 고소 · 고발한 사건이 직접적인 계기로 전개된다. 이 고소 · 고발 사건을 수사한 검찰이 광주민중항쟁 가해자들에 대하여 불기소 결정을 내리자, 이에 대한 반대운동이 각계 각층에서 전국적으로 광범하게 전개되었다. 5월단체는 명동성당에서 즉각 농성에 돌입하였고, 고소인과 고발인은 불기소 처분에 불복하여 항고하였으며, 항쟁 피해자 가족은 헌법소원을 제기하였다. 이 운동은 '5 · 18 학살자 처벌 특별법 제정 범국민 비상대책위원회'의 주도하에 9회의 국민대회, 국민의 날 개최, 국민단일법안 작성, 특검제 공청회, 국회 앞 집회, 국민 서명 등의 운동을 전개했다. 이 운동은 학생들의 시위와 동맹 휴업, 7천여 명이 참여한 전국 각 대학 교수들의 규탄 성명, 1백만 이상의 일반인 서명, 종

---

2) 이 위원회는 5 · 18 문제가 광주만의 문제가 아니라 전국민이 함께 해결해 나가야 한다는 인식하에 1994년 3월 각계 각층의 인사 350여 명으로 결성되었다. 결성 이후 이 위원회는 범국민고발운동, 항고, 재항고, 헌법소원 등의 법적 대응과 서명운동의 전개, 그리고 다섯 차례의 국민대회를 주최해 왔다. 그후 검찰의 불기소 결정이 발표되자 이 위원회는 '시민사회단체연석회의'와 결합하여 범국민적 연대 기구인 '5 · 18 학살자 처벌 특별법 제정 범국민 비상대책위원회'를 결성하였다. 전국연합, 민변, 민교협, 참여연대, 경실련, 환경운동연합, 민노총(준), 전철연, 등 전국 각 지역 297개 단체의 참여로 결성되었고(95년 10월 26일, 위원회 결성식 자료 참조), 그 이후 전국적 수준에서 특별법 제정운동을 주도해 나갔다.

교계 인사, 변호사, 의사, 약사, 교사 등 각종 전문직을 포함하는 전국민적 기반에서 전개되었다. 이는 그 당시까지 국지화되어 있던 광주민중항쟁이 전국적인 국민항쟁으로 발전한 것을 의미한다(김상곤, 1997).

특별법 제정운동이 전국민적 운동으로 발전되고, 뒤이어 대통령의 특별법 제정 지시가 내려지면서 5월운동의 공간은 급속히 확장되었다. 특별법 제정과 그에 의거한 5 · 18재판은 광주 문제를 법적 · 제도적 수준에서 일정 정도 해결할 수 있는 계기를 마련하였다. 1997년 4월에는 5 · 18재판의 상고심 재판이 끝났고, 5월 18일이 국가기념일로 제정되었으며 정부 주관의 기념식이 거행되었다. 기념 행사가 다양하게 모색되었고, 특히 기념 사업의 일환으로 망월동 신묘역이 건립되었다. 이러한 정치사회적 조건의 변화는 5월운동에 대한 형식적 · 제도적 장애와 규제가 해소되었음을 의미하는 것이었다. 그럼에도 불구하고 김영삼 정권이 광주민중항쟁에 대하여 갖는 기본적인 시각은 소극적인 인정의 수준에 그친 것으로 보인다. 이는 특별검사제 등의 내용이 배제된 특별법안의 소극적인 내용, 5 · 18보다는 오히려 비자금과 12 · 12사태에 더 비중을 둔 재판, 학살자에 대한 사면 등이 그 근거가 된다. 사실 김영삼 정권의 지배 블럭 내에는 수구적 반항쟁 세력이 일정 부분 존재하고 있었다.

그런데 97년의 대선에 의한 정권 교체는 광주항쟁과 5월운동에 있어서 특별히 중요한 의미를 갖는다. 이는 항쟁의 직접 피해자가 대통령으로 당선되었고, 새 정권에 대한 광주 지역민과 피해자들의 태도가 비교적 우호적이었기 때문이다. 사실 현 정부의 가장 강력한 지지 기반이 광주 지역임은 부인할 수 없다. 물론 현 정부 내에도 항쟁에 부정적인 세력이 존재하고 있는 것은 사실이지만, 현재의 조건은 정부와 지역민이 주체적으로 항쟁의 여러 문제를 정리하고, 그 정신을 계승 · 발전시킬 수 있는 가능성이 열려 있다고 볼 수 있다. 즉 5월운동의 새로운 지평을 제공할 수 있다는 것이다.

3. 5월운동의 실태

1) 당사자 개별 단체

광주항쟁의 유관 단체는 크게 두 가지 수준에서 접근할 수 있다. 그 하나는 성원의 자격이 항쟁의 직접적인 피해자로 제한된 당사자 단체이고, 다른 하나는 성원의 자격이 이들 이외에 일반 시민에게도 개방된 단체이다. 이와 같은 구분이 제기되는 데에는 광주 지역의 사회운동 지형이 항쟁의 당사자와 일반 시민 간에 어느 정도 틈새가 형성되어 있음을 함축하는 것이다. 또한 당사자 단체들도 피해의 형태와 종류에 따라서 다양하게 구분되는 개별 단체들과 직접 피해자들 일반으로 구성되는 복합 단체로 나뉜다.

80년 5월항쟁 이후, 이 지역에는 다양한 형태의 5월운동 단체들이 형성되었고, 이들이 활동하는 과정에서 반복된 분화와 통합의 과정이 전개되어 왔다. 당사자 단체를 대상으로 하여 90년대 전반까지의 이러한 분화 · 통합 과정에 대한 개략적인 정리가 이미 이루어졌다(나간채, 1997). 그러므로 여기에서는 90년 후반 이후의 당사자 개별 단체와 여타의 5월운동 단체들에서 보이는 중요한 조직적 변화와 발전의 양상을 요약하고자 한다.

먼저 개별 단체의 실태를 보자. 1980년대 후반에 들어 분열 양상을 보이던 5월운동 단체들은 1995년을 기해 상당한 수준의 통합을 성취하였다. 3개 단체로 분립되어 있던 유족회와 부상자회가 각각 하나의 단체로 통합을 이뤘다. 다만 내부 구성이 매우 복합적인 구속자 단체만이 4개로 분립되어 있었는데[3], 이들도 1996년에 5 · 18민중항쟁구속자회로 통합되었다. 그리

3) 이 4개의 단체는 기존의 사회운동 세력이 중심이 된 5 · 18광주민중항쟁동지회, 항쟁 기간 동안 공수부대에 의해 교도소에 연행되어 억류되어 있다가 풀려난 사람들로 구성된 교도소생존자동지회, 부상당한 구속자로 구성된 구속부상자동지회, 기존의 학생운동이나 사회의 민주화 운동과는 다소 거리가 있는 기층 민중들이 주로 포함된 5 · 18민중항쟁구속자회다.

하여 1999년 현재 광주 지역에는 7개의 당사자 개별 단체가 있다. 그것은 유가족과 부상자 및 구속자의 3개 주요 단체와 그외에 4개의 단체가 있다. 비교적 소규모인 이 4개 단체는 5 · 18광주의거청년동지회, 5 · 18상이후사망자유족회, 5 · 18광주민중항쟁민주기사동지회, 5 · 18광주민주화운동행방불명자가족회다[4].

이 개별단체들 중에서 최근에 전개된 또 하나의 주요한 조직적 변화는 법인화의 경향이다. 이 법인화 작업은 부상자와 구속자 단체에서 적극적으로 추진되었다. 그 결과 부상자회는 1998년 5월에 '사단법인 5 · 18광주민주화운동부상자회'로, 그리고 구속자 단체는 99년 2월에 '사단법인 5 · 18민주화운동구속자회'로 행정자치부로부터 설립인가를 받았다. 전자의 주요 목적 사업은 불우회원 후원 사업, 회원자녀에 대한 장학 사업, 회원에 대한 치료비 지원 사업, 회원의 재활복지 증진 사업, 지역 사회에 대한 봉사 활동 등으로 규정되어 있고, 구속자회의 목적 사업은 구속자의 명예를 위한 권리 회복 및 후원 사업, 회원자녀에 대한 장학 사업, 사회운동을 통한 5 · 18정신 승화 사업, 지역간 화해 및 국민 대화합을 위한 사업 등을 포함하고 있다.

이들이 이와 같이 법인화를 추진하게 된 현실은 항쟁 직후 비합법 투쟁의 시기에 비추어보면 격세지감이 아닐 수 없다. 그간 이 단체들은 운동에 필요한 자원이 절대적으로 결핍된 상태에서 맨몸으로 운동을 지속해 왔다. 그러나 항쟁에 대한 법적 · 정치적 평가가 바뀌고, 5월운동의 제도적 공간이 확장되어 감에 따라 이 단체들이 정당한 사회 단체로서 법적 권익을 보장받

4) 청년동지회는 1986년에 유족회, 부상자회의 청년들이 중심이 되어 결성된 단체로서, 여러 단체들 중에서 가장 공격적이고 행동력이 강한 단체로 알려져 있으나 현재는 활동력이 떨어진다. 상이후사망자유족회는 1987년에 부상자회에서(부상 후에 사망함으로써) 분리된 단체로서 이들은 현재 유족회원으로 가입되어 있지 않다. 민주기사동지회는 항쟁 당시 금남로에서 계엄군에 차량 행진을 감행했던 인사들이 중심이 되어 1988년에 결성된 단체로서 현재에도 소규모지만 결합력을 가지고 상호부조, 불우이웃 돕기 등의 활동을 전개하고 있다. 행방불명자가족회는 행방불명자로 신고한 대상 중에서 심사 결과 보상을 받은 자로 구성되어 있으며, 1989년에 결성되어 현재에 이르고 있다.

을 필요를 느꼈을 것이다. 즉 임의 단체가 갖는 한계를 극복하고 제도 내의 정당한 법적 주체로 서기 위한 것으로 보인다. 또한 투쟁적 쟁점이 어느 정도 해소되고, 회원에 대한 복지 사업의 중요성이 부각된 것도 한 요인으로 작용하였다고 본다.

법인으로 설립됨으로써, 그 조직은 우선 열악한 재정 상태를 개선할 가능성이 더 높아진다. 기본 자산과 아울러 외부 지원을 받을 수 있는 가능성이 확장되기 때문이다. 그리고 단체의 사업이 더욱 체계적으로 될 수 있다. 이전에는 주로 5 · 18과 관련된 응급 사태에 대하여 즉흥적으로 대응하는 일이 주를 이루었지만, 이제는 기본 재원과 사전 계획에 기초하여 체계적으로 사업을 전개할 수 있기 때문이다. 세 번째는 단체의 영속성이 제도적으로 보장된다. 국가 기구에 의해 그 권익과 책임이 규정되기 때문이다. 전체적으로 법인화 경향은 이전의 비합법적 · 반합법적 저항운동 단체로부터 체제내적 · 사업체적 성격의 단체로 바뀌고, 그에 따라 자원동원론의 관점에서 확인되는 '운동 산업' 적 성격이 강화되었다.

개별 단체의 활동은 각 단체에 공통된 사항에 관한 활동과 각 단체에만 한정된 특수한 활동으로 구분할 수 있다. 90년대 후반 공통 사항에 관한 활동은 먼저 책임자 처벌과 관련된 특별법 제정 투쟁과 5 · 18재판 투쟁이 우선적으로 고려될 수 있다. 이 두 가지 투쟁은 유가족, 부상자, 구속자 들이 '5 · 18학살자 재판 회부를 위한 광주 · 전남 공동대책위원회' 에 결합하여 공동으로 전개한 투쟁이다(다음의 복합 단체에서 보다 구체적으로 설명함). 일반 시민 단체들도 포함되어 있지만, 그 운동의 중심은 이 당사자 단체들이 되고, 특히 그중에서도 부상자 단체의 활동이 두드러진다. 두 번째는 배상운동으로 현재까지 3차에 걸쳐 6,321명이 신청하여 4,537명이 지급받았고 나머지는 심사 과정에서 기각되거나 취하하였다. 세 번째는 명예 회복을 위한 활동으로, 국가보훈대상자 지정, 망월동 묘지의 국립묘지로의 승격, 학살자들에 대한 서훈 치탈 등을 관철시키기 위하여 각종 회의, 유관 기관

방문, 건의, 등이 포함된다. 끝으로 5 · 18 단체들간의 단합과 화합, 협조를 강화하기 위한 대동한마당 등의 행사가 거행되었다.

이들 각 단체들은 상호간에 차별적인 조건으로 5 · 18과 관련되기 때문에 특수한 사업과 활동이 요구되기도 한다. 먼저 '유족회'는 5 · 18묘역과 밀접히 관련된다. 따라서 이 단체는 묘역 성역화 사업에 역량을 투입하여 묘지 이장 작업, 이장 작업 과정에서 유골 감정, 무명열사 신원 확인 작업 등을 전개하였다. 그리고 이 단체는 암매장 발굴에 깊은 관심을 갖는다. 이 문제를 해결하기 위하여 최근에 유족회에서는 미국을 방문하여 유엔 인권위원회 산하 법의학팀, 아르헨티나의 법인류학팀 등의 발굴 전문가와 상호 협조 관계를 모색하여 추진하고 있다. 또한 국가 폭력에 의한 외국의 희생자 단체를 초청하고 연대를 모색하는 노력을 전개하고 있다.

'유족회'에 비하여 회원수가 현저히 많고(99년 3월 현재 462명), 치료, 재활 등 현안이 많은 '부상자회'는 최근에 법인으로 전환하여 조직과 사업을 체계적으로 확충하는 경향을 보이고 있다. 진상 규명과 관련하여 총상 피해자에 대한 역학 조사에서 납중독을 확인했으며, 총상 부상자의 도미 치료를 위하여 치료비 모금운동을 전개하기도 하였다. 학술 부문에서는 3차에 걸친 심포지엄을 개최하였다. 제1회에는 피해자의 후유증에 관한 연구 발표가 있었고(1996년), 2회에는 '5 · 18피해자 치료 및 재활 복지센터 건립을 위한 심포지엄'을 개최하였으며(1997), 1998년에는 '5 · 18피해자의 정신적 피해 실태와 정신적 배상에 관한 심포지엄'을 가진 바 있다. 이 단체는 사회운동에 대한 연대 활동으로서 '외산 담배 추방운동', '양심수 석방운동', 불우 이웃에 대한 봉사 활동도 전개하고 있다. 현재 '재활 복지 센터 건립운동'을 적극적으로 전개하고 있다.

다음으로 '구속자회'는 단체의 특성상 무죄 확정 판결을 받기 위한 '재심청구 작업'과 항쟁 당시에 구속되어 있었던 '상무대 법정 및 영창 복원 사업'에 관심을 기울이고 있다. 그리고 전문적인 운동 단체와 연대하여 '사랑의 장기 기증운동' 과 헌혈운동에 적극적으로 참여하고 있으며, 장학 사업과 재활원 등 불우 시설에 대한 지원 활동도 전개한다.

2) 연합 단체

다음으로 항쟁의 직접 피해 당사자와 일반 시민이 함께 참여하는 5월운동 단체의 상태를 살펴본다. 이와 관련하여 중요하게 고려되는 단체로는 '재단법인 5 · 18기념재단' (이하 '기념재단' 으로 약칭함), '5 · 18학살자 재판 회부를 위한 광주 · 전남 공동대책위원회' ('공대위' 로 약칭함), '5월 성역화를 위한 시민연대모임' ('시민연대' 로 약칭함) 등이 포함된다.

먼저 '기념재단' 에 관하여 살펴본다. 이 재단의 설립 취지는 다음의 두 가지 측면에서 이해할 수 있다. 그 하나는 '투쟁의 역사로부터 한 걸음 더 나아가 민주와 대동의 공동체 정신을 전국화하고 세계화하기 위한 제반 사업을 연구 · 기획 · 추진함' 으로써 5월운동을 문화 사업적 측면에서 발전 · 확장시키려는 지향을 보이고 있다. 그리고 다른 하나는 5 · 18 관련 단체의 난립(1990년대 전반에 17개)과 분열상을 극복하고 '통합된 5월' 의 모습을 법적 활동이 보장하는 형태로 실현하며, 더 나아가서 시민과의 결합을 강화하는 데 있는 것으로 보인다. 이와 아울러 거시적으로는 지역 화합과 민족 화해의 전망을 제시하기도 한다.

그리하여 1993년 9월에 발기인 준비 모임을 갖고 추진한 결과, 1994년 12월에 정부의 인가를 받아 95년 1월부터 업무를 시작하였다. 98년 4월 현재 395명의 기금 출연 회원을 확보하고 있으며, 시청에서 상당한 재원을 기념재단으로 이관함으로써 재정적 안정이 어느 정도 확보된 상태다[5]. 기본 조

---

5) 이 재원은 재단 출범시에 형성되었던 회원의 출연금과 5공 정권하에서 항쟁 치유책의 일환으로 모금되었던 국민성금의 일부, 그리고 시의 지원금을 주요 내역으로 하여 구성되었다.

직은 회원 총회이며, 회원의 자격은 항쟁의 당사자뿐만 아니라 본 재단의 목적에 찬동하는 국민들까지 포함할 수 있는 개방된 체제를 갖는다.

이 재단의 목적 사업은 항쟁 정신을 계승하기 위한 기념 및 추모 사업, 학술 · 연구 · 문화 사업, 그리고 장학 사업을 기본으로 하고 있다. 학술 · 연구 사업으로는 제1차 학술 심포지엄을 한국정치학회와 공동으로 개최하였고(1996), 2차 학술 심포지엄은 한국사회학회와 공동으로 개최한 바 있다. 이 외에 5 · 18학술논문 현상공모, '윤상원' 상 제정 및 시상, 자료연구실 개설 운영 등이 시행되었다. 그리고 기념 사업과 관련하여 5 · 18기념 공원화 계획, 5 · 18사진 전국순회 전시회, 음악회, 연례 5 · 18기념행사 기획 및 추진 등이 포함된다. 그러나 기존의 재단 활동이 시민들의 기대를 충족시켜 왔다고 보기는 어렵다. 이는 출범 초기에서 볼 수 있는 자연스러운 결과일 수도 있지만, 한편으로는 여론에서 흔히 확인되었던 바와 같이 재단 내부의 통합성 문제, 특히 5 · 18 세력 내부의 이질성과 갈등이 하나의 요인으로 작용하고 있는 면도 없지 않다.

다음으로 '공대위'를 살펴본다. 이는 한정된 목적을 갖고 설립된 기구로서, 1995년 7월 학살 책임자 35명에 대한 검찰 수사의 결과가 '불기소 처분'으로 발표되는 상황에서 결성되어, 특별법이 쟁취되고 이 법에 의해 재판이 종료된 후인 1997년 12월에 해체되었다. 이 기구는 광주 · 전남 지역의 각종 민주적 사회 단체들—노동자, 농민, 학생, 여성, 종교, 의료, 교육계 등—이 총망라하여 136개가 결합한 투쟁 공동체다. 이 위원회는 서울에 조직된 '5 · 18학살자 처벌 특별법 제정 범국민비상대책위원회'와 유기적 협조하에 학살자 기소 촉구 및 특별법 쟁취 투쟁, 검찰의 현장 수사 지원, 그리고 5 · 18재판 투쟁을 지속적으로 주도해 왔다.

'공대위'의 기소 촉구 및 특별법 쟁취 투쟁은 명동성당 농성과 광주 지역 투쟁을 중심으로 전개되었다. 농성은 검찰의 불기소 처분이 발표된 다음날인 7월 19일부터 그해 12월 21일까지 150여 일 간의 장기간 농성을 결행하였다. 주로 5월 단체들이 중심이 되어 진행된 농성 기간 동안 5 · 18사진 전시, 특별법 제정 서명운동을 지속적으로 전개하였고, 거의 매일 명동 집회를 개최하였다. 그리고 필요한 상황이 발생했을 때 청와대, 검찰청 등에 대한 항의 방문, 전 · 노 자택 주변 시위, 삭발 투쟁을 감행하였고, 각 지역 사회 단체들에 대한 방문과 강연에 나서기도 했다. 광주에서는 도청 앞 천막 농성과 서명운동, 그리고 시민대회 및 시위를 중심으로 전개하였다.

검찰의 현장 수사 지원은 특별법에 의거하여 검찰이 광주 현장을 방문하여 수사를 진행하는 과정에서 '공대위' 가 이에 협조한 사항을 말한다. 여기에는 검찰의 수사 계획에 대한 참고 의견 제시(예컨대 검찰에서는 11개 현장만을 조사할 계획이었으나 이를 34개 사건 현장으로 확장하였음), 현장 안내, 수사 준비자료로서 사건별 개요 정리, 주요 사건별 참고인에 대한 자료 협조, 참고인 진술권을 원활히 수행할 수 있도록 안내하는 등의 일이 포함되었다.

그리고 5 · 18재판 투쟁은 1996년 3월에 시작된 1심 공판부터 상고심 재판이 종료된 97년 4월까지 지속되었다. 재판 투쟁은 법정 외부 공간과 법정 내에서 전개된다. 법정 밖의 공간에서 가장 첨예하게 충돌하는 위치는 방청권을 배부하는 정문이다. 재판이 있는 날에는 방청권을 확보하기 위하여 5 · 18 세력, 신군부에 밀려났던 군부 세력, 신군부 세력 3자간의 첨예한 대치와 싸움이 전개되었다. 특히 신군부측에서는 정체 불명의 젊은이들을 동원하여 정문 앞을 사전에 점거하기도 했으나, 3차 공판 이후에는 5 · 18측이 우월한 위치를 확보하였다. 재판정 내부에서도 재판의 초기에는 전 · 노 피의자들이 당당한 모습으로 입정하면서 방청석에 가벼운 인사를 하는 등 분위기를 압도하였으나, 5월 당사자들이 감치 명령을 감수하면서도 피의자 힐책, 소리지르기, 까무라치기, 신발 던지기 등의 방법을 동원하여 피의자들과 그들에 의해 동원된 방청객들의 기를 꺾어놓았다. 재판이 종료된 후, 일단 목적을 성취한 '공대위' 의 존립 여부와 관련하여, 그 정신과 내용을 계승할 수 있는 시민운동체로 발전시키자는 의견도 제시되었으나, 이보다는 '기념재단'을 강화한다는 의미에서 1997년 12월 기념재단에 통합하는 형식으로 해체되었다.

세 번째로 '시민연대'의 실태를 살펴보자. 이 단체가 발족하게 된 직접적인 계기는 '5 · 18묘역 성역화 사업'과 관련된다. 1993년 광주시가 이 사업을 추진하는 과정에서 드러낸 무원칙성과 무계획성을 우려하는 시민 단체와 각계 전문가들이 자발적으로 결합하여 그 방법과 대안을 제시하면서 시작되었다(《아시아 인권헌장 선언대회 자료집》, 1998, 186). 여기에는 지역주의적 성향을 띤 중앙 정부에 대한 시민의 거부감, 정부가 임명한 시장에 의해 추진된 관 주도의 사업과 지방 정부가 항쟁 당시와 항쟁 이후의 5월운동 과정에서 운동 세력에 대하여 취한 태도에 대한 시민의 반응이 결합된 것이기도 하다. 이 모임은 자발적인 참여, 전문가 집단의 참여, 제한된 목적, 유연한 조직성 등을 고려할 때 새로운 사회운동의 전형적인 형태를 보여주었다. 이 모임이 위의 두 단체와 구별되는 중요한 차이점은 5 · 18 당사자보다도 시민 중심적 성격이 두드러진다는 점이다. 이 모임은 '묘역 성역화 사업'과 관련된 활동을 마무리한 후, 현재 '광주시민연대'로 개편되어 활동하고 있다.

개편된 '시민연대'는 보다 체계적인 목적과 이를 위한 사업을 추진해 왔다. '묘역 성역화 사업'만을 대상으로 한 제한된 목적으로부터 항쟁 정신의 계승, 지역 발전과 사회 민주화, 민족 통일 등의 영역으로 확장하였다. 이러한 목적에 따라, 항쟁 기념 사업에 대한 의견과 대안 제시, 망월동 돌탑 쌓기 운동, 학술대회, 지역 현안에 대한 토론회, 지역간 연대 활동 등의 광범한 활동을 전개해 왔다. 특히 인권운동이나 민주화운동과 관련된 국제적 네트워크를 발전시켜, 연대의 지평을 확장한 부분이 두드러진다.

이 모임의 국제적 연대 활동은 광주민중항쟁의 정신 계승과 발전을 지향하는 다양한 형태의 행사로 추진되었다. 1994년 5월에 열린 '해외에서 바라

본 5 · 18광주민중항쟁' 을 주제로 한 국제 심포지엄[6], 1995년의 '반인륜 행위와 처벌' 에 관한 심포지엄[7], 1996년의 '인권과 평화를 위한 국제 청년 캠프' , 1998년에 있었던 '아시아 인권헌장 선언대회' 등이 그 사례다. '국제 청년 캠프' 는 5 · 18기념행사가 진행되는 기간에 세계 22개국에서 모인 50여 명과 한국의 청년 50여 명이 7일 동안 함께 지내면서 각국의 인권 상황을 토론하여 그 경험을 공유하면서 교류를 심화함으로써 국제 연대의 단초를 마련했다. 여기에는 미국, 캐나다, 독일, 영국, 덴마크 등 구미 지역에서도 참가했지만, 주요 참가국은 뉴질랜드와 동티모르를 포함하는 동남아시아권이었다(정근식, 1997, 194). 그리고 '아시아 인권헌장 선언대회' 는 98년 5월에 광주에서 아시아 지역 16개국에서 36명의 인권 전문가와 운동가들이 국내의 전문가 및 활동가와 결합하여 아시아 지역의 인권 현실, 인권에 대한 다양한 침해 형태, 인권 기구의 필요성 등에 관한 발표와 토론을 거쳐 '아시아 인권헌장' 을 선포하고, '광주선언' 을 채택하였다.[8]

'시민연대' 의 이러한 활동은 항쟁 정신의 계승 차원에서 다음과 같은 중요한 의미를 갖는다. 첫째, 앞에서 제시된 5 · 18 유관 단체들이 주로 진상규명, 책임자 처벌 그리고 국가기념일 제정이나 국가유공자 예우 등의 명예회복에 관련된 사업이나 과거 복원적 형태의 기념 사업에 치중하는 데 비하여, '시민연대' 의 이와 같은 활동은 미래 지향적 성격을 갖는다는 점이다. 민주주의와 인권의 가치를 변화된 현실에서 5 · 18항쟁 정신으로 구현하는 것이다. 둘째, 앞의 단체들이 대개 개별적인 방식으로 행사를 추진하는 데 반하여, 여기에서는 비정부 기구들간의 연대와 사회운동의 형태를 통하여

---

6) 이 심포지엄에는 일본, 필리핀, 독일, 타이 등지에서 학자와 인권운동가들이 참가했다.

7) 이 심포지엄의 주요 발표자는 아르헨티나 '5월어머니광장' 의 어머니들, 광주민중항쟁을 직접 목격했던 미국의 린다 루이스 교수, 유엔인권위원인 독일의 음바야 교수, 동독 출신의 헬가 교수, 한국의 박원순 변호사 등이다.

8) 이 대회에는 인도, 부탄, 방글라데시, 스리랑카, 네팔, 파키스탄, 캄보디아, 말레이시아, 인도네시아, 타이, 필리핀, 홍콩, 중국, 대만, 일본, 동티모르 등지의 인권 전문가가 참여하였다.

이를 실천하고 있다. 셋째, 기존 5월운동의 지역적 토대가 지역 내의 범위를 중심으로 전개되어 왔으나, 여기에서는 이를 국제적인 무대로 외연을 확장했다는 점을 중요하게 고려할 수 있다. 이는 5 · 18항쟁의 전국화가 지역주의의 장벽에 막혀 정체된 현실을 국제적 연대를 통해 극복하는 효과를 갖는 것이다.

4. 몇 가지 과제들

이상에서 최근 5월운동의 실태를 주요 5월 단체의 조직과 활동을 중심으로 살펴보았다. 그 결과에서 드러나는 경향적 특성은 조직적 측면에서 제도화의 진전과 활동적 측면에서 운동 형태의 변화로 요약될 수 있다. 먼저, 조직적 측면에서는 부상자 단체와 구속자 단체가 사단법인을 설립하였고, 5 · 18 당사자의 통합 단체로 '재단법인 5 · 18기념재단'이 설립되었다. 이와 같은 제도화는 조직의 안정성과 체계성을 강화하지만, 다른 한편으로 임의단체적 활동보다 더욱 엄격한 규정과 절차를 강요함으로써 집단의 창조적 발전과 역동성을 제한할 수도 있다.

활동적 측면과 관련하여 지난 19년 간의 5월운동사에서 '5 · 18재판'은 특별히 중요한 의미를 갖는다. 그것은 불완전한 법에 의한 미비한 재판이었지만(박연철, 1997; 곽노현, 1997; 한인섭, 1998), 정당한 절차에 따라 학살자에게 일정한 형벌을 부과하여 집행함으로써 5 · 18 문제에 있어서 가장 직접적이고 적대적인 '책임자 처벌' 문제가 제한된 범위에서나마 해결되었던 것이다. 이는 5월운동의 쟁점에서 가장 투쟁적이고 폭력적인 요인의 개입 여지가 그만큼 축소되었음을 의미한다. 사실, '5 · 18재판 투쟁' 이후의 5월운동에서는 기존의 저항적 투쟁성은 완화되고, 이에 대신하여 기념 사업 활동이나 항쟁 정신을 구현하는 시민운동적 성격의 5월운동이 강화되는 경향을 확인할 수 있다.

이와 같은 경향에 기초하여 5 · 18민중항쟁의 발전적 계승을 위해 현시기에 제기되는 과제는 무엇인가? 이는 운동 주체와 운동 방식의 두 가지 차원에서 논의할 수 있다. 첫째, 운동 주체인 5 · 18 당사자 단체와 관련하여 어떤 과제가 제기될 수 있는가 살펴본다. 이는 한마디로 말하면 내부 통합성의 강화로 요약할 수 있다. 지나온 5월운동의 역사에서 5월운동 세력 내부에서 특정 부류간의 대립과 갈등 현상이 빈번하게 지역 사회 여론의 비판 대상이 되어왔던 사실을 다수의 시민은 알고 있다. 인간 집단에서 집단 내부의 갈등과 대립이 있는 것은 보편적인 현상이지만, 동시에 이는 또한 인간 사회에서 극복의 대상이다. 특히 5월 단체가 법인화됨으로써 이 문제는 공식 조직에서 의사 결정의 난맥상을 초래하고, 그 파급 효과로 다양한 역기능을 수반하고 있는 실정이다. 우선 조직 내부에서는, 전체적인 역동성이 약화되고 그에 따라 정상적이고 효율적인 사업 추진에 장애가 되고 있다. 변화된 환경에서 5 · 18 관련 사업이 보다 광범위하게 확장되어야 하는 시기에 이러한 장애는 그 부작용이 더욱 커질 것이다.

그리고 지역 사회와 관련하여 볼 때, 5월 세력의 이러한 내부 갈등은 지역 사회와의 관계를 더욱 소원하게 하는 결과를 초래할 것이다. 앞에서도 확인된 바지만, 지난 시기 험난했던 5월운동의 역사에서 지역 사회는 운동 추진력의 토대가 되어왔고, 특별법 제정 투쟁 등의 중대한 상황에서 지역 사회 운동 단체의 적극적인 지원은 5월운동의 성공에 결정적인 요인으로 작용했음을 부인할 수 없다. 그러나 거꾸로 5월 단체가 지역의 사회운동을 그와 같이 적극적 방식으로 지원해 왔다고 보기는 어렵다. 이는 5월 단체가 80년 이후의 지난 역사에서 지역 사회에 대하여 진 빚이라고 생각할 수 있으며, 따라서 지역 사회와 연대 활동을 더욱 강화하려는 노력이 요구된다. 그리고 이러한 배경에서도 5월 단체가 내분과 갈등에 휩싸여 지역민의 기대를 저버리는 현상은 극복되어야 할 과제가 아닐 수 없다.

이의 극복을 위한 노력은 갈등과 대립의 심층 구조에 대한 이해로부터 전개되는 것이 적절하다. 그렇다면 이 갈등 구조의 핵심은 무엇인가? 여러 증언들에 의하면, 기본적인 요인은 '가방끈의 길이(교육 정도)'로 함축해 표현한다. 즉 갈등의 기본 구조는 배운 자와 못 배운 자를 기본 축으로 하여 형성된다는 것이다. 이들간에는 운동의 프레임[9]에 기본적인 차이가 있으며, 그에 따라 운동에 부여하는 의미, 참여 동기, 문제의 진단과 해결의 방법 등에도 차이가 드러난다. 해방 광주의 높낮이 없던 세상이 깨어지면서 기층 민중들은 학생, 지식인, 명망가 들과는 원래부터 근본적으로 넘을 수 없는 깊은 고랑이 있다는 것을 깨달았다(김두식, 1998, 232). 그리고 그 이후의 사회적 삶에서 이들은 더욱 절실하게 이를 느낀 것으로 증언한다. 배운 자는 5 · 18을 기반으로 발전하고 성공한 반면, 이와 반대로 못 배운 자의 삶은 여전히 고달프고 열악하다. 항쟁 당시 최전선에서 싸웠고, 그 이후의 5월 투쟁에서도 헌신적으로 앞장섰던 기층 민중의 입장에서 이러한 현실은 받아들이기 어려운 것이다. 그러므로 갈등의 기본 구조는 배운 자에 대한 못 배운 자의 불만과 저항, 그리고 이에 대한 배운 자의 반발이라는 형태를 가지며, 현실적으로는 조직 내에서 주도권을 둘러싼 경쟁과 대립으로 드러난다. 그리고 5 · 18과 관련하여 다양한 이권이 연결되는 최근의 현실에서 이들간의 대립과 갈등은 더욱 첨예화되는 것처럼 보인다. 이와 관련하여 5월운동이 지향하는 바가 항쟁 정신의 현실적 실현이어야 한다면, 그리고 그 항쟁 정신이 민중 중심성에 기초한 공동체적 평등과 대동 정신임을 인정한다면, 가방끈이 짧은 사람들에 대한 적극적인 배려가 있어야 한다.

두 번째로 운동 방식 및 형태와 관련하여 현시기의 과제를 검토한다. 5 · 18재판이 끝나고 5월 단체들이 법인화됨에 따라 요구되는 절차적 민주화의

9) 프레임은 현재와 과거의 사회 조건들 속에서 특정의 사건과 경험들을 선택적으로 강조하고 체계화하여 단순화시킨 해석의 틀이다(Snow and Benford, 1992, 137). 따라서 이 개념은 5월 단체들의 항쟁에 대한 인식과 해석의 차이를 드러내는 데 유용성이 있다.

문제다. 90년대 이후 5월운동의 공간이 형식적인 수준에서 합법화되었지만, 경우에 따라서는 80년대의 비합법적 · 폭력적 방식이 동원되기도 하였다. 이는 5월 당사자들의 '특권화' 된 행동으로 간주되어 왔고, 이와 같이 부정적인 이미지는 5월운동에 대한 의미와 효과에까지 영향을 미친 것으로 보인다. 특히 그것은 가방끈이 짧은 부류에게서 두드러지는 것처럼 보인다. 사실 80년대 엄혹한 억압의 현실에서 운동의 일상적 형태가 불법 폭력적 방식을 동원하지 않을 수 없었고, 따라서 이는 운동의 행동 양식으로 어느 정도 정형화된 경향이 있음을 부정할 수 없다. 그러나 앞으로의 5월운동은 투쟁주의적 전략이 아니라 국민 전체의 일상 속으로 스며드는 일상적 노력의 형태(한인섭, 1997, 14)를 갖는 유연한 행동 방식, 절차적 민주성을 실천하는 방식으로 진전될 필요가 있다.

이상에서 5월운동과 관련하여 지역 사회에서 제기하는 문제를 정리했다면, 다음에는 5 · 18의 전국화와 세계화 문제를 살펴보자. 이 문제의 논리적 근거는 광주민중항쟁이 민주화의 보편적 가치를 지향한다면, 우리 사회의 민주화는 광주 문제를 우회하고서는 효과적으로 성취되기 어려우며, 제3세계의 민주화운동에 있어서 광주민중항쟁은 중요한 전범이 될 수 있다는 데 있다. 1980년 광주민중항쟁이 군대에 의해 외부 사회와 차단된 상태에서 진전되었고, 철저하게 은폐 · 왜곡되었던 80년대를 지나 90년 이후에도 광주 문제는 호남인들의 문제로 국지화되는 경향을 보였다. 예컨대 96년 광주사회조사연구소가 시행한 '전국민 의식조사 보고서' 에 따르면 5 · 18을 국가기념일로 제정하는 문제에 대해 광주 지역 응답자의 72퍼센트가 찬성한 반면에, 비호남 지역의 경우 74.4퍼센트가 반대했다(광주사회조사연구소, 142). 이와 같은 국지화 현상은 우리 사회의 지역주의와 92년 대통령선거에서 지역주의의 극단적인 형태로 나타난 호남 고립화 선거 전략과 밀접히 관련되어 있다. 선거 경쟁 과정에서 지역 균열이 유권자들의 선택을 결정하는 결정적인 변수로 작용하기 때문이다(최장집, 1997, 5). 따라서 광주민중항쟁의 전국화를 위한 시도는 이를 가로막고 있는 지역주의의 장벽을 해소하는 데서 찾을 필요가 있는 것이다.

우리 사회의 지역주의 문제는 그것이 특정 세력의 지배 이데올로기로 동원되고 이용되어 왔다는 점에서 해결의 주체 설정에 제약이 따른다. 이 문제의 해결 주체는 수구적 지배 세력이나 그들의 수혜층이 아니라, 이들에 대항하여 민주적 운동을 전개해 온 개혁 세력이 되어야 한다. 따라서 민주화운동의 주체로서 5월 단체는 이 지역주의 문제를 해결하는 데 적극적인 주체로 나서야 할 것이며, 이를 위한 5월 단체의 노력은 두 가지 수준에서 추진될 수 있다. 그 하나는 5월 단체가 각 지역의 민주 세력과 적극적인 상호 연대와 협조 체제를 정립하는 것이다[10]. 다른 하나는 더욱 구체적으로 5월 단체가 다른 지역의 민주화운동이 제기한 문제를 해결하는 데 참여하는 것이다. 예를 들자면 부마항쟁, 4 · 3항쟁, 그리고 우리 현대사의 양민 학살 사건들, 군사 독재 체제에 저항하는 운동의 과정에서 희생당한 피해자 가족 등에 대하여 광주 문제 해결을 위한 5대 원칙을 적용하여 해결하는 노력을 적극적으로 전개하고, 이를 위한 그들의 노력을 지원할 수도 있다(김상곤, 1997).

5 · 18의 세계화 문제는 현대 사회에서 진전되고 있는 세계화 추세와 관련하여 제기된다. 갈퉁은 현대 사회에서 국가 주권의 약화와 이에 대응하는 범국가 단체나 도시와 지방 정부를 포함하는 지방 공동체, 그리고 다양한 비정부 단체(NGO) 등의 영향력 증대를 강조하면서 '세계 시민' 개념을 제시하고 있다(Galtung, 1998, 35). 앞에서도 본 바와 같이 최근 광주시민연대는 국제 청소년 캠프와 아시아 인권헌장 선언대회 등의 활동을 통해 광주민중항쟁이 한 지역의 사건으로 그치는 것이 아니라, 세계적인 사건으로 그

10) 이와 관련하여 5 · 18기념재단에서는 전국의 주요 민주 단체인사를 이사진에 포함하는 작업을 추진하고 있다.

의미의 영역을 확장시키는 단초를 마련하였다. 이는 광주 시민이 한국의 국지화된 지역민이 아니라 세계 시민적 지위를 갖게 되고, 광주는 한 지방 도시가 아니라 세계 도시적 성격을 띠게 되는 계기가 된다. 따라서 5 · 18의 세계화를 위한 운동은 앞으로 세계의 비정부 기구들간에 보다 효율적인 네트워크를 확장시켜 상호간에 유기적인 협조 체제를 발전시키는 방향으로 전개해야 하며, 이는 소수의 시민 단체에 한정되지 않고 더 광범한 토대에서 지속적으로 추진해야 할 것이다.

5 · 18의 진실과 그 정신을 국내외적으로 널리 알리고 공유하고자 하는 이와 같은 운동은 1980년의 5 · 18항쟁이 현재의 상황에서 갖는 의의를 발전적으로 확대재생산하는 노력과 병행하여 추진되어야 한다. 이는 바로 군사반란과 야수적 학살 만행에 맞섰던 항쟁의 현장으로서 광주가 갖는 상징적 정체성을 정립하는 일이다. 최근 광주시민연대가 중심이 되어 추진해 온 인권운동에 관한 다양한 실천은 광주가 '민주와 인권의 도시'로 그 상징성과 정체성을 정립해 가고 있음을 증거한다. 이러한 노력은 앞으로도 더욱 진지하게 추구되어야 할 중요한 과제가 아닐 수 없다. 즉 전국화, 세계화의 문제와 관련하여 정체성 정립의 과제가 제기되고 있는 것이다.

이상의 과제에 관한 논의는 주로 5월운동의 구조적 측면에 초점을 맞추어 전개하였다면, 이제는 구체적 사업의 측면에서 간략히 정리하고자 한다. 이는 편의상 두 가지 방향에서 접근될 수 있다. 그 하나는 과거 지향적 사업이고, 다른 하나는 미래 지향적 사업이다. 과거 지향적 사업은 미해결의 과제가 중심을 이룬다. 현재까지 5대 원칙에 대한 해결이 상당 부분 진전되고 있지만, 아직도 진실 규명과 과거 청산을 위한 문제(곽노현, 1997), 미완의 처벌과 재심 문제, 불완전한 보상에 관한 문제(박원순, 1998) 등 미진한 부분에 대한 해결 노력이 진행 중이다. 이 문제는 법적 · 형식적 청산의 수준에 머무르지 않고 역사적이고 실질적으로 실현되어야 하며, 이를 통하여 진정한 화해를 지향해야 할 것이다.

미래 지향적 과제는 기념 사업을 중심으로 한다. 여기에는 각종 조형물을 포함하는 유형의 기념 사업과 학술연구나 토론회 및 사회운동 등을 포함하는 무형의 기념 사업이 있다. 이 두 가지 유형의 사업은 상호 보완적 성격을 갖는다. 기념 사업은 과거의 충실한 복원[11]을 통해 항쟁 정신을 재생산하고 이를 발전적으로 계승하여 현재적 실천에 유기적으로 연결되도록 추진되어야 한다. 따라서 즉흥적 · 근시안적 · 성과주의적 발상을 버리고 '긴 호흡의 역사 의식' (손호철, 1994) 속에서 추진해야 할 것이다. 이러한 기념 사업을 위한 기초적인 선행 조건은 철저한 연구 작업인바, 이를 위해서 전문연구자 및 연구교수의 확충이 우선적으로 중요한 과제다.

6. 맺음말

이 논문에서는 5 · 18광주민중항쟁이 지난 19년의 역사를 통해 어떤 모습으로 현재에 이르고 있으며 앞으로 발전적 과제는 무엇인가를 알아보고자 했다. 이를 위하여 먼저 5월운동 관련 단체에서 90년대 후반에 전개한 주요 운동과 변화된 상태를 조직적 측면과 활동적 측면으로 구분하여 살펴보았다. 이것이 광주민중항쟁의 현실태라고 할 수 있기 때문이다.

여기에서는 유가족, 부상자, 구속자 단체의 3개 단체와 복합 단체로 '5 · 18기념재단', '5 · 18학살자 재판 회부를 위한 광주 · 전남 공동대책위원회', '광주시민연대' 의 조직적 특성과 주요 활동이 검토되었다. 이들에게서

11) 이와 관련하여 '5 · 18영상기록특별위원회' 에서는 항쟁의 주요 체험자를 대상으로 하여 영상 증언 채록 작업을 진행시키고 있다. 1996년에 발족하여 1998년 말 현재 145인의 증언을 채록하였다. 이는 유태인 생존자에 대하여 전세계적으로 광범한 영상 증언 채록 작업을 수행하고 있는 Shoah Visual History Foundation의 사업과 비교할 만하다. 이 재단은 1999년 2월 현재 5만여 명을 채록하였다. http:/www.vhf.org/production-status.html을 참조할 것.

나타난 주요 조직적 변화는 '기념재단의 설립' 및 법인화 경향과 구속자 단체들의 통합화였다. 그리고 각 단체에 공통된 주요 활동은 특별법 제정 투쟁, 5 · 18재판 투쟁, 5 · 18을 중심으로 한 국제적 연대의 발전 등이었고, 개별 단체별로 특수한 몇 가지 활동이 소개되었으며, 아울러 이것의 제도화 경향이 확인되었다.

그리고 이러한 실태와 관련하여 구조적 측면과 활동적 측면에서 몇 가지 과제가 제기되었다. 전자와 관련해서는 5월운동 세력의 내적 통합성 및 지역 사회와의 연대성 강화 문제, 운동 방식의 전환과 관련된 문제, 5 · 18의 전국화와 세계화 문제 등이 논의되었고 활동적 측면에서는 미해결의 과제와 기념 사업에 관한 몇 가지 의견이 제시되었다.

이와 같은 현시기의 과제들을 설정하는 데 있어서 중요한 관심의 초점은 두 가지로 요약된다. 하나는 항쟁의 기본 정신을 확대 재생산할 수 있는 전망 속에서 검토되었다는 점이다. 이는 광주민중항쟁이 기본적으로 민주화의 보편적 정신을 담지해 내는 전망에 토대해야 하며, 이에 기초하여 변화된 환경 속에서 인권, 정의, 자치 정신을 발전적으로 구현할 수 있어야 한다는 것이다. 다른 하나는 한국 사회 민주화가 5 · 18을 포함하는 광주 문제가 해결되지 않는 한 불완전할 수밖에 없다는 인식에서, '5 · 18의 전국화'를 위한 실천 전략이 중요한 의미를 가진다는 점을 강조하고자 하였다. 이와 관련하여 최근에 5월 단체들이 지역 화합을 위한 구체적인 실천 계획을 구상하는 것은 기대해 볼 만하다.

〈참고문헌〉

곽노현, 〈5 · 18 진실 규명과 과거 청산, 그리고 인권과 정의를 위한 5 · 18 정신 계승의 방안〉, 5 · 18학살자 재판 회부를 위한 광주 · 전남 공동대책위원회 주최, 《5 · 18 문제 완전 해결과 총체적 과거 청산을 위한 국민토론회 자료집》, 1997.

광주사회조사연구소, 《국민이 보는 5 · 18재판》, 1996.

김동춘, 〈1980년대 민주변혁운동의 성장과 그 성격〉, 《6월민주항쟁과 한국 사회 10년》, 당대, 1997.

김두식, 〈5 · 18에 관한 의미 구성의 변화 과정과 지역 사회의 변화〉, 한국사회학회 편, 《세계화 시대의 인권과 사회운동 : 5 · 18광주민주화운동의 재조명》, 나남출판, 1998.

김상곤, 〈정치사회운동으로서 5월운동의 평가와 계승〉, 나간채 편, 《광주민중항쟁과 5월운동 연구》, 전남대학교 5 · 18연구소, 1997.

나간채, 〈광주 지역 5월운동 조직의 형성과 발전 : 5 · 18 당사자 조직을 중심으로〉, 나간채 편, 《광주민중항쟁과 5월운동 연구》, 전남대학교 5 · 18연구소, 1997.

박연철, 〈12 · 12, 5 · 18 사건에 대한 사법부 판결의 역사적 의의〉, 한국정치학회 주관, 《5 · 18학술심포지엄 발표논문 자료집》, 1997.

박원순, 〈정신적 배상에 관한 법적 · 역사적 책임 : 재활복지센터 등 5 · 18희생자의 남아 있는 배상청구권을 중심으로〉, 사단법인 5 · 18민중항쟁부상자회, 《제3차 학술대회자료집》, 1998.

광주시민연대, 《아시아 인권헌장 선언대회 자료집》, 1998.

정근식, 〈민주화와 5월운동, 집단적 망탈리테의 변화〉, 나간채 편, 《광주민중항쟁과 5월운동연구》, 전남대학교 5 · 18연구소, 1997.

_____, 〈사회운동과 5월 의례, 그리고 5월 축제〉, 정근식 편저, 《축제, 민주주의, 지역 활성화》, 새길, 1999.

손호철, 〈세계 민주 성지를 통해 본 5 · 18기념 사업의 추진 방향〉, 5월 성역화를 위한 시민연대모임 편, 《진실은 발자국에 고여 있다》, 1994.

최장집, 〈광주민중항쟁의 영향과 그 변화〉, 한국정치학회 주관, 《5 · 18학술심포지엄 발표논문 자료집》, 1997.

한인섭, 《한국형사법과 법의 지배》, 도서출판 한울, 1998.

McAdam, D., *Political Process and the Development of Black Insurgency*

1930~1970, Chicago : University of Chicago Press, 1982, pp.40~58.

Snow, D. A., and R. D. Benford, 'Master Frames and Cycles of Protest', in A. D. Morris and C. M. Mueller(eds.), *Frontiers in Social Movement Theory*, New Heaven and London : Yale University Press, 1992, pp. 133~155.

Galtung, J., 〈인권 : 보편적인가 서구적인가?〉, 한국사회학회 편, 《세계화시대의 인권과 사회운동 : 5 · 18광주민주화운동의 재조명》, 나남출판, 1998.

Tilly, C., 진덕규 역, 《동원에서 혁명으로》, 학문과 사상사, 1995.

제1장

역사 속의 5·18민중항쟁

한국 민주변혁 운동과 5 · 18민중항쟁

정 해 구

(한국정치연구회 연구위원, 정치학)

1. 역사의 두 궤도와 민주변혁 운동

근대 이래 한국의 역사는 서로 상이한 두 궤도를 따라 전개되었다. 하나는 위로부터의 지배의 역사로, 일제의 식민 지배에 뒤이어 해방 후 분단 상황하에서 전개되었던 반공 독재 및 개발 독재의 역사가 바로 그것이다. 다른 하나는 아래로부터의 저항의 역사로, 일제하의 민족 해방 투쟁에 뒤이어 해방 후 반분단, 반독재의 민주변혁 운동의 역사가 그것이다. 물론 지배와 피지배가 완전히 소멸되지 않는 한, 역사의 두 궤도는 어쩌면 불가피할지도 모른다. 그러나 한국의 근현대사에서 두 궤도의 역사는 어느 경우보다 분명하고 뚜렷했다. 한국에서 지배란 아래로부터 나온 동의에 바탕을 두기보다는 위로부터 강제적으로 부과되었고, 따라서 아래로부터 지배의 정당성을 제대로 확보할 수 없었기 때문이다.

이를테면, 일제 식민 지배하에서는 대립하면서 서로 다른 궤도를 달릴 수밖에 없었던 역사의 전개가 어쩌면 당연했을 것이다. 민족적인 견지에서 볼 때, 일제의 식민 지배의 역사와 주권의 회복을 위해 이에 저항하지 않을 수 없는 민족 해방의 역사가 분명하게 대립했기 때문이다. 그러나 분단국가의 형태이기는 하지만 독립국가를 건설한 해방 이후의 남한에서 여전히 역사의 전개가 상이한 두 궤도로 나아간 이유는 무엇인가.

그것은 해방 이후 남한에 구축된 지배 체제가 밖으로부터, 위로부터 부과됨으로써 아래로부터 지배의 정당성을 충분하게 확보하지 못한 것과 관련이 있다. 즉 분단국가의 수립 과정이나 그후 유지 과정에서 구축된 지배 체제는 미국의 이해와 같은 외부적 이해를 대변하는 데 더 관심을 기울였고, 아울러 국민 다수의 이해보다는 특정 세력의 이해를 대변했다. 뿐만 아니라 정권적 차원에서 볼 때에도, 독재 정권이었던 이승만 정권과 박정희 정권, 그리고 유신 체제의 아류 정권인 5공화국의 전두환 정권도 아래로부터의 지배의 정당성을 제대로 확보하지 못했다.

오히려 지배의 역사에 대항하여 아래로부터의 운동의 형태로 존재해 왔던 저항의 흐름이 위로부터의 지배의 역사가 갖는 부당성에 대해 끈질기게 문제를 제기해 왔다. 한국의 민주변혁 운동의 역사라 할 때, 이는 바로 아래로부터의 저항의 역사를 의미한다.[1] 일제하의 민족 해방 투쟁으로부터 기원하여 해방 이후 반분단, 반독재운동으로 일관되었던 역사가 바로 그것이다. 물론 민주변혁 운동은 그 운동이 처한 시대적 상황에 따라 그 내용을 달리해 왔다. 그럼에도 불구하고 거기에는 위로부터의 부당한 지배에 대항한 아래로부터의 정당한 저항이라는 일관된 흐름이 관류하고 있다.

이 글은 아래로부터의 역사인 민주변혁 운동의 맥락에서 5 · 18민중항쟁이 어떠한 의미를 지니는가를 검토하기 위한 것이다. 이를 위해 이 글은 해

---

1) 아래로부터의 저항의 역사를 지칭하는 용어로서는 민중운동, 민주화운동, 민족민주운동, 민족통일운동 등 다양한 용어들이 사용되고 있으며, 용어에 따라 그 강조 내용도 일정한 차이를 지닌다. 그러나 여기에서는 그 내용적 편차를 떠나 아래로부터의 저항의 운동을 총체적으로 민주변혁 운동으로 지칭하고자 한다.

방 후 한국 지배 체제가 어떻게 구분될 수 있는가를 살펴보고, 그 구분에 따른 각 지배 체제하에서 민주변혁 운동이 어떻게 전개되었는지를 검토할 것이다. 이 같은 검토를 통해 5 · 18민중항쟁이 한국의 민주변혁 운동 속에서 어떠한 의미를 갖는지를 살펴볼 것이다.

2. 해방 후 한국 지배 체제의 구분

대체적으로 한국의 민주변혁 운동은 독자적으로 전개되었다기보다는 위로부터의 지배에 저항하면서 전개되었다. 그런 만큼 민주변혁 운동은 지배 체제의 전개와 긴밀한 관계를 지녔다. 이와 관련해서 여기서는 지배 체제의 전개와 그에 대한 저항으로서의 민주변혁 운동의 구체적 과정을 살펴보기에 앞서, 해방 후 한국의 지배 체제에 대한 구분을 시도해 보려 한다.

해방 후 남한에서 구축되었던 지배 체제는 이중적이었다. 그 하나는 우리가 '국가적-체제적 지배 체제' 라 부를 수 있는 것으로, 이는 미 · 소의 냉전적 대립과 남북의 분단적 대립 속에서 남한 분단국가가 형성 · 유지되는 과정에서 생성한 국가적 차원 또는 체제적 차원의 지배 체제라 할 수 있다. 그런 만큼 이 체제는 정치군사적인 차원에서 미국과 국내 우파들의 반공주의적 이해를 대변하고, 경제적인 측면에서 독점자본의 이해를 대변한다. 특히 한반도의 냉전적 · 분단적 갈등과 관련하여 구축된 강력한 반공주의는 이 체제의 가장 두드러진 특징이다.

미 · 소 냉전의 상징적 장소였던 한반도에서 공산주의와 대치할 수밖에 없는 남한 분단국가의 위상에서 비롯된 이 같은 국가적-체제적 지배 체제 이외에, 또 하나의 지배 체제로서 정권의 권력 유지와 강화를 위해 구축된 '정권적 차원의 지배 체제' 를 상정할 수 있다. 구조적인 측면에서 이 지배 체제의 주요 기능은 국가적-체제적 지배 체제의 요구를 구체적으로 반영하고 실행하는 것이다. 그러나 이 체제의 가장 직접적이고 일차적인 관심사는 정권 담당 세력의 권력 유지 및 강화에 있다.

이상의 국가적-체제적 지배 체제와 정권적 차원의 지배 체제는 상호 긴밀하게 연계되어 있다. 후자가 전자를 배경으로 등장해 전자의 요구에 부응하는 구체적인 정책을 수행하기 때문이다. 그러나 양 지배 체제의 차이 역시 크다. 전자가 미국을 위시한 세계적 냉전 질서 및 자본주의 질서와 연계된 지배 체제로서 보다 강력하고 장기적인 체제라면, 주로 국내적 지지 기반 위에서 주기적인 선거에 의해 그 존속 여부를 의존해야 되는 후자는 전자에 비해 취약하고 보다 단기적인 체제라 할 수 있다.

이처럼 이중적으로 구축된 한국의 지배 체제는 독재화 경향을 보인다. 그것은 다음과 같은 두 가지 이유에서 비롯되었다. 우선 미국을 비롯한 국내외의 반공주의적 이해와 독점자본 등의 이해를 반영하지 않을 수 없는 한국의 국가적-체제적 지배 체제는 자체적으로 일정한 독재화의 경향을 갖는다. 한편 이 지배 체제는 반공주의 및 자본주의와 더불어 자유민주주의 제도와 형식을 수용했던 만큼, 이에 따른 민주적 절차에 따른 지배를 요구한다. 즉 반공주의와 자본주의의 본질적 내용이 침해되지 않는 한, 그것은 자유민주주의의 공간을 일정 정도 허용하는 것이다.

그러나 자유민주주의의 민주적 절차에 따라 아래로부터의 지배의 정당성을 확보하고 이를 주기적인 선거를 통해 확인해야 하는 정권적 차원의 지배 체제는 아래로부터의 지배의 정당성을 합법적으로 획득하지 못할 경우, 자주 비민주적인 방식을 통해 자신의 권력을 유지하고 강화하려 한다. 그럴 경우 국가적-체제적 지배 체제가 일정 허용했던 제한된 자유민주주의의 공간마저 침해당했고, 그 결과는 지배 체제의 독재화로 나타난다.

이같이 지배 체제가 독재화되면 아래로부터의 저항을 불러일으킨다. 뿐만 아니라 그 저항의 증대는 주기적으로 정권적 차원의 지배 체제를 약화 또는 붕괴시켰고, 때로는 국가적-체제적 지배 체제에까지 위협을 가했다.

〈도표1〉 해방 후 한국 지배 체제의 구분

기 간		1945~60년		1960~87년	
		1945~48년	1948~60년	1960~79년	1980~87년
지배 체제	국가적－체제적 차원	반공 독재		개발 독재	
	정권적 차원		이승만 독재 체제	박정희 독재 체제	전두환 독재 체제
주요 민주변혁 운동				4 · 19혁명--5 · 18민중항쟁--6월항쟁	

그러나 그러한 아래로부터의 저항에 의해 정권적 지배 체제가 일시 약화 또는 붕괴되고 국가적－체제적 지배 체제가 위협을 받을지라도, 재편된 국가적－체제적 지배 체제를 배경으로 새로운 정권적 차원의 지배 체제가 다시금 등장하는 것이 한국 지배 체제의 특징이라 할 수 있다.

그런 점에서 볼 때, 해방 후 우리의 역사는 아래로부터의 저항에 의해 정권적 지배 체제가 주기적으로 붕괴되었거나 약화되었지만, 그럼에도 불구하고 국가적－체제적 지배 체제를 배경으로 다시금 정권적 지배 체제가 등장했던 지배와 저항의 역사였다. 이를 시기별로 구분하면 다음과 같다(〈도표1〉 참조).

도표에서 알 수 있듯이, 국가적－체제적 지배 체제는 반공주의적 이해가 우선시되었던 반공 독재의 시기와 국가 주도의 경제개발계획의 추진에 의해 국내외 독점자본의 이해가 보다 중시되기 시작했던 개발 독재의 시기로 나눌 수 있다. 한편 정권적 수준의 지배 체제는 각 정권의 집권기에 따라 이승만 독재 체제, 박정희 독재 체제, 전두환 독재 체제 등으로 나눌 수 있다.

3. 해방 후 각 시기의 지배 체제와 민주변혁 운동

1) 반공 독재 시기(1945~60)

(1) 분단국가 형성기(1945~48)

1945년 해방으로부터 1948년 남북한 분단 정권이 등장하기까지 해방 정국의 기간 동안 미 · 소 대립의 세계적 냉전이 강화되는 가운데 그 상징적인 대립의 장소였던 한반도에서는 정부 수립의 주도권을 둘러싸고 미 · 소와 그와 연계된 좌우 세력 등 각 정치 세력들이 격렬하게 갈등하였다. 그 결과, 남한에서는 미국의 지원하에 이승만 세력 및 한민당 등 극우 세력 중심의 분단 정권이 들어섰고, 북한에서도 역시 소련의 지원 아래 좌파 세력 중심의 또 하나의 분단 정권이 들어서게 되었다.

우선 남북한 분단국가 형성의 이 같은 과정은 바로 남북한의 국가적-체제적 지배 체제 구축 과정이라 할 수 있다. 그러나 남한에서 이루어졌던 이 같은 지배 체제의 구축은 아래로부터의 내적 요구를 바탕으로 한 것이라기보다는 미 · 소의 냉전적 갈등 속에서 밖으로부터, 즉 미국의 강요에 의한 것이었다. 또한 그것은 미군정과 국내 극우 세력의 주도로 이루어졌다는 점에서 위로부터의 지배 체제 구축이라 할 수 있었다.[2] 그런 만큼 이 지배 체제는 강한 반공주의적 성격과 억압적 성격을 그 특징으로 하고 있었다. 또한 그것은 지배의 정당성이란 차원에서도 내적인 지지보다는 외적인 지지에 더 의존하고 있었다.

한편 해방 정국에서 소련의 지원을 바탕으로 반제반봉건혁명을 통해 사

---

2) 이와 관련하여 최장집은 당시의 남한 분단국가 형성 과정에서 미군정이 행한 역할과 관련하여 이를 '중심부 외삽(外揷) 국가'로 표현하고 있다. 최장집, 〈미군정하 국가다원주의의 형성과 정치 균열의 역사적 기원〉, 《한국 현대정치의 구조와 변화》, 까치, 1989, 115쪽.

회주의정부 수립을 지향했던 남한의 좌파 세력은 미군정과 우파 세력의 억압에 의해 분쇄되지 않을 수 없었다. 또한 남북한 분단정부 수립을 반대했던 김구, 김규식 등 우파적이거나 중도적인 민족주의 세력도 남한 분단정부 수립 과정에서 배제되었다. 그런 점에서 당시 남한 분단국가 형성에 반대했던 저항은 서로 다른 지향을 가진 두 운동으로 구분할 수 있다. 하나는 소련의 지원에 의존하여 반제반봉건혁명을 통해 사회주의 체제 건설을 지향했던 좌파 진영의 운동이며, 또 다른 하나는 민족주의의 대의에 바탕을 두고 민족주의적 우파 및 중도 진영에 의해 추진되었던 분단을 저지하고 통일정부를 세우고자 했던 운동이다.

(2) 이승만 정권기(1948~60)

한국전쟁은 동북아 및 남북한 차원에서는 냉전적 · 분단적 대립을 고착시켰고, 아울러 남한은 내적으로 전쟁의 경험을 통해 반공주의가 점차 확산되어 사회 저변에 그 뿌리를 내릴 수 있는 기반을 제공했다. 그런 점에서 해방정국에 밖으로부터, 위로부터 부과되었던 남한 분단국가의 반공주의적 지배 체제는 한국전쟁을 거치면서 억압적인 측면에서 뿐만 아니라 헤게모니적 측면에서도 더욱 강화될 수 있었다. 더욱이 전후 미국의 대한 원조는 이 지배 체제가 어느 정도 물적 기초를 갖출 수 있도록 만들어주었다.

정권적 차원의 이승만 지배 체제가 독재화될 수 있었던 것은 바로 해방정국과 한국전쟁을 통해 이루어졌던 바로 이 같은 국가적—체제적 지배 체제의 형성과 강화, 특히 반공주의의 강화를 배경으로 한 것이었다. 즉 이승만은 자신의 장기 집권을 위해 한국전쟁의 전시 분위기와 그로 인해 강화된 반공주의를 이용, 발췌개헌과 사사오입개헌 등을 통해 장기 집권을 감행함으로써 정권적 차원의 독재 체제를 강화시킬 수 있었던 것이다.

국제적 냉전 질서와 연계되어 있어 쉽게 동요되거나 약화될 수 없는 국가적—체제적 지배 체제와는 달리, 정권 차원의 이승만 독재 체제는 강화되자

마자 곧 동요하지 않을 수 없었다. 그것은 이승만 정권이 반공주의를 통치 이데올로기로 이용함으로써, 또한 국가적—체제적 지배 체제가 일정 인정하고 있는 자유민주주의의 민주적 절차마저 파괴함으로써, 정치적 반대 세력의 저항을 불러일으키지 않을 수 없었기 때문이다.

이승만 독재에 대한 반대운동은 두 정치 세력으로부터 비롯되었는데, 민주당과 조봉암이 이끈 진보당의 반독재운동이 바로 그것이다. 그렇지만 민주당과 진보당의 성격에는 상당한 차이가 있었다. 전자가 반대운동의 범위를 이승만 독재에만 한정시킴으로써 절차적 수준의 자유민주주의의 회복을 목표로 한 보수적 운동이었다면, 후자는 이승만 독재뿐만 아니라, 당시의 사회적 불평등 및 통일 문제 등 체제와 긴밀히 관련된 사안들에 대해서도 문제를 제기하는 '혁신운동'적인 성격을 보여주었다.[3] 그러나 국가적—체제적 지배 체제 자체에 대해 문제를 제기하는 진보당의 운동은 50년대 상황에서 오래 지속되기 어려웠다. 진보당 사건 및 조봉암 처형은 바로 그 단적인 예였다.

이상 살펴본 바와 같이, 50년대 한국의 민주변혁 운동은 해방 정국의 좌파운동이나 분단 반대운동과 그 성격을 상당히 달리한다. 해방 정국의 운동이 좌파 진영의 사회주의 체제 건설운동 또는 우파 및 중도 민족주의 진영의 분단 저지운동 등 체제 선택의 운동이었다면, 국가적—체제적 지배 체제의 수준에서 반공주의적 지배 체제가 고착되었던 50년대에는 정권 차원의 이승만 독재 체제에 대해서만 문제를 제기하는 체제 내적 반독재운동으로 나타났기 때문이다. 물론 혁신적 반독재운동은 일정 정도 체제와 관련된 문제들까지 거론하기도 했다. 그러나 그것은 체제 선택이나 전복을 위한 운동

---

3) 이와 관련하여 최장집은 전자를 '보수적 자유민주주의'로, 후자는 '진보적 자유민주주의' 또는 '자유민주주의적인 개혁 정당'으로 파악하고 있다. 반면 정태영은 후자를 '사회적 민주주의(social democracy)'로 파악하고 있다. 최장집, 〈국민국가 형성과 근대화의 문제〉, 《한국 민주주의 조건과 전망》, 나남출판, 1996, 93쪽 ; 정태영, 《조봉암과 진보당》, 한길사, 1991.

이라기보다는 제한적인 수준에서 체제 관련 문제들을 지적하는 수준이었다. 그것마저 탄압당한 것이 50년대의 현실이었다. 아무튼 체제 선택을 둘러싼 해방 정국의 변혁운동은 1950년대 들어 정권적 차원의 독재에 대해서만 문제를 제기하는 체제 내적 반독재운동으로 바뀌지 않을 수 없었다.

2) 개발 독재 시기(1960~87)

(1) 박정희 정권기(1960~79)

1960년 이승만 독재 정권이 4월혁명에 의해 붕괴하고 장면의 민주당 정부가 들어섰다. 그러나 장면 민주당 정부는 학생 등 4월혁명을 주도한 주체들에 의한 혁명정부라기보다는 그 혁명 과제 수행을 위임 받은 정부라 할 수 있었다. 그러나 그들의 혁명 과제 수행은 충분하지 못했고, 따라서 학생과 혁신 세력 등에 의해 다시금 도전받지 않을 수 없었다. 그 결과, 정국 운영에 혼선을 면치 못했던 민주당 정부는 결국 4월혁명 발생 1여 년 만에 5 · 16군사쿠데타에 의해 붕괴되지 않을 수 없었다.

물론 4월혁명이 발생했다 하여 한국의 국가적－체제적 지배 체제가 크게 동요되었던 것은 아니다. 그러나 그것은 적어도 정권적 차원에서 독재 정권 대신 민주 정부를 수립할 수 있는 기회를 제공하였고, 나아가 이를 통해 한국의 국가적－체제적 지배 체제에 대해서도 일정 정도 문제를 제기할 가능성도 내포하고 있었다. 그럼에도 그 기회는 5 · 16쿠데타에 의해 무산되었다. 따라서 이후 전개되는 박정희 정권의 역사는 위로부터의 지배의 역사를, 5 · 16에 의해 다시금 좌절된 4월혁명과 이를 뒤이은 민주변혁 운동은 아래로부터의 저항의 흐름을 이룬다.

우선 박정희 정권하에서 위로부터의 지배의 역사를 살펴볼 때, 5 · 16군사쿠데타는 한국의 국가적－체제적 지배 체제의 재편과 관련이 있었다. 즉 60년대 들어 국가적－체제적 지배 체제를 재편해야 될 필요성이 강력하게 제기되었는데, 그것은 반공주의 편향의 50년대 방식만으로는 한국의 국가적-체제적 지배 체제를 더 이상 지탱하기는 어려웠기 때문이다. 더구나 50년대 말부터 만성적 재정 적자에 시달리던 미국은 한국의 반공 체제를 지원하기 위해 그동안 제공되었던 무상 원조를 계속하기 어렵게 되었다. 이 같은 상황에 직면한 미국은 동북아 지역 통합 전략[4]의 바탕 위에서 일본의 대한 경협을 통해 한국 경제의 발전을 도모하고자 했다. 또한 이를 위해 미국은 한 · 일 국교 수립을 지원하고자 했다.[5] 한편 국내에서도 4월혁명 이후, 비록 자립적인 방향에서였지만, 경제 발전 요구는 증대되고 있었다.

그러나 한국의 국가적-체제적 지배 체제 재편을 위해 경제 발전이 요구되었던 이 같은 60년대 초의 상황에서, 누가 이 경제 발전을 성공적으로 추진할 수 있을 것인가가 문제였다. 50년대 후반에야 겨우 관료 자본의 형태로 겨우 그 모습을 드러냈던 국내 독점자본이 이를 주도하기에는 역부족이었다. 4월혁명 이후 집권한 민주당 정권이 경제발전5개년계획을 수립하였지만 정국 운영에 있어 분열과 혼선을 면치 못했던 그들 역시 급속한 경제 발전을 주도할 추진력을 결여하고 있었다. 바로 이러한 상황에서 반공주의와 경제 발전을 내세우며 등장한 것이 박정희 군부 세력이었다. 쿠데타를 통하지 않고는 국가 권력을 장악할 수 없었던 그들은 5 · 16군사쿠데타를 통해 집권에 성공할 수 있었고, 불충분할 수밖에 없던 군사 정권의 정통성을 경제 발전 성과를 통해 보완하려 했다. 즉 그들은 한국의 국가적-체제적 지배 체제 재편을 위해 급속한 경제 발전이 필요한 상황에서 경제 발전 추진의 주역을 자임하고 나섬으로써 군부의 정치 참여를 정당화했던 것이다.

이후 60년대 내내 추진되었던 박정희 정권의 경제개발계획은 적어도 양

4) 이에 대해서는 허버트 P. 빅스, 〈지역 통합 전략 : 미국의 아시아 정책에서의 한국과 일본〉, 《1960년대》, 거름, 1984.
5) 이와 관련하여 미국은 당시 로스토우(W. W. Rostow)류의 근대화론에 바탕하여 제3세계의 경제 발전을 도모, 이를 통해 제3세계에서의 공산주의의 확산에 대비하려 했다.

적인 측면에서는 커다란 성공을 거두었다. 뿐만 아니라 한국군의 베트남 파병은 미국―일본―한국―베트남으로 이어지는 동아시아 반공 연대를 강화시켰다. 그리하여 냉전 초기의 대립 속에서 미국 및 국내 우파 세력의 반공주의적 이해에 기반하여 구축된 50년대 한국의 지배 체제는, 이제 미국의 지역 통합 전략에 힘입어 한 · 일 경협이 이루어지고 동아시아 반공 연대가 강화된 가운데 국가 주도의 경제발전계획에 따라 국내 독점자본 중심의 경제 발전이 급속히 이루어졌던 60년대식 지배 체제로 그 모습이 바뀐다.

한편 아래로부터의 저항의 흐름이라는 맥락에서 볼 때, 4월혁명은 이승만 독재 체제를 붕괴시키는 데 그치지 않고 새로운 형태의 민주변혁 운동의 시작을 알리고 있었다. 우선 4월혁명은 50년대 후반의 반독재운동의 정치 세력들과 직접적으로 연결되지 않은 새로운 주체들에 의해 수행되었다는 점을 지적할 필요가 있다. 즉 4월혁명을 통해 등장한 저항의 주체는 교육의 확산, 도시화 등을 통해 근대적 의식을 갖게 된 학생과 지식인 그리고 도시민 등 새로운 대중이었다. 물론 당시 한국 사회는 농업 사회를 갓 넘어선, 그러나 본격적인 산업 사회에 진입한 것은 아닌, 과도기적 성격을 띠고 있었다. 그런 만큼 노동자 중심의 기층 대중이 주체로 등장할 수는 없었다. 그럼에도 불구하고 점차 확산되고 있었던 근대적 영역의 새 주체들이 4월혁명을 주도할 수 있었던 것이다.

다음으로, 4월혁명은 비록 자유민주주의 수준에서 크게 벗어나는 것은 아니지만 민주주의를 추구하고, 보다 자주적인 입장에서 경제 발전과 민족통일을 도모하고자 했다는 점에서 민주변혁 운동의 새로운 지향을 제시했다. 흔히 자주, 민주, 통일로 요약되는 4월혁명의 정신이 바로 그것이다. 사실 남한에서는 분단과 전쟁을 계기로 반공주의적 지배 체제가 구축되고 강화되면서 민주변혁 운동은 극도로 위축되지 않을 수 없었고, 따라서 당연히 그 지향도 새롭게 정립되지 못했다. 그러나 4월혁명은 반공주의적 지배 체제가 구축된 상황에서 민주변혁 운동이 추구해야 될 나름의 지향을 새롭게 제시하고 있었던 것이다.

이후 이같이 새로운 지향을 모색했던 4월혁명의 흐름은 5 · 16 이후 지배 체제의 새로운 재편을 위해 급속한 경제 발전을 추진했던 박 정권의 시도와 충돌하지 않을 수 없었는데, 그 첫 충돌은 한 · 일 국교 협상을 둘러싼 갈등으로 나타났다. 그 과정에서 나타났던 핵심적인 쟁점은 다음과 같은 두 가지였다. 첫째, 박 정권은 그들 스스로가 '민족적 민주주의'를 주창했음에도 불구하고 일본과 국교 수립 추진을 시도하여 종속적인 경제 발전 방식을 도모했는데, 이는 4월혁명에 의해 제시되었던 자립적 경제 발전 지향과 충돌하지 않을 수 없었다. 둘째, 대일 협상에 있어 박 정권은 일제의 식민 지배에 대한 분명한 사과와 배상 대신 청구권과 경협 요구의 차원에서 협상을 진행시켰는데, 4월혁명을 통해 확인된 자주적 지향에 배치되는 이 같은 대일 굴욕 외교는 학생과 야당 등 국민들의 광범위한 반발을 불러일으키지 않을 수 없었다.

그런 점에서 본다면, 한 · 일 협상을 둘러싼 갈등은 경제 발전 방식, 즉 미국과 일본 같은 자본주의적 세계 시장과의 연계 속에서 종속적 경제 발전을 추구할 것인가, 아니면 상대적으로 자립적인 경제 발전 방식을 추구할 것인가, 또한 한 · 일 협상과 연계되어 있는 일제의 식민 지배 문제의 청산을 어떻게 할 것인가를 둘러싼 갈등이라 할 수 있었다. 다시 말해, 그 갈등은 5 · 16 이후 지배 체제 재편을 위해 과거 식민 지배 문제의 명확한 청산 없이 한 · 일간의 경제 유착을 꾀했던 위로부터의 시도와 4월혁명에서 비롯되었던 민주변혁 운동의 자주적 지향이라는 아래로부터의 흐름이 충돌했던 사건이라 할 수 있었다. 그럼에도 불구하고 60년대 중반의 시점에서 그것은 아직 박 정권의 독재와 이에 저항하는 반독재 민주화운동의 본격적인 충돌로 이어지지는 않았다.

그러나 60년대 말 70년대 초에 들어서면서 상황은 급속히 변화했다. 60년대에 급속한 경제 발전의 성과를 올린 박 정권이 그 대가로서 자신의 장기 집권을 보장해 줄 독재 체제 수립을 꾀했기 때문이다. 다시 말해, 60년대 급속한 경제 발전을 통해 국가적-체제적 지배 체제 재편을 성공적으로 주도했던 박 정권은, 이제 이를 바탕으로 자신의 장기 집권을 위한 정권적 차원의 지배 체제를 강화하려 했다. 그 결과, 1969년 3선개헌에 이어 72년에는 마침내 유신 체제가 수립되었다. 사실상 초법적인 대통령의 권력 행사가 가능하고 국회의 대의적 기능은 심각하게 훼손된 유신헌법하의 이 체제는 사실상 박 정권의 장기 집권을 위한 극단적인 독재 체제였다.[6]

이승만 정권이 국가적-체제적 지배 체제에 반공주의를 강화함으로써 자신의 정권 차원의 지배 체제를 독재화했을 때 그것이 아래로부터의 저항에 직면했던 것처럼, 박정희 정권이 국가적-체제적 지배 체제 재편을 위한 경제 발전의 성과를 이용, 자신의 지배 체제를 독재화하려 했을 때 마찬가지로 그것은 아래로부터의 저항을 야기시켰다. 60년대 말 3선개헌 반대 투쟁 이후 70년대 내내 박정희 독재 정권의 강력한 탄압에 대항하여 끈질기게 전개되었던 반독재 민주화운동이 바로 그것이다.[7] 이 같은 반독재 민주화운동은 우선 유신헌법에 의해 그 내용이 심하게 왜곡된 자유민주주의의 민주적 절차를 회복하기 위한 정치 민주화운동으로 나타났다. 뿐만 아니라 그것은 언론 자유운동 등 사회 각 분야의 자율성을 확보하기 위한 사회 민주화운동으로, 나아가 박 정권의 급속한 산업화 정책 속에서 소외되었던 기층 민중의 생존권을 도모하기 위한 운동 등으로 확산되었다. 다른 한편, 70년대의

6) 유신 체제의 등장과 관련해서는 경제적 요인을 중시하는 '관료적 권위주의론', 신식민지국가 독점자본주의의 체제 위기를 그 원인으로 보는 '식신민지파시즘론', 과대 성장 국가론의 맥락에서 정치적 측면을 중시하는 이론, 세계 체제 자체의 변동에 따른 정치 변동으로 보는 시각, 미국의 대한반도 전략 변화를 강조하는 견해 등 다양한 주장이 제기되고 있다. 〈유신 체제의 성립과 전개〉, 한국역사연구회 현대사연구반, 《한국현대사》3, 풀빛, 1991, 100~105쪽. 이 글은 유신 체제의 등장이 국가적-체제적 지배 체제의 위기와 관련된 것이라기보다는, 박정희의 장기 집권을 위한 정권적 차원의 지배 체제 강화책으로 파악한다.

7) 반유신독재 민주화운동에 대한 간략한 정리로서는 정해구, 〈한국 사회 정치 변동과 민중 투쟁〉, 《광주민중항쟁 연구》, 사계절, 1990, 52~63쪽.

반독재 민주화운동은 그 운동 형태에 있어서도 학생 등 일부 사회 계층에만 한정되는 운동이 아니라, 점차 국민적 지지를 확보해 나가는 저항운동으로 발전하고 있었다.

이 같은 70년대 민주변혁 운동과 관련하여 특히 우리가 주목할 것은 당시의 민주화운동이 광범위한 인권 개념에 기반하고 있었다는 점이다. 그것은 당시의 민주화운동이 유신 독재의 강압적인 탄압에 대해 인간으로서의 기본권을 지키기 위한 운동이었던 한편, 급속한 산업화 추진 과정에서 소외된 계층에 대한 인권적 차원의 보호운동이었기 때문이다. 그런 만큼 종교계, 지식인 등 우리 사회의 양심들이 이에 대거 동참하였고, 따라서 민주화운동의 정신적 · 대중적 기반은 확산되지 않을 수 없었다. 그런 점에서 60년대 말 이후 70년대 내내 전개되었던 반독재 민주화운동은 민주적 절차를 회복하기 위한 운동이었던 동시에 인권 수호를 위한 운동이었다고 할 수 있다.

결국, 유신 독재의 탄압이 한층 강화되는 한편 반독재 민주화운동 역시 확대되어 가는 상황에서 양측의 직접적인 충돌은 불가피했다. YH사건 당시 신민당 당수였던 김영삼 총재에 대한 직무 정지 가처분 및 국회의원 제명 사건, 그리고 뒤이은 부마항쟁 등 70년대 말에 집중적으로 발생했던 일련의 사건들은 바로 이러한 충돌의 직접적인 결과였다. 이 같은 상황에서 아래로부터의 민주화 압력에 의해 내부 분열에 직면하지 않을 수 없었던 유신 독재는 1979년 10 · 26사건에 의해 일단 붕괴하지 않을 수 없었다. 5 · 16 발생 이후 약 18년 만의 일이었다.

(2) 전두환정권기(1980~87)

그러나 10 · 26에 의해 일시 붕괴되었던 유신 체제는 박정희 후계 세력의 일부라고 할 수 있는 신군부의 12 · 12군사반란 및 5 · 17군사쿠데타에 의해 5공화국의 전두환 독재 체제로 재구축되었다. 그러한 점에서 전두환 독재 체제는 유신 독재의 '아류' 독재 체제라 할 수 있었다. 유신 체제가 박 정권의 경제 개발이라는 업적을 바탕으로 등장했던 데 비해, 전두환 독재 체제는 신군부의 사적인 권력욕 이외에 그 어떠한 정당성도 없이 광주 민중들에 대한 살육을 통해 등장했다는 점에서 유신 독재보다 그 질이 더 나빴다.

한편, 신군부의 불법적인 집권 과정에서 그들의 야만적인 살육에 맞서싸웠던 5 · 18민중항쟁을 어떻게 이해해야 하는가. 일부에서는 5 · 18민중항쟁을 노동자 중심의 민중 세력에 의해 임시 혁명 권력을 창출하기 위한 목적 의식적 기도로 파악한 '광주 민중 무장 봉기론' 을 제기하기도 한다.[8] 그러나 그것은 광주 민중이 선택한 싸움이 아니라 신군부의 야만스러운 탄압에 대항하여 공포 속에서도 인간의 존엄성을 지키기 위해 불가피하게 싸우지 않으면 안 되었던 민중항쟁[9]으로 해석하는 것이 더욱 타당할 것이다.

역설적인 이야기지만, 5 · 18민중항쟁의 본질적 의미는 항쟁이 패배했다는 사실로 더 잘 이해할 수 있다. 우선 그것은 광주 민중에 대한 폭력적 억압을 통해 등장한 전두환 독재 정권의 정당성을 결정적으로 약화시켰다. 반공주의의 강화를 이용하여 등장한 것도 아니고, 또한 경제 성장의 대가로 등장한 것도 아닌, 광주 민중에 대한 폭력적 억압을 통해 등장한 전두환 독재 제체는 그 등장 시점부터 적나라하게 지배의 정당성을 상실한 채 출범하지 않을 수 없었기 때문이다.

5 · 18민중항쟁은 국가적-체제적 지배 체제의 정당성, 특히 한국에 대한 미 정책의 정당성도 크게 약화시켰다. 즉 미국은 신군부의 12 · 12군사반란에 대해서는 암묵적 지지를 보내는 한편, 5 · 18민중항쟁을 전후해서는 민주화 시위에 대한 공수부대의 투입과 광주 진압에 대한 군 20사단의 투입을

---

8) 이정로, 〈광주봉기에 대한 혁명적 시각 전환〉, 《노동해방문학》, 1989년 5월호.

9) 이와 관련하여 최정운은 5 · 18민중항쟁을 공수부대의 과잉 진압에 의한 공포의 엄습 속에서도 인간의 존엄성을 지키기 위한 항쟁으로, 그리고 이를 통해 '절대 공동체' 의 모습을 확인했던 항쟁으로 파악하고 있다. 최정운, 〈폭력과 사랑의 변증법 : 5 · 18민중항쟁과 절대 공동체의 등장〉, 한국사회학회 편, 《세계화 시대의 인권과 사회운동》, 나남출판, 1998.

공공연히 허용하고 지원했다. 따라서 한국의 '민주화'보다 '안보'를 앞세워 신군부의 불법적이고 야만적인 행위에 협력했던 미국의 이러한 태도는 미국의 대한 정책의 정당성을 크게 약화시키지 않을 수 없었다.

다른 한편으로, 민주변혁 운동의 맥락에서 볼 때 5 · 18민중항쟁은 오히려 그 패배를 통해 이후 80년대 민주변혁 운동의 강력한 정신적 · 도덕적 자극제가 될 수 있었다. 우선 전두환 독재의 억압이 어느 정도 완화되었던 1983년 말 유화 국면 이후 민주화운동은 폭발적으로 성장했고, 이 같은 민주화운동의 성장은 80년대 중반 민주화운동 진영이 전두환 독재 체제에 정면으로 맞설 수 있을 만큼 그 역량을 증대시켰다.[10] 뿐만 아니라 5 · 18민중항쟁은 민주화운동의 성장과 더불어, 이를테면 CNP 논쟁을 포함한 사회구성체 및 사회변혁 논쟁[11]과 같은 민주변혁 운동을 둘러싼 인식의 확대를 가져오기도 했다. 물론 이 같은 논쟁과 사고의 내용이 최대강령적이고 도식적인 측면이 없지는 않았지만, 그럼에도 그것은 정권적 차원의 민주 회복이라는 자유민주주의의 좁은 테두리에만 머물러왔던 그동안의 사고를 국가적-체제적 지배 체제 극복을 위한 변혁적 사고로 확대시켰다고 말할 수 있었다.

아무튼 참담하게 억압당하고 패배하지 않을 수 없었던 5 · 18민중항쟁의 경험으로부터 비롯되었던 이러한 효과들, 즉 민주화운동의 폭발적 성장, 민주변혁 운동을 둘러싼 인식의 확대, 그리고 정권적 차원과 국가적-체제적 차원의 지배 체제가 갖는 지배의 정당성 약화 등은 전두환 독재 체제가 점

---

10) 전두환 독재 체제하의 민주화운동의 성장에 대해서는 정해구, 〈민족민주운동의 고양과 5공화국의 몰락〉, 박현채 엮음, 《청년을 위한 한국현대사》, 소나무, 1992 참조.

11) CNP 논쟁은 80년대 중반에 제기되었던 한국 사회 민주 변혁을 둘러싼 논쟁이며, 여기에서 C는 CDR(Civil Democratic Revolution : 시민민주주의)을, N은 NDR(National Democratic Revolution : 민족민주혁명)을, P는 PDR(People's Democratic Revolution : 민중민주혁명)을 의미한다(오근석, 《80년대 민족민주운동》, 논장, 1988, 89~93쪽). 한국 사회구성체 논쟁에 대한 자세한 논의는 박현채, 조희연 편, 《한국사회구성체 논쟁》1~4, 죽산, 1989~1992.

차 동요하지 않을 수 없게 만들었다. 그 결과, 87년 6월 수백만의 시민들이 참여한 민주화대항쟁이 발생했을 때, 또한 독재 정권의 위기마다 이를 지원해 주었던 미국 역시 이제는 전두환 독재 체제를 지원하지 않게 되었을 때, 전두환 정권은 대통령직선제 등 아래로부터의 민주화 요구를 전면 수용하지 않을 수 없었다. 6월 말에 발표되었던 6 · 29선언이 바로 그것이었다.

4. 결론 : 한국의 민주변혁 운동 속에서 5 · 18민중항쟁의 의미

앞에서 살펴본 내용에 따르자면, 5 · 18민중항쟁이 한국의 민주변혁 운동 속에서 가지는 의미는 다음과 같은 두 가지 차원에서 확인해 볼 수 있다.

우선 5 · 18민중항쟁이 한국의 지배 체제에 대해서 갖는 의미다. 앞에서 언급했듯이, 한국의 지배 체제는 국가적－체제적 지배 체제와 정권적 차원의 지배 체제라는 이중의 체제로 이루어져 있다. 이와 관련, 5 · 18민중항쟁은 이 항쟁에 대한 지배 체제의 대응을 통해 지배 체제의 은폐된 본질을 분명하게 노정시켰다고 할 수 있다. 즉 정권적 차원에서 신군부가 단지 그들의 집권욕만을 충족시키기 위해 광주 민중을 살육할 수 있었다는 점을 분명하게 보여주었을 뿐만 아니라, 국가적－체제적 지배 체제 차원에서도 미국은 단순히 그들의 안보 우위 정책의 기준에 의거하여 신군부의 불법적이고 야만적인 행위에 협조할 수 있다는 점을 여실히 드러냈다. 따라서 이를 통해 지배 세력의 은폐된 본질은 보다 분명하게 노정되었다.

5 · 18민중항쟁이 지배 체제에 대해 갖는 또 하나의 의미는 항쟁을 통해 지배 체제의 이 같은 은폐된 본질을 드러나게 만듦으로써, 이후 이 지배 체제의 정당성을 급속히 약화시킬 수 있었다는 점이다. 우선 정권적 차원의 지배 체제 구축과 관련하여 5 · 18민중항쟁은 전두환 정권 등장의 불법성을 보여줌으로써 이후 전두환 정권의 지배의 정당성을 급속히 약화시킬 수 있

었다. 뿐만 아니라 5 · 18민중항쟁은 미국의 대한 정책 등 한국의 국가적－체제적 차원의 지배 체제가 갖는 비민주적 성격을 폭로함으로써, 이 지배 체제가 갖는 지배의 정당성 또한 약화시킬 수 있었다.

다음으로 우리는 한국의 민주변혁 운동 자체의 맥락 속에서 5 · 18민중항쟁의 의미를 살펴볼 필요가 있다. 이와 관련, 민주변혁 운동은 시대 상황에 따라 일정 정도 자신의 내용을 변화시키면서 발전해 왔다. 이를테면, 4월혁명은 자유민주주의의 근대적 의식을 확산시켰고, 60~70년대의 민주화운동은 인권 개념을 확대시키는 역할을 했으며, 80년대 초중반의 민주화운동은 사회변혁적 인식을 확대시켰다. 그렇다면 5 · 18민중항쟁은 민주변혁 운동 자체의 맥락에서 어떠한 역할을 수행했는가.

5 · 18민중항쟁은 항쟁이 전개되었던 실제 역사의 현장에서 지역공동체적 차원의 '민중'을 형성시키는 역할을 했다. 사실 해방 정국에서 좌파에 의한 광범위한 민중 동원이 이루어진 이래, 역사의 현장에서 민중이 본격적으로 등장한 사례는 거의 없었다. 그러나 5 · 18민중항쟁은 그 항쟁에 참여한 개개인들이 자신들의 차이를 넘어 강력한 연대 집단으로서 신군부의 폭력적 탄압에 맞서는 역사 현장의 민중으로 다시 태어나게끔 만들어주었던 것이다.

5 · 18민중항쟁은 지배 체제에 대해서는 그들의 은폐된 본질을 노정시키는 한편, 이를 통해 그들의 지배의 정당성을 약화시키는 역할을 했다. 또한 5 · 18민중항쟁은 민주변혁 운동의 맥락 속에서는 비록 지역공동체적인 것에 한정되었지만, 무엇보다도 민중 형성의 귀중한 경험을 제공했다고 할 수 있다.

〈참고문헌〉

김성한 외, 《1960년대》, 거름, 1983.

박명림, 〈1950년대 한국의 민주주의와 권위주의〉, 역사문제연구소 편, 《1950년대 남북한의 선택과 굴절》, 역사비평사, 1998.

박현채 엮음, 《청년을 위한 한국 현대사》, 소나무, 1992.

손호철, 《현대한국정치》, (주)사회평론, 1995.

오근석, 《80년대 민족민주운동》, 논장, 1988.

이삼성, 《미국의 대한 정책과 한국 민족주의》, 한길사, 1993.

이정로, 〈광주봉기에 대한 혁명적 시각 전환〉, 《노동해방문학》, 1989년 5월호.

정태영, 《조봉암과 진보당》, 한길사, 1991.

정해구 외, 《광주민중항쟁 연구》, 사계절, 1990.

조희연, 《한국 사회운동사》, 죽산, 1990.

조희연, 《현대 한국 사회운동과 조직》, 한울, 1993.

조희연 편, 《한국 사회구성체 논쟁》1~4, 죽산, 1989~1992.

최장집, 《한국 민주주의의 조건과 전망》, 나남출판, 1996.

최장집, 《한국 민주주의 이론》, 한길사, 1993.

최장집, 《한국 현대정치의 구조와 변화》, 까치, 1989.

한국사회학회 편, 《세계화 시대의 인권과 사회운동》, 나남출판, 1998.

한국역사연구회 현대사연구반, 《한국 현대사》3, 풀빛, 1991.

황석영 기록, 전남사회운동협의회 편, 《죽음을 넘어 시대의 어둠을 넘어》, 풀빛, 1985.

한국 현대사와 5 · 18민중항쟁의 자화상

김 무 용

(역사학연구소 연구원)

1. 머리말

한국 현대사에서 1980년 5 · 18민중항쟁과 이에 대한 지배 세력의 민중 학살은 우리에게 어떤 모습으로 남아 있는가? 먼저 주체 세력, 특히 사회 변혁을 지향하는 민중항쟁의 측면에서 5 · 18은 독재 권력의 억압에 맞서 민주주의를 지키려고 했던 '항쟁'으로 기억된다. 이것은 한국 사회의 구조와 모순 속에서 5 · 18민중항쟁이 어떤 의미와 위상을 지니고 있는가 하는 점을 주요하게 사고한 결과였다.[1] 이러한 접근이 지니는 의미는 한국 사회와 현대사에서 '5 · 18'을 단순한 우연이 아니라 필연으로 인식하고, '5 · 18'에 대한 과학적 · 객관적 인식을 제고시킨 데 있다.

이에 비해 5 · 18항쟁의 또 다른 측면인 5 · 18 민중 학살은 충분한 의미

---

1) 이에 대해서는 〈광주민중항쟁을 보는 관점과 쟁점들〉(사회 변혁을 지향하는 진보적 관점), 정해구 외, 《광주민중항쟁연구》, 사계절, 1990 참조.

를 확보하지 못하고 있다. 1980년 5 · 18민중항쟁은 민중 학살과 결합되어 있다. 5 · 18민중항쟁을 비롯하여 한국 현대사에서 일어난 민중들의 항쟁과 운동, 투쟁은 대개 학살과 결합되어 있다. 곧 한국 현대사의 항쟁과 학살은 주체 세력의 저항과 지배 세력의 탄압이라는 변증법적 관계를 유지하고 있다. 피지배 민중의 항쟁은 항상 지배 세력으로부터 학살이라는 대가를 치러야 했다.

지배 세력 또는 가해 세력의 학살이라는 측면에서 5 · 18 민중 학살은 소수 신군부 세력의 권력 장악의 음모에 따른 계획된 만행이자 무고한 양민 학살이라는 점에 집중되어 있다. 5 · 18 민중 학살만이 아니라 한국 현대사에서 일어났던 대부분의 민중 학살도 소수 지배 세력에 의한 무고한 양민 학살이라는 측면만 주로 부각되었다.

5 · 18 민중 학살에 대한 이러한 시각은 운동의 주체 세력과 대비되는 가해 세력의 폭력성에 문제 의식이 집중된 결과다. 운동 주체 세력의 투쟁성과 헌신성에 비례하여 가해 세력의 음모성과 폭력성, 잔인성을 주요하게 지적하고 부각하는 방식이었다. 민중 학살에 대한 이러한 접근 방식에서는 누가 음모를 꾸미고 학살을 하였는가가 문제의 초점이 된다. 5 · 18 민중 학살에 대한 이러한 시각은 무엇보다 가해 세력의 반인륜적 만행을 각인시켜 항쟁의 순수성과 도덕성을 높이는 역할을 하였다. 이러한 접근이 항쟁의 도덕적 의의와 대의를 드높이고, 역사에서 교훈을 남긴다는 점에서는 의미가 있다.

하지만 보다 중요한 것은 한국 현대사의 민중 학살, 가까이는 5 · 18 민중 학살에 대한 이러한 시각이 과연 '5 · 18'을 총체적으로 이해하고 한국 민주주의운동의 현실에서 의미 있는 교훈을 가져다주는 데 성공하고 있는가 하는 점이다. 이러한 시각은 두 가지 점에서 문제점을 드러낸다. 첫째는 지배 세력에 의한 민중 학살을 소수 권력자에 의해 억울하게 희생된 '양민 학살'로 개념화함으로써 학살의 성격을 충분히 드러내지 못하고 있다는 점이다. 둘째는 누가 민중 학살을 일으키고 자행하였는가 하는 문제 의식에 지나치게 갇혀 있다. 이러한 시각은 민중 학살의 책임을 소수의 이상한 사람들의 비정상적인 행동으로 돌리게 되고, 학살이 자행되는 사회 구조와 조건을 총체적으로 이해하기 어렵게 한다.

우리 현대사에서 일어났던 민중 학살에서는 물론 소수 지배 세력이 가해자의 역할을 적극적으로 수행하였다. 이들의 역할은 적극적으로 비난받아야 하지만, 학살 문제에 대한 접근이 '선과 악'의 대결이라는 도덕적 비난의 수준에 머물러서는 안 된다는 것이다. 이러한 점에서 우리 현대사에서 민중항쟁에 따른 집단적인 학살이 어떻게 가능했는가 하는 점을 고려할 필요가 있다. 한국 현대사에서 학살에 참여한 '소수'만을 문제 삼고, 이러한 행위가 가능했던 사회 구조와 거대한 흐름을 놓쳐서는 안 되기 때문이다.

5 · 18 민중 학살을 비롯한 현대사의 학살은 우리 사회의 억압적 체제와 이에 따른 광범한 대중 동원이 가능했던 조건 속에서 일어났다. 곧 민중 학살은 국가 권력의 폭력적 통치 체제 아래 지배 세력이 피지배 세력을 억압하는 구조를 반영하고 있지만, 이는 사회 다수가 소수를 차별화시키고, 다수가 소수의 학살을 동의 · 방관하는 가운데 진행되었다는 점이다. 여기에서 물론 사회 다수의 학살에 대한 동의는 국가 권력의 물리적 폭력과 함께 이데올로기에 강제되어 있었다. 그러므로 다수 내부에서 학살에 동의하는 수준은 차별성과 다양성을 가지고 있었다.

이러한 점에서 볼 때, 학살은 다만 학살에 직접 개입한 '소수'의 문제만은 아니다. 중요한 것은 다수의 동의 속에 소수의 학살이 가능했던 우리 사회의 억압적 동원 체제와 그에 따른 이데올로기를 분석하는 일이다. 이러한 인식이 물론 현대사의 학살에서 우리 모두에게 책임이 있다는 '도덕적 원죄론'이나 더 나아가 내재된 '국민성'의 문제로 확대되어서는 곤란하다. 오히려 국가 권력의 폭력과 이데올로기 속에서 다수 대중들에게 학살을 동의하도록 강요하고 있던 사회 문화의 청산이 요구되는 것이다.

이 글은 이러한 문제 의식 아래, 먼저 국가 테러리즘의 차원[2]에서 근현대 민중 학살을 개괄하고, 이를 바탕으로 5 · 18 민중 학살의 구조와 성격을 밝히려고 한다. 다음으로는 이데올로기 차원에서 지배 세력의 광범한 동원 이데올로기[3]가 민중 학살 과정에서 다수 대중들에게 어떠한 동의 기제로 작용했는가를 밝히려고 한다. 국가 테러리즘과 동원 이데올로기는 상호 결합되어 있었다. 동원 이데올로기는 민중 학살에 따른 물리적 폭력을 이데올로기적으로 가능하게 한 구조였다. 이 글은 비록 시론적 수준이지만, 5 · 18 민중 학살을 비롯한 집단 학살이 우리 사회에서 어떻게 가능했으며, 이를 청산하는 과제는 무엇인가를 제기할 것이다.

---

2) 한국 근현대 민중 학살을 국가 테러리즘 차원에서 구체적으로 분석한 연구 성과는 아직 본격적으로 나오지 않고 있다. 이 글에서도 국가 테러리즘이라는 개념을 쓰고 있지만, 이론과 방법론에서 시론적인 수준을 넘지 못하고 있다. 다만, 최근의 4 · 3 연구 등에서 부분적으로 이러한 문제 의식이 제기되고 있다. 이에 대해서는 박명림, 〈민주주의, 이성 그리고 역사 연구 : 제주 4 · 3과 한국 현대사〉, 역사문제연구소 · 역사학연구소 · 한국역사연구회 편, 《제주 4 · 3 연구》, 역사비평사, 1998, 448쪽 참조.

3) 동원 이데올로기라는 개념은 논지의 효과적인 전개를 위해 사용하였다. 동원(mobilization)은 일반적으로 국가 권력(지배 세력)이나 피지배 저항 세력이 정치적 경쟁을 주도하기 위해 인적 · 물적 자산을 조직 이용하는 것을 뜻한다.(라킨 · 포스 저, 임현진 역, 《혁명을 넘어서》, 나남, 1991 ; 찰스 틸리 저, 양길현 외 공역, 《동원에서 혁명으로》, 서울프레스, 1995) 이 글에서 쓰는 동원 이데올로기는 국가 권력이나 지배 세력이 정치 · 경제 · 사회 · 문화적 목적을 위해 대중 동원을 정당화 · 합리화하는 이데올로기를 의미한다. 그러므로 국가주의 이데올로기를 비롯하여 반공주의 · 지역주의 이데올로기를 통칭하는 개념이며, 지배 이데올로기와 같은 의미로 쓸 수도 있다. 다만, 지배 이데올로기라는 개념은 다양한 지배 이데올로기를 표현하는 데 추상적이며, 지배 계급의 피지배 계급에 대한 일방적 지배가 주로 강조되고, 지배 이데올로기의 침투나 효과에 따른 상호 작용을 잘 반영하지 못하고 있다. 따라서 국가 권력에 의한 광범한 이데올로기적 대중 동원의 효과를 설명하기 위해 동원 이데올로기라는 표현을 사용하였다.

2. 한국 근현대의 항쟁과 학살

1) 민중항쟁과 학살의 전개

한국 근현대사를 살아온 민중들은 역사의 격랑이 휘몰아쳤던 고비마다 항쟁과 학살을 경험하였다. 민중들은 정치 권력의 지배와 탄압에 맞서 항쟁을 일으키거나 다양한 투쟁 형태로 저항했지만, 학살이라는 값비싼 대가를 치러야 했다. 민중들의 항쟁 뒤에는 항상 학살이라는 지배 계급의 보복이 뒤따랐다. 이러한 항쟁과 학살의 변증법적 관계는 왜곡과 좌절, 비극과 절망으로 점철된 한국 근현대사와 궤적을 같이하고 있다.

먼저 한말에 일어났던 농민전쟁이나 민중 봉기, 그리고 의병전쟁 과정에서 수많은 민중들이 지배 계급 또는 일제로부터 개별 또는 집단 학살을 당하였다. 1894년에 일어난 농민전쟁에서 농민군은 일본군과 정부군의 우세한 화력에 밀려 패배하고 결국 후퇴하였다. 이에 정부군과 일본군은 후퇴하는 농민군을 찾아다니며 집단적으로 학살하였다. 양반 유생들이 조직한 민보군도 이러한 학살에 참여하였다. 강원도 홍천, 서석 등 여러 지역에서 수백 명의 농민군이 집단으로 학살당하였다.[4]

의병전쟁에서도 마찬가지였다. 일제는 1909년 9월부터 전개한 이른바 '남한대토벌 작전' 에서 수많은 의병들을 학살하였다. 일본군은 1909년 9월부터 2개월 동안 주로 호남 지방을 대상으로 이른바 '남한대토벌 작전' 을 벌여 의병을 닥치는 대로 죽이고 처형하였다. 당시 일본측 통계에 따르더라도, 1907년부터 1912년에 이르는 기간 동안, 17,846명의 의병들이 학살당하였다.[5] 의병 토벌에는 봉건 정부와 양반 유생들도 적극 참여하였다.

---

4) 박준성, 〈1894년 강원도 농민군의 활동과 반농민군의 대응〉, 동학농민혁명기념사업회 지음, 《동학농민혁명의 지역적 전개와 사회 변동》, 새길, 1995, 208~209쪽.
5) 홍순권, 《한말 호남 지역 의병운동사 연구》, 서울대출판부, 1994, 167쪽.

일제 식민지 시기에 들어서도 민중들은 3 · 1운동을 비롯하여 다양한 저항과 투쟁을 벌여나갔고, 이에 총독부 권력은 학살로 응답하였다. 3 · 1운동 기간 동안, 일본군에 학살되어 사망한 조선인은 7,600여 명에 이른다.[6] 3 · 1운동 기간 동안 평안남도 맹산과 강서군 사천, 황해도 수안 · 함흥 · 정주, 천안군 병천, 수원군 제암리 등에서는 일본군의 집단 학살이 자행되었다. 이러한 과정에서 일본군은 무차별 사격이나 방화는 물론, 칼로 풀 베듯 사지를 베기도 하였다. 또 체포당한 시위 참여자를 고문하는 과정에서 어린 여학생을 윤간하거나 철선(鐵線)을 달구어 유두를 찌르는 반인륜적인 만행을 서슴지 않았다.[7]

국가 권력에 의한 민중 학살은 1945년 해방 이후에도 계속되었다. 해방 후 미 · 소가 남북을 분할 점령하고 좌우의 대립이 심화되는 조건에서 다양한 민중 학살이 자행되었다. 남한을 점령 지배했던 미군정은 3 · 8선 이북을 비롯한 사회주의 세력을 봉쇄하기 위해 우익 세력을 지원하였고, 이들이 주도권을 장악한 지역에서 좌익이거나 좌익에 동조한 사람, 또는 좌익으로 몰린 사람들이 집중적인 보복을 당하였다. 이른바 빨갱이라는 이름 아래 광기 어린 민중 학살이 곳곳에서 벌어졌다.

1946년 10월 인민항쟁을 비롯하여 1948년 제주와 여수 · 순천에서 무고한 사람들이 빨갱이로 몰려 학살당하였다. 또한 남원, 문경, 부산, 해남, 완도, 영동, 고양, 함평, 임실, 고창, 순창, 산청, 함양 등에서 수많은 사람들이 빨갱이 또는 그 동조자로 몰려 집단적인 학살을 당하였다.[8] 1950년 한국전쟁의 과정에서도 수많은 사람들이 빨갱이로 몰려 학살당하였다. 당시 이승만 정권은 남로당 당원들을 비롯한 좌익 세력들을 정부에 대한 협력과 전향을 조건으로 보도연맹에 가입시켜 놓았다가 전쟁이 일어나자 전남, 경남,

6) 박경식, 《일본 제국주의의 조선 지배》, 청아출판사, 1986, 186쪽.
7) 박경식, 앞의 책, 185쪽 ; 박경식, 《한국독립운동지혈사》, 121쪽.
8) 이에 대해서는 김삼웅, 《해방 후 양민 학살사》, 가람기획, 1997.

경북 등지에서 이들을 집단 학살하였다.[9] 또 한국전쟁이 한창이던 1951년 2월에는 다만 빨치산과 내통했다는 막연한 혐의만으로 거창의 무고한 양민들을 집단으로 학살하였다.[10] 이밖에도 이승만 정권은 한국전쟁 때 산악 지역에서 활동하던 빨치산 토벌 과정에서도 무고한 사람들을 학살하였다.[11] 이승만 정권에 의한 민중 학살은 1960년 4 · 19혁명에서도 재현되었다.

이와 같이 한국 근현대기에 들어 자행된 집단적인 민중 학살은 일정한 역사성을 띠고 있었다. 한말에는 근대 국가를 수립하는 과정에 일어났고, 일제 시기에는 일제 식민지 권력과 민중의 대립 속에서 일어났다. 해방 후에는 새로운 국가 건설을 둘러싼 민족 내부의 좌우 대립에 따른 이데올로기 갈등이 주류를 이루었다. 이는 민중 학살이 단순히 우연한 사건이 아니라 한국 근현대 역사 속에서 구조화되고 있었음을 의미한다.

2) 민중 학살의 구조

(1) 민중 학살과 국가 테러리즘

한말 · 일제 식민지 시기와 해방 후 자행된 민중 학살의 주체는 국가 권력, 구체적으로는 군대, 경찰, 그리고 지배 세력이나 우익 집단 등이었다. 우익 세력은 형식적으로는 민간 집단이지만, 국가 기구에 포섭된 세력으로서 국가 권력과 정치적 이해를 함께하고 있었다. 시기에 따라 권력의 성격은 달랐지만, 한말에는 일본과 봉건 정부, 식민지 시기에는 일제 · 총독부 권력, 해방 후에는 미군정과 이승만 정권이 학살의 주체였다. 이러한 점에

---

9) 전남일보 광주전남현대사 기획위원회, 《광주전남현대사》2, 실천문학사, 1991, 304~310쪽.
10) 이에 대해서는 노민영 · 강희정 기록, 《거창 양민 학살》, 온누리, 1988.
11) 국회 양민 학살 사건 조사특별위원회 보고서에 따르면, 이승만 정권이 공비를 토벌하는 과정에서 군경이 학살한 민간인은 경남 3,085명, 경북 2,220명, 전남 524명, 전북 1,028명, 제주 1,878명에 이르렀다. 노민영 · 강희정 기록, 앞의 책, 212~213쪽.

서 한국 근현대 민중 학살은 국가 기구가 직접 민중 학살에 개입하는 국가 테러리즘의 성격을 지녔다. 곧 국가 권력의 의지를 직접 실행하는 국가 기구가 폭력이나 학살의 주체가 되었다.

일제 시기 조선총독부는 군대 · 경찰 같은 폭력적 국가 기구를 동원하여 민중 학살을 자행하였다. 특히 일제의 식민지 통치 시기 군대와 경찰은 조선 민중들의 민족해방운동을 폭력적으로 탄압하는 직접적인 테러 기구로 기능하였다. 따라서 일제 시기 군대 · 경찰은 국가 테러리즘을 직접 실행하는 주체였고, 각종 행정 기구 · 사법 기구는 이러한 테러리즘을 체제 내에서 보완하는 기능을 수행하였다.[12)]

일제 시기 국가 테러리즘에 따른 민중 학살의 구조와 경험은 해방 후에 많은 영향을 미쳤다. 무엇보다 국가 기구가 직접 민중 학살에 개입하는 가능성을 열어놓았다는 점이다. 또한 폭력적 국가 기구를 담당하면서 국가 테러리즘을 생산해 냈던 세력, 곧 군대 · 경찰 · 관료 집단들을 체계적으로 양성해 놓았다는 의미를 가진다. 이들은 해방 후에도 청산되지 않고 국가 기구에 남아 있으면서[13)], 국가 테러리즘의 경험을 생소하지 않게 되살릴 수 있었다. 이들은 미군정 · 이승만 정권의 권력 중추에 자리잡고 있으면서 국가 권력이 민중 학살에 직접 개입하는 장치를 작동시켰다.[14)] 해방 후 미군정 · 이승만 정권은 일제 시기 국가 테러리즘을 담당하였던 국가 관료 집단의 인적 자원과 경험을 바탕으로 민중 학살을 자행하였다. 우익을 동원한 학살도

12) 일제 시기 국가 기구의 성격에 대해서는 조재희, 〈일제 초기 식민지 국가 기구의 형성과 그 성격〉, 한국역사연구회 · 역사문제연구회 엮음, 《3 · 1민족해방운동 연구》, 청년사, 1989.

13) 해방 후 행정 관료 · 사법 관료 · 경찰 · 군대의 재편과 충원 과정에 대해서는 안진, 《미군정기 억압 기구 연구》, 새길, 1996.

14) 이러한 점에서 해방 후 미군정 · 이승만 정권 시기 국가 권력 기구의 중추를 장악했던 일제 시기 조선인 경찰이나 군대 등이 청산되지 않았다는 사실은 시사하는 점이 많다. 이들 친일파는 일제 시기에는 총독부 권력의 편에 서서 민중을 학살하고 독립운동 세력을 소탕하였지만, 해방 후에는 미군정 · 이승만 정권의 강력한 기반이 되어 민중운동을 탄압하는 데 앞장섰다. 이들에게 일제 시기와 해방 후 미군정 · 이승만 정권 시기는 다르지 않았다. 국가 권력의 의지에 충실히 따르면 그만이었다.

공공연히 저질러졌다. 이는 국가 권력의 공적 기능이 확립되지 않은 조건을 반영하고 있지만, 민중 학살과 같은 야만적 행위를 우익에게 대리시켜 권력의 책임을 회피하여 정치적 부담을 줄이는 효과가 있었다.[15]

한국 근현대 민중 학살이 대부분 국가 테러리즘과 결합되어 있다는 점은 몇 가지 사실을 시사한다. 국가 테러리즘의 성격을 띠고 있는 민중 학살은 첫째로 국가 권력에 근거한 테러리즘이 대중에게 직접 행사된다는 데 있다. 이는 무엇보다 국가 테러리즘이 작동할 수 있는 국가 권력의 성격을 나타내는 것으로서, 일제 시기 이래 국가 권력과 대중 · 국민의 관계가 국가 수준에서 통합될 수 없는 적대적인 성격을 띠고 있었다는 것을 의미한다. 일제 시기 총독부 권력은 말할 것도 없고, 해방 후 미군정이나 이승만 정권은 좌우 세력이나 민족 내부의 분열을 국가 수준에서 통합해 내지 못하였다. 대신 대중에 대한 억압적 통제 체제를 구축하고, 권력을 유지하면서 이에 저항하는 적대 세력에 대해 폭력을 행사하였다. 이처럼 국가 권력의 대중적 기반이나 정통성이 불충분한 조건에서 국가 권력과 민중 · 대중의 대립은 적대적인 성격을 띠고 나타나게 마련이었다.

둘째로 일제 시기 이래 국가 테러리즘이 민중에게 직접 행사된 것은 부르주아 국가 기구의 민주주의 원리가 제도화되지 못한 사정을 반영한다. 일제 시기는 물론이고, 해방 후 민중 학살 과정에서도 그나마 존재하고 있던 민주주의 기제는 거의 가동되지 못하였다. 오히려 민중 학살에 따른 정치적 부담을 정당화하는 역할을 수행하였다. 1946년 10월 인민항쟁을 비롯하여 제주4 · 3항쟁, 여순봉기 과정에서도 계엄령이 발포되어 민중 탄압과

15) 해방 후 민중 탄압과 민중 학살 과정에서는 대부분 우익청년들을 중심으로 한 민간 집단이 동원되었다. 9월 총파업과 10월 인민항쟁, 제주 4 · 3항쟁에서도 대한민주청년단 · 서북청년단을 비롯한 극우청년단이 동원되어 경찰 군대 이상으로 야만적인 폭력을 자행하였다. 이들의 활동이 대부분 우익 정치 세력이나 국가 권력의 물질적 · 정치적 지원에 의존하고 있었다. 이에 대해서는 당시 우익 테러 활동 주체들의 자랑스러운 증언과 회상을 토대로 기록한 건국청년운동협의회, 《대한민국청년운동사》, 1990.

학살이 자행되었지만, 계엄령 발포는 법적인 조건이나 정당성이 결여되어 있었다.[16]

셋째로 국가 테러리즘에 의한 민중 학살은 국가 권력과 시민 사회 사이의 역학 관계를 반영한다. 한국 근현대 민중 학살은 과도한 국가 권력에 비해 이를 견제하는 대중 · 대중 조직 · 대중운동이 충분히 조직화되지 못한 현실을 그대로 드러내고 있다. 대중이나 대중 조직이 국가 권력의 부당한 행사를 제지하지 못하는 조건에서 국가 권력의 일방적인 관철은 국가 권력에 대항하는 개인과 집단을 철저하게 파괴하는 형태로 나타났다.

일제 시기 총독부 권력이나 해방 후 미군정 · 이승만 정권에 의한 국가 테러리즘은 국가 권력이 민중 학살의 주체였다는 점에서 여러 가지 영향을 미쳤다. 먼저 민중 학살은 국가 권력이 폭력을 동원하여 대중들을 권력의 목표에 고분고분하도록 통제 · 순치시켜 나가는 과정이었다. 곧 국가 권력의 이해와 어긋나는 대중은 언제나 국가의 이름으로 제거된다는 교훈을 남겨주었다. 이는 대중들의 국가 권력에 대한 두려움과 공포를 경험하게 하는 동시에 한편으로 대중이 국가 권력에 순응하는 문화를 만들어냈다.

다음으로 한국 근현대기 국가 테러리즘에 따른 민중 학살이 일상화되면서 폭력이 정치 문화 속에서 제도화되었다. 곧 국가 권력은 국가 건설 방식을 둘러싼 대중의 불만과 저항을 통제하는 수단으로 국가 테러리즘에 의존하고 있었다. 이는 한국의 근대국가 수립 과정이 국가 테러리즘과 밀접한 관계를 맺고 있음을 의미한다. 이러한 점에서 국가에 의한 정치 폭력이 근대적 국가 체제의 형성과 존립에 '본질적 요소'로 나타난다[17]는 지적은 새

---

16) 해방 후 대규모 민중항쟁 과정에서는 어김없이 계엄령이 발동되어 민중 탄압과 학살을 효율화하는 기제로 작용하였다. 일제 시기 전시 동원 체제를 비롯하여 국가 권력의 대중 동원에 '익숙'해 있던 상황에서 당시 계엄령 발포 자체의 부당성은 거의 제기되지 않았다. 이 문제는 최근 제주4 · 3항쟁에 대한 연구에서 본격적으로 논의되기에 이르렀다. 이에 대해서는 김순태, 〈제주4 · 3 당시 계엄의 불법성〉, 역사문제연구소 · 역사학연구소 · 한국역사연구회 편, 《제주4 · 3 연구》, 역사비평사, 1998.

겨볼 필요가 있다. 곧 한국 근현대 정치 과정에서 국가 권력과 국민 · 민중 사이의 관계를 직접적으로 규정해 온 국가 폭력에 대한 새로운 시야를 제기하고 있다.

(2) 민중 학살과 동원 이데올로기

국가 테러리즘의 성격을 지닌 민중 학살은 동원 이데올로기와 결합되어 있었다. 한국 근현대사에서 국가 권력이 대중을 통제 동원하는 지배 이데올로기는 오랜 역사를 지니고 있다. 국가 권력이 민중들의 투쟁에 대응하는 지배 이데올로기는 무엇보다 국가주의 이데올로기였다. 곧 국가 권력의 입장에서 개인을 국가의 목적에 종속시키고, 국가의 오류를 인정치 않고 신성시하는 이데올로기로서 모든 부문의 통제를 획일화하는 성격을 지니고 있었다.

1894년 농민전쟁이 일어나자, 봉건 중앙 정부는 농민군을 비도(匪徒) · 비적(匪賊) · 적(賊)으로 규정하고, 청나라에 구원병을 요청하고 봉건 유생들을 동원하여 토벌에 주력하게 되었다. 이를 통해 농민군을 학살하고 무력으로 토벌하는 명분으로 삼는 한편, 일반민의 참여를 차단시켜 나갔으며, 농민군을 무찌르는 자신들을 '충의지사(忠義志士)' 이자 '의병(義兵)' 으로 호칭하였다.[18] 1905년 을사조약을 계기로 일제의 침략에 대항하는 의병 투쟁이 전개되었을 때도 봉건 지배층과 일본군은 의병을 폭도(暴徒) · 적도(賊徒)로 규정하고 대대적으로 탄압 · 학살하였다. 일제는 3 · 1운동이 일어

17) 김성례는 국가 폭력에 의한 집단 살상이 제2차 세계대전 이후 등장하는 민족국가의 형성과 체제 유지를 합리화하는 과정에서 빈번하게 나타난다는 점을 지적하고 있다(김성례, 〈근대성과 폭력 : 제주4 · 3의 담론 정치〉, 역사문제연구소 · 역사학연구소 · 한국역사연구회 편, 앞의 책, 243쪽). 박명림도 제주4 · 3 학살을 근대 국가 권력의 형성과 구축이라는 차원에서 접근하고 있다. 박명림, 앞의 논문, 444~445쪽.

18) 김선경, 〈농민전쟁 100년, 인식의 흐름〉, 역사학연구소 엮음, 《농민전쟁 100년의 인식과 쟁점》, 거름, 1994, 23~24 · 27쪽.

났을 때에도 3 · 1운동을 폭동으로, 3 · 1운동에 참여한 조선인을 폭도(暴徒)로 규정하고 무차별적인 탄압과 학살을 저질렀다.

이처럼 한말의 중앙 정부와 보수 지배층, 그리고 일제는 농민항쟁이나 의병전쟁을 자신들의 체제에 도전하는 행위로 보았다. 이들 지배층은 농민이나 의병을 체제에 반역하는 폭도로 규정하였다. 지배층 입장에서는 농민이나 의병의 행동이 무엇보다 봉건적 유교 윤리에 근거한 지배 체제를 위협하는 요인으로 보고, 이들을 일반민과 분리시키는 차원에서 폭도라는 딱지를 붙였던 것이다. 이러한 점에서 폭도라는 개념은 한말에는 유교적 지배 이데올로기, 곧 유교적 국가주의, 일제 식민지 시기에는 국가주의 이데올로기에 근거한 것이다.

해방 후에도 미군정 · 이승만 정권은 민중들의 투쟁을 폭동으로, 이에 참여한 민중들을 폭도로 규정하였다. 국가 권력에 대항하는 개인이나 집단은 폭도였다. 곧 1946년 10월 인민항쟁이나 1948년 제주4 · 3항쟁과 '여순사건' 을 모두 폭동으로 지칭하고, 이에 참여한 민중들은 모두 폭도로 규정되었다. 지배 세력은 국가 권력에 대항하여 투쟁에 참여한 민중들을 국가 구성원, 곧 국민이 아닌 폭도로 규정하여 타자화함으로써 '국가에서 제거되어야 할 대상' 으로 설정하였다. 이러한 국가주의 이데올로기는 반공 이데올로기와 결합하면서 더욱 강화되었다.

해방 후 한국 현대사의 전개 과정에서 일어난 민중 학살의 이데올로기는 대개 반공 이데올로기를 근거로 한다. 반공 이데올로기는 일제 시기부터 형성되기 시작하여 해방 후 국가 수립 과정에서 정치적 반대 세력을 탄압 · 견제하기 위한 정권의 안보 이데올로기로 제도화되었다. 특히 해방 후 좌우 대립과 분단 국가 수립은 반공 이데올로기가 정착할 수 있는 조건을 형성시켜 주었다. 이러한 상황에서 반공 이데올로기의 세례를 받은 대중들은 반공을 앞세운 지배 세력의 통제와 동원에 침묵하거나 동의하는 문화를 만들어 내고 있었다.[19]

한국 현대사에서 반공 이데올로기는 독립적으로 작동한 것이 아니라 국가주의나 전체주의, 민족주의 이데올로기와 결합되어 작동하였다. 부르주아 민주주의의 가치 기준이 보편화되지 못한 조건에서 반공은 항상 국가와 민족, 그리고 국민 전체를 앞세워 나왔고, 개인이나 집단의 이해와 양심은 이러한 거대한 대의 앞에 복종되었다. 국가와 민족의 안녕을 위해 혼란을 부추기는 좌익 또는 빨갱이는 제거되어야 할 악이었다. 개인 또는 집단의 사상 · 표현 · 결사의 자유가 반공 이데올로기 속에서 왜곡 · 변질되는 과정이었다.

이는 해방 이후 미국식 민주주의에 따른 민주주의 제도를 도입하였지만, 실제 내용에서 부르주아 민주주의 원칙이나 실질적 내용이 제도화되지 못하고 그저 형식화되었음을 의미한다.[20] 해방 후 서구의 대의 민주주의가 도입되어 대중의 정치 참여는 허용되었으나, 대중은 여전히 통치 집단의 지배 대상이었다. 이에 따라 사회의 모든 부문에서 국가 권력의 우위가 계속 유지되면서 대중과 대중운동은 독자적인 대항 이데올로기를 제도화하기 어려웠다.

국가 권력의 우위 속에서 동원 이데올로기는 강력한 힘을 발휘하였다. 동원 이데올로기는 민중 · 대중의 관계에서 서로 결합 분리되면서 작용하고 있었다. 민중 · 대중들은 국가 권력의 동원 이데올로기에 대항하기도 하였지만, 한편으로는 흡수 · 포섭되고 있었다. 곧 동원 이데올로기는 저항과 포

---

19) 한지수는 해방 후 좌우 대립 속에서 민족통일국가 수립의 좌절, 그리고 뒤이은 한국전쟁에 대한 체험은 지배 세력의 통제와 압력에 대해 무기력한 동의가 일상화되는 심리적 조건의 형성에 기여하였다고 지적하였다. 한지수, 〈지배 이데올로기의 형성과 변화 과정〉, 《한국사》 20, 한길사, 1994, 338~339쪽.

20) 박찬표는 미 점령 당국이 이식한 남한의 자유민주주의의 특징으로 이념과 사상의 국가적 통일을 전제로 한 '냉전자유주의', 형식적 · 절차적 수준으로 민주주의 개념의 축소, 보통선거제와 의회제를 민주주의 자체와 동일시하는 선거주의 등을 지적하였다. 박찬표, 《한국의 국가 형성과 민주주의》, 고려대학교 출판부, 1997, 315~316쪽.

섭의 관계를 형성하면서 기능하고 있었다. 따라서 한국 근현대 민중들은 국가 권력에 저항 · 대항하면서 지배 세력의 동원 이데올로기를 균열시키기도 하였지만, 한편으로 국가 권력의 다양한 장치를 통해 포섭되고 있었다.

국가 권력이 민중 학살에 대한 저항을 받으면서도 체제를 유지시켜 나갔던 것도 물리적 강제력과 함께 대중에 대한 포섭 기능을 유지할 수 있었기 때문이다. 국가 권력의 국민 · 대중의 포섭은 광범한 동원 이데올로기를 통해 구체화되었다. 일제 시기에는 국가 권력의 폭력적 지배를 통한 동원 이데올로기가 강제되고 있었다. 일제는 식민지 지배 초기부터 다양한 조선 민족의 정체성 · 후진성을 주장하면서 다양한 지배 이데올로기를 퍼뜨려 식민지 지배를 정당화하였고, 1930 · 40년대 전시 체제에 들어서는 내선일체라는 이름 아래 황국신민화 정책을 추진하여 전체주의 · 국가주의 · 군국주의 이데올로기를 주입하였다.[21] 이러한 일제의 이데올로기 정책 속에서 총독부 권력에 순응하는 식민지 국민, 곧 황국신민이 양성되었다.

총독부 권력의 이러한 동원 이데올로기는 독립운동 진영의 대항 이데올로기, 곧 민족 해방 이념에 의해 균열되기도 하였지만, 한편으로는 조선 민중들을 포섭하는 기능을 발휘하고 있었다. 일제의 동원 이데올로기는 총독부 권력의 폭력이나 지배를 합리화하고 유지하는 역할을 하였다. 따라서 총독부의 물리력을 내세운 강제적 폭력과 함께 이에 근거한 동원 이데올기는 일제의 조선 지배를 가능하게 한 구조였다. 일제에 적극 협력하는 소수의 친일파만이 아니라 식민지 지배를 다양한 수준에서 동의하는 다수의 '황국신민' 이 있었기 때문에 식민지 지배가 가능하였다.

동원 이데올로기의 포섭 기능은 일상적으로 작동하고 있었지만, 대개 선거나 투표를 통해 국민 · 대중에 대한 동의 절차를 통해 제도화되었다. 한말 · 일제 시기에는 국가 권력이 물리적 강제력을 앞세워 지배하는 상황이

21) 박경식, 《일본 제국주의의 조선 지배》, 청아출판사, 1986, 374~409쪽.

었기 때문에 동원 이데올로기의 동의 절차는 큰 의미를 지니지 않는다. 곧 동의 절차가 대부분 마련되어 있지 않았고, 있다 해도 대중들이 물리력을 앞세운 국가 권력의 폭력에 항상 노출되어 있었기 때문에 강제성을 띠었다.

이에 비해 해방 후 동원 이데올로기는 비록 형식적이라 하더라도 일정한 동의 과정을 거쳐 정당화되는 기제가 작동하고 있었다. 해방 후 미군정 · 이승만 정권 시기에 일어났던 집단적인 민중 학살은 당시 좌익 세력과 민중들의 저항을 받았지만, 이는 1948년 5 · 10단독선거를 통해 동의 절차를 밟았다. 당시 5 · 10선거에서 남로당을 중심으로 한 좌익 세력과 김구, 김규식 등의 양심적인 민족주의 세력은 민족 분단을 이유로 선거 불참을 호소하였다. 하지만 선거 결과, 단독선거에 반대하여 4 · 3항쟁을 일으킨 제주도 이외의 지역에서는 90퍼센트 이상이 등록하고 투표[22]하여 정치적으로 이승만을 중심으로 한 우익 세력에게 승리를 안겨주었다.

물론 5 · 10선거 과정에서 '양민 학살'이 주제로 등장하지 않았고, 미군정 · 이승만 세력의 광범한 부정 행위, 곧 경찰 · 우익청년 단체를 동원한 등록과 투표 강요, 협박 등의 억압적인 분위기가 있었음을 고려해야 한다. 하지만 중요한 것은 이러한 선거 절차가 정치적 차원에서 대중에게 광범한 동의 효과를 창출하고 있었다는 점이다.[23] 곧 선거 참여와 이승만 세력의 승리가 곧바로 학살에 대한 대중의 동의를 의미하는 것은 아니지만, 미군정 · 이

---

22) 1948년 5 · 10단독선거의 등록률과 투표율은 자료에 따라 차이가 있으나, 일반적으로 90퍼센트 이상으로 집계되었다. 이에 비해 5 · 10단독선거에 반대한 제주도의 선거 등록률은 64.9퍼센트에 지나지 않았다. 선거도 남제주군만 간신히 치렀을 뿐, 북제주군의 2개 선거구는 투표자 수가 모자라 선거 자체가 무효화되었다. 이에 대해서는 김득중, 〈제헌국회의 구성 과정과 성격〉, 성균관대 사학과 석사논문, 1993, 28, 51~53쪽.

23) 이러한 점에서 민주주의는 선거를 통하여 정부를 구성하고, 이를 정당화시켜 주는 하나의 방법 또는 절차에 지나지 않는다는 최장집의 지적은 음미할 필요가 있다(최장집, 《한국민주주의의 이론》, 한길사, 1993, 138쪽). 이러한 차원에서 박찬표는 미군정 시기 자유민주주의는 남한 단정 수립을 정당화하는 기제로서 법적 · 제도적 수준에서 이루어지고 있음을 특징으로 들고 있다. 박찬표, 앞의 책, 316쪽.

승만에게 민중 학살의 책임을 묻는 것을 부차적으로 만들었다.

한국 근현대기의 민중 학살은 국가 테러리즘과 동원 이데올로기가 결합되어 자행되었다. 한국 근현대 국가 권력은 체제 또는 민족 내부의 갈등을 국가적 수준에서 통합하지 못하고, 학살을 중요한 수단으로 선택해 왔다. 민중 학살은 국가 권력이 대중들의 불만과 투쟁을 사회 영역에서 조절하지 못하고, 직접 개입하는 과정에서 일어났다. 이는 한국 근현대 민중항쟁과 운동이 국가 권력과 대결하는 수준으로 발전해 온 과정인 동시에 민중들의 투쟁이 있을 때마다 항상 국가 권력이 '시민사회' 영역에 개입해 온 정치 구조를 반영하고 있다. 이러한 과정에서 국가 권력에 의해 재생산되어 온 동원 이데올로기는 학살을 정당화하는 동의 기반을 만들어내고 있었다.

3) 민중 학살의 유형과 성격

한국 근현대사에 자행된 민중 학살은 일정한 유형과 성격을 지니고 있다. 먼저 민중 학살은 국가 권력이나 지배 세력에 맞서 항쟁하거나 저항 · 투쟁하는 과정에서 일어나는 유형과 국가 권력이나 집단에 일방적으로 희생당하여 일어나는 유형으로 분류할 수 있다. 이러한 유형은 가해 세력, 곧 국가 권력과 학살 대상의 역학 관계를 반영하고 있다. 다시 말해 학살 대상, 곧 대항 세력의 조직적 규모나 기반, 저항 정도와 범위에 따라 국가 권력의 대응 수준이 조절되었다.

한국 근현대 민중 학살에서 국가 권력이나 우익 세력에 일방적으로 희생당한 유형은 대개 고립된 조건이나 소규모 단위의 집단에서 발생하였다. 해방 후와 한국전쟁 기간에 발생한 '거창 양민 학살 사건', '보도연맹 사건'을 비롯하여 남원, 문경, 영동, 고양, 산청, 함양 등지에서 이루어진 집단 학살이 이러한 경우에 해당하였다.

이러한 학살 유형에서는 학살 과정이 짧은 기간에 집중되고, 대개 지역적 · 공간적으로 고립되거나 폐쇄된 상황에서 진행되었다. 또 학살 대상의 힘이 국가 권력과 비교해 절대 열세에 놓여 있기 때문에 방어나 대응 자체가 어려운 실정이다. 이러한 유형은 일방적으로 당하는 형태이므로 학살 방식도 보다 직접적이며, 피해 수준도 심각한 결과로 나타났다. 곧 학살 대상으로 지목되어 분류된 집단이나 개인은 거의 살아남지 못하였다.[24] 특히 학살이 다른 지역이나 집단과 분리되어 진행되고, 피해자만 있고 대항 세력을 현실적으로 형성하지 못하기 때문에 이후 학살 문제를 해결하는 데 어려움을 겪게 되었다.

다음으로 항쟁 세력과 국가 권력이 대결하는 과정에서 일어난 학살 유형을 들 수 있다. 한국 근현대에서 이러한 유형에 속하는 학살로는 1894년 농민전쟁에서 일어났던 학살, 일제 시기 3 · 1운동 과정에서 일어났던 학살, 그리고 해방 후에는 제주4 · 3 학살, 그리고 여순봉기 과정에서 일어났던 학살 등을 들 수 있다. 이러한 학살 유형은 대개 일정한 조직적 · 지역적 기반을 가진 민중운동 세력이 국가 권력과 정면으로 대결하는 과정에서 발생하였다.

이들 유형에서는 대항하는 세력의 중심이나 주체가 형성되어 있으므로 국가 권력에 일방적으로 희생당하기도 하지만, 국가 권력에 맞서 항쟁하는 과정에서 학살이 일어났다. 따라서 대항 세력이 존재하기 때문에 국가 권력의 의도대로 학살이 짧은 기간에 이루어지지 않고 상당한 기간에 걸쳐 진행되는 특징을 지니고 있다. 특히 학살에 저항하는 대항 세력이 스스로 이데올로기를 형성해 내고, 저항의 정당성을 확립하기 때문에 이후 학살 문제의 해결에도 상대적으로 유리한 입지를 확보하게 된다.

---

24) 대표적인 경우가 바로 1951년 2월에 일어난 '거창 양민 학살 사건'이다. 당시 군경은 2월 10, 11일 이틀 동안, 신원면 일대에 사는 주민 719명을 골짜기로 끌고가 집단으로 학살하였다. 이 가운데는 14세 이하의 어린이가 359명, 여자가 388명이나 들어 있었다. 노민영 · 강희정 기록, 《거창 양민 학살》, 온누리, 1988, 150~151쪽.

대표적인 것이 바로 제주 4 · 3 학살의 경우다. 제주의 경우, 항쟁 과정에서 광범한 민중 학살을 당하면서도 이에 대항하는 저항 주체를 형성해 냈다. 4 · 3항쟁의 저항 주체는 남로당과 일반 민중이었다. 제주 4 · 3항쟁에서 저항 주체가 형성된 데에는 단독정부 수립에 반대하는 대항 이데올로기와 그에 따른 정당성이 대중적 지지를 받기도 하였지만, 보다 현실적인 측면이 주요하게 작용하였다. 곧 제주도라는 지역적 조건 속에서 학살에 대한 저항을 조직할 수 있는 조직과 집단의 존재가 밑바탕이 되었다.[25] 제주 4 · 3항쟁의 이러한 점은 광주민중 학살을 이해하는 데 일정한 시사점을 주고 있다.

물론 이러한 유형에 따른 구분을 모든 경우에 적용할 수는 없다. 두 가지 유형이 서로 결합되고 있는 경우도 많다. 민중항쟁 과정에서 발생하는 학살은 시기적으로 긴 과정을 이루고 있지만, 이 과정 속에는 학살의 짧은 단계가 복합적으로 결합되어 있다. 이는 일반적으로 1948년 4월 3일에 시작되어 1949년 6월까지 계속된 제주 4 · 3항쟁과 학살이 대표적인 경우다.[26] 제주 4 · 3항쟁과 학살의 경우처럼, 항쟁의 주체 세력이 조직되어 국가 권력에 계속 투쟁하였던 지역에서는 학살이 장기간에 걸쳐 자행되었다.

한편 한국 근현대사에서 일어났던 학살은 일정한 계급적 성격과 함께 그에 따른 역사적 성격을 동시에 지니고 있다. 일반적으로 한국 근현대사에서 일어난 학살을 흔히 양민 학살로 표현하여 왔다. '양민(良民)'이란 말 그대로 국가에 충실하는 온순하고 순량한 백성이라는 뜻이다. 양민 학살이란 순진한 백성 · 국민이 국가 권력이나 지배 계급에 의해 억울하게 희생되었다는 의미를 지니고 있다. 따라서 양민 학살이라는 표현은 국가 권력에 대해

25) 이에 대해서는 양정심, 〈주도 세력을 통해서 본 제주 4 · 3항쟁의 배경〉, 역사문제연구소 · 역사학연구소 · 한국역사연구회 편, 앞의 책 참조.

26) 이에 대해서는 서중석, 〈제주 4 · 3의 역사적 의미〉, 역사문제연구소 · 역사학연구소 · 한국역사연구회 편, 앞의 책 참조.

학살의 부도덕성을 일깨우고 억울하게 희생당한 양민들의 명예를 회복하는 윤리적 · 도덕적 관점이 반영되어 있다.

물론 국가 권력에 의해 자행된 학살은 양민 학살의 성격이 있고, 그에 따른 국가 권력의 부도덕성을 제기하는 것도 의미가 있다. 특히 우리의 현실에서 이데올로기 대립이 얽혀 있는 학살 문제를 국가를 상대로 해결하는 과정에서 양민 학살이라는 개념은 유효할 수도 있다. 다만, 문제는 양민 학살의 개념이 한국 근현대 학살의 역사적 성격을 제대로 포착하지 못하고 있다는 점이다.

한국 근현대 집단 학살은 전체적인 수준에서 대개 민족국가 수립을 둘러싼 대립 속에서 일어났다. 곧 민족국가 건설의 방향을 놓고 지배 세력 · 국가 권력이 피지배 세력인 민중을 탄압하는 과정에서 자행되었다. 한말 농민전쟁이나 의병전쟁, 그리고 일제 시기 3 · 1운동 과정에서 일어난 집단 학살은 새로운 사회 체제와 민족 문제를 둘러싼 갈등 속에서 일어났다. 해방 후 일어난 집단적인 학살도 대개 민족 내부의 이데올로기적 갈등이 분단국가 수립 과정 속에서 터져나온 것이었다.

이렇게 볼 때, 한국 근현대 집단 학살은 체제 모순을 반영한 사회 역사적 성격을 담고 있다. 집단 학살은 국가 권력과 민중, 지배 세력과 피지배 세력의 대립을 반영하고 있으며, 양자의 대립이 가장 폭력적인 수준에서 폭발한 것이었다. 이러한 대립과 갈등은 당시 국가 권력 수준에서 통합할 수 없는 계급적 · 이념적 차이에 기초하고 있었다. 따라서 한국 근현대 집단 학살은 국가 권력의 성격, 그리고 국가 권력에 의해 자행된 학살의 계급적 성격을 담고 있다.

실제로 집단 학살 과정에서도 국가 권력이나 지배 세력의 계급적 본능은 발휘되고 있었다. 국가 권력은 무차별적으로 학살한 것이 아니라 주로 지배 블럭에 포섭되지 않았거나 그 바깥에 있는 국민 · 대중들을 학살의 대상으로 삼고 있었다. 제주 4 · 3항쟁이나 여순봉기, 그리고 거창 양민 학살에서도 수많은 사람들이 좌익과 가깝다는 막연한 이유나 '공비'가 출몰하는 지역에 산다는 이유, 또는 머리가 짧거나 흰 고무신을 신었거나 군용팬티를 입었다는 이유로 학살당하였지만, 지방 유지나 우익 인사, 공무원, 경찰, 군대와 그 가족들은 학살 대상에서 제외되었다.

대표적으로 거창 양민 학살 과정에서 당시 군경은 마을 사람들을 교실에 집단 수용한 다음, 군경 가족은 골라내고 나머지 사람들을 골짜기로 끌고가 처형하였다.[27] 여순사건 때에도 군경과 우익인사들이 사람들을 학교 운동에 집합시켜 이른바 부역 혐의자 심사를 벌였다. 이들이 지나가면서 '저 사람' 하고 손가락질만 하면, 바로 그 자리에서 교사 뒤에 파놓은 구덩이로 끌려가 총살당하였다. 설사 사람을 잘못 봤더라도 한번 찍히면 그만이었다.[28]

이러한 점에서 양민 학살이라는 개념은 국가 권력에 의한 학살의 계급적 · 정치적 · 이데올로기적 성격을 제대로 반영하지 못하고 있다. 다시 말해 한국의 근대국가 수립, 또 당시의 시대적 과제였던 반제반봉건혁명, 그리고 그에 따른 체제 모순과 대립 과정에서 국가 권력에 저항하고 희생당한 사람들의 역할과 성격을 충분히 담아내지 못하고 있다.

3. 국가 테러리즘과 5 · 18 민중 학살의 성격

1) 국가 테러리즘과 민중 학살

5 · 18항쟁 과정에서 일어난 학살은 광주를 중심으로 한 민중들과 국가 권력이 정면으로 대결하는 과정에서 발생하였다. 광주 시민들에 대한 탄압

27) 노민영 · 강희정 기록, 앞의 책, 110~111쪽.
28) 김계유, 〈여순봉기〉, 《역사비평》 겨울호, 1991, 283~284쪽.

과 학살에는 경찰, 군대 등 국가 권력의 폭력 기구가 직접 개입하였다. 또한 보안대, 안기부 등 정보 기구도 관여하고 있었다. 이러한 점에서 5 · 18 민중 학살은 전체적으로 국가 테러리즘의 성격을 지니고 있다.

1980년 5월 광주에서의 민중 학살이 국가 테러리즘으로 발전하는 데 가장 핵심적인 역할을 한 것은 5월 17일의 계엄령 발포였다.[29] 전두환을 비롯한 신군부의 입장에서 계엄령은 국가 권력을 동원하여 대중들을 통제 · 장악할 수 있는 강력한 수단이었다. 이를 바탕으로 신군부는 국가의 이름으로 자신들에 반대하는 개인이나 집단을 탄압 · 학살할 수 있는 근거를 마련하였다. 이에 유신 독재 정권을 떠받치던 기둥으로 기능해 왔던 경찰과 군대가 학생 · 시민들의 민주주의 운동에 개입할 수 있게 되었다.

1980년 5월 17일 계엄령이 전국으로 확대되면서 주요 공공 기관과 학교 등에는 계엄군이 진주하였다. 전두환 합동수사본부장이 중심이 된 신군부는 자신들의 권력 장악에 방해가 되는 정치인과 재야인사들을 체포 · 구속하거나 연금하고, 모든 정치 활동을 금지시켰다. 특히 신군부는 자신들의 집권에 가장 적극적으로 대항하던 학생운동 세력을 철저히 탄압하였다. 5월 17일 계엄령 발포를 전후하여 전국의 주요 학생운동 지도자를 검거하였고, 모든 대학에는 계엄군이 탱크를 앞세워 진주하여 신군부에 저항하는 운동 근거지를 봉쇄하였다.

민주화운동 세력에 대한 이러한 전국 수준의 탄압은 지역 차원에서도 구체화되었다. 5월 17일 계엄령이 발포되면서 광주 지역에는 2군사령부 예하 7공수여단(여단장 신우식 준장)의 33대대와 35대대가 배치되었다.[30] 33대대

29) 1980년 5월 17일에 대통령 공고 68호로 이희성 계엄사령관이 발표한 계엄령, 곧 제주도까지 포함하는 '전국 일원'의 계엄령은 정당성이 결여되어 있었다. 신군부는 1979년 10 · 26 사건을 계기로 발포된 기존의 지역 계엄령을 제주도를 포함하는 전국 계엄령으로 바꿔 자신들의 정치 개입을 제도화하였다. 전국 계엄령에서 계엄 업무의 지휘 계통은 계엄령 사령관에서 국방장관을 거치지 않고 곧바로 대통령으로 연결되었다.

30) 33대대와 35대대의 병력 규모와 장비에 대해서는 특전사, 《특전사 전투상보》 참조.

(대대장 권승만 중령 · 병력 45/321명)는 전남대와 광주교대, 35대대(대대장 김일옥 중령 · 병력39/283명)는 조선대와 전남 의대에 배치되었다. 학교를 점령한 공수부대는 항의하는 시위학생들에게 야만적인 폭력을 행사하였다. 이들은 달아나는 학생들을 곤봉으로 뒤통수를 때리거나 개머리판이나 군화발로 짓밟은 뒤 연행했다. 경찰의 태도도 더욱 강경해져서 학생들을 곤봉으로 구타하고 연행하였다.[31]

계엄군의 야만적인 구타와 폭력은 신군부가 5월 18일 들어 11공수여단(여단장 최웅 준장, 병력 규모 102/696명) 3개 대대의 증원을 결정하면서 더욱 강화되었다. 계엄군 가운데 공수부대가 상황을 장악하게 되었다. 신군부 입장에서 공수부대는 자신들의 의지를 그대로 행동에 옮길 수 있는 집단이었다. 또한 국가 폭력 기구 가운데 어떤 집단보다도 정치적으로 동원 이데올로기에 세뇌된 집단이었다. 군사기술적으로도 신군부의 지휘 계통 아래 명령에 절대 복종하며 고도로 훈련받은 집단으로 학살과 같은 만행을 수행하기에 적당하였다.

계엄군이 강경 진압에 나서면서 광주 시내는 유혈과 공포의 공간으로 바뀌었다. 5월 19일 들어 공수부대는 시위 군중에게 돌진하여 곤봉과 총개머리판으로 때리거나 대검으로 찌르면서 군복을 피로 물들이고 있었다. 젊은 사람이면 남녀를 가리지 않고 곤봉으로 난타하여 끌어왔고, 조금이라도 항의하면 대검으로 허벅지나 옆구리를 찔렀다. 여자가 붙잡혀오면, 겉옷은 물론 속옷까지 찢어버리고 아랫배나 유방을 구둣발로 차거나 머리카락을 잡고 담벽에다 짓찧었다.[32] 공수부대의 이러한 만행 속에서 부상자가 속출하

---

31) 전주량(5 · 18광주민주화항쟁 유족회 회장) 증언, 〈제30차 5 · 18광주민주화운동 진상조사특별위원회 회의록〉(제30호, 1989. 2. 24.), 광주광역시 5 · 18사료 편찬위원회, 《5 · 18광주민주화운동 자료총서》 제5권, 1997, 442쪽 ; 한국현대사사료연구소 편, 《광주5월민중항쟁 사료전집》, 풀빛, 1990, 21쪽.

32) 전남사회운동협의회 편 · 황석영 기록, 《죽음을 넘어 시대의 어둠을 넘어》, 풀빛, 1985, 57~59쪽.

였다.[33)]

계엄군의 무자비한 만행은 5월 20일 들어 시민 · 학생들에게 직접 발포하면서 더욱 확대되었다. 최초의 발포는 20일 오후 8시경 광주 신역에서 시작되었다. 이를 계기로 공수부대의 만행은 폭력적인 구타의 단계를 넘어 점차 조직적인 학살의 단계로 이행하고 있었다. 공수부대의 신역 발포는 5월 21일의 도청 앞 집단 발포로 이어졌고, 이 과정에서 총상에 의한 사망자와 부상자가 다수 발생하였다.[34)]

계엄군의 민중 학살은 계속되었다. 분노한 시민 학생들이 총궐기하여 시민군을 조직하고 5월 22일 도청을 접수하자, 계엄군은 작전상 시 외곽으로 철수하면서 학살을 계속하였다. 이때부터 민중 학살의 무대는 광주 외곽 지역으로 옮겨졌다. 계엄군은 항쟁의 확산을 방지하려고 광주로 통하는 외곽을 봉쇄하는 작전을 수행하면서 광주 교도소 부근, 지원동과 주남 마을, 송암동 일대 등에서 무차별적이고 집단적인 학살을 자행하였다.[35)] 이 과정에서 학살된 사람들은 대개 시위와 전혀 관계 없이 귀가하던 지역 주민과 학생들이었다.

계엄군의 학살 만행은 5월 25일 이른바 계엄사령관의 이름으로 '상무충정작전 지침'을 하달하면서 전면적인 단계로 들어갔다. 계엄군은 26일에 공수부대가 중심이 되어 도청을 중심으로 항쟁 세력을 '소탕'할 준비를 마쳤다. 5월 27일 새벽 4시 10분에 시작된 이 작전에는 3공수여단 · 7공수여단 · 11공수여단을 중심으로 20사단 · 31사단 등이 동원되었으며, 병력 규

33) 정상용 · 유시민 외 지음, 〈5월 19일의 부상자 사례〉, 《광주민중항쟁》, 돌베개, 1990, 188~195쪽.
34) 정상용 · 유시민 외 지음, 〈신역 발포의 피해자〉 · 〈5 · 21 오후 1시경 최초의 집단 발포에 의한 부상자〉, 앞의 책, 212~214 · 222쪽.
35) 정상용 · 유시민 외 지음, 〈3공수 교도소 부근 사망자 사례〉 · 〈교도소 부근 부상자 사례〉 · 〈광주 · 화순 간 도로상에서의 사망자 사례〉 · 〈광주 · 화순 간 도로상에서의 부상자 사례〉 · 〈5 · 24 송암동 지역 사망자 사례〉 · 〈5 · 24 송암동 지역 부상자 사례〉, 앞의 책, 261~279쪽.

모는 79/2,690명이었다.[36] 헬기까지 동원하여 기관총을 난사하며 시민군을 닥치는 대로 사살하였던 이 작전은 학살의 정점을 이루었다. 도청과 YWCA 건물 등에서 민주주의를 끝까지 지키려 했던 시민군은 항쟁의 마지막 불꽃이 되었다.

5 · 18 민중 학살의 과정에서는 31사단과 20사단, 경찰과 안기부, 보안대 등이 개입하고 있었지만, 공수부대가 주도하였다. 학살이 진행되는 과정에서 국가 권력 기구 내부의 민주주의 기제는 전혀 작동되지 않았다. 입만 열면 민주주의를 외치던 대부분의 언론 기관은 신군부의 선전 기관이 되어 오히려 학살 행위를 감싸주는 기제로 이용되고 있었다.[37] 60년대 이래 동원 이데올로기에 세뇌된 국가 관료 집단과 관제 언론의 반민중적 · 반민주주의적 성격이 드러나는 지점이었다.

다만, 공수부대의 만행이 폭력의 수준을 넘어 학살로 발전해 나가는 과정에서 국가 권력 기구 내부에서 부분적인 균열이 발생하였다. 학살 과정에서 경찰은 공수부대에 비해 소극적이었다.[38] 군대 내부에서도 31사단 정웅 소장, 전교사 사령관 윤흥정 중장과 신군부 핵심이나 공수부대 지휘관 사이에 진압 방식을 놓고 갈등이 생기기도 하였다.[39] 하지만 이러한 갈등은 미약한 수준이었고, 신군부 중심의 국가 권력을 균열시키고 국가 테러리즘을 저지하는 수준으로 발전하지 못하였다.

---

36) 육군본부, 〈소요 진압과 그 교훈〉, 75쪽.

37) 이에 비해 〈전남매일신문〉 기자들은 사람이 개처럼 끌려가 죽어가는 사실을 신문에 한 줄도 싣지 못하는 것을 부끄럽게 여겨 붓을 놓았다. 광주광역시 5 · 18사료 편찬위원회, 앞의 책, 제2권, 25쪽.

38) 전남사회운동협의회 편 · 황석영 기록, 앞의 책, 60쪽.

39) 정상용 · 유시민 외 지음, 앞의 책, 167 · 195 · 198쪽.

2) 학살의 성격과 대항 세력의 형성

1980년 5월 18일 광주를 중심으로 한 지역에서 일어난 학살은 어떤 성격을 지니고 있는가?

많은 사람들은 한국 근현대기에 일어났던 양민 학살과 마찬가지로, '5 · 18 학살' 은 양민 학살이라는 인식을 갖고 있다. 한국 근현대 '양민 학살' 에 대한 역사 인식이 반영되었지만, 양민 학살로 규정한 개념은 대중들이 5 · 18 학살을 이해하는 역사 인식에 큰 영향을 미쳤다.

1980년 5 · 18 학살을 양민 학살로 규정한 것은 일정한 의미를 담고 있다. 당시 5 · 18민중항쟁에 참여한 사람들도 신군부의 학살을 양민 학살[40]로 규정하기도 하였지만, 항쟁 과정에서 '무고한 국민' 이 국가 권력의 횡포 앞에 희생당하였다는 의미를 담고 있다. 이는 신군부가 중심이 된 국가 권력의 부도덕성과 비윤리성을 지적하고 이에 대항한 항쟁 세력의 도덕적 정당성을 확보하는 데 중요한 근거가 되었다. 나아가 많은 사람들이 민주주의운동으로서 항생을 심정적으로 이해하는 데 일정한 기여를 하였다.

그러나 이러한 양민 학살의 개념과 인식은 무엇보다 항쟁과 학살의 의미를 축소시키고 있다. 이는 특히 5 · 18민중항쟁을 한국 현대사, 가깝게는 70년대 말~80년대 초의 사회 구조 속에서 파악하는 것을 어렵게 하고 있다. 5 · 18 학살은 국가 권력에 양민들이 당한 희생이기도 하지만, 주요하게는 국가 권력에 맞서 저항하는 과정에서 발생하였다. 5 · 18항쟁과 학살은 한국 민주화운동 세력 내부의 지역적 · 계급적 불균등성을 일정하게 반영하고 있지만, 기본적으로 70년대 말 신군부로 대표되는 지배 권력과 피지배 세력, 곧 민중을 대표하던 민주화운동 세력 사이의 대립이 광주를 중심으로

40) 목포시민민주화투쟁위원회, 〈우리 겨레와 세계 자유민에게 보내는 목포 시민의 결의문〉, 광주광역시 5 · 18사료 편찬위원회, 앞의 책, 제2권, 37쪽.

폭발한 체제 모순을 반영하고 있다.[41] 이는 시민군의 도청 접수 이후, 수습대책위원회의 무기 반납 호소를 거부한 사람들이 대개 기층 민중 출신인 점이나[42] 항쟁 참여 세력의 계급 구성에 따른 성격에서도 일정하게 드러나고 있다.[43]

5 · 18 민중 학살이 지니는 의미는 대항 세력의 형성 문제와도 관련을 맺고 있다. 5 · 18 민중 학살은 한국 현대사에서 여러 가지 의문과 의미를 지니고 있다. 다른 무엇보다 해방 후 특히 1960년 4 · 19혁명 이후 사라졌던 민중 학살이 왜 20년이나 지난 1980년 광주에서 다시 발생했는가 하는 점이다. 이는 무엇보다 민중 학살의 주체인 국가 권력과 학살의 대상인 대항 세력 사이의 역학 관계를 반영하고 있다.

1960년 5 · 16쿠데타로 등장한 박정희 군사 정권은 이후 강력한 지배 체제를 구축하고, 민중운동 세력을 탄압 · 통제하였다. 이러한 지배 체제는 70년대 유신 체제가 성립된 뒤에도 계속 유지되었다. 박 정권은 군사 독재의 억압적 통치 기제를 강화하고, 반공 이데올로기를 전면에 내세워 반대 세력을 탄압하였으며, 새마을운동 · 학도호국단을 비롯한 사회 동원 체제를 구축하여 대중들을 체제 내로 흡수하고 있었다. 이러한 조건 속에서 유신 정권에 대항하는 세력이 조직화된 힘을 발휘하기 어려웠다.

중요한 사실은 1980년 5 · 18민중항쟁과 학살이 유신 정권의 권력 기반이 내부로부터 붕괴되고,[44] 반유신 세력의 민주화운동이 조직화되는 과정에서 발생하였다는 점이다. 이는 전국적 차원에서 한국 사회 민주화운동, 민중운

41) 손호철은 한국 사회의 구조적 모순들이 특정 국면에서 응집하여 폭발한 것이 5 · 18이며, 항쟁의 주체는 이러한 모순의 담지자인 민중이라고 주장하였다. 손호철, 〈'5 · 18광주민중항쟁'의 재조명〉, 《이론》 11호, 새길, 1995, 99쪽.

42) 정상용 · 유시민 외 지음, 앞의 책, 280쪽.

43) 손호철, 앞의 논문, 96쪽.

44) 손호철은 박 정권을 직접 붕괴시킨 것은 민중 투쟁이 아니라 지배 블럭의 내분이었고, 10 · 26은 일종의 수동혁명이라고 파악하였다. 손호철, 앞의 논문, 89쪽.

동의 역량과 수준, 그리고 지역적 차원에서는 광주항쟁 세력의 수준을 규정하는 것이었다. 광주항쟁 세력이 이러한 객관적 조건과 전망을 뛰어넘어 새로운 시야를 확보하기란 어려운 일이었다.

광주항쟁 주체 세력의 역량과 이데올로기는 이러한 지형 속에서 형성되고 발전하였다. 물론 항쟁 주체 세력의 형성에는 독특한 지역적 전통과 경험이 주요한 영향을 끼쳤다. 광주 · 호남 지역이 지니는 한국 근현대 민중운동의 전통, 80년 당시의 재야 학생운동권의 존재, 호남의 정치적 열망을 대표하던 김대중의 존재, 박 정권의 지역 차별 정책에 따른 상대적 박탈감, 자본주의 산업의 미발달에 따른 공동체적 의식 등이 중요하게 작용하였다. 이러한 복합적인 조건 속에서 학살이라는 공통의 경험을 바탕으로 대항 세력이 조직되었고, 이는 이후 학살 문제를 풀어가는 원동력이 되었다.

3) 항쟁 주체 세력의 대항 이데올로기

1980년 5 · 18항쟁에 참여한 주체 세력은 신군부의 탄압에 대항하는 이데올로기를 스스로 생산하고 구체화시켰다. 항쟁 주체 세력의 대항 이데올로기는 구조적으로 70년대 말 유신 정권에 대항하는 민주주의 이념에 근거해 있었다. 70년대 말 민주화운동 세력은 유신 정권에 반대하는 논리로서 형식적 · 절차적 민주주의 질서의 회복을 내세우고 있었다. 이러한 대항 세력의 이데올로기는 한계를 지니고 있지만[45], 당시 민주화운동 세력의 보편적 인식을 바탕으로 하고 있었다.

---

45) 김동춘은 당시 저항 세력이 주장하였던 민주화 일반의 요구는 유신 체제의 비민주성에 대한 요구로서 지식인 · 도시 중간층에게는 호소력을 가질 수 있었으나, 노동자 · 농민 · 도시 반프롤레타리아층의 열망과 결합되기에는 한계를 지니고 있었다고 평가하였다. 김동춘, 〈1960, 70년대 민주화운동 세력의 대항 이데올로기〉, 역사문제연구소 편, 《한국 정치의 지배 이데올로기와 대항 이데올로기》, 역사비평사, 1994, 242쪽.

1980년 5 · 18항쟁 세력의 대항 이데올로기도 이러한 민주주의 이념에 바탕을 두고 있었다. 광주 지역은 학생운동권 세대를 중심으로 유신 정권을 비판 반대하는 대항 세력이 존재하고 있었으며, 지역 수준에서 대항 이데올로기를 생산하고 있었다. 광주 지역 학생운동권은 민청학련 세대와 교육지표 사건 세대의 영향을 받으면서 학내 활동, 야학, 문화운동 등을 통해 인적 역량을 확대하고 있었다.[46] 이들의 이념은 기본적으로 민주주의였다. 이들은 1980년 5월 투쟁 과정에서 자신들의 이념적 지향을 더욱 구체화시켰는데, 이는 당시 민주화운동 세력의 인식과 흐름을 같이하고 있었다.[47]

광주 지역 수준에서 생산되고 있던 이러한 대항 이데올로기는 뒤에 광주항쟁을 주도하는 학생운동 지도부의 정세 인식에 많은 영향을 주었고, 특히 항쟁 과정에서 신군부에 맞선 항쟁 세력의 정치적 정당성을 구체화하고, 다수의 민중들을 항쟁에 참여시키는 이념적 지표가 되었다. 항쟁 지도부가 신군부의 학살에 저항하는 이데올로기를 단순히 지역 수준에서 국한하지 않고 당시의 시대적 과제였던 민주주의 문제와 결합시켜 대중적 슬로건으로 발전시켜 나갔던 것도 이러한 경험이 주요한 배경이 되었다.

1980년 광주항쟁에서 시민, 학생들의 이데올로기는 처음부터 민주주의 이념에 바탕을 두고 있었다. 1980년 5월 17일 계엄령이 발포되고 휴교령이 내리자, 학생들은 전남대 · 조선대 정문 앞에 모여 "휴교령을 철회하라", "비상계엄을 해제하라", "전두환은 물러가라", "계엄군은 물러가라", "김대중을 석방하라"[48] 등의 구호를 외쳤다. 이는 전두환을 비롯한 신군부가 저

---

46) 전남사회운동협의회 편 · 황석영 기록, 앞의 책, 21쪽.

47) 이는 전남대학교 대의원총회에서 발표된 〈결전에 임하는 우리의 결의〉(1980. 5. 15), 전남대학교 자유언론투쟁위원회에서 발표된 〈언제까지 눈뜬 봉사처럼 소리 죽이고 참아야 하나?〉(1980. 5. 16) 등의 유인물에서 확인할 수 있다. 학생들은 이들 문건에서 유신 잔당의 퇴진과 비상계엄 해제, 민주 인사의 석방과 복직 · 복권을 주장하였다. 광주광역시 5 · 18사료 편찬위원회, 앞의 책, 제1권, 728~734쪽.

48) 전남사회운동협의회 편 · 황석영 기록, 앞의 책, 37쪽.

지른 불법적인 행동을 규탄하는 것이지만, 기본적으로 정치적인 측면에서 민주주의 제도와 가치 이념을 회복시킬 것을 주장하는 것이었다.

하지만 이러한 대항 이데올로기는 처음에는 광주 지역의 학생들 차원에서 작동하고 있었고, 광주 지역 일반 민중의 이데올로기로 확대되지는 못하였다. 따라서 대항 이데올로기가 항쟁에 참여한 광범한 민중 수준으로 확대되는 것은 항쟁 과정에서였다. 곧 신군부의 공수부대와 투쟁하고, 구타 학살이라는 만행을 경험하면서 대항 이데올로기를 확립시켜 나갔다. 항쟁에 다수가 참여하고 스스로 대항 이데올로기를 체득 · 생산해 나갔던 것은 곧 경험과 결합되었기 때문에 가능하였다. 특히 민중항쟁이 신군부 세력과 광주 시민의 대결로 압축되고, 이에 대한 위기를 반영하여 광주 지역의 공동체적 의식을 자극하면서 급속히 확산되었다. 호남 지역의 정치적 상징이었던 김대중에 대한 탄압도 대항 이데올로기의 확산을 촉발하였다.

당시 학생들은 정치적 수준의 민주주의 요구만이 아니라 사회 경제적 수준의 민주주의 요구를 제기하고 있었다.[49] 하지만 광주항쟁이 일어나고 신군부와의 대결로 압축되면서 민주주의에 대한 요구는 정치적인 요구를 중심으로 정리되어 갔다. 신군부에 대항하는 이데올로기가 정치적 수준의 민주주의 요구로 압축된 것은 상황에 강제된 측면도 있지만, 투쟁 대상과 과제를 단순화하여 광주 시민들을 항쟁에 참여시키는 데 유리하였다. 이러한 정치적 민주주의 이념은 항쟁 과정에서 항쟁 주체 세력의 기본적인 대항 이데올로기로 유지되었다.

항쟁 주체 세력의 이데올로기에 기초한 구호는 항쟁이 격화되면서 더욱

49) 1980년 5월 15일 광주 지역 대학생학생회가 발표한 〈제2시국선언문〉은 학생들의 민중적 지향을 담고 있다. 학생들은 이 성명에서 농촌 문제에서 혁신적인 농지 개혁 실시, 저농산물 가격 정책 철회, 농협의 해체와 직선제 농촌민의기구 창립을 주장하였다. 또 노동자 문제에서도 노동3권 보장, 노조 간부의 직접선거와 노동자 경영 참여, 카노청, 산업선교에 대한 탄압 중지 등을 내놓았다. 광주광역시 5 · 18사료 편찬위원회, 앞의 책, 제1권, 725쪽.

구체적이고 급진적인 형태로 나아갔다. 곧 "김대중을 석방하라", "광주 시민의 피를 보상하라", "구속 학생 · 시민을 석방하라"는 주장에서부터 "꼭두각시 최규하를 죽여라", "살인마 전두환은 물러가라", "살인마 전두환을 찢어죽이자"[50] 등으로 나타났다. 신군부의 핵심으로 학살을 뒤에서 조종하고 있던 전두환에 대한 공격으로 점차 집중되었다.

이러한 대항 이데올로기는 항쟁 주체 세력들이 스스로의 힘으로 선전물을 만들면서 보다 논리적이고 체계적인 형태로 제시되었다. 1980년 5월 19일 이후 항쟁 주체 세력들은 〈광주 시민 총궐기문〉, 〈민주 수호 전남 도민 총궐기문〉, 〈전남민주회보〉, 〈선언문〉 등[51]을 제작하여 배포하면서 항쟁의 의의를 대중적 수준으로 확산시켜 나갔다. 특히 이러한 선전 활동을 통괄하기 위해 윤상원 등 들불야학팀이 중심이 되어 제작한 〈투사회보〉는 항쟁 세력의 요구 조건을 보다 구체적으로 담아내고 있었는데, 주요 내용은 신군부를 몰아내고 민주주의 질서를 회복하는 것이었다.[52] 이러한 요구는 이후에도 계속 지속되었다.

항쟁 주체 세력의 이데올로기는 신군부의 학살이 진행되면서 급진적인 형태를 띠었지만, 기본적으로 부르주아 민주주의의 틀 내에 머무르고 있었다. 항쟁 과정에서 학살을 경험하면서 군대의 역할에 대해 의문이 제기[53]되기도 하였고, 국가 권력에 대한 분노에서 경찰서와 시청, 세무서 등을 공격하기도 하였지만, 이를 뛰어넘는 새로운 전망으로 발전하지 못하였다. 당시

50) 전남사회운동협의회 편 · 황석영 기록, 앞의 책, 44, 83 · 108쪽.

51) 광주광역시 5 · 18사료 편찬위원회, 앞의 책, 제2권, 31~35쪽.

52) 항쟁 세력들은 여기에서 최규하 정부의 퇴진, 전두환의 공식 사퇴, 계엄령 해제와 계엄군 철수, 구속된 학생과 민주 인사 석방, 구국민주 과도 정부 구성 등을 구호로 내세웠다. 〈투사회보〉 제5호(1980. 5. 23), 광주광역시 5 · 18사료편찬위원회, 앞의 책, 제2권, 41쪽.

53) 1980년 5월 26일 광주 시민 일동의 이름으로 발표된 성명서는 국민의 생명과 재산을 수호하라는 임무 아래 피땀 어린 세금으로 무장한 국군이 학살 만행을 저지르는 데 대해 분노를 표현하고 있다. 〈광주 시민은 통곡하고 있다〉, 광주광역시 5 · 18사료 편찬위원회, 앞의 책, 제2권, 87쪽.

"공산당보다 더 흉악한 살인마 공수특전단", 또는 "6 · 25 때도 이런 참혹한 살육전이 없었다"[54]는 지적처럼, 항쟁 세력의 지향은 부르주아 민주주의에 고정되어 있었다. 이는 신군부가 5 · 18민중항쟁을 북한과 연결시키는 상황에서 현실적인 선택이었을 수도 있다. 항쟁 세력들은 신군부를 몰아내 다른 민주 정권을 수립하고, 왜곡된 부르주아 민주주의의 제도적 틀을 복구하는 데 중점을 두었다. 이는 80년 당시 민주 대 반민주의 구도로 전개되어 온 사회운동의 이념적 수준을 반영하는 것이었다.

항쟁 주체 세력의 이러한 대항 이데올로기는 광범한 계층 · 계급을 항쟁에 참여시켜 항쟁 세력의 운동 기반을 확대하는 데 유리하였다. 이는 항쟁이 처음부터 비폭력 형태로 전개되고 신군부의 학살 만행을 직접 경험하면서 자위적 차원의 대항 폭력, 곧 무장 투쟁으로 나아가는 데 중요한 역할을 하였다. 하지만 부르주아 민주주의에 고정된 대항 이데올로기는 항쟁의 발전에 따라 주체 세력 내부의 중심이 이동하는 수준을 따라가지 못하였다. 곧 실패와 성공의 관점을 넘어 국가 권력의 성격에 대한 새로운 사고 속에서 대체 권력의 전망을 발전시키지 못하는 한계를 드러내었다.

항쟁 주체 세력의 대항 이데올로기는 전체적으로 항쟁과 학살을 경험한 광주를 중심으로 한 지역에 국한되었고, 전국적으로 확대되지 못하였다. 곧 신군부로 대표되는 지배 세력이 구사하는 동원 이데올로기와의 역학 관계에서 우위를 확보하지 못하였다. 항쟁 세력의 대항 이데올로기가 전국적 수준에서 일정한 힘을 발휘하기에는 항쟁이 끝난 뒤에도 많은 시간이 필요하였다. 광주항쟁과 학살을 지켜본 민주화운동 세력이 양적 · 질적으로 성장하면서 동원 이데올로기의 대중적 기반은 점차 균열되어 나갔다.

---

54) 〈민주수호 전남도민 총궐기문〉(1980. 5. 21), 〈대한민국 모든 지성인에게 고함〉(1980. 5. 24), 광주광역시 5 · 18사료 편찬위원회, 앞의 책, 제2권, 32 · 562쪽.

4. 5 · 18 민중 학살과 동원 이데올로기

1) 민중 학살에 대한 시각

1980년 5 · 18민중항쟁의 발생 원인에 대해서는 다양한 관점에서 접근이 이루어져왔다. 이러한 접근의 중심은 대개 80년대 한국 사회의 구조와 모순 속에서 민중항쟁이 일어날 수밖에 없는 정치 · 경제 · 사회적 필연성을 설명하는 방식이다.[55] 이러한 거시적이고 구조적인 접근은 현대사에서 5 · 18민중항쟁의 전체적 의의를 이끌어내는 데 많은 도움을 주었다. 이에 비해 5 · 18민중항쟁과 결합되어 있는 학살에 대해서는 충분한 연구가 이루어지지 않았다.

광주 민중 학살에 대한 기존의 시각은 대체로 누가 저질렀는가, 그리고 학살에 따른 만행의 폭과 수준이 어떠했는가에 초점이 맞추어져왔다. 그에 따라 주로 전두환을 비롯한 신군부 정권의 폭력성과 잔인성이 주요하게 논의되어 왔다. 광주 민중 학살에서 이러한 부분은 여전히 유효한 의미를 지니고 있다. 이는 신군부의 부도덕성에 대비하여 항쟁 세력의 도덕성과 정당성을 역사의 교훈으로 남긴다는 점에서 중요하다.

그러나 이러한 시각은 우리 사회에서 민중 학살이 어떻게 가능했는가 하는 보다 근본적인 질문에 군부 정권의 폭압성이라는 정해진 해답 이상을 제시하지 못하고 있다. 곧 광주 학살이 자행되었던 의미를 우리 사회에서 구체화시키지 못하고, 도덕적 교훈을 반복하는 수준에 머무르고 있다. 이러한 점에서 민중 학살에 대한 논의는 도덕적이고 관성적인 차원에 제한되어 새로운 대안을 창출하는 데 실패하였다.

---

55) 이에 대한 대표적인 연구로는 다음을 참고할 수 있다. 정해구, 〈한국 사회의 정치 변동과 민중 투쟁〉, 《광주민중항쟁 연구》, 사계절, 1990 ; 김동욱, 〈한국 자본주의의 모순 구조와 항쟁 주체〉, 《광주민중항쟁 연구》, 사계절, 1990.

지금까지 현대사의 민중 학살을 접근 · 분석 · 평가하는 데 있어서 소수의 개인이나 집단에게 책임을 집중시키는 관행과 논리에 익숙해져 있었다. 광주 민중 학살도 예외는 아니다. 광주 민중 학살의 책임 문제도 소수의 신군부 세력과 진압 작전에 참여한 인물들에 집중되어 있다. 물론 이러한 평가가 잘못된 것이 아니며, 당연하기도 하다. 이러한 평가는 행동의 유무를 기준으로 하는 실정법에 따른 것으로서 현실적인 평가라고도 할 수 있다.

그러나 우리 현대사의 흐름에서 볼 때, 이러한 평가는 지극히 현상적인 평가로서 여러 가지 문제점을 지니고 있다. 무엇보다 한국 근현대기에 끊임없이 되풀이되었던 집단 학살의 사회적 구조와 저변를 외면하고 있다는 점이다. 여기에서 우리는 이러한 의문을 제기할 수 있다. 5 · 18 민중 학살이 신군부 세력의 음모와 폭력성에서 비롯되었다면, 이들만 제거하면 앞으로 우리 사회에서 '광주 학살'과 같은 비극은 일어나지 않을 것인가? 만약 그렇다고 대답한다면, 한국 근현대에서 끊임없이 반복되었던 집단적인 민중 학살이 1980년 광주에서 어떻게 또다시 일어날 수 있었는가 하는 물음에 답해야 한다.

5 · 18 민중 학살을 신군부에만 집중하는 시각은 무엇보다 학살에 책임 있는 소수를 제외한 다수, 곧 학살에 직접 개입하지 않았던 다수의 사람들이 방관하거나 침묵하거나 자유로울 수 있었던 사회 구조를 직시하지 못하고 있다는 점이다. 물론 그렇다고 해서 우리 사회의 모든 사람들이 무차별적으로 5 · 18 민중 학살에 책임이 있으므로 반성해야 한다는 종교적 도덕론을 주장하려는 것은 아니다. 이러한 점에서 중요한 것은 5 · 18 학살과 같은 집단 학살이 가능했던 우리 사회의 구조가 무엇인가 하는 점이다. 5 · 18 민중 학살은 이데올로기적 수준에서 우리 사회의 동원 이데올로기와 그에 따른 문화를 반영하고 있다.

2) 동원 이데올로기와 집단 광기

1980년 5 · 18민중항쟁 과정에서 광범한 학살이 자행된 것은 신군부의 강경 진압에 원인이 있었다. 하지만 여기에서 중요한 점은 한국 현대사, 특히 80년대 사회에서 광범한 민중 학살이 어떻게 가능했는가 하는 점이다. 이에 대해서는 우리에게 익숙한 관점이지만, 여러 가지 수준에서 검토가 가능하다. 먼저 학살 주체의 측면에서는 신군부의 폭력성과 집권욕, 또는 신군부의 음모론에 따른 광주 지역 선택론[56] 등을 들 수 있다. 그리고 변혁운동과 대항 세력의 차원에서는 남한 전체와 광주 지역 수준에서 민주운동 역량의 제한성과 고립성 등을 들 수 있다.

이러한 관점은 5 · 18 민중 학살의 주체와 이에 저항한 대항 세력의 측면에서 학살을 파악하는 것으로 먼저 전제되어야 할 부분이다. 하지만 이러한 관점은 전체적으로 학살에 참여한 소수 집단에 국한되어 있고, 학살 문제를 사회 전체의 차원으로 확대시키지 못하고 있다. 곧 우리 사회에서 학살이 어떻게 가능했는가 하는 점을 이해하는 데 충분한 해답을 주지 못하고 있다. 1980년 5월 다수의 대중들은 신군부가 계엄령을 발포하고 군대를 동원하여 학살을 자행하는 과정에서 침묵할 수밖에 없었다. 신군부의 물리력을 앞세운 폭력이 사회 전면을 지배하고 있는 상황에서 이에 저항한다는 것은 어려운 일이었다.

하지만 신군부가 집단적인 민중 학살을 자행하는 과정에서 폭력을 앞세운 강제력만 동원한 것은 아니었다. 신군부는 폭력과 함께 광범한 동원 이

---

56) 선택론은 신군부가 광주를 미리 선택하고, 광주 시민의 반발을 유도하여 강경 진압과 탄압, 학살을 자행하였다는 시각이다. 이러한 시각은 물론 학살 자체보다는 5 · 18항쟁의 발생 배경을 염두에 둔 것이지만, 신군부의 폭력성과 음모성을 부각시키는 역할을 하였다. 대표적으로 박현채는 신군부의 사전 계획에 따른 의도적인 과잉 진압과 선택을 주장하고 있다. 박현채, 〈80년대 민족민중운동에서 5 · 18 광주민중항쟁의 의의와 역할〉, 《역사와 현장》 제1호 (1990. 5), 51쪽.

데올로기를 구사하여 대중을 침묵시키고 있었다. 신군부를 중심으로 한 국가 권력의 동원 이데올로기는 대중들의 의식과 결합될 수 있는 토양을 가지고 있었다. 곧 한국 현대사에서 지배 세력은 다양한 이데올로기를 내세워 대중들을 동원하고 있었다.[57] 국가 권력의 광범한 동원과 그에 따른 경험이 반복되면서 동원 이데올로기에 포섭된 다수의 대중들이 존재하고 있었다. 이러한 동원 이데올로기는 신군부의 학살을 정당화하고 다수의 대중들이 학살을 동의하도록 강요하는 역할을 하였다.

1980년 5 · 18 민중 학살 과정에서 신군부를 중심으로 한 국가 권력은 여전히 국가주의적 동원 이데올로기를 이용하고 있었다. 당시 신군부는 먼저 계엄령을 선포하고 부르주아 민주주의에 따른 각종 기제의 작동을 정지시키거나 무력화시키면서 사회 전반에 대한 통제 체제를 마련하여 갔다. 물론 물리적 폭력을 앞세운 조건이 고려되어야 하지만, 불법적인 계엄령이 발포되고 작동되는 과정에서 광주 지역을 제외한 대부분의 지역에서는 이에 저항하는 행동은 거의 조직화되지 못하였다. 당시 대다수 대중들과 국민들은 계엄령 발포의 정당성 여부보다 '국가의 안전보장과 공공의 안녕질서'를 내세우고 사회 혼란을 강조하는 계엄령[58]이 발포되면, 국가 권력이 개인이나 집단의 권리를 정지시키는 것이 관례적으로 당연하다는 오랜 경험에 익숙해져 있었다.

신군부는 이러한 조건 아래서 계엄령에 맞선 광주 시민 · 민중들을 폭도 · 무장 폭도로 규정하고, 광주 지역 이외의 시민들과 분리 · 고립시켜 나갔다. 이는 신군부라는 국가 권력의 입장에서 광주 시민들에게 '시민'의 자

---

57) 임현진 · 송호근은 박정희 체제의 지배 이데올로기의 핵심 이념으로 반공주의 · 성장주의 · 권위주의를 지적하면서, 이는 외면적 가치 합리성과 내면적 목적 합리성을 접합시켜 주는 '정당화 이데올로기'라고 파악하였다. 임현진 · 송호근, 〈박정희 체제의 지배 이데올로기〉, 역사문제연구소 편, 앞의 책, 183쪽.

58) 계엄사령관 육군대장 이희성, 〈포고령 10호〉(1980. 5. 17).

격을 박탈하고, 국가에서 제거해야 할 대상으로 규정하는 것이었다. 신군부는 이러한 차원에서 "난동을 부리는 폭도는 소수에 지나지 않고, 대다수의 주민은 애국심을 가진 선량한 국민"[59)]임을 강조하였다. 민중항쟁에 참여한 민중들을 소수의 폭도로 분리하는 신군부의 동원 이데올로기는 학살을 정당화하는 기능을 수행하고 있었다. 이는 특히 지역주의 이데올로기와 결합하면서 광주를 타자화 · 이질화시키는 구도로 나타나고 있었다.

지역주의 이데올로기는 시민 학생들이 공수부대와 대결하는 과정에서 형성되기 시작하였는데, 그 내용은 주로 공수부대가 경상도 출신이라는 점에 모아졌다.[60)] 당시의 정치적 지형에서 지역주의 이데올로기는 신군부에게 유리했고, 항쟁 주체 세력에게는 불리한 것이었다. 지역주의 이데올로기는 영 · 호남의 지역 감정으로 나타났지만, 실제로는 한국 전체에서 호남을 차별화하고 분리시키는 기능을 하였다. 이러한 조건에서 지역주의 이데올로기는 5 · 18 항쟁을 광주와 한국 전체의 대결 구도, 곧 신군부가 한국민 전체를 대표하여 광주 시민을 탄압 · 학살하는 차원으로 왜곡시키고 있었다.

신군부의 동원 이데올로기는 반공 이데올로기와도 결합되어 있었다. 당시 신군부는 최규하의 특별 성명이나 계엄사령관의 담화문을 이용하여 북한의 '적화 책동' 이나 사회 혼란을 강조하면서 5 · 18민중항쟁을 북한과 연결시키려고 노력하였다. 신군부는 1980년 5월 21일 계엄사령관의 이름으로

---

59) 계엄사령관 육군대장 이희성, 〈경고문〉(1980. 5. 21)

60) 광주에 투입된 공수부대 일부의 경상도 억양과 사투리는 시민들을 자극하였다. 일부 시민들은 "경상도 사람들이 난동을 부린다"고 격분하였다. 또 공수부대원들이 "전라도 새끼들 씨를 말려야 한다"는 소문도 나돌았다.(한국현대사사료연구소 편, 앞의 책, 28쪽 ; 광주광역시 5 · 18사료 편찬위원회, 앞의 책, 제2권, 32쪽) 이는 박정희 정권의 지역주의 이데올로기가 정치적 힘을 발휘해 온 당시의 지형 속에서 가능한 일이었다. 특히 10 · 26 이후 전두환이 억센 경상도 억양을 쓰면서 신군부의 핵심으로 등장하고, 신군부가 광주를 집중 탄압하는 상황은 대중들의 지역 정서에 많은 영향을 끼쳤다. 하지만 항쟁 주체 세력들은 정부와 언론에 지역 감정의 왜곡 보도와 허위 조작을 중단할 것을 요구하고 있었다.(광주광역시 5 · 18사료 편찬위원회, 앞의 책, 제2권, 35쪽)

민중항쟁이 "불순 인물과 고정 간첩이 잠입하여 악성 유언비어의 유포와 공공시설의 파괴 방화"[61]에 따른 것으로 선전하였다. 신군부는 반공 이데올로기에 근거한 이러한 선전을 항쟁 기간 내내 지속적으로 생산하고 퍼뜨렸다. 당시 신군부를 대신하여 학살을 주도하였던 공수부대도 '빨갱이 새끼들을 죽인다'는 인식을 갖고 있었다.[62]

문제는 신군부의 이러한 동원 이데올로기가 대중들의 이데올로기와 분리되어 독자적으로 작동한 것이 아니라는 데 있다. 신군부의 동원 이데올로기는 대중을 포섭하면서 대중 의식이나 이데올로기와 결합될 수 있는 토양을 갖고 있었다. 멀리는 일제 시기 이래, 가깝게는 해방 이후부터 동원 이데올로기는 관료 기구나 학교, 군대 등 국가 기구를 통해 끊임없이 재생산되고 확대되어 왔으며, 국가 권력과 반공 그리고 지역의 이름 앞에 순응하고 길들여진 국민을 양성하면서 내재화시켜 가고 있었다. 이러한 점에서 신군부의 동원 이데올로기는 한국 사회에서 대중 · 국민들의 동원 이데올로기가 표출된 것이었다. 국민 다수가 동원 이데올로기에 포섭되어 있었다는 점에서 신군부는 다수의 동원 이데올로기를 대표하는 소수였다.

물론 다수가 동원 이데올로기에 포섭되어 있었다고 해서 당시 모든 대중들이 무차별적으로 동원 이데올로기에 포섭되어 학살에 동의했던 것은 아니다. 곧 신군부의 동원 이데올로기는 이에 저항하는 대항 세력의 이데올로기에 포섭되지 않은 대중들의 이데올로기를 반영하고 있었다. 동원 이데올로기에 포섭되는 수준은 다양하며 일정한 차별성을 지니고 있다. 1980년 광주민중항쟁 과정에서 작동되던 동원 이데올로기의 메커니즘은 먼저 1) 신군부 핵심, 2) 국가 관료 기구와 군대, 경찰, 3) 관제 언론, 4) 침묵하던 개별화된 일반 대중 순으로 차별성을 지니고 있었다. 이 가운데 신군부 핵심을

61) 계엄사령관 육군대장 이희성, 〈담화문〉(1980. 5. 21), 광주광역시 5 · 18사료 편찬위원회, 앞의 책, 제2권, 29쪽.
62) 〈구술 : 최병옥(현사연 조사)〉, 한국현대사사료연구소 편, 앞의 책, 60쪽.

비롯한 국가 관료 기구와 군대, 경찰 등은 한국 사회의 동원 이데올로기에 가장 철저하게 세뇌된 집단이었다. 이러한 동원 이데올로기의 침투와 그에 따른 효과는 신군부와 이에 대항하던 민주화운동 세력의 역학 관계를 반영하고 있었다. 곧 동원 이데올로기에 포섭되지 않은 1980년 당시의 학생 · 시민과 재야 민주화운동 세력, 그리고 저항하던 광주 시민들이 대항 이데올로기를 생산하면서 신군부의 학살에 맞서고 있었던 것이다.

동원 이데올로기와 대항 이데올로기가 우리 사회에서 다수와 소수의 이데올로기로 작동하고 있었다. 물론 양자의 이러한 관계에 만리장성이 있는 것은 아니다. 항쟁이라는 조건 속에서 상황을 역전시켜 나갔던 5 · 18항쟁은 그러한 예에 속한다. 그러나 이러한 관계가 역전되지 않았던 광주 이외의 지역에서 동원 이데올로기는 민중 학살에 대한 대중들의 분노를 억제하고 다수 대중들의 동의를 강요하는 기능을 수행하고 있었다.[63] 곧 다수의 대중들이 적극적인 수준에서 침묵하거나 소극적 수준에서 방관하는 것에 이르기까지 다양한 형태로 민중 학살과 관계를 맺게 하였다. 이러한 다수의 암묵적 동의나 방관 속에서 광주 민중 학살은 가능하였던 것이다.

여기에는 물론 계엄령 아래 폭력과 억압이 지배하던 분위기와 언론이 통제되어 정부 발표만 보도되던 상황이 고려되어야 한다. 곧 5 · 18 학살을 모르고 있었거나 당시의 공포 분위기에서 어쩔 수 없이 침묵을 강요당하던 현실을 부정할 수는 없다.[64] 자연히 동원 이데올로기에 포섭된 다수가 학살에 동의하는 방식과 수준은 대중들의 계급적 조건과 의식에 따라 다양하게 나

---

63) 이러한 점에서 그람시가 정치적 통제의 유형을 지배(domination : 직접적 · 물리적 억압)의 기능과 헤게모니(hegemony) 또는 지도(direction : 동의, 이데올로기적 통제)의 기능으로 나누어 설명한 것은 일정한 의미가 있다. 헤게모니는 대중들에게 체제에 봉사하는 모든 유형의 희생과 박탈 그리고 착취를 정당화하고, 피억압자들의 동의를 유도하는 기제였다. 칼 보그, 강문구 옮김, 《다시 그람시에게로》, 한울, 1991, 50~51쪽.

64) 신군부 당시 〈계엄령사령관 지시요지〉에서 '보도 관제에 신중'이라는 이름 아래 신문 · 방송 등을 통제하고 있었다. 육군본부, 〈소요 진압과 그 교훈〉, 58쪽.

타날 수 있다.[65] 곧 내면적인 심리적 갈등을 반영하여 의식적이고 적극적인 수준에서부터 암묵적이고 추상적이며 무의식적인 수준에 이르기까지 여러 층위에 걸쳐 있다.

따라서 민중 학살 과정에서 학살에 동의했던 다수는 단순히 '선 혹은 악'으로 정의될 수 없는 사람들일 수도 있다. 문제는 민중 학살에 대한 동의 수준이 고정된 것이 아니라는 데 있다. 동의 수준은 상황과 결합되어 있었다. 1980년 5 · 18 민중 학살 과정에서는 다수의 동의는 계엄령이라는 억압적이고 공포적인 상황에 강요되고 있었다. 하지만 비록 형식적 절차라 하더라도 나중에 민중 학살을 주도한 신군부가 선거를 통해 집권하는 과정[66]은 사후적으로 다수의 동의 절차를 거치고 있다는 점이다.

5 · 18 민중 학살을 주도하였던 신군부 핵심 세력들은 대통령선거과 국회의원선거를 거쳐 정계에 진출하였다. 물론 선거 과정에서 학살의 동의 여부가 주제는 아니였지만, 선거나 실시되는 시점에서 다수의 국민들은 신군부가 광주에서 학살이 자행하였다는 사실을 알고 투표하였다. 더 중요한 것은 선거가 다수의 지지 또는 국민의 선택이라는 이름으로 5 · 18 학살 문제를 희석화시켰다는 점이다. 특히 민주주의 보편적 가치 기준에 따라 풀어야 할 학살 문제를 정치적으로 해석하고 접근하도록 왜곡시키고 있었다.

여기에서 신군부가 다수의 동의를 받았다는 의미가 권력 장악의 정당성을 가리키는 것은 아니다. 다수의 선택이나 결정이 항상 올바른 것은 아니다. 이는 오히려 국가주의 이데올로기, 반공 이데올로기, 지역 이데올로기 등 광범한 동원 이데올로기에 포섭된 다수의 대중이 존재하고 있었다는 의

65) 따라서 대중들이 국가 권력이나 지배 세력의 이데올로기에 동의하는 물질적 토대에 대한 고려가 필요하다. 여기에 대해서는 다음의 책이 일정한 시사를 주고 있다. 아담 쉐보르스키, 최형익 옮김, 《자본주의와 사회민주주의》, 백산서당, 1995, 177~222쪽.

66) 5 · 18 민중 학살 과정에서 핵심적인 역할을 한 전두환은 8월 27일 통일주체국민회의에서 제11대 대통령으로 당선되었다. 전두환은 단독으로 입후보하여 2,525명의 투표자 가운데 무효 1표를 제외한 2,524표를 얻어 1백 퍼센트의 득표율을 기록하였다.

미를 지닌다.[67] 이러한 동원 이데올로기는 민주주의 이념의 보편적 가치를 압도하면서 민중 학살의 주범들과 화해하는 기제로 작용하고 있었다.

이렇게 볼 때, 5 · 18 민중 학살은 한국 사회의 집단 광기와 양심이 충돌한 것이었다. 5 · 18 민중 학살은 동원 이데올로기로 응축된 집단 광기가 80년이라는 상황에서 신군부를 대표로 광주에서 표출된 것이었다. 신군부의 민중 학살은 우리 사회에서 다수의 대중들이 국가와 권력의 이름 앞에 침묵하도록 길들여지고, 또 침묵하더라도 이상하지 않은 동원 이데올로기 문화에서 가능한 일이었다. 따라서 5 · 18 민중 학살은 우리 사회에서 동원 이데올로기에 길들여진 문화의 청산을 앞으로의 과제로 제시하고 있다.

5. 맺음말

5 · 18 민중항쟁과 학살은 우리 사회에서 민주주의를 위한 항쟁이자 민주주를 위한 값진 희생이었다. 여기에는 한국 사회의 민주화와 운동 세력의 성장이 주요한 배경이 되었다. 한국 현대사에서 독재 권력의 억압과 부패, 부정을 경험하고, 다양한 방식으로 이에 저항했던 세력이 성장한 결과였다.

그러나 5 · 18민중항쟁과 학살이 지니는 이러한 의미는 아직 우리 사회 전체에서 보편적 가치 기준으로 자리잡지 못하고 있다. 광주민중항쟁과 학살이 지니는 의미, 곧 민중들이 부당한 국가 권력에 맞서 저항했던 시대 정신, 그리고 그에 따른 인권과 민주주의 가치는 광주 지역만의 문제가 아닌

67) 유신 체제나 5공화국의 지배 또는 유지가 폭력적인 탄압과 이데올로기 조작에 의해 가능하였다는 평가도 있다.(한국산업사회연구회, 〈1980년대 한국 사회의 지배 구조 변화〉, 《1980년대 한국 사회와 지배 구조》(제2회 학술단체연합 심포지엄), 풀빛, 1989, 50 · 54쪽) 물론 지배 체제의 폭력성은 항상 고려되어야 한다. 하지만 이러한 평가는 지배를 지나치게 단순화하여 지배 체제에 포섭된 광범한 대중, 그에 따른 구조를 파악하는 데 한계로 작용할 가능성을 지니고 있다.

우리 사회가 추구해야 할 규범적 가치다.

그럼에도 지금까지 5 · 18 민중 학살을 비롯하여 현대사에서 일어났던 민중 학살 문제는 한국의 정치 지형에서 차지하는 정치 세력의 경쟁력에 따라 논의와 해결 수준이 결정되어 왔다. 제주 4 · 3항쟁을 비롯하여 한국 현대사에서 저질러졌던 수많은 민중 학살 문제를 해결하려는 개인이나 집단의 양심은 여전히 힘을 앞세운 논리 앞에서 어려움을 겪고 있다. 강력한 보수반공 세력의 기반이 유지되고 있고 이데올로기적 갈등이 남아 있는 조건에 따른 것이지만, 여전히 정치적 논리가 지배하고 있는 우리 사회의 인권과 민주주의에 대한 수준을 반영하고 있다.

5 · 18민중항쟁과 학살 문제를 처리하는 과정에서도 정치적 차원의 접근이나 해결이 우선되어 왔다. 우리 사회가 공유해야 하는 민주주의 가치 이념과 의식을 확립하는 수준에서 접근하거나 해결하지 못하였다. 우리 사회의 오랜 정치적 동원의 경험 속에서 인권, 민주주의 문제가 우리가 추구해야 할 보편적 가치로 아직도 충분히 인식되지 못하고 있기 때문이다. 자연히 반문명적인 학살에 접근하는 가치 기준은 정치적 이해에 따라 조절되었고, 이에 교훈을 부여하는 작업은 소홀히 해왔다. 5 · 18 학살 책임자들에 대한 구속과 기소, 재판 그리고 사면이 화합이라는 이름 아래 정치적으로 접근하고 해결되었던 과정이 이를 말해주고 있다.

따라서 5 · 18 민중 학살에서 우리가 얻어야 할 교훈은 항쟁의 정신, 민주주의 가치가 지역적 문제와 정치적 수준을 뛰어넘어 우리 사회가 추구해야 할 가치로 보편화하는 문제가 제기된다. 이를 위해 전체적인 수준에서는 국가 테러리즘을 작동시켜 왔던 국가 권력 기구의 폭력성 · 억압성을 통제하고 민주화하는 과제가 요구되고 있다. 또한 우리 사회에서 국가 테러리즘이 작동할 수 있었던 토양, 곧 동원 이데올로기 문화를 청산하는 일이 시급하다. 나아가 더 근본적으로 이러한 법적 · 제도적 · 이데올로기적 장치만이 아니라 국가 권력을 견제 · 통제할 수 있는 아래로부터의 대중적 역량을 확대시키는 문제가 중요하다.

5 · 18민중항쟁의 계승이라는 측면에서도 이러한 문제 의식은 유효하다. 무엇보다 광주항쟁의 주체 세력들은 지역적 범위를 넘어 우리 사회의 보편적 가치인 민주주의 원리를 다양한 측면에서 제도화하는 과제에 힘을 쏟아야 한다. 곧 5 · 18민중항쟁의 과거를 기념하는 활동에서 나아가 우리 사회에서 민주주의 원리의 작동을 방해하는 각종 제도적 · 법적 구조를 청산하는 데 주력하여야 한다. 이는 오늘날 우리가 5 · 18민중항쟁의 정신을 실천적으로 계승하려는 노력이기도 하다. 나아가 다른 지역의 민중 학살 문제를 해결하는 데도 협력하고 앞장서야 한다. 이러한 활동은 5 · 18민중항쟁과 학살의 의미를 지역을 넘어 사회 전체, 나아가 인류 사회가 추구해야 할 보편적 가치 이념으로 자리매김하는 데 중요한 계기가 될 것이다. 이럴 때 5 · 18민중항쟁은 우리 역사에서 단순히 과거 역사의 기록이 아닌, 대중들의 가슴속에 '살아 있는 역사' 가 될 것이다.

외곽 지역의 항쟁으로 본 5 · 18민중항쟁

오 유 석
(한국산업사회학회 운영위원장)

1. 문제 제기

박정희의 사망으로 인한 시민 사회의 분출이 5 · 17쿠데타를 통해 정권을 장악하고자 하는 신군부와 대립하며 호남 지역의 광주에서 폭발하자 1980년 봄 한국 사회의 긴장은 절정에 달했다. '서울의 봄'이 전국으로 확산되는 시점에서 박정희 체제의 후계를 노리는 신군부는[1] 정치 권력을 장악하기 위한 폭력 대결의 승부처를 서울이 아닌 광주로 선택했다. 신군부의 치밀한 음모와 계획 아래 5 · 17조치와 함께 서울에서는 민주 인사와 학생운동 지도부에 대한 대대적인 검거가 진행되었다. 이때 국군 보안사령부는 물론 서울 시내 거의 모든 경찰서는 연행된 인사들로 가득 찼다. 민주화의 흐름은 역행하고 탄압은 가혹했다. 검거되지 않은 사람들은 대부분 잠적했고 일부

---

1) 박현채, 〈80년대 민족민주운동에서 5 · 18광주민중항쟁의 의의와 역할〉, 《5 · 18광주민중항쟁과 한국민족민주운동》, 학술토론회 자료집, 1989 ; 〈광주민중항쟁의 역사적 배경〉, 《예향》 1989년 4월호, 광주일보사.

가 5 · 17에 항거하는 시위를 벌이긴 했지만 시내 요소요소에 진주한 계엄군의 총칼 앞에 무력하기만 했다. 그러나 같은 시각 '서울의 봄'을 장식하는 마지막 대결이 호남의 중심 도시 광주에서 시작되고 있었다.

현재의 광주광역시는 1980년 5월 당시 전라남도(이하 전남으로 약칭) 광주시였다. 공간적으로 볼 때 5 · 18은 전남의 중심 도시인 광주에서 시작되어 전남의 다른 지역으로 확산되었다가 최종적으로 광주에서 마무리되었다. 항쟁 과정에서 전남 전지역은 광주항쟁에 직 · 간접적으로 참여하였을 뿐 아니라 최후 결전에 결정적인 역할을 담당했다. 5 · 18민중항쟁에서 광주가 저항의 핵에 놓여 있었다면 전남 지역은 그 외곽에서 여러 형태의 저항 활동을 지원하고 있었으므로 5 · 18의 실상을 파악하는 데는 당연히 전남 전지역의 항쟁 과정이 포함되어야 한다. 저항의 핵 광주와 광주 외곽 지역은 끊임없는 상호작용적 상승 효과(positive interaction effects)[2]를 통해 움직이고 있었다. 물론 각 외곽 지역들이 광주항쟁을 수용하는 양상은 제각기 달랐지만 일단 광주의 민중 학살에 관한 소식이 전해진 곳이라면 어디서든 인권과 자유, 불의에 저항하는 공동의 정서가 있었다. 그러므로 광주가 저항의 핵이긴 했지만, 광주 행정구역 내의 상황만으로 5 · 18광주민중항쟁을 연구하는 것은 중요한 부분이 상실된 연구일 수 있다.

이 연구는 5 · 18을 광주광역시라는 행정구역에 국한하지 않고, 전남 광주시라는 행정 체계 속에 전남이 연계되어 당시 광주의 상황과 외곽 지역의 활동이 연계되어 있었음을 밝히고, 중심과 외곽 지역 항쟁에서 나타난 양상과 문제점, 특징을 찾아보고 해석하려는 것이다. 그러나 광주를 벗어난 전남 일원의 투쟁 양상에 대해서는 아직도 기초 자료와 현황조차 정확히 밝혀져 있지 않다. 최소한의 기초 사실조차 파악되지 않은 것이다. 국회 광주특

2) 김성국, 〈국가에 대항하는 시민 사회〉, 한국사회학회 편, 《세계화 시대의 인권과 사회운동》, 나남, 1998, 111쪽.

위청문회가 광주 시내 상황에 관심을 집중한 탓도 있지만 국방부가 제출한 군의 관련 자료에도 광주시 밖의 상황에 대해서는 극히 단편적인 무기 피탈 사례 이외에는 별다른 사실이 기록되어 있지 않으며, 광주광역시에서 소장하고 있는 보상 관련 자료 등 많은 조사 내용도 행정 보안이라는 이유로 공개되지 않고 있기 때문이다. 이 부분은 한국 현대사 사료연구소의 《광주5월 민중투쟁 사료전집》을 비롯하여 광주광역시 5 · 18 사료 편찬위원회의 《5 · 18광주민주화운동 자료총서》 및 기존에 만들어진 증언자들의 녹취—관련자 증언자료에 의거한—에 의존할 수밖에 없다. 따라서 이 연구는 광주 외곽 지역의 상황에 대한 사실 정리와 해석을 통해 광주민중항쟁 연구의 주제와 외연을 넓히고, 그를 통해 내포를 심화하는 하나의 시론적 연구[3]라는 의미를 갖는다.

2. 저항의 핵으로부터 외곽으로

5 · 18이 발발한 초기부터 광주 시민들은 자신들의 분노와 항쟁이 공수부대의 무자비한 만행 앞에서 자신들의 삶을, 인간다움을 지키기 위한 정당한 저항이었음을 확인하고자 했다. 1980년 5월 26일 김수환 추기경에게 보낸 호소문에서 광주사태 수습위원회는 "저희들이 인간 대접을 받으며 자랑스런 민주 시민임을 인정받게 해주십시오"라고 간청했다.[4] 그들은 자신들의 정당성에 대해 강한 믿음을 갖고 있었다. 그 믿음은 모든 수단을 강구하여

---

3) 광주항쟁의 부록 정도로 취급되었던 광주 외곽 지역에서의 항쟁을 새로운 사회운동론(네트워크 이론)을 적용하여 종합적으로 분석한 의미 있는 최초의 연구로서 최정기의 논문이 있다. 최정기, 〈광주민중항쟁의 지역적 확산 과정과 주민 참여 기제〉, 전남대학교 5 · 18연구소, 《광주민중항쟁과 5월운동 연구》, 1997.

4) 광주광역시 5 · 18사료 편찬위원회, 《5 · 18광주민주화운동 자료총서》, 1997, 90쪽.

다른 지역 사람들에게 '광주사태'[5]의 진상과 시민항쟁이 일어났다는 소식을 전하게끔 했고 나아가 다른 지역민들의 동조와 지지를 구하도록 했다. 그러나 광주 외곽으로 항쟁이 확산되는 것을 저지하려는 신군부의 움직임도 확고했다. 그들은 모든 수단을 동원하여 항쟁이 다른 지역으로 전파되는 것을 막으려고 했다. 결국 항쟁은 전남의 서남부 지역을 제외하고는 확산될 수 없었다.

항쟁의 불길이 저항의 핵 광주 이외의 지역으로 번져간 것은 항쟁 4일째인 5월 21일부터였다. 초기의 광주항쟁은 자연발생적이고 산발적이고 수동적이며 소극적인 방어적 성격을 지니고 있었다. 그러나 20일 도청 발포를 계기로 21일 오전 광주 시민들은 혁명적 시민군으로 급격히 전화[6]되었다. 참을 수 없는 폭력 앞에서 이들이 혁명적 시민군으로 전화한 것은 무기를 손에 들면서 혁명적 동기를 의식했기 때문이었다. 이제 광주민중항쟁은 적극적인 방어를 통한 혁명적 저항운동으로 전환하기 시작했다. 먼저, 이 과정에서 외곽 지역으로 항쟁의 파급이 어떻게 전개되었는지 살펴보자.

1) 소식 전파

모든 공식적인 정보로부터 차단된 상태에서 5월 18일부터 시작된 광주 시민들의 항쟁은 광주를 빠져나온 사람들의 입을 통한 구두 선전[7]에 의해 남도 끝까지 퍼져나갔다. 접촉을 통한 전파였다. 가깝게는 광주와 인접해 있는 화순의 경우, 광주의 시위 상황이 18일부터 읍내에 알려졌고 멀리 목포 지역에도 계엄군이 진입하리라는 소식이 들렸으며, 전남 지역 곳곳에 갖

---

5) 신군부는 광주민중항쟁을 광주사태란 말로 호도하며 철저히 언론이 통제된 상태에서 광주 시민들을 빨갱이로, 폭도로 몰아세웠다.
6) 르페브르, 민석홍 옮김, 《프랑스 혁명》, 을유문화사, 1993, 141~144 · 161~170쪽.
7) 미셸 보벨, 최갑수 외 옮김, 《왕정의 몰락과 프랑스 혁명》, 146~151 · 251~56쪽.

가지 소문이 전해졌다. 어느 지역이나 광주에서 학교 다니는 자식이나 친척들 걱정에 공기가 험악해졌다. 광주에서 온 사람들을 통해 광주의 참상이 전해지고 그때마다 지역민들의 분노가 커져갔지만 아직 주목할 만한 움직임은 나타나지 않았다. 그러다가 5월 21일 광주로부터 차량 시위대가 나타나자 호응 항쟁이 폭발하였다. 차량 시위대의 구두에 의한 소식 전파는 느리지만 확실했다. 그들은 자신의 귀로 듣고 눈으로 본 사실을 전파했고 이것은 광주의 소식에 목말라하던 사람들의 감성을 민감하게 자극하기에 충분했다. 이 새로운 전파는 점차 군중의 강력한 정신적 연대 의식과 호응을 만들어냈다.

2) 파급 형태와 의식

5월 21일 오전 9시 30분 아세아자동차공업사와 각종 차고에서 차량이 시위 군중에게 대거 탈취된 것을 계기로 지금까지는 광주 시내에서만 국한되어 고립적으로 진행되었던 항쟁이 전남 도내 각 지역으로 폭발적으로 확산되어 갔다. 이는 항쟁이 조직적 단계에 이르렀을 때 자신들의 싸움에 대한 고립감이 극복되고 연대 지원 세력을 확보하게 된다는 저항의 발전 메커니즘이 자연스럽게 적용된 것을 의미했다.

우선 광주 시위대는 전국적인 항쟁의 확산을 목적으로 전주 · 서울 방면으로 진출을 시도했다. 그러나 이들의 의도는 광주와 장성 사이의 사남터널 부근에 대기 중이던 계엄군에 의해 강력한 제지를 받게 되면서 불가능하다는 것이 판명되었다. 광주의 불길이 전국적으로 번지는 것을 가장 경계하던 신군부는 광주에서 서울로 북상하는 길을 물샐틈없이 완강하게 차단하였다. 담양, 곡성 방면으로도 진출하기 힘들었다. 그쪽 방면으로 통하는 고속도로 진입로 입구에는 광주 교도소가 있었고 이곳에는 170여 명의 사상범과 일반범 2,600여 명이 수용되어 있었다. 광주 교도소는 계엄군이 철통 같은 수비를 하고 근처로 접근하는 차량에는 무조건 발포했다. 시위대는 북쪽 방향의 진출을 포기하고 주로 전남 도내 서남부에 있는 각 시 · 군으로 진출하였다. 화순―동명―송광, 보성―벌교 방면과 남평―나주―무안―목포, 영암―강진―해남―완도 등으로 시위 차량은 달려갔다. 이렇게 북쪽 진출 좌절과 방향 선회는 중대한 의미를 갖는다. 즉 그것은 전국 항쟁, 전국 확산의 포기와 전남 항쟁으로의 '닫힘', '갇힘'을 의미했다.

차량을 확보한 시위대는 공수부대의 외곽 봉쇄 작전이 실시되기 이전에 신속히 외곽으로 빠져나갔다. 시민들에게 확보된 차량은 시위의 기동성을 높였고 시위의 범위를 일시에 확산시키고 있었다. 더구나 전남 일원 지역의 경찰력이 대부분 광주에 투입되어 상대적으로 광주 인근 지역의 경비가 취약했기 때문에 항쟁은 광주 시내를 벗어나 전남 일원으로 순식간에 번져나갔다.[8] 이미 광주의 사태 전개 소식을 인지하고 있었던 외곽 지역 역시 불만 붙으면 폭발할 정도로 분위기가 고양되어 있었다. 시위 차량대 위의 청년들은 구호를 외치기도 하고 서툴고 흥분된 어조로 광주의 진상을 알렸다. 차량 시위대를 통한 항쟁의 파급은 두 갈래로 진행되었다.

첫째는 이들이 광주사태의 진상을 알리고 지역민들의 궐기를 호소함에 따라 지역민들의 반(半)자발적 또는 자발적인 시위와 궐기대회가 벌어진 것이다.

둘째는 광주로 실어나르기 위한 다량의 무기를 입수하기 위해 경찰서 및 각 지서와 군부대에 대한 공격, 그리고 젊은 농촌 청년들의 동원이었다. 그러므로 차량 시위대가 지나는 곳곳에서 무기 탈취가 시도되었고 그 와중에서 일부 지역의 경우 지역민들의 자발적인 무장 시위대가 구성되기도 했다.

---

8) 항쟁이 초기에 쉽게 파급될 수 있었던 주된 요인 중 하나는 바로 경찰, 행정관청, 예비군을 비롯한 국가의 지배 통제 장치의 작동이 멈추어 있었다는 점이다. 자세한 것은 최정기, 앞의 글 64~67쪽.

광주 외곽 지역 항쟁의 시작은 각 지역 내부에서 독자적으로 발생한 뒤 핵, 즉 광주로 연결되었다기보다는 광주 지역으로부터 온 전달자들(차량 시위대)에 의해 광주항쟁에 대한 동조 및 계엄군의 만행에 대한 분노로 이루어진, 광주로부터의 연장이었다고 볼 수 있다. 그러나 시작 단계에서는 반(半)자발적이었던 항쟁은 지역마다 약간씩 차이를 두며 자발적 항쟁으로 발전해 나갔다. 당시 지역민들의 자발적 참여 속에서 조직적이고 지속적인 항쟁이 일어난 지역은 목포, 해남, 함평, 화순, 영암과 같이 항쟁에 대한 과거의 경험과 의식이 선도적이던 지역이었다.

3. 외곽 지역 항쟁의 양상

아래에서는 각 지역에서 전개된 항쟁의 양상을 사실 정리 차원에서 지역별로 간략히 살펴보기로 한다.[9]

1) 화순 지역

광주와 인접한 화순에는 18일부터 광주의 시위 상황이 전해졌다. 화순은 광주와 인적 교류가 많은 지역이다. 따라서 광주항쟁의 발발과 전시민적 항쟁이 벌어지고 있음을 잘 알고 있었으며, 그러한 소식을 접할 때마다 지역민들은 광주 시민과 일체감을 느끼면서 분노와 함께 불안감에 떨었다. 그러나 21일 발포 소식이 전해지자 불안감을 떨친 화순 군민들도 항쟁에 적극 가담하기 시작했다. 그날 오후 2시 30분 광주에서 계엄군의 발포가 시작되

9) 전라남도, 《5 · 18 기념 사업 종합 계획》, 1996, 35~66쪽 ; 황석영(외), 《5 · 18 그 삶과 죽음의 기록》, 풀빛, 1996, 215~230쪽 ; 한국현대사사료연구소 편, 《광주5월민중항쟁 사료전집》; 광주광역시 5 · 18사료편찬위원회, 《5 · 18광주민주화운동 자료총서》 등 다수 자료 참조.

어 수많은 사람들이 죽었다는 소식이 숨가쁘게 전해졌다. 이 소식을 접한 화순 읍민들은 시위대와 합세하여 화순경찰서로 가서 무기고를 부수고 그곳에 있던 무기로 무장을 갖추기 시작했다. 이중 상당량의 무기는 곧바로 광주 지역 시위대에 전달되었고 이때 화순 청년들이 광주에 합류하여 27일 항쟁의 최후까지 도청을 사수하기도 했다. 시위대에 합세한 화순 군민들은 화순 군내 전지역을 돌며 역청공장, 동면지서, 남면지서, 화순역전지서 등에서 무기를 털었다. 그러나 당시 대부분의 지서들은 무기를 감춰버린 상태였고 다만 역전 앞 지서에서만 약간의 무기가 나왔다고 한다. 그나마 화순탄광에서 광부들의 도움으로 다량의 총기와 탄약을 획득할 수 있었다.

화순 출신 청년들로 구성된 시위대가 승주군 송광지서까지 진출했다는 증언이 있다. 그러나 그들은 거기서 더 나아가지 못했는데, 순천 지역은 계엄군이 지키고 있다는 소식이 전해졌기 때문이었다.

> 처음에는 순천이나 여수까지 갈 생각이었는데 학생들로부터 순천 부근에서 계엄군들이 지키고 있다는 소식을 들었기 때문에 계속 가다가는 언제 계엄군의 총격을 받게 될지 몰라 차를 돌린 것이다.[10]

2) 나주 · 함평 · 영암 지역

(1) 나주 · 영산포

나주 · 영산포 지역은 광주시와 인접해 있다는 지리적 조건으로 인해 광주로 통학하는 학생이나 출퇴근하는 사람들이 많은 지역이다. 따라서 당시 광주에서 발생한 일을 어느 지역보다 신속 정확하게 알고 있었으며, 그로 인한 직접적인 피해자도 많았기 때문에 신군부와 계엄군에 대한 분노가 강

10) 차영철 씨 증언, 한국현대사사료연구소 편, 앞의 책, 1120쪽.

했다. 나주 지역은 광주에서 북상하는 길이 막힌 상황에서 전남 서남부 지역으로 진출하는 관문으로 전남의 항쟁에서 중심적인 위치를 차지한다.

사건이 발생한 5 · 17 이후 불안과 분노의 나날을 보내던 중 5월 21일 시체를 싣고 총기를 구하러 광주에서 내려온 차량 시위대에 의해 계엄군의 발포 사실이 전해졌다. 당시 이들은 남평 지역을 한바퀴 돈 뒤 터미널 광장과 경찰서 앞 삼거리에 모인 군민들에게 광주 학살 소식을 전하며 동참을 호소했다. 이에 격분한 나주 군민 5백여 명이 곧바로 시위대에 합류하여 차를 타고 차량 시위를 전개하기 시작했다. 이들은 계엄군의 발포에 대항하기 위해 나주경찰서와 금성동파출소, 영산포읍 영광동파출소 등에 들어가 무기를 획득했다. 이 과정에서 시위대의 수가 늘어났고 행동 반경도 나주읍을 넘어서기 시작했다. 이들 중 일부는 다시 광주로, 일부는 나주 · 영암 · 강진 · 해남 지역으로 돌아다니며 광주 상황을 전달하는 한편 각 지역에서 항쟁에 참여하고자 하는 청년과 무기를 모아 다시 나주로 들어왔다. 따라서 나주는 광주 다음으로 핵심적인 항쟁 거점이 되었다. 그러나 광주로 가는 길이 봉쇄되어 진입이 불가능해지고 모든 간선도로에 대한 군의 통제가 강화되었다. 효천 부근에서는 광주 진입을 시도하던 시위 차량에 대한 계엄군의 무차별 총격으로 여러 차례 사상자가 발생했다. 더구나 23일부터는 나주 지역 인사들을 중심으로 상당히 조직적인 지역 방어와 외지에서 들어오는 차량 통제 및 무기 회수가 시작되면서 항쟁의 열의도 사그라지고 말았다. 그러나 당시 나주 군민들은 누가 시켜서가 아니라 각 지역으로부터 몰려드는 이들 시위대에 자발적으로 김밥 등 먹을 것과 마실 것, 잠자리를 제공하는 등 자발적으로 항쟁에 동참했다.

(2) 함평

광주와 목포 중간에 위치한 함평 지역에 광주의 소문이 전해진 것은 항쟁이 발발한 5월 18일 당일이었다. 함평은 1978년 4월 가톨릭농민회의 지원하에 이 지역 농민들이 싸움을 승리로 이끈 '함평고구마 사건'으로 유신 체제하에서 전국 최초의 농민 투쟁의 승리를 보여줄 정도로 농민의 정치 의식이 고양되어 있는 지역이었다. 그러다가 5월 21일 광주 시위대가 함평읍에 도착하면서 항쟁이 폭발하였다. 불만 붙이면 폭발할 정도로 분위기가 고양되어 있던 함평 읍민들은 시위대를 대대적으로 환영하며 군중 시위를 전개했다. 당시 함평 지역의 항쟁은 지리적 조건에 따라 세 갈래로 전개되었다. 하나는 함평읍을 중심으로 이루어진 시위대이고 또 하나는 학교면을 중심으로 전개된 타 지역 시위대와 군민들의 결합이고 마지막 하나는 신광면과 대동면을 중심으로 형성된 시위대였다.

우선 교통의 요지인 학교면은 목포나 무안 방면으로 진출하는 차량이 거쳐가는 지역으로 나주—무안—목포로 내려가는 시위대 차량이 지나다니며 일찍부터 광주 소식을 전하기 시작했다. 그러므로 상당수의 학교면 젊은이들이 이들 차량 시위대를 따라가거나 면소재지를 중심으로 시위를 전개했다. 그러나 22~23일경부터 학교면에서 나주와 목포, 함평으로 갈라지는 중간 지점인 학다리 사거리에 군부대가 주둔[11], 도로를 차단한 결과 더 이상의 시위가 불가능해졌다. 21일 점심 무렵 광주 시위대가 함평읍에 들어와 군중 시위를 벌였고 함평경찰서(함평 신광지서)를 접수하여 무기를 확보했다. 이러한 움직임에 함평 사람들이 적극 가담하여 많은 젊은이들이 차량 시위대에 동조하여 떠났다. 이들 함평 지역 시위대는 나주로 가서 광주로 진입하기를 시도하거나 무안 지역으로 진출하고, 또 일부는 해남 지역까지 가서 해남경찰서 무기고를 공격하는 데 일조했다. 22일은 장날이었는데 함평에서는 외부 시위대가 없는 상태에서도 함평 군민들의 궐기대회가 열렸다. 이 대회는 관청(함평 읍장)과 지역 유지들이 중심이 되어 함평 지역의 안전을

---

11) 이들 군부대는 기관총까지 가지고 목포 방면에서 올라오는 차량을 향해 발포했다는 증언이 있다. 전라남도, 앞의 책, 51쪽.

도모하려는 목적으로 조직적으로 이루어졌다. 다른 지역에서와는 대조적으로 함평 유지들은 적극적으로 항쟁에 대처했다. 1백~3백 명 정도의 군민이 자발적으로 참여하여 함평읍 공원에서 진행되었다. 이날 대회에서는, '광주사태에 대한 10가지 정도의 우리의 입장' 이라는 유인물—국민들의 입장에서 해결되기를 원한다, 치안 부재로 무고한 양민들이 다치는 것을 원하지 않는다, 우리는 정치와 상관이 없다, 국민에 의해 민주적으로 해결 방안을 찾기 바란다 등—이 배포되었는데 유인물에서도 엿볼 수 있는 것처럼 광주항쟁에 대한 역사적 · 민주적 의식이 결여된 지역 방위 차원의 대회였다. 그러므로 무장 세력들은 이들의 주장에 동조하지 않았고, 따라서 다른 지역으로 떠나버렸다. 궐기대회의 주도 세력들이 자체 경비—영광으로 통하는 도로와 함평 다리 입구—를 세우고 차량을 통제하고 함평으로 들어오는 시위차량의 무기도 회수함에 따라 함평 지역은 23일부터 평온함을 되찾았다. 한편 신광면과 대동면 지역에서도 자체적으로 시위대를 구성하여 차량 시위를 전개하고 신광지서를 접수하기도 했다. 당시 대동면 지역은 함평고구마사건의 핵심적 지도자였던 서경원이 거주하고 있었기 때문에 서경원의 영향력과 농민회 조직이 강했던 지역이다. 이들은 계엄군에 맞서 싸워야 한다는 서경원의 조언에 따라 21일 내내 시위를 전개했다. 그러나 함평읍으로 들어가는 지역과 영광으로 나가는 지역 모두 막혔다는 소식을 듣고 인근 지역에서 시위를 하다가 해산했다. 그중 일부는 저녁 8시경 광주로 진입하려다가 계엄군이 광주 외곽 지대를 봉쇄해 버리자 다시 함평으로 되돌아왔다.

(3) 영암

21일 오전 11시경 각목으로 무장한 청년, 학생 20여 명이 버스를 타고 영암에 왔다. 이들은 신북 삼거리와 터미널에서 광주 소식을 전한 다음 12시경쯤 영암읍 쪽으로 이동했다. 그 와중에서 신북지서 무기고가 습격당했다. 이때부터 영암 신북 지역 젊은이들이 가장 먼저 시위 대열에 가담하기 시작했다. 그들 중 많은 사람이 시위 차량을 타고 광주로 갔는데 그중 일부는 광주 진입에 성공하여 광주에서 시민군으로 활동했지만 그외의 사람들은 역시 진입이 차단당하여 인근 지역을 돌아다니며 시위에 가담했다. 4시경 광주에서 온 시위대에 의한 영암경찰서 습격이 있었고 오후 6시경에는 영암 청년들이 나주군까지 진출하여 무기를 탈취하기도 했다.

22일에도 영암읍을 통하는 도로에서는 시위 차량이 빈번히 오갔다. 광주에서 온 시위대는 물론 강진, 해남 등지에서 올라온 청년들이 광주로 가는 길목이 차단되자 영암으로 모여들었다. 광주로의 진입이 막히자 이들 사이에 강진 · 해남 쪽에서 결성된 시민군은 강진으로, 영암 · 나주 쪽에서 결성된 시민군(무장시위대)은 영암에서 지역 방위를 하자는 논의도 있었다고 한다.[12] 그러나 이야기가 구체화되지는 못했다. 이날 오후 군서지서, 학산지서, 미암지서에 대한 접수가 있었고 이때 신북 출신 시위대는 주민들의 제보로 은닉된 다량의 무기를 획득하여 무장한 뒤 오후 8시 30분경에는 나주읍 군청 앞에 모여 있던 시위 군중에게 나누어주기도 했다. 영암읍에서도 시위대가 들이닥친 후 젊은이들을 중심으로 자발적으로 항쟁에 참여하려는 움직임이 본격적으로 전개되기 시작했다. 주민들의 호응도 대단했는데, 버스를 구해 타고 광주로 향하는 이들에게 일부 지역민들이 모금한 돈과 '전두환 물러가라' '김대중 석방하라' '신현확 퇴진' 등의 현수막을 부착해 주기도 했다. 또 빵, 음료, 담배를 나누어주기도 했는데, 이 모든 것들이 자발적으로 이루어졌다. 많은 사람들이 총을 들고 있었지만 총을 들고 가게에 들어가 물건을 내놓으라고 한 경우가 하나도 없을 만큼 사람들이 차분하고 의식 있게 대처해 나갔다.

이러한 상황에서 23일 오후 4시경부터 지역 유지들로 구성된 무기 회수

12) 김오진 씨 증언, 한국현대사사료연구소 편, 앞의 책, 1162쪽. 당시 시위대는 군별로 구별되었는데 예를 들면, 함평시위대, 영암시위대, 해남시위대 등이다.

반의 무기 회수 작업을 통한 자체 방어가 시작되었고, 영암에서 강진으로 향하는 길목에도 계엄군이 방어진을 구축하고 지나다니는 차량을 통제하기 시작하면서 24일 오후부터 영암읍에서는 시위 차량을 볼 수 없었다. 그러나 26일까지 시외로 통하는 도로는 시위 차량으로 북적거렸다.

3) 무안 · 목포 지역

(1) 무안

무안 지역 역시 5 · 18 이후 불안과 분노로 지내다가 5월 21일 광주에서 온 무장 시위대가 무안군 일대를 시위하며 광주 소식을 전하면서 항쟁이 시작되었다. 이날 오후 2시경 광주에서 온 무장 시위대의 소식에 분개한 무안 군민들은 즉시 그들과 합세, 군내 시위를 벌였다. 22일 전후에는 현경지서, 청계지서, 망운지서에 대한 진입과 총기 탈취 기록이 있으나 확인되지 않고 있다. 시위대가 떠나자 무안 지역은 더 이상 자체적으로 자발적인 집회나 궐기대회가 형성되지 않았고 다만 터미널 주변 등 사람이 많이 모이는 곳에서 정보를 교환하거나 울분을 토로하는 정도에 그쳤다. 따라서 자체에서 결성한 대책위도 없었고 유인물이나 현수막도 없었다. 결국 무안 지역의 항쟁은 시위대가 지나치면서 한번 시위를 전개하는 정도였으며 자발적인 항쟁이 미약했다.

(2) 목포

5월 18일 광주에서 계엄군에 의한 무자비한 학살 소식이 광주를 빠져나온 사람들의 입을 통해 알려지자 목포 시민들도 분노와 울분을 감추지 못한 채 일촉즉발의 분위기에 휩싸이기 시작했다. 목포는 민주화운동의 대중적 상징으로 화한 김대중의 고향으로 다른 어느 지역보다도 정치적 기대감의 좌절에 예리한 반응을 보일 잠재성을 갖고 있었다. 드디어 21일 1시경 광주에서 온 시민 · 학생 시위대들이 광주 고속버스 6대와 승용차 2대에 분승하여 나주—함평—무안을 거쳐 목포에 도착했다. 이들은 시가지를 차량 행진하면서 가두 방송을 통해 광주 피해 상황과 계엄군의 만행을 알리고 '계엄해제', '살인마 전두환 물러가라', '김대중 석방하라'는 구호를 외치며 목포 시민들의 궐기를 호소했다. 당시 목포경찰서 산하 대부분의 경찰들은 광주 지역 시위 진압을 위해 동원되어 경찰서와 파출소가 텅텅 비다시피 한 상황이었다. 진압 세력이 광주로 파견된 사이 외곽의 투쟁 조건은 유리해졌다. 일종의 교환 현상이 발생한 것이었다. 이틈에 광주에서 온 시위대는 상당수의 목포 청년들을 싣고 다시 광주로 되돌아갔다.

이러한 시위는 그렇지 않아도 격앙되어 있던 목포 지역의 분위기에 불을 붙이는 결과가 되었다. 수많은 목포 시민들은 이들 시위대를 환영하며 빠르게 동조 시위를 시작했다. 이때 이미 안철을 비롯한 목포 지역 기독청년회와 엠네스티 소속 청년들이 주축이 되어 목포역 방송실에 들어가 광주 상황을 자발적으로 알리고 목포 지역의 시위 상황을 시민들에게 전달하는 방송을 시작했다. 그리하여 오후부터 상가가 철시되고 각 관공서가 비고 시내는 전체적으로 치안 공백 상태가 되었다. 오후 6시 15분 서울행 특급열차(8시 15분 출발 예정)가 2시간 전에 미리 출발했다. 7시 20분쯤 군용헬기 1대가 10분 간 목포역 상공을 중심으로 정찰비행 후 사라졌다. 이미 목포와 외곽을 잇는 육로, 해로 등의 교통이 차단되고 통신도 두절된 상태였다. 그날(21일) 오후 6시부터는 학생(고교, 대학)이 중심이 되어 시위의 강도가 점점 거세졌다. 오후 8시 목포 학생들이 시청 유리창을 파손하기 시작했다. 날이 어두워지면서 시위대는 점차 격렬해지기 시작했고 텅 빈 경찰서에 들어가 유리창을 부수고 뒤뜰에 세워둔 경찰트럭 1대, 호송차 1대를 불태워버렸다. 그때까지도 광주 상황을 제대로 알리지 않고 있던 MBC, KBS 등 관제 언론에 대해 분노한 시민들의 파괴 행위가 시작되었다. 5월 20일 밤 광주에서 벌어진 시위 형태와 유사한 상황이 목포에서도 전개되고 있었다. 다만 이곳에는 무장한 계엄군이 없었을 뿐이었다. 이날 밤 10시경 무안, 함평 등지에서 자발적으로 봉기한 무장 시위대가 목포로 진입, 목포 시민과 합세했다. 시위대는 새벽까지 목포 대합실, 인근 파출소, 세무서, 해안경찰대 등 국가 기구를 파괴하고 파출소 무기고에서 획득한 무기로 무장했다. 새벽 3시에 광주에서는 볼 수 없던 파괴 행위가 일어났다. 해안가에 있는 남양어망 공장이 파괴되었다. 남양어망은 목포 시민들 중 상당수의 가난한 사람들이 값싼 임금으로 일하는 곳이었다. 국가 폭력에 대한 저항이 경제적 문제나 지배 계급에 대한 적대감으로 확대 표출된 사건이었다. 다음날(22일) 아침 7시부터 시민들이 역광장으로 모여들기 시작했다. 목포에서도 사태는 급진전하고 있었다. 그러나 목포에서는 안철을 중심으로 재빨리 목포 자체의 방위와 광주 상황에 대처하는[13] '시민민주 투쟁위원회' 가 결성되었다. 이들의 주최로 '1차 민주헌정 수립을 위한 시민궐기대회' 가 시민들의 자발적인 참여로 역광장에서 개최되었다. 이 대회에서 위원장 안철은 "광주 시민 학살은 자유 시민을 억압하던 유신 독재 잔당들과 군인들의 정권욕이 결탁하여 빚어낸 계획적이고 조직적인 반역사적 · 반민족적 음모에서 비롯된 것이다"[14]고 명백히 규정하고 이에 대응하여 목포에서는 시민 스스로 치안대를 조직할 것과 시위대가 소지하고 있는 모든 무기는 반납하고 평화적 싸움을 할 것을 주장했다. 계엄군의 만행을 직접 경험하지 못한 목포 시민들은 광주와는 달리 이러한 호소에 쉽게 동조하였다. 항쟁 지도부도 광주에서는 강 · 온파가 분리된 것과 달리, 상대적으로 온건하고 평화적인 방법을 택해 5월 27일 광주가 함락되었다는 소식을 접한 뒤 개최된 '제5차 민주헌정 수립을 위한 시민궐기대회' 까지 항쟁을 주도했다. 이렇게 항쟁 5일 동안 목포에서도 전시민들이 공동체 의식을 갖고 한마음으로 시위(23일과 26일에는

13) 황석영 외, 앞의 책, 218쪽.
14) 황석영 외, 앞의 책, 219쪽.

시민 10만이 참가한 횃불 시위도 있었다)에 동참하고 자체 경비대를 조직하여 치안을 유지하는 일치된 협조가 시위가 끝난 27일 마지막날까지 계속되었다.[15] 그러나 광주 이외의 지역 가운데 가장 기대되었던 지역의 항쟁이 이 정도였기 때문에 광주의 고립은 피할 수 없었다.

4) 강진 해남 지역

(1) 강진 · 장흥 · 보성

강진 지역에서의 시위는 5월 21일 광주 시위대가 도착하면서 시작되었다. 많은 군민들이 시위 대열에 합류했다. 이러한 시위는 22일까지 계속되었는데, 이것은 강진교회와 기독청년회를 중심으로 강진교회에 본부를 두고 상당히 조직적인 시위와 항쟁에 대한 지원하에서 이루어졌다. 유신 때부터 강진교회는 반독재 투쟁의 산실이었는데 5 · 18 때도 항쟁의 중심 역할을 담당했던 것이다. 23일에는 강진농고생 4, 5천 명이 교복을 거꾸로 뒤집어쓰고 자발적으로 시위에 참여했으며 여기에서는 '계엄 철폐', '민주 회복', '김대중 석방' 등과 같은 구호도 등장했다. 강진에서도 강진경찰서가 파괴되는 등 무기 탈취 시도가 있었다. 광주에서 온 시민군과 강진 청년들이 합세하여 장흥 · 보성 방면까지 진출했었다는 기록[16]도 보이지만 이에 대한 자세한 내용은 확인되지 않고 있다.

(2) 해남 · 완도 · 진도

21일 광주 여학생이 시위 차량을 타고 교육청 앞 광장에서 해남 지역 궐기를 호소했다. 이에 해남 지역민들은 적극적으로 호응할 뿐 아니라 직접

---

15) 항쟁이 길었던 만큼 항쟁을 주도한 사람들은 항쟁이 끝난 직후 무서운 탄압을 받았다.
16) 전라남도, 앞의 책, 61쪽.

인근 군부대를 찾아가 무기를 요구하기도 했는데 거절당했다. 이미 해남경찰서는 광주 지역 시위대와 함께 온 함평 출신 시위대들에 의해 무기를 빼앗긴 상태였다. 당시 해남에 온 시위대들은 더 많은 사람과 무기 모집을 위해 완도와 진도로 진출했다. 완도 군민의 호응도 비교적 좋았다. 그러나 완도와 진도에서는 시민궐기대회가 없었으며 자발적으로 항쟁하지도 않았다. 당시 해남으로 온 시위대들은 해남민들의 적극적인 호응 속에 잠자리, 음식, 음료수 등을 제공받을 수 있었다. 해남에서 결성된 시위대도 강진을 거쳐 광주로의 진입을 시도했지만 저지당하고 말았다. 이들 시위대는 다른 지역 시위대까지 합세한 채 무기를 구하러 다시 해남으로 돌아왔다. 그러나 더 이상 무기를 구할 수 없었고 이에 실망한 시위대들은 해남을 떠났다. 해남 지역 시위대들도 군수를 중심으로 시위대 대표들이 결정한 무기 회수에 동참했다. 그러나 무기 회수 움직임과는 별도로 시위는 계속되었다. 이들은 페인트를 얻어 '전두환 때려잡자', '신현확 총리 물러가라' 등의 현수막을 내걸었다. 해남의 상황은 이렇게 종료되기 시작했다. 그런데 총기 회수를 논의하고 있는 사이에 군인들이 우슬재에 바리케이트를 치고 차량 통행을 막기 시작했다. 결국 23일 우슬재에서 시위대 차량에 대한 발포로 수명의 사상자가 발생하고 말았다. 또 해남에서 진도로 가는 도중에 있는 상등리 남선레미콘 앞에서도 군인들이 발포하는 사건이 발생했다. 이때부터 해남 지역도 조용해지기 시작했다.

5) 기타 지역

(1) 순천 · 여수[17]

21일 오후 6시 광주에서 항쟁 시민이 여수 쪽으로 오고 있다는 소식이 전해져 전경찰에 비상이 걸렸다. 당시 여수 경찰에서는 유치인 33명, 보호인 15명 등 48명을 순천 교도소로 호송하였고 점차 여수 분위기도 바뀌어갔다.

〈그림 1〉 항거하는 전남 : 항쟁의 확산

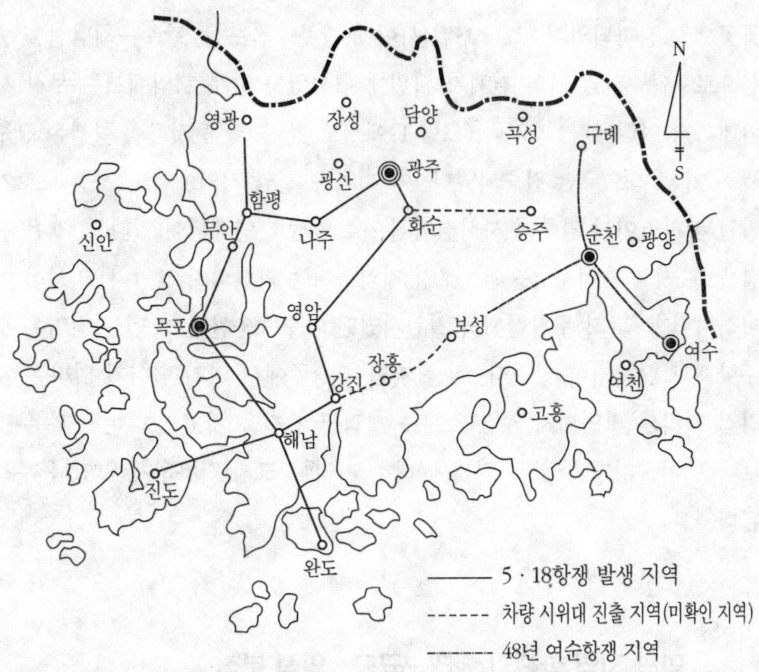

그러나 22일까지도 여수에는 시위대가 나타나지 않았고 다만 광주에서 여수 쪽으로 온다던 시위 군중이 벌교까지만 왔다가 강진으로 돌아가, 강진 전경대 중대본부 무기고를 접수한 후 무기를 싣고 다시 광주로 되돌아갔다는 소식만 전해졌다. 순천과 근접한 화순 탄광에서도 화약 등을 갖고 다시 광주로 갔다는 소식이었다. 그러므로 항쟁 기간 동안 여수는 시위도 없이 조용하기만 했다. 모든 중고등학교에 휴교령이 내려졌고 민심은 좋지 않았

17) 여수 주재 이만영 기자, 〈미공개자료 · 조선일보 취재 일지〉, 5 · 18자료 편찬위원회, 《5 · 18 광주민주화운동 편찬자료총서》, 14권, 900~1001쪽.

다. 순천도 상황은 마찬가지였다.

이상에서 살펴본 바와 같이 광주의 5 · 18항쟁은 짧은 시간에 서부 전남 곳곳으로 전파되었다. 21~23일 사이에 광주—목포선, 광주—해남선을 중심으로 서부 전남 거의 전체가 시위에 휩싸였고 일부 지역에서는 무장 시위대까지 나타났다. 그러나 〈그림 1〉에서도 볼 수 있는 것처럼 항쟁은 광주 서부 이남 쪽으로만 집중되었다. 이 지역은 전남 지역에서도 가장 도로가 발달된 지역이며 광주와 사회경제적으로 밀접히 연계되어 있다. 항쟁은 전남 동부 지역—여수 · 순천 · 보성 지역까지는 확산되지 않았다. 역사적 아이러니랄까. 과거 무장항쟁의 진원지였던 여수 · 순천과 그 인근 지역은 광주항쟁과 단절되어 있었다. 이들 지역이 광주에서 멀리 떨어져 있다는 지리적 거리와 확인되지 않은 소문—계엄군이 진을 치고 있다는—과 무엇보다도 여순항쟁과 같은 과거에 대한 기억이 크게 작용하지 않았나 추측된다.[18)]

4. 외곽 지역 항쟁의 행태 · 규모 · 의식 분석

1) 외곽 지역 항쟁의 행태

지금까지 서술한 광주 외곽 지역 항쟁의 행태를 분석하여 간략하게 도표로 만들면 〈도표 1〉과 같이 정리할 수 있다.

지역적으로 볼 때 광주 외곽 지역의 항쟁은 서부 전남 지역에서 집중적으로 발생했고 전체 22군 4시(1980년 당시) 중에서 7군 1시(목포)에서 발생하

18) 이 문제와 관련하여 최정기는 이러한 항쟁 지역의 분포가 김대중이라는 상징적 자원과 관련되어 있다는 심증은 있으나 분석하기 어렵다고 밝히고 있다. 최정기, 앞의 글, 80쪽.

〈도표 1〉 각 지역별 항쟁 행태 구분

항쟁 형태	화순	나주	함평	무안	목포	영암	해남	진도·완도	강진	보성·장흥	여수·순천
차량 시위대 진출	○	○	○	○	○	○	○	○	○	△	×
지역 시위대 구성	○	○	○	○	○	○	○		○		
무기 획득	○	○	○	○	○	○	○	○	○		
이념 · 구호	○	○	○		○	○	○		○		
유인물 배포			○		○	○					
저지선 충돌	○	○	○		△	○	○		△		

* △표시는 증언은 있으나 확인되지 않은 사실을 말한다.

였다. 시간적으로 볼 때 광주 차량 시위대가 외곽 지역에 나타난 21일 오후부터 23일 오후까지 항쟁이 발생하였다. 항쟁의 강도로 볼 때 목포, 나주, 화순, 함평, 해남, 강진에서 가장 대규모적이고 조직적인 항쟁이 있었고 이 지역을 제외한 다른 지역의 항쟁은 비교적 부분적으로 발생했고 지속 시간도 짧았다. 무엇보다도 차량 시위대가 진출한 모든 지역에서 무기 획득이 시도되고 시위대들이 무장했지만 기본적으로 무장 시위대의 등장이 항쟁에 미친 영향은 크지 않았다. 무장 시위대로 인한 폭동적 성격은 거의 찾아볼 수 없었다. 무기 획득과 사람 동원 이외에 구호나 이념 · 유인물 배포를 통한 선전선동 활동은 비교적 소극적으로 진행되었다. 광주에서처럼 계엄군의 무자비한 진압 사태는 없었지만 계엄군과 대치하던 몇몇 지역에서 총격전이 있었다. 당시 총격전으로 인한 군인과 지역민들의 피해 상황의 정확한 통계를 확인하기는 어렵지만 대략 〈도표 2〉와 같은 자료를 통해 유추해 볼 수 있다.

가장 많은 피해자가 난 곳은 나주 지역이었고 가장 대규모적인 항쟁이 지속되었던 목포 지역에서는 의외로 피해자가 적었다. 이것으로 저항의 강도,

〈도표 2〉 전남 지역 사망자, 부상자, 행불자 수

지 역 명	사망자	부상자	행불자	계
나주	7	105	3	115
화순	6	44	2	52
담양 · 곡성 · 장성	5	55		60
영암 · 강진 · 장흥	4	52	1	57
해남 · 완도 · 진도	5	42	3	50
영광 · 함평	•	46	2	48
무안 · 목포 · 신안	1	89		90
순천 · 여수 · 여천 · 광양	3	39		42
승주 · 구례 · 보성 · 고흥	2	32	2	36
계	33	504	13	550

자료 : 보상 관련자 중 전남 거주자로 광주광역시에서 전라남도에 이첩된 명단을 보고 재구성. 그러나 이들 자료는 조서 내용이 행정 보안이라는 이유로 공개되지 않기 때문에 지역별 추계가 정확한 것은 아니다(전라남도, 《5 · 18 기념사업 종합계획》, 31쪽에서 재인용).

규모와 인명 피해는 비례하지 않는다는 점을 알 수 있다. 이는 결국 국가의 폭력 유무와 강도가 그것을 가르는 기준이라는 점을 알게 해준다.

2) 외곽 지역 항쟁의 의식

일부 지역에서 자발적으로 형성된 지역 시위대(일부 무장 시위대)는 광주항쟁에 동참하기 위하여 5월 21일 저녁부터 22일 오후까지 광주로 진입할 수 있는 길을 찾아 나주와 송정리 지역으로 몰려들었다. 21일 밤부터 22일 사이에 전남 서남부 지역에서 광주항쟁에 참여하기 위해 몰려든 수백 대의 차량과 수천 명의 인파로 나주 읍내는 북새통을 이루었다. 이들이 근거지로 활용한 곳은 사람들의 왕래가 많은 나주경찰서 입구 삼거리, 군청 앞 광장,

남문광장 등이었다. 시위대들은 광주항쟁에 합류하기 위해 광주 진입을 수차례 시도했다. 처음에는 군부대가 경비를 서고 있음에도 불구하고 차량 통제를 하지 않았기 때문에 일부의 시위대는 광주항쟁에 동참할 수 있었다. 그러나 21일 밤부터 계엄군에 의한 저지선 차단과 지나는 차량에 대한 총격이 가해졌다. 22일에는 저지선이 남평 바로 아래에 있는 '산포비행장도로'까지 확대되어 남쪽에서 올라오는 차량을 모두 막았다. 이들 시위대는 장갑차까지 앞세우고 시위 대열을 막으려는 계엄군의 저지선과 대치하여 긴장을 자아내기도 하였다. 그러나 시위대의 빈약한 무력으로 계엄군의 저지선을 돌파한다는 것은 불가능한 일이었다. 그러나 그들에게 광주로 가는 것은 절실한 문제였다. 당시 송정리와 비아를 거쳐 광주 진입에 성공했던 김오진 씨의 증언을 들어보자.

> 이때 광주로 가야 한다는 것은 절실한 문제였다. 광주는 이미 전쟁터와 같은 상황이라고 판단되었고 공수부대원들에 의해 완전히 포위된 상태였다. 그러므로 밖에서는 아무리 계엄군을 공격한다고 해도 계엄군을 광주로 밀어넣는 결과밖에 될 수 없었다. 그러므로 광주에 진입하여 계엄군을 몰아내는 것이 최선의 방법이라고 생각되었다.[19)]

남평쪽의 길이 봉쇄되었지만 시위대들은 포기하지 않고 나주 노안을 거쳐 송정리 진입을 시도했다. 그러나 그곳 역시 계엄군이 전차를 세우고 경비하고 있었으므로 시위대는 계엄군의 봉쇄망을 뚫지 못하고 물러나야 했다. 이번에는 비아를 거쳐 광주 진입이 시도되었다. 그러나 대부분은 실패하고 다시 노안을 거쳐 나주로 돌아갔다. 이 과정에서 많은 총격전과 사상자들이 발생했다. 그러나 시민에 대한 무차별 총격전이 시위대들을 더욱 혁명적으

---

19) 한국현대사사료연구소 편, 앞의 책, 1163쪽.

로 이끌지는 못했다. 외곽 지역에서 크고 작은 총격전으로 민간인 사상자가 많이 발생했지만 그들이 광주와 같은 길을 걷지는 않았다. 일단 무장을 했지만 계엄군의 철통 같은 저지선 앞에서 사실상 광주로 간다는 것에 두려움을 느끼는 사람도 많았다. 이들 시위대는 광주 진입이 실패하자 22~24일경까지 각 지방을 돌며 지역 방위를 하거나 시위를 계속했다. 그러나 봉쇄선에 막혀 더 이상의 출구를 찾지 못한 데다가 점차 강화되는 계엄군의 도로 차단에 막혀 더 나가지 못하고 결국은 23일을 고비로 각 지역에서 자취 없이 해산하고 말았다. 일제히 해산된 것이 아니라 점차 줄어들다가 보이지 않게 되었는데 영암 지역의 한 증언자는 이 모습을 보고 "마지막 떠날 때는 처음의 당당함이나 사기는 다 어디로 가고 며칠 굶은 사람처럼 기진맥진한 채로 두 대의 차량에 나누어 타고 돌아갔다"[20]고 말하였다. 어렵게 획득한 무기도 곧바로 회수되기 시작했다. 당시 무기를 회수하고자 하는 움직임은 항쟁이 발발한 거의 모든 지역에서 발견된다.

이렇게 일부 지역에서만 자체 방위를 위해 경계 근무를 서는 등 급작스런 사태에 대비했을 뿐 광주항쟁에 동참하여 일어난 외곽 지역 항쟁은 광주가 고립되어 더 이상 상황 진전이 없는 상황에서, 또 모든 간선도로가 계엄군에 의해 통제되기 시작하면서 수그러들기 시작했다. 광주가 함락되는 그날까지 운동이 전위들의 선전 · 선동 활동으로부터 시작되어 대중을 조직하고 이들을 지도할 지도부의 형성을 통한 정치 조직화 단계로 발전하여 나름의 운동 거점을 확보했던 지역은 목포뿐이었다. 그러나 목포에서도 광주와 같은 혁명적 군중이 모이는 급격한 전환의 계기는 없었다. 목포에는 광주 진입이 차단된 상태에서 다른 출구를 찾던 인근의 해남, 강진, 무안, 영암 지역으로부터 많은 무장 시위대들이 들어와 시위에 동참했지만 치열한 시가

20) 앞의 책, 1105쪽.
21) 랄프 다렌돌프, 이종수 옮김, 《분단독일의 정치사회학》, 한길사, 1986, 71~81쪽.

전이 벌어졌던 광주시와는 달리 주로 평화적 시위를 중심으로 항쟁이 전개되었으며 계엄군이 이들 차량 시위대의 진입을 막는 과정에서 약간의 총격전이 발생했다는 확인되지 않은 소문이 있을 뿐이었다.

이렇게 광주항쟁 동안 광주 외곽 지역과 광주가 하나의 공동 전선을 형성하려는 시도가 있었지만 성공하지 못했다. 광주와 외곽 지역 사이에는 '계엄군의 만행' 이라는 경험과 그로 인해 형성된 의식 사이에 깊은 '단층'[21]이 존재하고 있었다. 계엄군의 총격으로 많은 사상자가 발생했지만 이러한 계엄군의 발포가 광주와 같은 양상을 빚어내지는 못했다. 항쟁은 더 이상 확대되지 못했다(〈그림 2〉 참조).

그러나 21, 22일 사이에 치열하게 전개되던 전남 지역의 시위는 5 · 18광주항쟁의 연장이었으며 비록 광주 진입에 성공하지 못했더라도 무장 시위대의 진입 시도와 그 과정에서 빚어진 수많은 총격전과 사상자 발생이 광주시에 전해지면서 광주항쟁에도 깊은 영향을 미쳤다. 외곽에서의 광주 진입이 차단된 23일을 고비로 해서 광주에서도 역시 24일부터는 지금까지의 승리와 해방감에 도취되어 있던 열광적인 흥분이 걷히기 시작했고, 시민들 사이에 투쟁의 열기가 식어가고 있었다. 24일 2차 궐기대회는 23일에 비해 집회 규모가 줄어들었고(3만 5천 참가) 공수부대를 물리쳤다는 자부심은 시간이 갈수록 식어가고 계엄군의 봉쇄 작전으로 인한 고립감과 공수부대의 재공격에 대한 불안감이 그 자리를 차지하기 시작했다. 더구나 24일 오후에 내린 비로 외곽에서 계엄군과 대치 중이던 시민군들의 상당수가 방어 지역을 떠나버렸다. 그들에게 격려가 될 만한 소식은 전혀 없었고 도청 수습대책위에서는 무기를 반납하라고 종용하였고 방송과 계엄군측에서는 그들을 폭도로 몰아갔다. 그러나 같은 날 24일부터 시외곽에서 양민 학살 소식이 알려지기 시작했다. 수습위는 중대한 위기에 봉착했다. 시민들이 계엄군의 행각에 격분하면서 수습위에 노골적인 불만을 터뜨렸고 이를 기회로 새로운 항쟁지도부가 탄생(25일)하였다. 이들은 지금까지의 '시민장' 요구를 '도민장' 으로

〈그림 2〉 외곽에서 광주 역진입과 외곽 봉쇄선

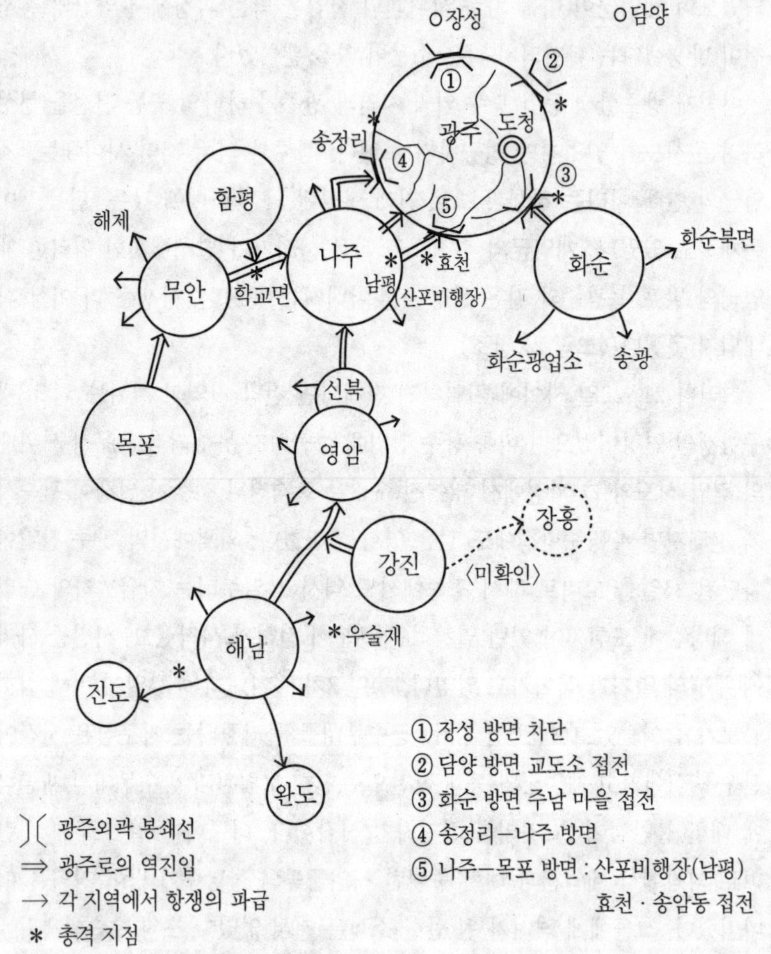

바꾸기로 하고 기존의 수습위와는 달리 항쟁의 자연발생적 · 방어적 성격을 뛰어넘어 항쟁이 지닌 혁명성을 강화 · 발전시키고자 했다. 이렇게 광주와 광주 외곽 지역은 상호작용적 상승 효과를 내며 연계적으로 움직이고 있었다. 그러나 그들 앞에 남아 있는 시간은 너무나 짧았다.

3) 누가 참여했는가 : 외곽 지역항쟁의 주도 세력

외곽 지역 항쟁에서 가장 적극적으로 시위를 주도한 사람은 기층 민중과 노동자 계급에 우선하여 나이가 어리거나 젊은 청년 · 학생(고교생 포함)들이었다. 이들은 압도적 다수로 시위대에 자발적으로 참가했을 뿐 아니라 광주로의 진입에도 적극 가담하였다.[22] 격렬한 항쟁이 있었던 목포, 강진, 해남, 함평에서는 일찍부터 군부 독재 체제에 저항해 오던 단체 및 사람들이 중심이 되어 항쟁을 이끌어나갔다. 이 과정에서 국가 권력과 직 · 간접으로 연결망을 갖고 있던 기존의 사회 단체들은 일반적으로 시위대와는 다른 지향을 보이며 활동했다. 이를테면 목포 · 화순 지역의 경우 청년회의소(JC) 회원들이 경찰 행정이 마비된 상태에서 스스로 대체 권력으로 나서서 무기를 회수하는 등 시위대의 적극적인 활동을 저지하는 역할을 담당했다. 그러나 강진에서처럼 항쟁에 가세한 경우도 있었다. 외곽 지역 항쟁에서 나타난 주도 세력의 특징 중 하나는 각 지역의 읍장이나 유지들이 청년 · 학생들의 무장과 시위 확대를 경계하여 일찍부터 항쟁에 주도적으로 대응, 시위 및 궐기대회를 주도하거나 무기 회수를 주장하며 사태의 평화적 해결을 적극적으로 모색했다는 점이다. 주도권이 시민군에 있었고 따라서 그 수습 과정에서 판이한 온 · 강경파의 등장이 있었던 광주와는 상황이 달랐다.

---

22) 체계적인 표본 선정을 통해 만들어진 자료 《광주5월민중항쟁 사료전집》의 지방판에 나와 있는 증언자들의 직업 구성을 통해 보면 항쟁 주체가 농촌에 퇴적한 쁘띠 부르주아에 해당한다고 말할 수 있다. 최정기, 앞의 글, 76쪽. 총 56명의 증언자 중 학생은 15명, 단순노무직 및 불완전고용자 15명, 자영업자 8명, 무직 7명, 농업종사자 4명, 방위병 3명, 전문직 2명, 정당인 1명, 대기업노동자 1명으로 분류되어 있다. 한국현대사사료연구소, 앞의 책, 1571~1577쪽.

5. 국가의 억압과 차단 : 확산의 실패와 고립

전남 일원에는 31사단 예하 일반 보병부대가 계엄 업무를 수행하고 있었다. 그리고 군 소재지에 주둔한 부대에는 행정병과 방위병이 대부분이었다. 전남 일원의 작전 상황을 기록한 31사단 〈전투상보〉에 의하면 나주 · 영산포 지역은 나주예비군대대, 해남 지역은 93연대 2대대, 함평 지역은 179사단 717예비군대대 등이 부대 방어와 국도 차단 임무를 수행한 것으로 되어 있다. 이 문서에 의하면 거의 모든 지역에서 무장 시위대가 무기와 실탄을 요구하며 시위를 벌이다가 부대장에게 거절당하고 퇴각하는 일들이 있었다고 기록되어 있다. 이러한 무장 시위가 전남 전역으로 확산된 5월 21, 22일 사태의 진전은 신군부에게 큰 부담을 안겨주었다. 광주로부터 나온 시위대들과 지역 시위대들은 인근의 경찰서 및 지서의 무기고를 점령하여(대개 무기와 실탄이 많지는 않았지만) 총과 실탄을 손에 넣었을 뿐 아니라 농촌 청년들을 광주로 실어날라 시민군의 전투력을 강화하고 있었기 때문이었다. 그래서 신군부는 도청에서 공수부대를 철수시킨 후 광주로 통하는 주요 도로를 철저히 봉쇄하고 새로운 진압 작전을 준비하면서 매스컴을 통해 광주를 정치적으로 고립시키기 위한 공작을 극대화하였다. 이렇게 광주 외곽 지역의 계엄군이 봉쇄 작전을 수행하는 과정에서 수많은 양민이 잔혹하게 살상되었다.

1) 준비성

〈전교사 전투상보〉에 의하면[23] 광주항쟁 진압을 수행했던 작전, 즉 충정작전은 5단계로 나누어진다. 1단계(5. 17 이전)는 경찰력에 의한 데모 진압

23) 전교사, 〈전교사 전투상보〉, 광주광역시 5 · 18사료편찬위원회, 앞의 책, 13권, 99~189쪽.

〈도표 3〉 외곽 지역에서의 무기 획득

21일

09:30 광주 아세아자동차 피탈

15:24 화순 지역 지서 기습 총기 탈취

* 화순경찰서 습격, 21:30 송광지서 접수, 22:30 탄광 진입, 23:00 북면지서 접수

16:05 영암경찰서 기습 무기 탈취

17:40 화순광업소 피습

19:33 나주 노안지서 방화, 나주 남평지서 기습 무기 탈취

* 함평 신광지서 접수

* 무안 헌경면지서 접수/무안경찰서 및 청계지서 습격 , 15:00 해제면지서 장악, 15:40 망운면지서 접수, 16:00 망운면 운암지서 접수

* 나주경찰서 진입 , 금성동파출소 진입, 영산포읍 영광동지서 진입 무기 획득.

22일

00:05 완도경찰서 파괴

06:04 강진경찰서 파괴

12:12 함평경찰서 점거

14:58 목포 연동지서 무기고 탈취

17:37 해남경찰서 점령

* 그밖에도 계곡지서, 옥천지서, 화산지서, 월송지서, 월안지서, 우수영지서 등에서 무기 획득

18:40 화순 예비군 중대 무기 탈취

* 함평 엄다지서 공격

* 11:00 영암군 군서지서 접수, 14:30 학산지서 접수, 18:00 시종지서 접수.

* 표시는 군 작전 일지에 기록되지 않았으나 당시 항쟁에 참여한 사람들의 증언과 기록에 의거하여 작성한 것임.

* 전교사 전투상보, 20사단 작전일지 등 군자료를 참조하였음.

작전, 2단계(5. 18~5. 21)는 계엄군에 의한 데모 해산 및 진압 작전, 3단계(5. 22~5. 23)는 도로 차단 및 봉쇄 작전, 4단계(5. 24~5. 26)는 선무 활동 및 상무충정작전 준비, 5단계(5. 27)는 상무충정작전의 실시다. 이러한 치밀한 계획에 의하면 5월 20일 도청 발포 이후 21일 계엄군의 패퇴는 전략적 차원에서 이루어진 퇴각 전술의 성격을 가진 행동이었다. 계엄군의 작전은 앞으로 계속될 항쟁 동안 외곽 지역의 철저한 봉쇄 강화를 통해 광주 내부로 역정보 또는 역선전을 침투시켜 시민군과 시민들 사이의 위화감을 조성하는 비정규적 선전전에 최대의 역점을 두는 것이었다. 이것은 광주항쟁의 외곽 지역 확산 방지에 최대한 노력을 기울이며 다른 지역과의 철저한 차단 · 포위로 광주를 고립시킨다는 전략이었다. 아울러 아직 민중 조직의 기반이 없는 여타 외곽 지역의 진압에 중점을 둘 뿐 아니라, 매스컴을 동원한 선전 공세를 통하여 민중 투쟁 의식을 혼란시키고, 한편으로 집요한 내부 교란 · 심리 작전으로 운동의 열기가 자동적으로 하락할 때 무력 진압한다는 기본 전략을 함축하고 있었다.

이러한 작전 계획하에 각 단계별 투입 병력과 장비는 〈도표 3〉과 같다.

(1) 광주의 외곽 저지선 상황

5월 21일 밤을 기하여 계엄군은 광주에서 나주로 향하는 송정리 방면의 화정동, 화순 방면의 지원동, 목포 방면의 대동고등학교 앞, 여수 · 순천 방면의 문화동, 31사단 방면의 오치, 장성 방면의 동운동과 교도소 일대 등 7개 지점에서 광주를 다른 지역과 차단 · 봉쇄시키는 작전으로 전환했다. 여기에 동원된 병력은 20사단 9개 대대 4,667명이었다.[24] 그 상황은 다음과 같다.

24) 송암동 부근에서는 퇴각하는 공수부대와 차단 작전을 수행하러 들어오던 20사단 병력 사이에 서로를 확인하지 못해 총격전이 심하게 벌어졌다. 어둠 속에서 충돌한 계엄군 쌍방에서 사상자가 나왔을 것이라고 주민들은 추정했다. 정상용 외, 앞의 책, 275쪽.

〈도표 4〉 각 단계별 투입 병력 규모(장교/사병)

구 분	병 력	장 비
1단계(5. 17 이전)	경찰 : 87/1,118	
2단계(5. 18~21)	20사 : 87/1,663 31사 : 150/1,430 특전사 : 504/2,901 계 : 741/5,946	0-1 : 12대 MD-500 : 7대 계 : 18대
3단계(5. 22~23)	20사 : 146/2,863 31사 : 150/1,430 특전사 : 267/1,768 * 학교(3) : 78/1,971 계 : 641/2,032	0-1 : 10대 MD-500 : 7대 0-1기 : 5대 코부라 : 2대
4단계(5. 24~26)	20사 : 146/2,863 31사 : 150/1,140 특전사 : 267/1,768 학교(3) : 78/1,971 계 : 641/7,742	0-1 : 12대 MD-500 : 7대 계 : 18대
5단계(5. 27)	20사 : 102/3,030 31사 : 39/693 학교 : 98/889 계 : 239/5,612	

자료 : 광주광역시 5 · 18사료편찬위원회, 《5 · 18광주민주화운동 자료총서》 13권, 11쪽.
참조 : * 지역 내 향토사단 및 보병학교 병력

31사단 : 오치 1개 중대(31사단 방면)

3공수 : 교도소 1개 여단(담양 · 여수 · 순천 방향), 광주 · 담양 간 국도변에 위치

11공수 : 소대동 1개 여단(화순 방향)—국도변(지원동, 주남 마을 부근)

20사단 : 극락교(광주 · 송정 간 도로 : 나주 방향)—송정리(광주 · 나주 · 목포 간 국도변 송암동 일대)

백운동 1개 대대(광주 · 목포 간 도로)

톨게이트 1개 대대(광주 · 전주 방향)

통합병원 입구 화정동 1개 대대

밤 9시부터 하행열차가 장성에서 운행이 중단되었고 계엄군은 장성과 광주 사이의 터널을 철저히 봉쇄했다. 봉쇄 직전 21일 광주 시내 거주 미국인 약 2백 명은 미리 빠져나가 송정리에 대기하던 군용비행기로 서울로 공수되었다. 무엇보다도 광주에서 북쪽, 즉 서울 방면(전주—서울 고속도로 및 호남고속도로와 철도)의 도로들이 1차적으로 차단된 것이다. 그리고 우선 3개 공수여단과 20사단 전교사의 병력으로 광주로 통하는 모든 교통망을 봉쇄했다. 이것은 광주항쟁에 대한 군사적 공격의 결과가 다른 지역의 항쟁으로 확산되는 것을 막아 광주를 고립화시켜 놓고 적절한 시기에 무력 소탕작전을 벌이기 위한 준비 작업이었다.

신군부는 군사적 공격과 더불어 광주항쟁에 대한 정치적 · 이데올로기적 공세도 본격화했다. 이는 신군부가 장악하고 있는 언론 매체를 이용하여 광주항쟁을 "고정간첩과 깡패, 불순분자, 김대중의 잔당들이 계획적이고 조직적으로 지역 감정을 자극하는 유언비어로 선량한 시민들을 선동해서 일으킨 폭력 난동"으로 매도함으로써 무력 진압의 정당성을 보장받기 위한 공작이었다.[25]

(2) 외곽 지역의 저지선 상황

광주와 외곽 지역에 대한 저지선이 완료된 23일경부터 전남 각 지역에 주둔하고 있던 군부대들에 의해 광주로 향하는 외곽 지역들의 도로 중간중간이 차단되기 시작했다. 우선 광주와 목포 중간에 위치한 함평의 경우 22~23일 사이 학다리 사거리에 군부대가 주둔하여 도로를 차단하고 진출

25) 정상용 외, 앞의 책, 250~293쪽.

입하는 모든 차량을 통제함으로써 시위가 불가능해졌다. 무안은 목포로 들어가는 관문으로 함평 · 영광 지역을 연결하는 교통 중심지였기 때문에 시위 차량이 수시로 통과하면서 시위를 전개했던 지역이다. 그러나 이 지역도 22일 저녁 무렵부터 계엄군이 무안 지역 양쪽 외곽을 차단하기 시작했다. 영암읍에서 강진으로 통하는 길목에도 24일경부터 계엄군이 방어진을 구축하고 다니는 차량을 통제하기 시작했다. 가장 극적인 교전을 겪었던 외곽 지역은 해남이었는데 계엄군들이 해남 우슬재에 바리케이트를 치고 차량 통행을 저지한 것은 23일부터였다. 급기야 우슬재에서는 계엄군의 발포로 수명의 사상자가 발생했다.

2) 폭력성

계엄군 당국이 경계한 것은 전남 지역의 시위대와 광주가 하나로 되는 것이었다. 그러므로 계엄군은 지역시위대의 광주 진입을 엄청난 무력을 동원하여 저지하였다. 그들은 나주에서 광주로 진입할 수 있는 두갈래 길, 남평 인근의 산포비행장 도로와 광주 · 송정리 간 도로를 장갑차까지 동원하여 차단하였다. 단지 무력 시위에 그친 것이 아니라 이들은 계엄사령관이 자위권 발동 명령을 내리기 전에 이미 발포하였다. 당시 광주에 투입되었던 각 부대의 자료상에 나타난 발포와 자위권 발동 명령 시기는 다음과 같다.

21일 18 : 00 전교사 발포 명령 하달[26] (특전사 전투상보)

21일 21 : 00 전남 지역 자위권 행사 지시(전교사)

〈군부대 자위권 발동〉

경고하라.

---

26) 광주광역시 5 · 18사료편찬위원회, 앞의 책, 107쪽.

접근하지 마라.

접근하면 하복부로 지향 발포 허용.[27]

23일 11:48 봉쇄선 작전 지침 하달.[28](20사단 작전일지)

무기 휴대 폭도 봉쇄선 이탈 절대 거부.

폭도 중 반항치 않는 자 체포, 반항자 사살,

또는 차량을 이용 강습 시도자는 사살.

현 봉쇄망은 주도로만 치중치 말고 지선도로 장악, 폭도 탈출 적극 방지.

이러한 작전 지침 아래 광주로 통하는 외곽도로를 차단하는 3단계 작전 과정에서 계엄군은 국도를 통행하는 시위 차량과 민간 행인들에게 갖가지 만행을 저질렀다. 광주 · 담양 간 국도상에 위치한 광주 교도소 부근, 광주 · 화순 간 국도변의 지원동과 주남 마을, 광주 · 나주 · 목포 간 국도변 송암동 일대의 양민 학살이 그 대표적인 사례다.

(1) 광주 · 담양

광주 교도소는 광주 · 담양 간 국도와 순천행 고속도로 사이에 위치하고 있었다. 그리고 담양은 광주시의 경제권에 속한 지역이었다. 광주의 차량 시위대가 이 지역을 통과하여 담양을 왕래하면서 광주의 소식을 전하고 도민들의 궐기를 호소하는 상황이었다. 이 무렵 광주를 빠져나가 전남 일원으로 진출했던 무장 시위대가 광주로 진입하기 위해 이 도로를 지나고 있었다. 그런데 계엄군이 길목을 차단함으로써 21일 밤 이후 광주로부터 외곽 지역으로, 그리고 외곽 지역에서 광주로의 모든 통행이 저지되었다. 이 저

---

27) 그러나 이 명령은 지켜지지 않았다. 21일 19시 40분에 발생한 교도소 총격전에서 많은 사상자와 부상자가 나왔다.

28) 광주광역시 5 · 18사료편찬위원회, 앞의 책, 110쪽.

지선을 사이에 두고 많은 사람이 희생되었다. 21일 오후 7시경 3공수여단이 '외곽 도로 봉쇄 작전'에 따라 통행을 차단하고 차량과 행인에게 총격[29]을 퍼붓기 시작했다. 이 소식을 접한 광주 시민군이 교도소 지역으로 몰려가 공수부대와 총격전을 벌인 것은 바로 이 때문이었다. 3공수여단은 시위대의 차량뿐 아니라 교도소 지역을 통과하는 모든 차량과 행인에 대해 무차별 사격을 퍼부었다. 지금까지 확인된 교도소 부근의 총격 사례만 해도 21일의 경우 19 : 40, 20 : 00 두 차례, 22일에 10 : 00, 14 : 20, 15 : 00, 18 : 55 네 차례, 23일 08 : 25, 09 : 00, 14 : 00 세 차례로 총 10명의 사상자와 12명의 부상자가 발생했다.[30]

(2) 광주 · 화순

광주 · 화순 간 도로 및 너릿재터널은 광주와 화순을 이어주는 중요한 요지였다. 22일 새벽 4시경까지도 화순과 다른 지역에서 들어온 무기를 너릿재를 넘어 광주 지원동 부근에서 시민군에게 전달할 수 있었다. 그러나 22~24일 이곳에서도 상당수의 시민들이 희생되었다. 군 기록에 의하면 5월 22일 오후 3시경 7공수 33대대가 막고 있던 화순 봉쇄 지역에서 교전으로 사살 1, 생포 1, 1/4톤 차량 전소되었다고 보고되었으며 23일에도 오전 9시와 오후 2시경 각각 일어난 두 차례의 버스 총격 사건으로 희생자가 최소 28명이나 되었다. 그러나 현재까지 확인된 사람은 10명뿐이다. 이들은 거의 5~10발의 총탄을 맞은 것으로 기록되어 있다.

---

29) 〈전교사 전투상보〉에 의하면 전교사가 21일 전교사 작전회의를 통해 발포 명령을 하달한 것은 21일 오후 6시부터였다고 한다. 그러나 그것은 어디까지나 자기 방어를 위한 자위권 발동으로서 불가피하게 발포를 하더라도 하복부를 향해 쏘라는 지침이 붙어 있었다. 광주광역시 5 · 18사료편찬위원회, 앞의 책, 13권, 107쪽.

30) 정상용 외, 앞의 책, 261~263쪽.

(3) 광주 · 목포

20사단 61연대 2대대는 21일 오후 4시부터 광주 · 나주 · 목포 간 국도를 차단하고 광주로 가는 모든 통행을 봉쇄했다. 이곳에서 어떤 일이 일어났는지 군의 기록[31]을 살펴보자.

> 5월 21일 22 : 11 광주 · 목포 도로 폭도들이 탑승한 버스 6대의 대치
> 교전 성과 : 사살 3, 화기 16정, 포고 1, 실탄 5백여 발
> 피해 : 부상 2

그러나 당시 고교생으로 이날 총상을 입었던 이순노 씨의 증언은 이 사건이 공수부대의 무차별적인 총격으로 일어난 것임을 말해준다.

> 당시 차량 시위대는 광주 상황을 알리기 위해 나주, 목포 등에 갔다가 돌아오는 길이었다. 오후 3, 4시경 나주에서 계엄군의 무자비한 만행 소식을 듣고 시위대는 대여섯 정의 총기를 가지고 있었다. 이날 지녁 광주로 돌아오는데 효천역 부근에서 매복한 군인들에게 기습 사격을 당했다. 총을 가지고 있었지만 전혀 응사할 겨를이 없었다. 당시 차량에는 20~30명이 타고 있었는데 버스 전방 헤드라이트가 들어오지 않아 운전석 옆에서 몇 명의 사람들이 두 개의 랜턴을 가지고 전방을 비추며 광주 방향으로 진입하고 있었다. (중략)군은 야산에서 사격을 하였는데 우리가 총을 가졌는지 전혀 알 수 없는 상황이었다. (중략)항복한다는 표시로 손을 들고 일어섰으나 다시 사격을 가했다. 총소리가 멈춘 후 옷을 흔들었는데도 불구하고 또다시 난사를 하였다.[32]

31) 〈20사단 충정작전보고〉, 31~43쪽.
32) 1989년 1월 26일 광주특위 제25차 회의 청문회에서 이순노의 증언.

결국 지역 시위대는 광주 진입을 포기하고 다시 자기 지역으로 돌아가서 지역 방어에 종사하거나 인근 도로망을 따라 영암, 목포 등 주요 거점을 중심으로 연대 시위를 전개하게 된다.

6. 외곽 지역 항쟁의 성격과 한계

1) 항쟁의 성격

첫째, 항쟁이 발발한 지역이 주로 광주 이남 서해안 지역에 집중되어 있다는 점이다. 이는 기본적으로 광주와 서울—광주 직전에 이미 엄청난 민주화 열기를 보여주고 있었던—의 연결을 차단하고, 전남 지역과 다른 지역을 분리하여 광주 · 전남을 하나의 '정치적 섬' 처럼 고립시키려는 신군부와 계엄군의 전략에 원인이 있었다. 두 번째로 이 지역이 지닌 사회경제적 · 공간적 특수성 역시 중요하다. 예를 들면 항쟁의 의식과 소식, 시위대 등이 뻗어나갈 수 있는 도로망이나 주민들의 생활 영역 등이 중요한 요소였다는 것이다. 끝으로 광주 지역과 광주 이외 호남 지역 사이의 정치 의식의 차이 역시 중요하게 고려해야 한다. 이 점은 앞으로 좀더 면밀한 비교 연구가 필요할 것이다.

고립화의 성공은 광주항쟁을 전국적인 민주화운동으로서가 아니라 지역 항쟁으로 한계를 지으려는 신군부의 의식적인 노력의 산물이었으나 이러한 노력은 이후 집권이라는 목적을 달성하는 데는 성공적이었으나 오히려 호남을 강력한 저항의 근거지로 만들어주어 군부 권위주의 정권에 저항하는 의식과 정신, 동력의 발원지가 되게 해주었다. 광주는 경험 자체로 팽팽한 정치적 긴장의 진앙이 되었다. 결국 이는 5공과 6공을 거쳐 1987년에 이르기까지 광주 문제가 정치적 갈등과 공방의 핵심 요인이 되게끔 하는 데 크게 기여하였다. 'TK의 집권'과 '광주의 고립'이라는 정치적 조합의 등장은 지역 문제의 악화에도 결정적으로 기여하였음은 물론이다.

둘째, 항쟁이 발발한 대부분의 전남 지역이 광주에서 차량을 타고 이동해 온 시위대에 동조하는 과정에서 항쟁을 일으켰다는 점이다. 각 지역의 민중들은 그전에 광주에서 계엄군에 의하여 처참한 학살이 자행했다는 소식을 전해들었지만 감정적인 분노에 머물러 있었을 뿐 대부분의 지역에서 자발적이고 조직적으로 시위를 전개한 것은 아니었다. 그러나 광주에서 온 시위대의 전파와 점화에 의하여 비로소 분노가 저항으로 상승 · 폭발하였던 것이다. 이러한 점은 항쟁이 발발한 지역이 시위대가 접근하기 용이했던 서남해안 지역에 집중되었다는 점에서도 확인할 수 있다.

셋째, 항쟁의 확산과 투쟁 강도를 결정하는 데 있어 국가로부터의 억압과 차단이 중요하게 작용했다는 점이다.

그러므로 초기에 항쟁은 순식간에 점화되어 도덕적 분노가 폭발되어 일어났지만 국가의 강도 높은 억압에 부딪히면서 조직적이고 적극적인 항쟁으로 발전하지는 못했다. 최소한 한두 군데만이라도 광주와 같은 의식과 투쟁 강도를 보여주었더라면 상황은 크게 바뀌었을 것이다. 부분적으로 지역에 따라 자발적인 시위대를 조직하고 의식적인 항쟁을 전개한 경우도 있었지만 항쟁의 방향을 바꿀 정도는 되지 못했다.

2) 항쟁의 한계

(1) 항쟁의 객관적 조건

'서울의 봄'의 절정으로서 항쟁의 시발점은 불리하지 않았으나 신군부의 음모가 존재하는 상태에서 객관적 정세는 결코 광주에 유리하지 않았다. 다른 지역은 권력의 탄압에 이미 숨죽이고 있었고 투쟁할 역량이 거의 없는 상태였다. 전국적 수준에서 볼 때 신군부의 권력은 5 · 17쿠데타 이후 안정성을 찾아가고 있었다. 호남 지방 역시 광주를 제외하고는 큰 차이가 없었다. 호남의 제2 도시인 전북 전주와 이리 · 군산 등지에서 21일경 광주에서 탈출한 김현장이 작성한 〈전두환의 광주살육작전〉이라는 유인물이 배포되기는 했지만 배포자들만 곧 계엄포고령 위반으로 당국에 체포되었다. 그리고 어떠한 시위나 저항도 없었다. 정세가 퇴조하고 있는 상황에서 각지에서 자연발생적으로 광범위한 투쟁이 벌어지리라는 기대는 현실과 동떨어진 것이었다. 미국이 민주화를 위해 이러한 권력을 교체시켜 줄 것이라는 기대는 더욱 잘못된 것이었다. 이미 지적했듯이 도청 발포 직후 광주 시내 미국인들은 이미 서울로 피신한 상황이었다.

(2) 항쟁의 주관적 조건

광주를 사수한다는 상황 인식으로 인하여 광주항쟁 지도부가 항쟁의 전국적 확산을 위하여 한 역할은 극히 미미했다. 초기에 무기 탈취를 위하여 광주 외곽으로 나갔던 시위대들은 계엄군의 무자비한 진압에 대한 선전선동을 전개하였지만 적극적인 항쟁의 확산을 위한 실질적인 작업은 거의 하지 못했다. 광주 시내에서 들불야학팀이나 광대팀에 의해 진행되던 선전(선동)선무 활동과 같은 정도의 선전 활동이나 계엄군의 엄청난 만행을 알릴 수 있는 사진이나 제대로 된 유인물조차 조직적으로 배포되지 못했다. 무기와 사람들을 무작정 광주 시내로 반입하는 데만 집중하였던 것이다.

그리고 항쟁이 전개되는 과정에서도 전남 지역의 지역간 연대에 대한 대책이 거의 이루어지지 못했다. '확산' 대신에 '집중'을 선택하였던 것이다. 그것은 진압 세력에게는 폭력 행사와 사태 왜곡에 유리한 조건을 제공해 주는 것이었다. 궐기대회에서 광주항쟁 지도부는 기껏해야 전국민에게 보내는 성명서를 발표하는 정도의 활동에 머물렀다.

당시 항쟁 지도부나 차량 시위대, 또 지역 시위대에 의해 군중들이 항쟁 과정에서 어떠한 이념에 동원[33]되었는지 살펴보면 항쟁의 확산이 얼마나

'민주화' 요구라는 소극적 저항에 머물러 있었는가를 알 수 있다. 광주 시민들이 행동에 나섰던 이유는 조직적 국가 폭력에 맞서 항쟁을 수호하기 위해서였지만 이 부분은 전남 지역 어느 항쟁에서도 부각되지 못했으며 지도부들의 선전도 없었다. 더 넓은 지역 항쟁으로의 확산을 통해 광주 5 · 18을 전국적이고 보편적인 항쟁으로 끌어올린다는 전략이었다면 광주 사수 전술은 전술적으로 잘못된 결정이었다.

광주의 항쟁 지도부는 항쟁이 시작된 이후에는 항쟁을 확대하고 발전시키기 위한 행동에 주저함이 없어야 했다. 시민군의 증강과 광주 민중 역량의 더욱 많은 동원, 그리고 '포위망 돌파'를 위한 소규모 전투를 계속하여 조직함으로써 외곽 지역에서 형성된 배후 시위대와의 연계를 모색하면서 투쟁 열기를 더욱 확대했어야 했다. 그러나 그들은 전국은 고사하고 광주에서 전체 호남으로 확산시키는 것조차 힘겨웠다. 물론 5월 25일 구성된 마지막 항쟁 지도부에게 남은 시간은 단 하루밖에 없었다. 핵심 요인은 5월 27일 새벽 무력으로 광주를 진압한 새롭게 등장하는 국가 권력의 강력한 억압 때문이었다. 그것이 1980년 광주의 비극이자 한계였다. 그리고 그 한계는 또한 1980년 당시 한국 민주주의의 조건을 드러내주는 지표일지도 모른다.

〈참고문헌〉

광주광역시 5 · 18사료편찬위원회, 《5 · 18 광주민주화운동 자료총서》 11, 13, 14권.

김진균 · 정근식, 〈광주5월민중항쟁의 사회경제적 배경〉, 광주5월민중항쟁 10주년 기념 전국학술대회, 《광주5월민중항쟁》, 풀빛, 1990.

노명식, 《프랑스혁명에서 파리코뮌까지》, 까치글방, 1994.

---

33) 당시 항쟁 지도부나 차량 시위대, 또 지역 시위대에 의해 군중들이 항쟁 과정에서 동원된 이념과 구호는 '계엄군 철폐', '김대중 석방', '전두환 물러나라'에 머물러 있었고 더 이상 발전하지 못했다.

랄프 다렌돌프, 이종수 옮김, 《분단독일의 정치사회학》, 한길사. 1986.

르페브르, 민석홍 옮김, 《프랑스혁명》, 을유문화사, 1993.

미셸 보베, 최갑수 외 옮김, 《왕정의 몰락과 프랑스혁명》, 일월서각, 1987.

박명림, 〈민주주의, 이성, 그리고 역사 연구 : 제주4 · 3과 한국 현대사〉, 《제주 4 · 3 연구》, 역사비평사, 1999.

박현채, 〈80년대 민족민주운동에서 5 · 18광주민중항쟁의 의의와 역할〉, 《5 · 18광주민중항쟁과 한국민족민주운동》, 학술토론회 자료집, 1989.

______, 〈광주민중항쟁의 역사적 배경〉, 예향, 1989년 4월호, 광주일보사.

안종철, 〈광주민중항쟁의 배경과 전개 과정〉, 나간채 편, 《광주민중항쟁과 5월운동》, 전남대 5 · 18연구소, 1997.

______, 《광주 · 전남 지방 현대사연구》, 한울, 1991.

윤상철, 〈6월 민주항쟁의 전개 과정〉, 《6월민주항쟁과 한국 사회 10년》, 당대, 1997.

전라남도, 《5 · 18 기념 사업 종합계획》, 1996.

정상용 외, 《광주민중항쟁》, 돌베개, 1990.

정해구, 《10월인민항쟁연구》, 열음총서, 1988.

최정기, 〈광주민중항쟁의 지역적 확산 과정과 주민 참여 기제〉, 전남대 5 · 18연구소, 《광주민중항쟁과 5월운동연구》, 1997.

한국사회학회편, 《세계화 시대의 인권과 사회운동》, 나남, 1998.

한국현대사사료연구소 편, 《광주오월민중투쟁사료전집》.

황석영(외), 《5 · 18 그 삶과 죽음의 기록》, 풀빛, 1996.

5 · 18민중항쟁과 부마항쟁

박 철 규
(부산경남역사연구소 연구원)

1. 머리말

한국 현대사의 주체적 전개 과정 속에서는 민주주의가 실현될 수 있는 몇 차례의 결정적인 민중항쟁과 함께 좌절을 발견할 수 있다. 즉 해방 직후 자주적 독립국가 건설을 위한 노력과 좌절, 4월혁명과 5 · 16군사쿠데타, 부마항쟁과 12 · 12쿠데타, 5 · 18민중항쟁과 강경 군부의 등장, 87년 6월항쟁과 노태우 정권의 출범 등이 그것이다. 이러한 과정에서 우리 민중은 '억압이 있으면 반드시 저항이 있다' 라는 항쟁의 전통을 확인하였다. 또한 시대적 갈등이 매개 지역에 관철됨으로써 발현되는 구체적 모순에 대해, 지역 민중 스스로가 극복의 주체로 나서야 한다는 것과 지역 운동은 전국적 연대의 관점을 명확히 틀어쥐고 수행될 때만이 해당 사회의 보편적 과제를 달성할 수 있다는 교훈을 얻을 수 있었다.

필자가 본고의 주제를 들고 부마항쟁과 직 · 간접적으로 연관되어 있는 선후배들에게 의논했을 때 "그게 왜 비교 대상이 되지" 라는 반문이 태반이었다. 그들의 요지는 대개 부마항쟁[1]은 말기에 다다른 유신 정권에 종지부를 찍은 사건이며, 5 · 18민중항쟁은 강경 군부가 등장하기 위한 분위기 조성용, 즉 희생양으로 삼으려는 과정에서 발생한 학살과 항쟁이었다는 것이다. 그렇기 때문에 두 항쟁은 수평적으로 비교할 수 없는 사상이 다른 항쟁이라는 것이다. 굳이 비교한다면 투쟁 노선에서 차이가 있다는 정도였다.

이와 같은 평가와는 달리 부산의 일반 시민들은 5 · 18민중항쟁에 대해 일부는 여전히 불순분자들의 난동이라고 생각하고 있으며, 진압하는 과정에서 희생이 따른 것은 애석한 일이라고 보고 있다. 이들은 5 · 18민중항쟁 당시 이 지역에 나돌았던 얘기, 즉 "뜨거운 맛을 보여주어야 한다" 또는 "쓸어버려야 한다"는 등의 의견에 동조하고 있다가 광주청문회 이후 생각을 바꾸면서 자기 합리화를 시킨 사람들이다. 이들이 여전히 수구 세력들의 튼튼한 지지 기반이 되고 있는 것 또한 부인할 수 없는 현실이다. 또 다른 일부는 광주에서 벌어진 학살과 항쟁을 광주 지역만의 문제로 보고 있다. 이들은 5 · 18민중항쟁의 정당성과 의의에 대해서 공감하면서도 지역 감정으로부터 자유롭지 못하다. 이 지역에서는 어릴 적부터 모태 신앙이라 불러도 좋을 정도로 호남 비하 혹은 폄하와 관련된 다양한 얘기를 듣고 자라기 때문에 이와 같은 정서는 어쩌면 당연한 일일지도 모른다.

얼마 전 한나라당에서는 마산에서 집회를 개최하였다. 그 집회는 세간의 웃음거리가 되었는데 다름아닌 금배지 연사들의 발언 때문이었다. 즉 "부마항쟁의 후예인 여러분들이 현 정권에 뜨거운 맛을 보여주어야 한다"는 것이었다. 이들은 과거 권력을 잡은 뒤 정권의 정통성을 강조하기 위하여, 자신들이 87년 '6월항쟁'을 계승하였다고 강변한 이력도 있다. 그들의 이러한

1) 부마항쟁에 대해서는 부마민주항쟁기념사업회 · 부마민주항쟁 10주년기념사업회, 《부마민주항쟁 10주년 기념자료집》(1989)과 유영국, 〈6월항쟁과 부마항쟁 비교연구〉(사단법인 부산민주항쟁기념사업회, 《한국 민주주의와 부산의 6월항쟁》, 1997)와 〈유신 체제하 1970년대 부산지역 민주화운동〉(부산민주운동사편찬위원회, 《부산민주운동사》, 1998)를 참고.

발언은 그들이 어떻게 민중의 순수한 항쟁마저도 망국적인 지역 감정으로 윤색하고 있는지 여실히 증명하는 것이다. 또한 그들이 이 땅의 민중들을 단지 통치의 대상으로 보고 있음을 보여준다. 문제는 이들이 벌이는 놀음의 본질을 명확하게 파악하지 못하고 부화뇌동하는 다수의 군중들이 존재한다는 것이다. 이와 같은 주장은 부마항쟁을 계승한 것이 김영삼 정권, 5 · 18 민중항쟁을 계승한 것이 김대중 정권이라는 식으로 몰고 가고 싶은 정치권의 간절한 바람을 담고 있기도 하다. 이 두 항쟁에 대한 이러한 인식은 역대 독재 정권이 그들을 지탱시킬 수 있었던 논리가 반공 · 반북 이데올로기를 기반으로 한 경제 개발 이데올로기, 지역 감정 이데올로기였음을 다시 한 번 확인시켜 주는 것이기도 하다.

바로 이와 같은 일부 정치인들의 행태와 일반인들의 평가가 두 항쟁의 비교가 유의미하다는 사실을 반증하고 있다. 또한 두 항쟁이 한국 사회 모순의 특정 지역 표출이라는 역사 구조적인 요인과 지역이라는 특수 요인의 결합에 의해 발생한 것이라고 볼 때 비슷한 성격을 지녔던 사북항쟁 등과 비교 분석함으로써 현실적 함의를 얻을 수 있다.[2] 하지만 이 두 항쟁을 비교하는 것은 그리 간단하지만은 않다.[3]

이 글에서는 먼저 두 항쟁의 발생 계기와 그 배경을 부산과 광주 두 지역의 항쟁에 대한 역사적 전통과 항쟁 발생의 직접적인 배경, 그리고 지배 블록의 대응을 중심으로 정리해 볼 것이다. 그리하여 이들 두 지역의 항쟁에 대한 전통은 지역과 차이를 넘어서서 전국적인 양상이라는 것에 대해, 또 1979년 말과 1980년 초 이 두 지역에서 항쟁이 전개될 수밖에 없었던 원인

2) 강정구 토론, 한국현대사사료연구소, 《광주5월민중항쟁》, 풀빛, 1990, 182~183쪽.

3) 부마항쟁에 대해서는 부산 지역에서 대체로 합의한 연구 결과들이 있지만 5 · 18민중항쟁에 대해서는 저마다 상이한 해석과 평가를 하기 때문이다. 따라서 이 글에서는 필자가 동의하는 내용만을 비교 대상으로 삼았다. 때문에 비교 대상과 내용이 다소 일관성이 없을 수도 있다는 점을 밝혀둔다.

을 밝혀보고자 한다. 다음 두 항쟁의 성격과 특징에서는 정치 노선에 해당하는 두 항쟁의 목표와 주체 세력과 지도부, 그리고 투쟁 양상을 비교해 봄으로써 이들 두 항쟁의 공통점과 차이점을 정리해 보겠다. 나아가 이들 두 항쟁의 역사적 의의와 한계를 확인하고 그것이 가지는 현실적 함의를 정리해 보고자 한다.

2. 두 항쟁의 발생 계기와 그 배경

1) 역사적 전통

이 문제는 이 시기의 항쟁이 왜 부산과 광주라는 지역에서 증폭되었는가를 이해하는 주요한 근거 중의 하나다. 따라서 이들 두 지역의 항쟁에 대한 역사적 전통을 살펴보는 것이 필요하다.

부산은 최초의 개항장으로 일본인이 처음으로 활동한 무대이기도 했으며, 일찍이 식민지 침략의 발판이었다. 그리하여 부산에 대한 일본인들의 통제와 탄압은 다른 어떤 지역과도 비교할 수 없을 만큼 교활하고 악랄했다. 하지만 부산은 일제의 이러한 탄압에도 굴하지 않고 강력한 독립운동을 전개한 전통의 고장이기도 하다. 멀리는 임진왜란 시기로부터 생성된 항일정신은 3 · 1운동 이전부터 백산상회의 활동 등으로 대표되는 조직적인 항일운동으로 계승되었으며, 3 · 1운동 당시에도 각계 각층의 만세운동으로 이어졌다. 또한 1920년대의 청년운동과 부두 노동자들의 항쟁, 인쇄 직공노조의 총파업, 조선방직 노동자들의 쟁의, 신간회 운동, 1930년대의 적색노동조합 건설 운동 등 다양한 형태의 민족해방운동이 끊임없이 전개되었다. 이들 민족해방운동은 조직의 강고성이나 투쟁의 치열성 등 그 어느 모로 보아도 전국에서 유례를 찾아보기 어려운 훌륭한 것이었다.

일제 시기 부산은 국토의 중심을 가르는 중요한 교통 요지임과 동시에 물자 보급의 중요한 거점이었다. 따라서 부산은 이러한 목적에 걸맞는 변화를 강요받았다. 일제로부터 해방되었음에도 불구하고 부산의 이러한 구조적 문제점은 청산되지 못한 채 현재까지도 잔존해 있다. 이후 한국전쟁을 겪으면서 부산의 전략적 중요성은 다시 확인되었으며, 소위 '개발 독재' 시기에는 임해 공업단지 육성책의 일환으로 섬유와 고무 · 신발 산업이 주로 발달했으며, 잘 발달된 항만으로 인하여 우리 나라 수출입의 관문으로 탈바꿈했다. 이와 같은 일련의 과정을 거치면서 현재의 부산은 상업과 행정 · 소비도시로 변모하였고, 그 복잡성만큼이나 그에 대한 반작용, 즉 민중운동의 치열성과 다양성을 갖게 되었다.

오늘날 부산이 '민주화의 성지' 라고 불리게 된 까닭은 위와 같이 외적에 맞서 과감히 투쟁한 전통과 그 전통을 계승한 일제하 민족해방운동, 해방 이후 자주적 통일민족국가 건설을 위한 운동, 나아가 역대 독재 정권에 맞서 싸우면서 민주화를 위하여 벌인 쉼없는 투쟁, 즉 4월혁명 · 한일회담 반대 투쟁 · 부마항쟁 · 87년 6월항쟁 등을 전개함으로써 민족이 위기에 처했을 때 결정적인 역할을 해왔기 때문일 것이다.[4]

광주 · 전남이 한국의 근현대사에서 차지하는 비중은 실로 크다. 그것은 지역적 · 부분적 의미뿐만 아니라, 한반도의 역사를 때로는 총체적으로 껴안거나 드러내주고 있다는 데서 민족사적으로 중대한 의미를 지닌다. 또한 광주 · 전남 지역은 어제와 오늘의 역사 못지않게 한반도의 내일까지도 전망해 주는 지역이다. 물론 여타의 지역도 이 땅의 역사에 끊임없이 대처해 온 것은 사실이다.

임진왜란 당시 이순신 장군은 호남을 일컬어 "만약 호남이 없었다면 이

4) 박철규, 〈한국 현대사의 전개 과정과 부산 지역의 사회운동〉, 《한국 민주주의와 부산의 6월항쟁》, 도서출판 유월자료, 125~126쪽.

또한 국가가 없었다고 해도 과언이 아니다"라고 칭송한 바 있다. 그것은 임란 의병의 70퍼센트가 호남 출신이었음을 말하는 것이기도 하지만, 그것보다는 조선조 국가 재정의 40퍼센트를 충당했던 '곡창'으로서의 호남을 두고 한 말이었을 것이다. 호남은 역사적으로 볼 때 말이 좋아 곡창이지 언제나 수탈의 대상이었다. 이와 같은 모순 관계는 갑오농민전쟁으로 분출될 수밖에 없었다.

45만 명의 목숨을 앗아간 갑오농민전쟁. 전남 지방만 하더라도 22만 명의 엄청난 목숨을 앗아갔던 갑오농민전쟁은 삼남 일대에 잇달아 발생한 민란의 한계를 넘어서 봉건 정부의 심장에 치명타를 가하였다. 이와 같은 전통은 한말 의병전쟁으로 이어졌으며 3 · 1운동을 거쳐 항일 광주학생운동으로 계승되어 간 점도 주목해야 할 것이다. 그 치열하고 조직적인 투쟁은 전국의 94개 이상의 학교로까지 전파된 민족해방운동의 본보기였다.

한편 산업화 · 근대화란 미명 아래 가속적으로 추진된 60~70년대의 경제개발계획은 국토 관리나 산업 정책에서 지역 균형을 고려하지 않고 추진됨으로써 지역 갈등을 심화시켰고, 급기야는 '지역 감정'이라는 고질적인 병을 사회 전반에 만연시켰다.

1979년 말의 박 정권의 몰락, 1980년 5월의 5 · 18민중항쟁, 그리고 전두환 정권의 대두와 1988년의 선거를 통한 노태우 정권의 등장으로 이어지는 과정에서 광주 · 전남이 겪으며 보여준 끈질긴 민주화 투쟁은 가히 민족사적인 투쟁의 일면이라 할 수 있다.[5)]

이상과 같이 두 지역에서 전개된 항쟁에 대한 역사적 전통을 정리해 보았다. 이와 같은 훌륭한 전통이 지역과 지역민의 존엄과 자부심을 드높이게 된다는 것은 주지의 사실이다. 이에 일부 활동가와 연구자들은 그들 지역의 항쟁만이 최고인 양 웅변 · 서술하기도 한다. '민주화의 성지' 문제만 해도

5) 전남일보 광주전남현대사 기획위원회, 《광주전남현대사》 1, 실천문학사, 1991, 11~16쪽.

그러하다. 하지만 이와 같은 전통을 지나치게 강조하여 특정 지역만의 것으로 치부해서는 곤란하다. 왜냐하면 우리 사회에 존재하는 모순의 보편성에 주목하는 경우, 지역운동은 결국 일국 차원에서 민족 문제와 계급 문제의 다른 표현으로 발현되는, 지역 문제에 대한 항쟁으로 나타나기 때문이다. 따라서 지역 단위의 민족해방과 민주화운동의 전통은 그 구체적 양상과 정도의 차이는 있을지언정 다른 도시에서도 대동소이하게 나타나게 마련이다.

2) 항쟁의 발생 배경과 지역적 조건

이 문제는 항쟁이 발생한 전남 · 광주 지역과 부산 · 마산 지역의 특수성 또는 지방색의 문제와 한국 사회 모순의 보편성 간의 상관 관계를 어떻게 인식할 것인가의 방법과 관련된다. 따라서 두 항쟁은 당시 전국적으로 전개되고 있었던 민주화운동과 분리되어 이해할 수 없는 성질의 것이었다.

부마항쟁의 발생 배경은 근본적으로 유신 독재 권력의 광범위하고 극단적인 억압 구조 그 자체였다. 시위에 나선 많은 시민, 학생들의 압도적인 구호가 '유신 철폐'와 '독재 타도'였다는 사실 또한 그 점을 명백히 뒷받침해준다.

사실 국민 다수가 박 정권에 대하여 등을 돌리기 시작한 징후는 1978년 12월의 제10대 국회의원선거로부터 나타나고 있었다. 그 선거에서 여당인 공화당이 신민당보다 의석수는 7석 앞섰지만 총득표율로는 야당인 신민당보다 1.1퍼센트 뒤지는 31.7퍼센트를 획득하는 데 그쳤기 때문이다. 국민의 다수가 이미 이때 야당인 신민당을 지지하고 있었던 것이다.

그런 와중에 박정희 정권은 YH사건으로 대표되는 '인권 말살'과 김영삼 제명 파동으로 대표되는 '정치적 압살'을 자행하고 있었다. 철권 통치 아래서 쌓이고 쌓였던 민중의 불만과 분노가 부마항쟁으로 폭발하였던 것은 바로 그런 상황이 벌어졌을 시점이었다. 특히 부산과 마산은 김영삼의 정치적 지지 지역이었기 때문에, 박 정권의 폭압에 대한 국민적 불만이 김영삼에 대한 반동적 탄압을 촉매 삼아 터져나오게 된 것은 아주 자연스러운 현상일 수 있었다.

그러나 부산과 마산에서 보여준 민중의 그 같은 폭발적 분출이 전적으로 위에서와 같은 정치적 요인만을 계기로 발생하였다고 말할 수는 없다. 그것은 항쟁 당시 시위대 속의 분위기에서도 읽을 수 있었다. 예컨대 항쟁 첫날 밤, 10시쯤 광복동 시위 군중 속에서 "김영삼", "김영삼" 하는 연호가 터져 나왔다. 그러자 다른 한쪽에선 "여기서 김영삼이 왜 나와? 우리가 김영삼을 위해 데모하나?"라는 핀잔 섞인 반론도 즉각 튀어나왔다. 이는 유신 독재의 폭압에 대한 명백한 적대감과는 달리 그에 맞선 제도 야당에 대해서는 민중들 사이에서도 애증의 감정이 착잡하게 뒤섞여 있었음을 보여준다.

시위 현장에서 많은 사람이 '김영삼과 야당 탄압'을 보면서 들고 일어나기는 하였으되, 그들 전체를 그렇게 '폭발시킬 만큼' 쌓이고 쌓여왔던 불만의 실체는 다름아닌 경제 문제였다. 다시 말해 학생들 이외의 민중이 그렇게 적극적으로 항쟁의 대열에 나서도록 만든 것은 당시 민중이 겪고 있던 빈곤과 심화되는 빈부 격차, 그리고 그 뒤에 가로놓인 부정부패에 대한 불만에도 원인이 있었던 것이다.

특히 부마항쟁이 발생하던 1979년의 부산 지역 경제 상황은 사실 심각한 지경에 처해 있었다. 당시 부산의 부도율은 전국의 2.4배, 그리고 서울의 무려 3배에 달하였다. 또 수출에 의존하고 있던 부산 경제는 1979년 당시 수출 증가율이 10.2퍼센트로 전국 평균 증가율 18.4퍼센트에 훨씬 못 미쳤고, 이로 인해 상당수의 부산 시민이 실업으로 생존의 위기에 처하였다. 마산도 9월 당시 24개 업체가 휴 · 폐업하는 등으로 6천여 명의 노동자가 일자리를 잃고 거리를 방황하고 있었다. 그야말로 '특수했던' 당시 부산 · 마산 지역의 경제 사정이었다. 10월 16일의 부산과 18일의 마산에서 뚫고 나온 학생

들의 가두시위는 바로 그 절망의 화약통에 불을 당긴 셈이었다.[6]

이상에서와 같이 결국 부마항쟁은 첫째, 반민중적 한국 경제의 모순이 야기한 민중 빈곤과 심화된 빈부 격차, 그리고 부정부패에 대한 민중적 울분, 둘째, 유신 정권의 구조적 억압에 장기간 노출된 국민들의 광범위한 반정부적 불만 심리를 그 '배경'으로 하고, 셋째, 79년 들어 특히 더욱 악화된 부산 및 인근 마산 지역의 경제 상황, 넷째, YH사건 및 김영삼 제명이라는 79년의 잇따른 반동적 탄압 사태를 중첩된 계기로 삼아, 다섯째, 그에 분노한 부산 · 마산 민중들이 학생들의 가두시위와 결합하면서 폭발적으로 발생한 것이었다.[7]

5 · 18민중항쟁은 정권욕에 눈이 뒤집힌 강경 군부 집단이 이 나라의 민주화를 요구한 광주 · 전남 사람들을 가혹하게 학살한 데서 비롯된 사건이다.[8] 이 항쟁은 1980년 5월 어느 특정 지역에서 돌출한 사건이 아니고, 좁게는 1979년 유신 체제의 붕괴를 가져온 노동자들의 투쟁과 부마항쟁, 그리고 1980년 봄의 사북광산 노동자들의 생존권과 민주적 권리의 요구 및 서울을 중심으로 한 학생과 시민층의 민주화 요구가 있었기 때문에 가능했다.[9]

5 · 18민중항쟁은 1960년대 이래 박 정권의 지역 편향적 개발 정책에 따른 이 지역의 저개발(낙후성)과 정치 · 사회 · 문화적인 소외의 심화 현상을 배경으로 하여 당시 '호남 민중의 정치적 희망'으로 여겨졌던 김대중의 체포에 대한 이 지역의 '범민중적 저항'의 표출이었다.[10]

10 · 26 이후 광주 지역에서 민주화에 대한 열망이 다른 지역에서보다 더욱 고조될 수 있었던 원인은 다음과 같다. 첫째, 동학농민전쟁에서 광주학

---

6) 부산민주운동사편찬위원회, 앞의 책, 388~393쪽.
7) 유영국, 앞의 논문, 191쪽.
8) 한국현대사사료연구소, 《광주5월민중항쟁》, 풀빛, 1990, 8쪽.
9) 김진균 · 정근식, 〈광주5월민중항쟁의 사회경제적 배경〉, 한국현대사사료연구소, 《광주5월민중항쟁》, 풀빛, 1990, 70쪽.
10) 정해구 외, 《광주민중항쟁연구》, 사계절, 1990, 16쪽.

생반제투쟁 등으로 이어지는 민중운동의 전통과 맥락이 혈연적으로 실존하고 있다는, 민족운동에 대한 뚜렷한 자각과 자부심이 있었다. 둘째, 4 · 19 이후 민주화 통일운동의 급진적 흐름이 잠적해 버린 뒤에 유신 독재의 전기간을 통하여 선배에서 후배로 그 맥락이 자연스럽게 이어지고, 학생운동권은 민청학련 사건과 민주교육지표 사건을 계기로 재삼 확충되고 다져지면서 자연스럽게 현장 운동으로 확산되었다(1980년의 경우 전남 인구의 95.7퍼센트가 전남 지역 출신이었다. 타 지역에서 이 지역으로 전입한 인구가 매우 적다는 것은 그만큼 취업 기회가 제한되어 있다는 것을, 그만큼 지역 주민의 전통적 유대가 쉽게 형성될 수 있다는 것을 의미한다).[11] 셋째, 광주는 농촌으로 둘러싸인 농촌소비 도시로서 외곽에 광범위한 기층 농민들의 생산지와 연결되어 있다. 광주에 사는 학생 · 시민 대중은 거의 모두가 농촌공동체적 경험을 지닌 농민의 아들딸이었다. 따라서 70년대의 전기간을 통하여 농산물 저가격 정책과 부등가 교환 양식이라는 공업근대화 정책에 가장 먼저 희생된 계층일 수 있었다. 넷째, 유신 독재의 전기간을 통하여 광주는 지역운동 역량이 지속적으로 성장해 왔으며 이미 1978년에 이르면 각계의 역량 분담이 능률적으로 수행되고 있었다. 다섯째, 박정희 독재 체제에서 지역간 불균등 개발로 인해 농촌소비 도시의 역할밖에 할 수 없었던 광주나 전남의 농촌 지역에서 소위 '호남 푸대접'이라는 광범위한 대중적 인식이 만연되었다. 이는 지역 감정이라기보다는 근대화의 종속적이고 매판적인 추진이 몰고 온 당연한 결과였고, 전남의 농촌공동체가 새마을운동이라는 미명하에 대량 이농과 급작스런 소읍의 몰락 등으로 생존의 뿌리를 뽑힌 데서 오는 불만이었다. 여섯째, 위와 같이 누적된 불만은 내 고장에서도 인물이 하나 나와야 한다는 민중적 열망으로 집약되었다. 전남 출신 김대중의 출마와 그

---

11) 김진균 · 정근식, 〈광주5월민중항쟁의 사회경제적 배경〉, 한국현대사사료연구소, 《광주5월민중항쟁》, 풀빛, 1990, 96~97쪽.

좌절, 그가 받은 고난과 역경은 이들의 보편적인 경험들과 합치되면서 1980년 이후에는 그가 전남의 대중적 영웅으로서 민중들의 가슴속에 자리잡기 시작하였다.[12)]

5 · 18민중항쟁의 초기 상황을 전체적으로 살펴보면 다음과 같은 몇 가지 사실이 분명하다. 첫째, 초기의 강경 진압이 점차 잔혹해졌다. 문제는 공수부대의 진압 형태가 점차 잔악해지는 과정이 시민들의 적극적인 대응에 의한 것이 아니라는 데 있다. 둘째, 공수부대의 잔인한 진압 행위가 바로 시민들의 눈앞에서 일어났으며, 특히 잔인한 진압 행위가 초래한 결과가 대부분 시민들에게 공개되었다. 이는 광주에 투입된 공수부대의 진압 작전이 단순히 시위의 해산이나 시위자를 체포하기 위한 작전이라고 볼 수 없게 만들었다. 셋째, 언론의 효과적인 통제로 초기에 공수부대의 잔악한 만행에 대해 일체의 보도가 금지됨으로써 많은 유언비어가 생기고, 광주 시민들은 참담한 고립감으로 더욱 극심한 자기 보호 본능, 즉 생존적 저항 의지를 발현하게 되었다. 결론적으로 공수부대의 계획된 과잉 진압은 광주 시민으로 하여금 공분을 일으켜 저항하지 않을 수 없도록 잔인한 만행을 저질름으로써 시민들의 저항을 유도하였고 결국 유혈 사태로 발전하기에 이른 것이다.[13)]

이상에서와 같이 기존의 연구는 항쟁의 발생 배경을 한국 사회의 보편적 모순, 즉 분단 이후 계속되어 온 외세 및 파쇼적인 국내 지배 세력 대 민중 사이의 모순이[14)] 지역 단위에서 발현된 것으로 보고 있다. 이러한 것은 다른 항쟁을 설명할 때에도 마찬가지로 적용된다. 즉 항쟁에 대한 역사적 전통과 지역의 사회경제적인 조건, 그리고 보다 직접적인 원인으로 두 정치인에 대한 압살과 과잉 진압 등으로 설명하고 있다. 그런데 항쟁이 증폭되게 된 결

---

12) 황석영 외, 앞의 책, 21~22쪽.
13) 황석영 외, 앞의 책, 273~275쪽.
14) 김준, 〈1980년의 정세 발전과 대립 구도〉, 《광주민중항쟁연구》, 사계절, 1990, 156쪽.

정적인 계기가 무엇이었을까. 그것을 부마항쟁의 경우 김영삼의 제명, 5 · 18민중항쟁의 경우 김대중의 구속과 학살을 강조하여 설명하면 민중항쟁이 폄하되는 것일까. 만약 김영삼 제명과 김대중의 구속이라는 정치적 압살 행위가 없었더라면 이 두 항쟁의 향방은 어떻게 되었을까.

3) 지배 블럭의 대응

두 항쟁의 비교에서 특징적인 것 중의 하나가 바로 지배 블록의 대응이다. 특히 5 · 18민중항쟁은 4 · 3항쟁과 더불어 지배 블록의 계획된 과잉 진압이 야기한 학살과 항쟁이었다.

부마항쟁의 결과물이기도 한 유신 독재의 붕괴는 본질적으로 박 정권이 추구하였던 반공 체제 또는 안보 체제의 구축과 종속적 경제 발전이 초래할 수밖에 없는 모순의 결과이며, 구체적으로 극단적인 반동성을 띤 유신 독재의 파쇼적 통치가 민주화운동의 강화에 직면하여 나타날 수밖에 없었던 자체 붕괴였다.[15)]

김재규가 사건 직후 육군본부 벙커에서 "내 뒤에 미국이 있다"고 강조했다는 점과 법정에서 "10월 유신으로 독재 정치가 계속되면서 외교 관계, 특히 미국과의 관계는 건국 후 최악의 상태에 놓이게 되었다. 미국과의 관계가 이처럼 악화되어서는 우리의 안보도 끝장"이라고 진술했으며, 〈10 · 26혁명의 적시성〉에서 "우리가 원하지 않는 불행한 사태가 발생할 경우 국제적으로 고립되고, 특히 미국은 대한 정책을 바꾸게 될 충분한 가능성도 있었다. 결국 본인은 위와 같은 절박한 상황에서 도저히 더 이상 늦출 수가 없어서 10 · 26혁명을 결행하였다"라고 자신의 행동을 설명하였다. 김재규는 자신의 행동 당위성을 안보 문제, 그리고 그와 직결된 한 · 미 관계에 초

---

15) 정해구, 앞의 논문, 63~64쪽.

점을 맞추어 설명하였던 것이다. 이는 적어도 미국이 직접 그를 조종하지는 않았다 하더라도 사건 이전의 정황을 통하여 그를 교사하였음을 의미하는 것이다.

결론적으로 유신 정권의 몰락은 보다 확고한 동아시아의 안전보장과 그를 위해 한국에서 강력하고 친미적인 정권의 수립을 요구하던 미국의 의도와 한국 내 장기 독재에 의한 모순의 심화가 맞물리면서 발생한 결과이며, 그러므로 이후의 한국의 프로그램에 그러한 미국의 의도가 반영될 것임을 예측하는 것은 그리 어렵지 않다.[16]

10 · 26으로 야기된 상황은 지배 세력과 민주화운동 세력 사이의 '힘의 교착 상태'라 할 수 있다. 즉 이들 사이의 대립이 제도적 장치를 통하여 조정된다면 민주화가 일정하게 진전되면서 양자의 물리적 충돌은 일단 피할 수도 있었을 것이다. 그렇다면 유신 독재의 붕괴가 5 · 18민중항쟁으로 이어지는 과정은 어떠한 의미를 지니는가? 그것은 유신 정권의 붕괴로부터 시작된 지배 체제의 동요가 점차 심화되면서 정치의 전면에 나선 강경 군부가 미국의 암묵적 용인 아래 광주 민중에 대한 유혈 학살을 통하여 위기를 모면하고 스스로 권력을 장악하려 했던 것이라 할 수 있다.[17]

즉 당시 미국측과 한국 강경 군부의 공동 관심사는 광주에서와 같은 민중봉기가 다른 지역에 확산되는 것을 방지하는 데 있었으며, 이에 따라 양측의 긴밀한 협의를 거쳐 미국측은 광주에서 최종적인 무력 진압을 위한 환경 조성에 열중하고 있었던 것이다. 미국은 당시 한국에서 심각하게 그들의 '경제적 · 정치적 · 전략적 이익'이 위협받고 있다는 인식을 표명한 바 있었다. 아울러 20사단의 선택도 한국의 정치 군부가 항쟁의 진압 작전에 있어 절실하게 필요했던 '확실한 충성 부대', 즉 공수부대 이외의 병력 중에서

16) 박미경, 〈5 · 18민중항쟁과 미국의 개입 구도〉, 《광주민중항쟁연구》, 사계절, 1990, 240쪽.
17) 정해구, 앞의 논문, 1990, 63~64, 66쪽.

공수부대만큼이나 그들이 신임할 수 있는 부대를 일부러 선택한 것이고 미국 또한 이를 흔쾌히 승인하였다.[18]

광주 학살을 계획 · 추진하던 강경 군부는 5월 21일 도청 앞 집단 발포로 많은 시민들을 학살하고 광주에서 공수부대를 퇴각시킨 후, 5월 22일 언론을 통해 '김대중 사건 중간 수사 내용'을 발표하여 시민들로 하여금 더욱 치열한 분노를 유발시키는 한편, 광주를 제외한 전지역에서 광주의 소요 사태가 김대중에 의한 불순분자들의 내란 폭동으로 인식될 수 있도록 조작하는 발판을 구축하였다. 이러한 조작이 바로 광주 학살이 사전에 준비 계획되어 추진된 것임을 입증하는 구체적인 증거였다.[19] 이와 같은 주장은 시민들이 무기를 획득하는 과정에서도 확인되었다.[20]

강경 군부는 왜 광주를 택하였을까. 이에 대해 박현채는 "역사적 반동의 길은 광주가 아니었더라도 다른 어디에서든 일어나게 되어 있었지만" 당시 강경 군부는 정치 권력을 장악하기 위한 승부처를 "끈덕진 저항의 역사를 가지면서 경제력에 약하고 좌절과 또 좌절 속에서 처절함에 익숙해져 있을 뿐 아니라 좌절 속에서 체념을 배운 전남으로 선택"하였다고 보고 있다.[21] 이렇듯 5 · 18민중항쟁을 전후로 한 미국의 강경 군부에 대한 전폭적인 지지와 지원은 군사 · 경제 · 사회적 측면 등 다양한 방식을 통하여 이루어졌고, 그러한 행동들이 한국의 정치 변동에 결정적인 변수로 작용하여 왔던 것이다.[22]

---

18) 정해구 외, 《광주민중항쟁연구》, 사계절, 1990, 21~22쪽.
19) 황석영 외, 앞의 책, 287~288쪽.
20) 자세한 것은 황석영 외, 앞의 책, 281~283쪽 참조.
21) 김진균 · 정근식, 〈광주5월민중항쟁의 사회경제적 배경〉, 한국현대사사료연구소, 《광주5월민중항쟁》, 풀빛, 1990, 91쪽.
22) 박미경, 〈5 · 18민중항쟁과 미국의 개입 구도〉, 《광주민중항쟁연구》, 사계절, 1990, 250쪽.

3. 항쟁의 성격과 특징

1) 항쟁의 목표

부마항쟁 전기간을 통하여 제작 배포된 유인물은 세 가지였는데, 거기에서 유신헌법 철폐, 공평한 소득 분배, 학원 사찰 중지, 학도호국단 폐지, 언론 · 집회 · 결사의 자유 보장, 반윤리적 기업주 처단, 정치적 보복 중지 등 7개항의 이른바 '폐정개혁안'을 제시하였다. 시위 현장에서는 '유신 철폐' '독재 타도' 이외에 '민주 회복' '언론 자유' '학원 자유' '박정희 물러가라' '야당 탄압 중지' '김영삼 총재 제명 철회' '부가가치세 철폐' 등의 구호나 그와 연관된 주장들이 여러 갈래로 자연스럽게 쏟아져나왔다.[23] 결국 부마항쟁은 인권 보장 및 정치 제도의 합리성에 치중하는 자유주의적 민주주의라는 가치 목표가 주도적으로 반영된 '유신 철폐'와 '독재 타도'의 수준이었다.[24]

5 · 18민중항쟁의 민중적 지향은 5월 16일 발표된 전남대 자유언론 투쟁위원회의 〈대학의 소리〉라는 유인물에 잘 나타나 있다. 여기에서는 5월민주화운동 당시 보편적 요구였던 '유신 잔당'의 전면 타도를 위해 투쟁할 것을 선언하면서, 그 이유를 유신 잔당이 반민족적 · 반민중적 · 반민주적 집단이기 때문이라고 주장하였다. 5월 15일 광주지역대학생연합회에서 발표한 〈제2시국선언문〉에서는 15개항의 강령을 채택하여 농촌 문제, 노동자 문제, 학원 문제와 계엄령, 군대와 경찰, 과도 정부, 언론 등에 관하여 거론하고 있다. 농촌 문제와 관련하여 혁신적 농지 개혁의 실시, 민중에 대한 구조적 수탈의 철회, 농협의 해체, 농민 단체의 정치 참여 보장 등을 요구하였으

---

23) 유영국, 앞의 논문, 175쪽.
24) 유영국, 앞의 논문, 175 · 195쪽 ; 부산민주운동사편찬위원회, 앞의 책, 428쪽.

며, 노동 문제와 관련하여 노동 3권의 절대 보장, 노동자 정당의 출현과 최저임금제 실시, 노조 간부의 직접 선거, 노동자의 경영 참여, 노동 단체에 대한 탄압 중지, 구속 · 해직 노동자의 석방 · 복직 등을 요구하였다. 이외에 비상계엄 해제, 군 · 경찰의 본연의 임무로의 복귀, 과도 정부에 의한 개헌 논의의 중단 및 정치 일정의 공개를 주장했으며, 언론에 대하여 공정 보도를 요구하였다.

이러한 요구들은 학생들에 의해 표현된 것으로 당시 광주 민중들의 의식이 이러한 수준에 이르렀다고 말하기는 어렵지만, 그것이 전시민들의 집회에서 발표된 내용이었다는 점에서 어느 정도 민중의 의식을 대변했다고 할 수 있다. 이 요구들은 한국 사회의 보편적 모순을 척결하려는 민중적 의지를 보여준 것이지, 결코 편협한 지역주의의 발로가 아니었다. 5 · 18민중항쟁의 진행 과정에서도 가장 큰 요구는 전두환 퇴진, 구국 과도 정부 구성, 그리고 언론의 왜곡 보도 중지였다.[25]

결국 5 · 18민중항쟁에서는 유신 잔당과 전두환 일파를 직접적인 투쟁 대상으로 설정하고 김대중 석방, 계엄령 철회, 전두환 퇴진, 민주 정부 수립 등을 요구했다. 이러한 요구들이 폭발적으로 전개되고 대중 속에 파고들었던 데에는 호남 민중으로서의 소외감과 경상도 정권 · 군인에 대한 짙은 적대감이 촉매 요소로 작용하였다. 이처럼 당시 민중의 요구가 '강경 군부'의 '반합헌적 폭거에 대한 거부와 절차적 민주주의의 회복'이라는 대단히 구체적 수준을 뛰어넘어 민중 자신의 힘으로 스스로의 해방을 쟁취하려는 인식에 이르기까지는 아직 거리가 있었다. '정부'나 '한국의 민주화를 지원하는 미국'이 그들의 요구를 '수용해야 하며 또 그럴 것이다'라는 다소 막연한 기대가 시민 대중 대부분의 정서였다. 지도부 역시 아직 친미적 세계관을 완전히 버리지 못하고 있었다. 또한 계엄군의 무차별 살상 진압을 보고

---

25) 한국현대사사료연구소, 《광주5월민중항쟁》, 풀빛, 1990, 103~104쪽.

"6 · 25때 공산당도 저러지는 않았다"고 탄식했던 그 대중들이 이번에는 군부의 교란 작전에 말려들어 스스로 '간첩'을 잡아내는 데 수고를 아끼지 않았던 것이다.[26]

두 항쟁은 그것이 발생했던 시기의 지역적 · 사회적 · 역사적 · 정세적 조건에 따라 다소의 차이가 있을지라도 전반적으로 두 항쟁의 목표에 반영된 가치 체계는 인권 보장 및 정치 체제의 합리화에 치중하는 자유주의적 민주주의가 보다 중심적이고 주도적인 것이었다. 그에 비해 민중민주적 · 혁명적 목표는 부분적 혹은 잠재적으로 내포되거나 열망하는 정도의 수준을 넘어서지 않았다고 할 것이다. 결국 항쟁의 목표에서 본 부마항쟁과 5 · 18민중항쟁의 성격은 모두 '반독재 민중항쟁'이었다 할 수 있다.

그럼에도 불구하고 부마항쟁에서는 유신 철폐와 독재 타도라는 목표가 일관되게 추구된 반면, 5 · 18민중항쟁에서는 항쟁이 증폭됨에 따라 그 목표가 구국 과도 정부의 구성이나 진정한 민주화의 실현 등으로 발전하고 있었다는 데 차이가 있다.

2) 항쟁의 주체 세력과 지도부

항쟁의 성격은 그 항쟁의 목표나 쟁점뿐 아니라 그것이 어떤 세력을 중심으로, 어떤 집단이 지도하는가에 의해서 또한 드러난다. 그것은 곧 항쟁의 주체 세력과 지도부의 문제다. 그 점과 관련하여 부마항쟁의 특징은 뚜렷한 조직적 지도부가 없는 민중적 주체에 의한 시위였다는 데 있다.

부마항쟁에 직접적 발화점을 제공하면서 일정 국면 동안 가두시위에 선도적 역할을 했던 것은 물론 학생들이었다. 그리고 '70년대 후반에 형성된 일단의 운동 세력들이 초보적이나마 이념적 · 조직적 역량을 성장시켜 가고

26) 김창진, 〈광주민중항쟁의 발전 구조〉, 《광주민중항쟁연구》, 사계절, 1990, 216~217쪽.

있었으며, 거기에 속해 있었거나 연계되어 있던 대학생 및 선진적 청년층이 항쟁의 기폭제로 일정한 역할을 했으리라는 추론은 일단 가능하다. 그런데 엄밀히 말한다면, 당시까지도 부산 운동권의 존재 형태는 고립 · 분산적 수준을 크게 벗어나지 못한 상태였고 겨우 자체 역량 강화와 재생산 구조의 확립을 위해 주력하는 정도였으므로, 적어도 시가지 항쟁 과정에서 분출하는 시위 대열을 체계적으로 지도한 조직적 구심점은 부마항쟁의 경우에는 없었다고 보아야 한다. 말하자면 부마항쟁은 대규모의 도심 항쟁을 조직적으로 이끌어갈 뚜렷한 지도부가 없는 가운데, 미조직 대중들의 자생적 저항력과 자발적이고도 폭발적인 참여에 주로 의존해서 증폭되어 갔던 것이다. 항쟁의 주체인 그 미조직 대중의 중심은 도시빈민 위주의 기층 민중에 중간층 시민들이 가세한 형태였다. 부마항쟁은 그런 의미에서 '민중적' 항쟁이었다.

즉 항쟁이 보다 치열하게 전개되는 과정에서 시위의 주도권은 학생들에게서 일반 시민들의 손으로 넘어가게 되고 그에 따라 시위의 양상도 보다 과격하게 변해갔던 것이다. 그러한 사실은 당시 시위 현장에서 연행 · 검거된 자의 분포에서도 드러난다. 즉 부마항쟁으로 검거, 연행된 사람은 총 1,563명으로 부산이 1,058명, 마산이 505명이었다. 그중 학생은 대략 30퍼센트를 차지하였고, 나머지는 모두 일반 시민이었다. 이들 가운데 군법회의에 회부 · 기소된 인원은 87명이었는데 여기서도 학생은 37명뿐이었고, 일반인이 50명이었다. 그들 중 실형 선고자는 20명으로, 학생 7명에 일반 시민은 13명이나 되었다. 부산 지역 검거자 1,058명의 경우, 직업별 구성은 파악되지 않았으나, 당시 시위의 중심 지역이라고 할 수 있는 중부 경찰서에 연행된 사람은 총 260명이었는데 그중 학생은 70명, 종교인 2명, 야당당원 2명, 기타 일반인은 186명이나 되어 항쟁 현장의 한가운데서 검거, 연행된 사람의 다수가 학생보다는 오히려 일반 시민이었음을 보여준다.

당시 경찰 발표나 언론 보도에 의하면 '(일반)시민' 이라는 외피하에 항쟁에 참여한 미조직 대중 일반의 다수가 영세상인, 영세기업 노동자들과 반실업 상태의 자유노동자, 접객업소 종사자, 도시 룸펜 계층 및 무직자(불량배라고 발표된) 등이 대종을 이루고 있었으며, 이는 당시 시위 참여자들의 현장에 대한 증언과 목격담을 통해서도 대체로 뒷받침된다. 심지어 당시 마산 경찰서는 시위 군중 가운데 과격한 행동을 한 주동자들이 대부분 학생들이 아니라 노동자, 구두닦이, 식당 종업원, 상점 종업원 들이라는 분석에 따라 10월 22일부터 무기한으로 폭력배 단속령을 내리기까지 했다. 또 10월 23일 치안본부는 부산의 시위가 마산으로 파급된 다음날인 19일부터 22일까지 4일 간 전국에서 각종 우범자 4,207명을 검거했다고 특별히 발표하였다. 물론 시위대를 구성한 인파 가운데는 상당수의 직장인, 화이트칼라, 재수생과 일부 고교생들도 포함되어 있었으며, 또 시위대에 가담하지는 않았더라도 시위대에게 박수와 격려를 보내준 도로변의 불특정 시민들, 혹은 음료수나 음식물, 물수건, 기타 용품들을 아낌없이 제공하거나 경찰에 쫓기는 사람들을 기꺼이 피신시켜 주는 등 심정적으로 항쟁에 동조와 지지를 보낸 시위 현장 주변의 영세상인과 도시빈민들도 많았다.[27]

5 · 18민중항쟁 당시 광주에서는 여타 지역과는 달리 학생 대중과 민중이 결합하는 모습을 1980년 5월 14~16일 도청 앞에서 열린 '민주화 성회'에서 확인할 수 있다. 이미 항쟁 이전에 광주에서는 학생 대중과 민중이 정치적으로 결합되고 있었던 것이다. 항쟁 과정에서도 확인된 것이지만 민주화운동에 대한 민중의 지지와 대거 참여는 강경 군부의 유혈적인 진압에도 불구하고 민중적 항쟁을 전개할 수 있었던 가장 핵심적인 요소였다. 민주화운동 세력 역시 군의 강경 진압에 일부가 피하기도 했으나 일부는 끝까지 광주민중항쟁의 지도부에 참여하였다. 여기에서 민중, 학생 대중, 민주화운동 세력들이 자연스럽게 결집되는 광주 특유의 성격을 확인할 수

27) 유영국, 앞의 논문, 195쪽 ; 부산민주운동사편찬위원회, 앞의 책, 428쪽.

있다.[28)]

광주민중항쟁의 주력이 기층 민중에 의해 주도되었다는 것은 계층별 부상자 · 구속자 · 사망자의 현황을 보면 더욱 명백해진다. 시민학생투쟁위원회의 지도를 받으며 끝까지 도청 사수를 결의한 2백여 명은 노동자, 종업원, 룸펜프롤레타리아 등의 하층민으로 구성되었으며, 계엄군의 광주 진입에 대비, 시민군으로 조직된 기동타격대 중 구속된 30명의 구성 비율을 보면 식당종업원 등 서비스 노동자를 포함한 노동자 비율이 76.7퍼센트에 이른다. 총구속자 중 59.3퍼센트가 노동자였다. 또한 계층별 사망자도 노동자가 다수를 차지한다.[29)]

이상과 같이 기존의 연구들은 항쟁 초기 학생들의 일정한 역할을 인정하면서도 구속자들의 직업 분석에 기초하여 항쟁의 민중성을 강조한다. 이러한 분석은 비단 이 두 항쟁에만 국한된 것이 아니라 대개의 민중항쟁을 평가하는 데에도 마찬가지로 적용된다. 민중주의에 대한 과도한 경도는 상대적으로 청년 · 학생들의 역할을 폄하하는 미필적 고의를 범할 수 있다. 우리는 "초기 변혁운동의 점화나 확산에서는 지나친 계급 중심적인 쟁점을 강조하거나 기층 민중을 핵심 주체로 설정하는 것은 올바른 변혁 전술이라 볼 수 없다"[30)]는 지적에 귀를 기울일 필요가 있다. 두 항쟁에서 나타나는 차이는 부마항쟁에는 명확한 지도부의 존재가 확인되지 않지만 5 · 18민중항쟁에서는 상설적인 항쟁 지도부의 존재와 그 지도부의 성격이 항쟁의 증폭에 따라 바뀌어가고 있다는 점이다.

---

28) 정해구, 앞의 논문, 70쪽.

29) 김홍명 · 김세균, 〈광주5월민중항쟁의 전개 과정과 성격〉, 한국현대사사료연구소, 《광주5월민중항쟁》, 풀빛, 1990, 134쪽.

30) 강정구 토론, 한국현대사사료연구소, 《광주5월민중항쟁》, 풀빛, 1990, 182쪽.

3) 투쟁 양상

부마항쟁은 집회 및 시위를 기본으로 경찰 기관이나 차량, 관공서, 어용 언론 기관 등에 대한 파괴, 방화, 투석, 화염병 투척 등 진압 경찰의 폭력에 대한 자구적 대응이 상당한 정도로 나타났다. 이러한 점은 5 · 18민중항쟁과는 판이하게 다른 양상이었다.[31]

5 · 18민중항쟁에서 항쟁 발생 이전의 직접적 원인과 그 전개 과정에서 질적 전환의 계기와 요인을 어디에서 찾을 것인가. 이른바 군부 계획설[32] 또는 '과잉 진압설'에 의하면 5 · 18민중항쟁은 그 발단에서 전면적 민중봉기로의 발전 구조가 ①군부의 선택적 공격에 의한 사건의 폭발, ②계엄군의 야만적인 학살 만행과 발포에 의한 민중들의 연대 의식 고조, ③무장 투쟁의 결행과 '해방 광주'의 건설로 본다.

당시 광주 시민들로 하여금 두려움조차 잊게 만든 것은 계엄군의 무차별 살상이었다. 시위 동참 여부를 가리지 않고 자행된 무차별 폭력의 참상은 어느 누구도 그 폭력 앞에서 예외일 수 없다는 공통된 상황 인식을 만들어냈다. 그리고 그런 피할 수 없는 두려움이 오히려 두려움을 이기게 만들었다. 광주 시민들은 '살기 위해 싸우지 않으면 안 되는 상황'으로까지 내몰렸던 것이다.[33]

5 · 18민중항쟁은 그 투쟁 형태에서 무장 투쟁이라는 높은 차원의 것이었지만 그것이 제기하는 요구는 낮은 차원에 한정되었으며, 따라서 그것은 조직되지 않은 민중 역량의 한계를 보여주는 것이었다는 평가가 있다. 이

---

31) 유영국, 앞의 논문, 195쪽 ; 부산민주운동사편찬위원회, 앞의 책, 428쪽.

32) 박현채, 〈80년대 민족민주운동에 있어서 5 · 18광주민중항쟁의 의의와 역할〉, 《5 · 18광주민중항쟁과 한국민족민주운동》, 학술토론회자료집, 광주, 1989년 5월, 33쪽 ; 김준, 〈1980년의 정세 발전과 대립 구도〉, 《광주민중항쟁연구》, 사계절, 1990, 160쪽.

33) 김준, 〈1980년의 정세 발전과 대립 구도〉, 《광주민중항쟁연구》, 사계절, 1990, 160쪽.

렇게 보면 "5 · 18민중항쟁은 미조직 군중과 지도부가 없는 상황에 의존하는, 자연발생성 위에서 강요된 자구 행위 이상의 것이 아니었다". 따라서 '해방 기간' 동안 조직되었던 각종 상부 조직(수습위원회, 투쟁위원회) 등을 근거로 민중의 자치 권력, 또는 코뮌이 형성되었다고 볼 수는 없다.[34] 확실하게 5 · 18민중항쟁 기간에는 '명실상부한 민중 권력의 창출'에까지는 이르지 못한 것으로 보인다. 하지만 민중 스스로의 무장력으로 신식민지 매판 세력의 파쇼적 지배 질서에 파열구를 내는 대단한 성과와 가능성을 보여주었다. 다만 여기에서 염두에 둘 것은 전국적 전망을 배제한 채 광주만을 시야에 넣고 '민중 권력'의 창출을 논하거나 기대하는 것은 비현실적 · 비합리적이라는 사실이다.[35] 실제로 '해방 광주'의 대부분의 전사와 지도부는 오직 '광주 사수'와 '투쟁의 전국적 확산'에 대한 기대에 집착했으며, 스스로 광주 안에 '민중 권력'을 창출하겠다는 의지를 갖고 있지는 않았다.[36]

5 · 18민중항쟁의 전개 과정에 대해서는 대개의 논자들이 시민군의 무장항쟁을 기점으로 항쟁의 도약을 언급하고 있는 점에서 일치한다.[37] 이 과정에서 주목할 만한 사실은 5월 25일 항쟁을 계속할 것을 주장해 온 투쟁파와 〈민주 수호 범시민 궐기대회〉의 주도를 통해 시민들의 지지를 획득해 온 청년운동가들은 항쟁을 지도하기 위한 임시지도부를 조직하고, 대학생을 조직하여 결국 수습대책위원회의 투항파를 몰아내고 새로운 항쟁지도부를 결성하였다. 이들은 정부에 요구하는 7개항으로 된 〈80만 광주 민주 시민의

34) 강만길, 〈5 · 18광주민중항쟁의 민족사적 성격〉, 《5 · 18광주민중항쟁과 한국 민족민주운동》, 학술토론회자료집, 광주 1989년 5월 ; 정창렬 토론, 한국현대사사료연구소, 《광주5월민중항쟁》, 풀빛, 1990, 144쪽.
35) 정해구 외, 《광주민중항쟁연구》, 사계절, 1990, 19~20쪽.
36) 당시 항쟁의 지도부에 있었던 윤강옥, 정해직 등의 증언 ; 정해구 외, 《광주민중항쟁연구》, 사계절, 1990, 20쪽.
37) 장을병 · 황석영 · 김창진, 앞의 글.

결의〉를 발표하였다.[38)]

이와 같은 요구 사항은 첫째, 수습대책위원회의 투항주의적 요구 사항과는 확연히 다른 것으로 5 · 18민중항쟁의 목표를 분명히 제시했다. 즉 5 · 18민중항쟁이 공수부대의 학살에 반발하여 일어난 자연발생적 항쟁만이 아니라 목적의식적인 항쟁으로 '발전' 했음을 반증하는 것이다. 둘째, 항쟁지도부의 요구 사항이 시민들의 의사와는 동떨어진 지도부만의 결의 사항이 아니라는 점이다. 일반수습대책위원회가 '계엄령 철폐' '전두환을 처단하라' 등의 구호를 외치는 시민들의 요구를 무시하고 굴욕적인 투항적 협상안을 마련한 것과는 반대로 항쟁지도부는 수차례의 '민주 수호 범시민 궐기대회' 를 통해 시민들의 요구와 접하고 그것을 토대로 결의 사항을 발표했다.[39)]

이상과 같이 부마항쟁과는 달리 5 · 18민중항쟁의 양상은 초기 집회 및 시위에서 점차 항쟁의 최고 형태인 무장 항쟁으로 발전하고 있음을 확인할 수 있다. 두 항쟁은 다 같이 민주화운동이었고 김영삼, 김대중이라는 수권 집단에 대한 기대와 좌절 등이 직접적 원인으로 작용했다는 유사성을 가진다. 그러나 "부마항쟁은 지역 불균형과 힘의 공백기('열려진 공간')가 없었으나, 반면에 바로 이런 요인 때문에 5 · 18민중항쟁은 전면적이고 통일전선적인 항쟁으로 발전될 수 있었다"[40)]는 지적에 주목할 필요가 있다. 그리고 이 항쟁의 과정에서 나타난 민중 권력의 실체와 이 같은 항쟁이 왜 광주 지역에서만 국한되어 외롭고 의로운 항쟁이 전개되었는지를 밝혀야 한다.

---

38) 장을병, 〈광주5월민중항쟁에서의 무장 투쟁〉, 한국현대사사료연구소, 《광주5월민중항쟁》, 풀빛, 1990, 163~165쪽.

39) 장을병, 앞의 책,175~176쪽.

40) 강정구 토론, 한국현대사사료연구소, 《광주5월민중항쟁》, 풀빛, 1990, 183쪽.

4. 두 항쟁의 역사적 의의와 한계

1) 역사적 의의

부마항쟁의 역사적 의의는 첫째, 유신 정권 붕괴의 결정적인 계기로 작용하였다는 점이다. 당시 전국 각 대학으로 확산되어 갈 조짐을 보이던 유신 말기 반독재 항쟁의 거대한 중심으로 솟아오르면서 정권 내 권력 암투를 보다 급속히 자극하여 10 · 26사태와 박 정권 몰락의 결정적 계기로 작용했던 것이다. 둘째, 서슬 퍼런 긴급조치 시대의 그 숨막히는 억압 구조를 뚫고 4월혁명 이후 처음으로 대규모 민중항쟁의 지평을 다시 열게 되었다. 부마항쟁은 학생운동이나 소수 명망가들에 국한되어 있던 70년대의 그 어떤 반독재 민주화운동보다도 정권에 치명적인 타격을 가했으며, 그로써 답보 상태에 있던 70년대 학생 및 재야 중심의 민주화운동의 한계를 뛰어넘는 계기를 마련했다고 볼 수 있다.[41]

5 · 18민중항쟁은 그 이전의 성과와 한계를 총괄하였을 뿐만 아니라 그 이후의 방향과 과제도 제시하였다. 보다 구체적으로는 첫째, 이 땅에서 민주주의를 부정하고 민중의 인간적 권리를 빼앗아가는 군부 파쇼에 대한 올바른 인식을 뚜렷하게 해주었다. 둘째, 이 땅에서 참다운 민주주의를 실현할 수 있는 주체는 바로 민중이라는 사실을 확인시켜 주었다. 셋째, 민중항쟁의 전통을 계승하고, 6월항쟁으로 확대 · 강화됨으로써 그 계승을 확인하고 있다. 갑오농민전쟁은 의병전쟁, 3 · 1운동, 4월혁명을 거쳐 5월항쟁을 큰 봉우리로 하여 6월항쟁으로 계승되었다.[42] 넷째, 민중의 자발적이며 민주적 입장에서 실현된 민중 자치의 교훈이 되었다. 다섯째, 민중항쟁의 합

41) 유영국, 앞의 논문, 199~200쪽 ; 부산민주운동사편찬위원회, 앞의 책, 429~430쪽.
42) 대개 민중항쟁의 맥락과 전통을 언급할 때 부마항쟁은 빠지는 경우가 많다.

법성을, 나아가 자위적 '무장 투쟁'의 합법성을 전취한 공로가 인정된다. 여섯째, 우리에게 우방으로 존재해 왔던 미국의 존재가 무엇인가라는 중요한 문제를 제기하는 역사적 계기가 되었다. 일곱째, 이후 민족민주운동의 이념, 동력, 대상, 방법 등 제반 문제들을 중심적으로 고민하게 함으로써 패배를 부분적으로 승리로 이끌 수 있는 민족민주운동의 질적인 발전을 추동하는 계기가 되었다.[43]

이상에서와 같이 두 항쟁은 '억압이 있으면 저항이 있다'는 우리 항쟁의 전통을 계승하고 있으며, 나아가 독재 정권은 반드시 붕괴하고 만다는 사실을 확인시켜 주었다. 또한 한국 현대사의 주체적 전개 과정과 그 궤를 같이 해 온 두 항쟁은 한국 사회운동의 과제, 즉 자주 · 민주 · 통일을 위하여 충실하게 복무해 왔다. 그리고 두 항쟁의 성과는 87년 6월항쟁이라는 대규모 반독재 민중항쟁의 도래를 예고하고 향도했던 것이다.

2) 한계

부마항쟁은 첫째, '미완의 항쟁'이라는 성격 자체가 무엇보다 일차적 한계였다. 즉 유신의 종말이 항쟁 그 자체의 힘에 의한 것이 아니라 정권 내부 암투에 의한 김재규의 저격이라는 힘을 빌려 간접적으로 이루어짐으로써 결과적으로 유신 정권의 온전하고 완결적인 붕괴가 아닌 형식적인 붕괴만을 가져왔고, 따라서 유신 독재의 망령인 강경 군부 독재에게 새로운 출현의 길을 열어주고 말았던 것이다. 둘째, 항쟁의 확고한 지도 중심이 없었다

---

43) 안종철, 〈광주민중항쟁의 배경과 전개 과정〉, 《광주민중항쟁과 5월운동 연구》, 전남대 5 · 18 연구소, 1997, 46~48쪽 ; 한편 1989년 3월 30일 역사문제연구소에서 열린 '광주항쟁의 민족사적 의미'란 주제 발표에 참가한 연구자들(발제 서중석, 사회 최장집, 토론 이종범 · 조희연 · 김민석)도 강조 점에서는 약간의 차이는 있으나 비슷한 결론을 내리고 있다 ; 한국현대사사료연구소, 《광주5월민중항쟁》, 풀빛, 1990, 12~15쪽.

는 점이다. 이러한 점은 한국 사회의 민주화운동 세력이 정치적 영향력을 발휘할 만큼 성장해 있지 못했다는 당시의 운동 수준을 반영하는 것이기도 한데, 그러한 한계는 부마항쟁이 전국적 차원의 광범위한 반독재항쟁으로 즉각 확산되지 못하고 지역 차원으로 국한되는 결과로 이어졌다. 부마항쟁이 안고 있던 이러한 한계점들은 곧 이어지는 80년대 운동을 통하여 그 출발점이자 극복 과제로서 의미를 더욱 분명히 드러내게 된다.[44)]

5 · 18민중항쟁은 부마항쟁에서처럼 '미완의 항쟁'이라는 한계를 갖는 동시에 전국적인 반독재항쟁으로 확산되지 못하고 고립적인 항쟁을 벌였다는 공통점을 가지면서도 상설적인 지도 중심을 세워냈다는 것이 부마항쟁과는 다른 점이다. 5 · 18민중항쟁의 한계는 다음과 같다. 첫째, 5 · 18민중항쟁은 그 자체 80년대 변혁운동사에 새로운 지평을 열어주었지만, 그 전개 과정에서 70년대 한국 사회운동의 수준과 한계를 그대로 내보이고 있었다는 사실을 인정해야 한다. 여러 자료와 증언을 통해서도 당시 광주권의 운동 역량이 조직적으로나 이념적으로 그러한 70년대적 한계를 거의 그대로 품고 있었다는 것이 확인된다.[45)]

둘째, 당시 전반적인 사회운동의 수준과 한계, 핵심 활동가들의 폭넓은 대중운동 경험의 부재는 역동성의 신뢰에 기반한 투쟁의 전망을 갖게 할 수 없게 만들었다. 실제로 80년 4월 말부터 집중적으로 전개된 '준혁명적 차원의 폭력 투쟁'들을 보다 정확히 해석해 낼 수 있었다면 5 · 18민중항쟁의 폭발적 전개와 그것의 무장 투쟁으로의 전화 · 발전을 어느 정도 예감할 수 있었을 것이다.[46)]

셋째, 이 항쟁은 항쟁 형태가 민중항쟁의 최고 형태인 무장항쟁이었다는 점에서 부마항쟁과 결정적인 차이가 있다. 그럼에도 불구하고 이 항쟁에서

---

44) 유영국, 앞의 논문, 199~200쪽 ; 부산민주운동사편찬위원회, 앞의 책, 429~430쪽.
45) 정해구 외, 《광주민중항쟁연구》, 사계절, 1990, 17~18쪽.
46) 김창진, 〈광주민중항쟁의 발전 구조〉, 《광주민중항쟁연구》, 사계절, 1990, 210쪽.

제기한 요구는 낮은 차원에 한정되어 있었다. 이렇게 된 데에는 당시 항쟁 주체 세력의 지도 이념의 미정립과 민중 역량의 비조직성, 즉 자생성에서 그 원인을 찾을 수 있다.

5. 맺음말

이상에서 우리는 두 항쟁이 지역 단위에서 더욱 증폭되어 전개된 '반독재 민중항쟁'이었으며, 그것이 '미완의 항쟁'이라는 동일성과 지배 블록의 대응, 상설적인 항쟁 지도부의 유무, 그리고 투쟁 양상의 차이 등을 확인할 수 있었다. 물론 이 두 항쟁은 전국적으로 확산되지 못하고 지역 단위의 고립적인 항쟁과 좌절로 끝난 것 등의 한계를 가지고 있다. 하지만 이 두 항쟁은 한국 민중항쟁사의 전통을 계승하고 있으며, 그것을 한 단계 도약시키는 데 결정적인 역할을 했다는 점은 누구도 부인할 수 없는 사실이다. 즉 이 두 항쟁은 '억압이 있는 곳에 반드시 저항이 있다'는 항쟁의 전통을 다시 한 번 확인시켜 주었으며, 독재 정권은 반드시 붕괴된다는 보편적 진리가 존재함을 증명하였던 것이다. 이들 두 항쟁이 시사하는 현실적 함의를 정리하면 다음과 같다.

첫째, 민중항쟁의 목표와 지향인 자주, 민주, 통일이 시기에 따라 그 강조점이 달라지다가 80년 5 · 18민중항쟁을 기점으로 하나로 모아졌다는 것이다. 이러한 민중운동의 목표와 지향이 상호 독립되어 있으면서 동시에 서로 연관되어 있음은 자명하다. 그런데 이 목표와 지향은 부문에 따라 그 강조점이 다르게 나타나기도 한다. 또한 지역 문제에 대한 인식의 차이로 말미암아 제도 정치권뿐만 아니라 민중 진영에서도 특정 정당에 대한 평가를 포함하여 정치 노선상의 차이를 심각하게 드러내고 있는 것 또한 사실이다.[47]

둘째, 청년 · 학생이 일제 시기 민족해방운동과 해방 이후 민중항쟁에서 여전히 지대한 공헌을 하고 있다. 즉 87년 이후 기본 계급인 노동자 · 농민들의 자주적인 진출이 두드러질 때까지 거의 결정적인 역할을 수행했다. 하지만 산업이 점차 고도화되고 지역의 불균등 발전이 가속화되면서 지역의 민중운동 역시 불균등 발전을 초래했다. 그 결과 농촌보다는 도시, 특히 대규모 산업 도시나 행정 · 소비 도시의 비중이 높아졌다. 따라서 민중항쟁의 주요 동력이 시기가 지날수록 다양해져서 청년 · 학생은 물론이고 다양한 계급 · 계층으로 확대되고 있다.

셋째, 4월혁명, 부마항쟁, 5 · 18민중항쟁, 87년 6월항쟁 등에서도 나타났듯이, 독재 정권에 종지부를 찍으면서 민중운동을 한 단계 성숙시킨 것은 도심을 중심으로 한 민중항쟁이었다. 이처럼 그간의 민중항쟁이 도심의 가두집회나 시위로 일관되었다는 것은 그만큼 우리 사회의 민주화가 진전되지 않았다는 증좌였다. 이와 같은 일련의 과정에서 얻을 수 있는 교훈은 지역과 부문을 넘는 전국적 연대의 관점과 이를 올바르게 지도할 수 있는 조직의 필요성이다. 또한 민중들의 에너지가 선거를 통하여 표출되기도 하였다. 게다가 민중운동에서 선거가 차지하는 비중과 역할이 점차 높아지고 있다.

넷째, 두 항쟁을 포함하여 우리의 민중항쟁에는 그 어디에서도 지역 감정을 찾아볼 수 없다. 즉 민중항쟁에는 지역주의가 없다는 것이다. 그럼에도 불구하고 일부 사람들은 부마항쟁 하면 부산 · 마산과 김영삼, 5 · 18민중항쟁 하면 광주와 김대중을 떠올린다. 물론 이렇게 된 이유는 민중항쟁의 성과를 가로채면서 지역 감정을 노골적으로 이용하여 정권을 잡은 집단들의 집요한 선전 때문이다. 부산의 일부 정치인들은 최근까지, 아니 앞으로도 순수한 민중의 항쟁조차 지역 감정을 자극하는 기제로 삼아 그들의 정치 기

47) 허석렬 발언, 〈좌담 : 한국 사회 지역 문제, 어떻게 볼 것인가?〉, 《광주민중항쟁연구》, 사계절, 1990, 268쪽.

〈도표〉 부마항쟁과 5 · 18민중항쟁 비교

	1979년 10 · 16부마항쟁	1980년 5 · 18민중항쟁	비고
시기	1979. 10. 16~10. 26	1980. 5. 17~5. 27	
지역	부산과 마산	광주 · 전남 지역	
권력의 상태 항쟁 결과	유신 독재 말기 → 유신 정권 종말	12 · 12쿠데타와 서울의 봄, 5 · 17쿠데타 직후 → 강경 군부의 등장	미완의 항쟁
증폭되는 계기	인권 말살(YH사건 및 김경숙 양의 죽음)과 정치 압살(김영삼 제명 파동)	계획된 학살과 정치 압살 (김대중 구속)	
전개 과정	79. 10. 16 부산대 시위	80년 서울의 봄	
	10. 18 부산 지역 계엄 선포	5. 17 비상계엄 확대 조치	
	10. 18 경남대 시위, 마산으로 확산	5. 18 전남대 시위로 시작	
	10. 20 마산시에 위수령	5. 21 시민군 무장	
	10. 26 박정희 암살	5. 27 새벽 진압	
구호 및 요구 사항 (항쟁의 목표)	유신 철폐, 독재 타도 민주 회복, 언론 자유, 학원 자유, 박정희 퇴진, 유정회 폐지, 김영삼 총재 제명 철회, 부가가치세 철폐, 빈부 격차 해소	계엄 해제, 전두환 퇴진, 김대중 석방, 휴교령 철회→무장 이후 ①유혈 사태에 대해 당국의 공개 사과, ②사후 보복 금지, ③계엄령 즉각 해제, 살인마 전두환 공개 처단, 민주인사들로 구성된 구국 과도 정부 수립, 진정한 민주 정부 수립	반독재 민중항쟁
주체 세력	청학 중심+시민(도시빈민과 노동자) 합류=민중항쟁	청학 중심+시민 합류=민중항쟁 변화가 두드러지게 나타남.	
지도부	항쟁 기간 동안 뚜렷한 지도부 부재.	상설적인 항쟁지도부의 존재와 그 성격의 변화.	
투쟁 양상	집회 및 시위, 시가 투석전, 도청 · 방송국 · 신문사 · 파출소 습격 방화.	집회 및 시위 기타 동일하게 나타남, 무장항쟁(투쟁 노선의 변화).	
계엄하 투쟁	계엄하 계속 투쟁.	계엄하 계속 투쟁.	
정권의 태도	막바지에 이른 유신 정권의 내분.	강경 군부의 집권 시나리오 결행.	
항쟁 결과	군부의 폭력적 진압으로 좌절.	강경 군부의 학살을 동반한 진압 좌절.	
지역 감정 활용 유무	나타나지 않음.	지역 감정 이용.	
의의	유신 정권에 결정적 타격, 민중의 자주적 진출의 전통이 재확인.	무장항쟁을 통해 민중의 자치 자생력을 보여줌, 미국의 본질을 깨우침.	
한계	전국적인 항쟁으로 발전하지 못하고 단기간의 국지적인 항쟁으로 종결.	고립적인 항쟁으로 종결.	자생적이며 비조직적

반을 유지하는 데 이용하고 있다. 지역 감정의 심각성은 여전하다. 부산 · 마산에서는 '지역 감정의 극복' 이나 '개혁' 만 역설해도 특정 정당의 지지자로 몰고 가면서 고립시키려 한다. 이러한 것에 동의하는 민중들이 있다는 사실이 더 큰 문제다. 이제는 정치적 기반을 유지하기 위하여 지역 감정을 볼모로 삼는 놀음은 그만두어야 한다. 또한 이 땅의 민중들 역시 망국적인 지역 감정에서 벗어나야 한다. 물론 지역 감정의 극복은 민중항쟁의 목표가 달성될 때만 가능하다는 것은 주지의 사실이다.

다섯째, 항쟁은 기념하되, 항쟁의 정신은 반드시 계승해야 한다. 항쟁의 정신을 계승하는 것 가운데 하나가 역사의 죄인을 반드시 심판하는 일이다. 부산과 광주에는 각기 항쟁기념사업회와 기념재단이 만들어졌다. 이는 무엇보다도 민중의 지속적인 항쟁이 가져다준 결과로서 다른 이유가 있을 수 없다. 그런데 부산 · 마산의 일부 정치인들은 항쟁의 정신을 호도하고 있으며, 학살의 주범들 역시 지역 감정에 편승하면서 정치 재개를 도모하고 있다. 이와 같은 현실은 과연 지금 우리가 두 항쟁의 기념과 계승 가운데 어디에 방점을 찍을 것인가를 가르쳐주고 있다. 나아가 현정권의 통치 철학이라 얘기되는 '화해와 협력' 의 의미가 무엇인지도 생각해 보게 한다.

제2장
5·18민중항쟁과 우리의 오늘

5·18과 아시아 개발 독재 : '사회 도전'의 정치경제

박 은 홍

(한국사회과학연구소 연구위원, 정치학)

1. 문제 제기

1979년은 제3세계에 있어서 역사적 중대 국면이었다. 중남미에서는 43년 동안 족벌 독재 체제를 누려오던 니카라과 소모사 정권이, 그리고 중동에서는 22년 집권의 이란 팔레비 왕정 독재 체제가 무너졌다. 그리고 동아시아의 한국에서는 18년 장기 집권을 하였던 박정희 정권이 붕괴되었다.

그러나 박정희 군부의 퇴장은 국제 사회로부터 찬사를 받을 만큼의 고도 성장을 이룩한 개발 독재의 변형을 의미하였기 때문에, '약탈 국가'를 주조한 전제적 지배(despotic rule)의 붕괴와는 그 정치·경제적 의미가 달랐다. 왜냐하면 박 정권의 개발 독재는 베버주의적 의미의 관료제 효율성을 기반으로 '업적에 의한 정당화(performance legitimation)'를 지지해 줄 만한 수준의 빠른 산업화와 고성장에 성공하였기 때문이다. 그러나 이러한 박 정권의 압축 성장 전략은 1인 장기 집권을 제도화해 낸 유신 체제와 짝을 이루었던 까닭으로 '비밀스러운 권력'과 관련된 부패와 지대(rents) 할당을 둘러싼 갈등 등과 같은 정치적 요인의 제약을 받았다. 2차 국제 석유 파동의 사회적 여파로 개발 독재에 대한 사회의 도전이 규모화되는 가운데 표출된 권력 핵심부 내 갈등이자 '예기치 않은 사건(*fortuna*)'이 10 · 26이었다.[1] 5 · 18민중항쟁은 바로 10 · 26 이후 '박정희 없는 개발 독재'에 대한 사회 도전의 절정에 해당하였다.

그러나 '예기치 않은' 유신의 붕괴로 촉발된 5 · 18민중항쟁에 대한 신군부의 폭력적 진압을 전기로 한국은 '억압적 독재로의 회귀'를 경험해야 했다. 반면 한국과 비슷한 시기에 개발 독재를 경험하기 시작하면서 '결핍의 경제'로부터 '정상 경제'로의 전환에 성공할 수 있었던 타이, 인도네시아의 1980년 정치적 전환의 양식은 각각 '부드러운 독재로의 전환'과 '억압적 독재의 지속'으로 표현할 수 있다.

그렇다면 공히 개발 독재하에서 5 · 18민중항쟁의 세계 시간(world time)을 공유하고 있었던 타이, 인도네시아가 1980년을 전후로 상이한 정치적 전환 양식을 보여주게 된 맥락적 차이는 어디에 있었는가? 이들 두 나라의 상이성이 한국의 5 · 18민중항쟁에 대한 정치 · 경제론적 접근에 주는 함의는 무엇인가? 이러한 문제 의식하에서 이 논문은 이들 3개국이 1980년 전환의 차이를 보이게 된 요인을 각국의 개발 독재 시기의 정치 · 경제적 맥락에 대한 대조를 통해 시론적 수준에서 검토할 것이다.

1) 이 논문에서의 '사회'란 개발 독재의 지배 연합, 성장 연합으로부터 소외되었던 사회 집단을 망라한다.

2. 분석을 위한 이론적 전제 : 개발 독재와 '사회 도전' 의 정치 · 경제

'개발 독재' 란 일반적으로 경제 성장을 위해서 정치적 안정이 필수불가결하다는 이유를 들어 정치적 참여를 현저히 제한하고 독재를 정당화하는 체제, 혹은 정치적 정당성의 결핍을 경제 발전을 통해 해결하고자 하는 체제로 정의된다. 특히 아시아 지역 개발 독재의 성립에는 반공주의에 기초한 자유자본주의 우월론과 국민 통합론의 설득력을 높여준 지역 정치 환경으로서의 냉전 체제를 간과할 수 없다. 한국의 박정희 정권, 대만의 장개석 · 장경국 정권, 타이의 싸릿 · 타넘－쁘라팟 정권, 인도네시아의 수하르또 정권, 싱가포르의 이광요 정권 등이 그 실례다(수에히로末廣, 1994). 이들은 다소 편차가 있지만 실질적인 경제적 업적을 이끌어냄으로써 '업적에 의한 정당화' 에 성공한 개발국가 범주에 포괄된다.

주목할 것은 이들 아시아 개발 독재 역시 귈레르모 오도넬(Guillermo O' Donnell)의 관료적 권위주의(BA) 모델에서 지적된 바와 같이 군부－기술 관료로 이루어지는 쿠데타 동맹에 기초하고 있다는 점이다. 이때 개발 독재의 경제적 업적은 관료제적 효율성과 밀접한 관련이 있다. 그렇다고 이들 아시아 개발 독재에 '가산제적 점탈의 정치' (the politics of patrimonial plunder;Hutchcroft, 1991)가 부재했던 것은 아니다. 단지 전제적 지배에 비해 아시아 개발 독재는 관료제의 사유화의 정도가 약했을 뿐이다.

다시 말해 규율 정책을 통해 급속한 공업화를 가능하게 한 개발국가는 기술 관료의 합리성에 따른 산업화 수행 능력이 개발 체제하의 이권 추구, 연고주의(cronyism), 점탈의 비경제성을 압도했을 뿐이다. 이러한 개발국가의 업적은 독재임에도 불구하고 '정치적 사업 주기(political business cycle)' 로부터 완전한 자율성을 확보할 수 없었던 정치 제도, 그리고 의도와 무관하게 '업적에 의한 정당화' 를 유인해 낸 사회의 도전과 관련이 깊었다.

이때 사회 도전의 규모화가 개발 독재의 '업적에 의한 정당화' 전략의 산물이라는 점에서, 이를 '토크빌 효과(Tocquevillean effects)' 라고 표현할 수 있을 것이다.[2] 물론 개발 독재에 대한 사회의 도전이 곧바로 '업적에 의한 정당화' 로 이어지는 것은 아니다. 최소한 사회의 도전을 경제적 업적을 통해 방어해 내겠다는 지배 블록의 정치적 의지(*virtu*)가 전제되어야 한다.

다시 말해 개발 독재하의 제도 역시 정치 지도자와 이들의 핵심적 지지자들 사이의 지지와 정책의 거래에 의존한다. 경제적 조건은 거래의 안정성을 결정한다. 경제적 호조건은 지지를 산출한다. 반면 경제적 위기는 거래 관계로부터 민간 부문의 일탈 요인이 됨과 동시에 아래로부터의 정치적 저항의 가능성을 높이고 분배적 갈등을 억제할 수 있는 지배 블록의 능력을 약화시킨다. 따라서 경제 위기 관리에 실패할 경우 반대 세력이 정부를 뛰어넘어 게임 규칙 그 자체에 도전할 가능성이 높아진다. 이는 제도의 성공과 실패 모두 정치 · 사회 세력 관계와 분리될 수 없는 데에서 연유한다.

그러나 경제 위기가 곧바로 개발 독재의 정당성의 위기로 이어지지는 않는다. 개발 독재의 위기 관리 능력의 취약성을 민주화의 조건으로 활용할 수 있는 반대 세력의 힘과 규모가 전제되어야 하기 때문이다. 같은 맥락에서 개발 독재는 '실패의 위기' 뿐만 아니라 '성공의 위기' 에도 봉착한다(임혁백, 1994, 232~233). 이때 반대 세력의 힘, 즉 사회의 도전 규모는 민주주의로의 '이행 지대' (Huntington, 1991), '소득 지대' (Huntington, 1991), 그리고 '경제적 문턱' (Seligson, 1987)과 관련이 깊다. 그리고 사회가 정치적으로 강하게 조직화되어 있는가의 여부가 재민주화 이후 군부의 재개입을 막을 수 있는 장벽의 높이를 결정한다(Stepan, 1986, 79). 그러나 군부의 재도전에 대한 사회의 방어 능력 수위 역시 경제적 문턱으로부터 일정한 제약

---

2) 토크빌은 그의 *The Old Regime and the French Revolution*과 *Democracy in America*에서 귀족 계급의 정치적 능력과 위엄의 실추, 그리고 농민, 제3신분, 지식인들의 반란을 절대 왕정의 의도하지 않은 결과로 해석하고 있다(Skocpol, 1985, 21).

을 받는다. 왜냐하면 강한 사회의 주도 세력이 중간 계급이든(Huntington, 1991) 노동자 계급이든(Therborn, 1977) 간에 이들 모두 경제적 문턱의 부산물이기 때문이다. 따라서 이행 지대는 조직화된 사회 세력을 포함한 경제 성장의 수준이어야 한다.

하지만 이행 지대가 형성되었다고 해서 사회 도전이 곧바로 개발 독재의 붕괴, 민주화로 이어지는 것은 아니다. 왜냐하면 이행 지대는 필요조건일 뿐 충분조건이 아니기 때문이다(Seligson, 1987). 오도넬과 슈미터가 지적하였듯이 그 성패는 지배 블록과 반대 세력 간의 비결정적 상호 작용의 결과일 수밖에 없다(O' Donnell and Schmitter, 1986, 5). 이때 양자의 전략적 선택과 능력이 결정적 변수가 된다. 다시 말해 이행 지대는 구조와 행위를 포괄하는 유동적(contingent) 변수에 해당하는 '안개 지대'(hazy zone; Martins, 1986, 92)인 것이다. 이때 단기적 국면 속에서 반대 세력의 패배로 민주화가 유산되었다고 하더라도, 이행의 문턱은 구조적 수준에서, 혹은 행위자의 수준에서 재차 형성될 수 있다.

지금까지의 논의를 좀더 부연해서 정리하면 〈도표 1〉과 같다. 즉 개발 독재의 업적에 의한 정당화는 경제적 정당화를 수단으로 정치적 정당화까지 겨냥한다. 이때 산출된 성장은 수입 대체 산업화(ISI)에서 수출 주도 산업화(EOI)로의 전환 과정을 거친다. 그리고 성장은 사회적으로 노동 · 중간 계급의 규모화를 동반한다. 이때 형성될 수 있는 민주화의 이행 지대는 민주화를 가능하게 하는 사회의 규모화 · 조직화 정도를 의미하는 사회적 문턱과 소득 정도와 소득의 위기 정도를 의미하는 경제적 문턱의 형성을 포괄한다. 마침내 이행 지대의 형성은 개발 독재에 대한 위협적인 사회의 도전, 즉 민중항쟁으로 이어지지만 개발 독재의 강도에 따라 바로 민주화로 이어지기도 하고, 단기적으로는 실패하지만 중장기적으로 '지연된 효과(delayed effects)'로서 '개방에 의한 정당화', 즉 '수동혁명'을 거쳐 민주화로 이어지기도 한다.[3] 이는 '폭력적 항쟁'이 점진주의적 민주화에 기여하는 역설의

〈도표 1〉 개발 독재에 대한 사회 도전의 드라마

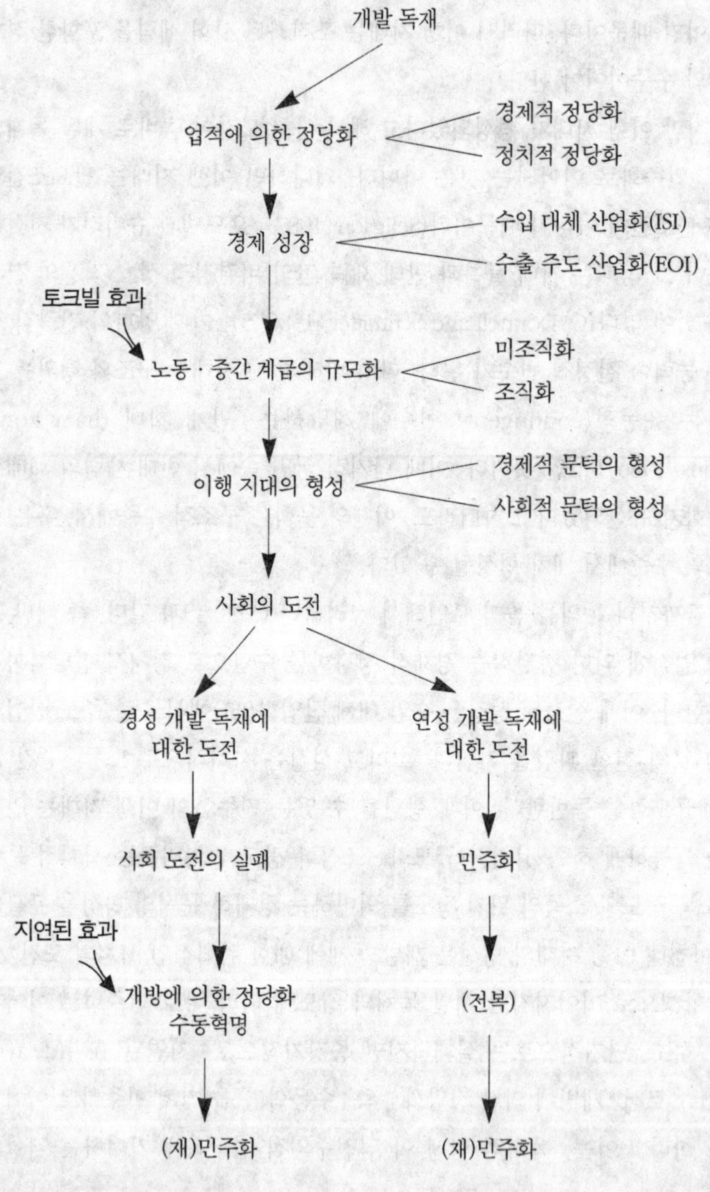

정치 진화(paradox of political evolution)이다.[4] 그러나 민주적 이행을 이루었다고 하더라도 공고화의 단계로 나아가지 못할 경우 전복 가능성을 배제할 수 없다.[5] 물론 이는 반동 세력(reactionary forces)을 제약하기에 역부족인 민주화 세력이 갖고 있는 대안의 조직화(Organization of alternatives), 통치력(governability) 등의 문제와 관련이 깊다.

3. 한국 :사회 도전의 규모화와 '억압적 독재로의 회귀'

박 정권에 의하여 수립된 제1 · 2차 경제개발 5개년 계획을 통하여 한국 경제는 최소한 양적인 지표면에서 계획 이상의 고도 성장을 달성하였다. 당초에 7.5퍼센트로 계획되었던 제1차 5개년계획(1962~66)의 성장률은 8.5퍼센트에 달하였고, 제2차 5개년 계획(1967~71)에서는 연성장률을 처음에 7퍼센트로 설정하였다가 예상 외의 고도 성장으로 중도에 10.5퍼센트로 늘려잡았으나 이 수정 계획을 훨씬 초과한 11.4퍼센트라는 높은 성장률을 달성하였다(김태일, 1985, 45).

초창기 박 정권의 공업화 성격은 한국전쟁 직후 지속되어 온 수입 대체 산업화의 육성이었다. 우선적으로 수입 대체 산업화 정책은 수입 대체 대상 품목의 수입 금지 또는 양적 제한을 통하여 해당 상품의 공급을 감소시켜

3) 러스토우가 민주화의 예비 단계이자 하부 구조로서 거론한 '길고 끝이 없는 정치 투쟁'(Rustow, 1990, 352)에서도 억압적 국가에 대한 지속적인 사회 도전이 지니는 역사적 유의미성을 이끌어낼 수 있다.

4) 무어(1985)는 영국의 안정적인 민주화 배경에는 17세기 폭력적 양상의 내전이 있었음을 강조하면서 점진주의의 신화를 폭로하고 있다. 손호철(1997) 역시 이와 유사한 맥락에서 한국 민주화 과정에 대한 점진주의적 접근을 비판하고 있다.

5) 민주적 공고화의 장애 요인으로는 이행의 문제(고문기술자 및 군부 처리 문제), 맥락적 문제(봉기, 사회적 갈등, 지역 감정, 빈곤, 사회적 불평등, 인플레이션, 외채, 저성장), 체계상의 문제(교착 상태, 선동정치가, 경제적 특권 집단의 지배) 등이 있다(Huntington, 1991, 209~210).

국내 시장 가격을 인위적으로 상승시켰다. 그리고 자본재 및 원료의 수입 및 노임 등 생산 비용을 저렴하게 함으로써 이윤 마진을 2중, 3중으로 보장해 주었다(김태일, 1985, 45). 이리하여 수입 대체 산업화의 품목은 섬유에서부터 시멘트, 비료 등으로 확대되어 갔다. 그러나 곧 수입 대체 산업화는 그 필연적 한계를 드러냈다. 첫째, 공업 생산 활동이 대부분 수입 원료나 중간재를 최종 생산 단계에서 가공하거나 조립하는 형태를 취함으로써 수입 의존도가 높을 수밖에 없었고, 둘째, 이에 비해 수출의 대종은 1차 상품이었던 관계로 그 증가율이 완만하였으며, 셋째, 1인당 국민소득 수준, 인구 및 소득 분배 등의 면에서 국내 시장의 한계점을 가지고 있었다(김태일, 1985, 46).

이 같은 맥락에서 1963~66년을 기점으로 하여 공산품 소비재의 수입 대체 산업 중에서 노동 집약 제품들을 점차 해외에 수출하기 시작하였다. 이후 한국 경제의 급격한 성장은 바로 이러한 수출 전략에 기인한 것이었다. 하지만 1970년대 초에 들어와 세계 경제의 스테그플레이션에 따른 수출 시장의 악화로 한국 경제는 다시 위기를 맞게 되었다. 초헌법적 조치를 통해 파탄에 빠진 자본 부문, 특히 국내 대자본을 구제한 8 · 3조치(이성형, 1985)와 중화학공업화 전략으로의 전환 움직임은 박 정권의 '업적에 의한 정당화'를 위협하기 시작한 위기에 대한 긴급 대응의 일환이었다.

하지만 사회적으로는 부실 기업의 속출과 휴폐업에 따른 해고 문제, 불황에 따른 임금 체불 문제 등으로 노동운동의 조건이 고양되었다. 또한 인플레이션의 앙진은 국민 대중의 생활난을 가중시켜 박 정권의 지지 기반을 약화시키기 시작하였다. 이를테면 그간 완만한 증가 추세를 유지하던 노사 분규 발생 건수가 1971년에 이르러 전년의 무려 10배인 1,656건으로 급격히 증가하였다. 양적 증가뿐만 아니라 노동운동의 형태 또한 격렬화 · 집단화의 경향을 보였다(김영순, 1988, 43). 그리고 그 파급은 도시빈민, 영세소상인 계층으로까지 번졌다. 학생운동과 재야운동 역시 박 정권에 대한 정치적 공격의 수위를 높여나갔다.

이렇게 기층운동이 폭발적으로 고양되는 가운데 1971년의 양대 선거를 전후로 느슨해진 통제 국면 속에서 언론계, 법조계, 학계를 중심으로 중간층운동 역시 활성화되었다. 이러한 현상은 그간 고도 성장하에서 상대적 혜택을 받으면서 침묵으로 동조해 왔던 중간층의 광범한 이반을 보여주는 것이었다. 여기에다가 베트남전의 종결, 미국과 중국의 화해, 닉슨 독트린으로 이어진 일련의 긴장 완화 추세로 집약될 수 있는 1970년대 초 동북아시아를 둘러싼 국제 정세의 급격한 변화 역시 안보 이데올로기를 정치적 상품화하였던 박 정권을 불리하게 만들었다.

1971년의 양대 선거에서 박 정권이 '권력 상실' 의 위험에 노출된 배경이 바로 이러한 정치적 · 경제적 맥락과 관련이 있었다. 이러한 배경하에서 박 정권은 1972년 의회민주주의의 원리를 전면 부정하고 대통령 1인으로의 권력 집중과 반대 세력의 비판에 대한 원천 봉쇄를 내용으로 한 유신헌법을 통과시켰다. 유신헌법은 계급 통제와 사회 통제, 그리고 구조적 위기를 유입시킬 수 있는 정치 과정에 대한 철저한 봉쇄를 제도화하고 있었다. 그간 하위법률의 개악, 제정을 통해 강화된 노동 통제를 유신헌법에서는 아예 헌법 조항으로 삽입, 노동 3권에 대한 철저한 제약을 제도화하였다. 부여된 긴급조치권 역시 언론, 출판, 집회, 결사, 나아가 정치적 반대 세력에 대한 폭력적 · 물리적 대응을 제도화하였다(김영순, 1988, 43).

주목할 것은 이 당시 박 정권이 유신 체제의 수립에 성공할 수 있었던 요인 중의 하나가 박 정권에 순응적인 농민층이 전인구의 과반수를 넘고 있었던 반면 신중산층은 5퍼센트를 넘지 못했던 계급 구조에 있었다는 점이다(백종국, 1995, 376). 결국 1970년대 초의 한국은 세계 경제의 위축, 동북아 정치 지형의 급격한 변화라는 외부적 조건과 국내 경제적 위기에 따른 사회 도전의 급증이라는 내부적 조건이 맞물리면서 개발 독재의 기반 약화로 이어졌으나 '이행 지대의 문턱' 을 형성하는 단계까지는 이르지 못하였다.

한편 유신 체제는 '외부적 충격'으로부터의 경제 위기를 중화학공업화를 통해 극복하려고 한 박 정권의 산업화 전략과 궤를 같이하였다. 박 정권은 국책은행을 통해 국내 대자본에 대한 몰아붙이기식의 지원을 하였다. 그 결과 제조업 전체에 걸쳐 5백 인 이상 규모의 거대 기업수가 1969년에 189개에 불과하였으나 1977년에 이르면 587개로 급증하였다. 비율에 있어서는 0.8퍼센트에서 2.2퍼센트를 웃돌게 되었다(류재헌, 1992, 202). 유신 체제의 경제적 결과는 중화학공업화로 표현되는 수출 지향 산업화의 심화였고, 그 과정은 국내 대자본의 성장과 짝을 이루었던 것이다(임혁백, 1994, 320). 이로써 중화학공업은 국내 시장 규모에 개의치 않고 세계 시장을 겨냥한 대규모 공장을 건설할 수 있었다. 그 결과 1970년대 후반에 들어와 노동 계급의 양적 팽창, 계급 의식의 고양, 그리고 조직운동의 활성화도 이루어졌다(마인섭, 1995, 168).[6] 그러나 1978년의 2차 국제 석유 파동에 따른 해외 수요의 급감과 함께 해외 차입에 지나치게 의존하고 있던 중화학공업화 전략은 위기를 맞았다. 경제는 과열된 양상을 보였고 정치적으로 예민한 식품, 주택, 기타 기본재의 가격이 상승 압박을 받기 시작하였다. 특히 고정환율 체제하에서의 인플레이션 효과가 원화 고평가로 이어지자 수출 경쟁력이 약화되었다(Haggard and Kaufman, 1995, 84). 중화학공업에 대한 과잉 투자가 세계 경제의 구조적 불황, 그리고 2차 국제 석유 파동의 파급 효과와 결합되어 한국 경제를 심각한 불황 국면으로 몰아넣음으로써 유신 체제의 물적 기반을 동요시킨 것이다(김세균, 1990, 18).

이로써 1978년 12월 총선을 앞두고 박 정권은 구조 조정과 관련된 전형적인 정치적 딜레마에 빠졌다. 인플레이션은 박 정권에게 경제적 문제일 뿐

6) 이러한 배경하에서 1970년에 총경제 활동 인구의 24.1퍼센트이던 노동자 계급의 비율이 1980년에는 37.2퍼센트로, 중간 계급도 같은 시기에 19.3퍼센트에서 25.8퍼센트로 각각 증가하였다(서관모 1989, 24 ; 마인섭, 1995, 169에서 재인용).

만 아니라 정치적 문제였다. 총선 직후인 1979년 4월 박 정권은 새로 임명된 총리의 주장에 따라 '경제 안정화 종합 시책'을 공표하였다. 이에 따라 전통적인 수단에 해당하는 신용 및 재정 긴축뿐만 아니라 전면적인 구조 조정 프로그램을 통한 안정화 전략을 추진하기 시작하였다. 그렇지만 이 프로그램은 유신 철폐, 정치적 자유화, 민주주의를 주장해 온 야당의 반대에 부딪혔다(Haggard and Kaufman, 1995, 85~86). 그동안 박 정권의 성장 연합에서 소외되었던 중소자본가, 봉급생활자, 농민, 노동자 들의 불만도 고조되었다.[7] 동일방직 사건, 함평고구마 사건, 유신 체제와 가톨릭 세력의 정면 충돌을 야기시킨 오원춘 사건, YH 여공들의 신민당 농성 등은 그 대표적인 예였다.

마침내 유신 체제에 대한 반대 세력의 도전은 1979년 10월 4일 신민당 총재와 국회의원 제명 처리에 자극받아 15일부터 부산, 마산, 창원 등에서 민중항쟁으로 폭발하였다. 이에 대하여 박 정권은 비상계엄과 위수령으로 대처하였고 공수부대를 투입시켰다. 그러나 아래로부터의 대규모의 민중적 압력은 그 대응 방식을 둘러싸고 권력 내부의 분열을 야기시켜 10 · 26을 발생시켰다. 박 정권의 유신 독재가 붕괴한 것이다. 이렇듯 1970년대 말의 축적 위기 상황을 계기로 대중들의 경제적 불만의 강화, 민중적 저항의 가속화가 유신 체제를 결정적 위기로 내몰았지만(조희연, 1995, 287), 유신 체제의 붕괴가 민중 혁명의 성공이 아니라 박정희의 사망으로 인하여 일시적으로 형성된 권력 공백이라는 점에 유의할 필요가 있다. 박정희 일인 독재는 붕괴되었지만 지배 체제 자체는 전면적으로 붕괴되지 않고 단지 그 동요가 시작되었을 뿐이었다(정해구, 1990, 63~64).

10 · 26으로 인해 야기된 상황은 지배 세력과 민주화운동 세력 사이의 '힘의 교착 상태'였다. 다시 말해 10 · 26 이후에서 5 · 17까지의 '서울의

---

7) 당시 노동 조직률은 꾸준한 증가 추세를 보여 20.2퍼센트에 달하였다(마인섭, 1995, 171).

봄' 은 그 이름과는 달리 지배 세력과 민주화운동 세력이 정권 장악을 둘러싸고 위기가 심화되어 갔던 시기였다(정해구, 1990, 70). 민주적 개방 일정과 정치적 영역에서의 군부의 역할 등이 모호한 상태로 정치 일정이 진행되자 사회의 도전은 치열해졌다. 이른바 '서울의 봄' 시기에 접어들면서 학생들의 시위가 확대되었고 1980년의 5개월 동안 9백 건의 파업이 분출하였다. 이는 유신 시기 동안 있었던 파업 건수를 능가하는 숫자였다(Haggard and Kaufman, 1995, 86~87).

민중들은 계엄하의 극도의 언론 통제로 말미암아 12 · 12 세력의 성격이나 그들의 야심에 대해 무지한 가운데 '정치 발전' 에 대한 기대를 키워갔다. 그러나 12 · 12사태로부터 1980년 5월 17일 비상계엄의 확대에 이르는 시기는 군부 내 온건파를 무력으로 제압하고 실질적인 권력을 장악한 신군부 세력이 '이면의 실세' 에서 제도 권력의 장악에 이르는 과도기였다. '80년 서울의 봄' 의 정치 공간은 12 · 12사태로 지배 권력 내부에서 권력을 잡았지만 그것이 제도 권력으로 전화되지 못한 상태에서 주어진 과도기적 해빙기였다(조희연, 1995, 289). 이 국면 속에서 학생운동을 선두로 한 민주화운동 세력은 신군부 및 그들과 결탁한 행정부 내의 강경파의 음모를 폭로해가며 그들의 퇴진을 요구하는 투쟁을 전개해 나갔다. 이렇듯 학생들의 투쟁이 고조되면서 동요하던 제도 정치권의 세력들까지 학생들의 요구에 동조하고 나서는 상황이 되자 신군부와 행정부 내 강경파는 마침내 고립될 위기에 빠졌다. 신군부가 5 · 17계엄 확대 조치라는 선제 공격을 하고 나온 시점이 바로 이때였다. 5 · 17계엄 확대는 민주화 요구에 대한 원천적인 부정이었다(김준, 1990).

이러한 상황에서 발생한 5 · 18민중항쟁은 신군부가 취한 선제 공격에 대한 사회의 대규모 저항이었다. 그리고 한국은 다시 '억압적 독재로의 회귀' 를 경험해야 했다. 이렇듯 1970년대 후반의 정당성 위기를 계기로 배태된 민주적 이행의 유산은 '대안의 조직화' 능력 및 통치 능력이 제대로 정비되지 않은 상태에 있던 반대 세력에 비해 건재했던 '박정희 없는 개발 독재' 에서 연유하였다.

4. 타이 : 사회 도전의 '지연된 효과' 와 '부드러운 독재로의 전환'

타이에서 박정희 정권과 같은 개발 독재형 군부 정권은 한국에서보다 3년 이른 1958년에 등장하였다. 박정희 정권과 같이 '반공' 과 '개발' 을 정당화의 이데올로기로 삼았던 싸릿 군부 정권은 베버주의적 관료제를 정비해 내고 이를 기반으로 '업적에 의한 정당화' 를 추구하였다. 이러한 맥락에서 1959년 경제개발계획 주무 부처인 국가경제사회개발청(NESDB)의 전신 국가경제개발청(NEDB)을 설치하고 1961년부터 민간 부문에 대한 인프라 제공을 통한 성장 전략을 핵심으로 하는 1차 계획을 추진하였다.

개발 독재를 추진하기 시작한 싸릿 수상은 박정희가 그러했듯이 근대화의 주역이라는 이미지와 독재자의 이미지를 동시에 가지고 있었다. 이를테면 그는 수상 직위 이외에 육군사령관, 경찰국장관, 국가개발청장관 등의 직위를 모두 장악하면서 반대자에 대해서는 가차없는 탄압을 가하였다. 쿠데타 직후 지식인, 학생, 언론인을 공산주의자의 혐의를 씌워 체포하였고 이전 정권하에서 용인되었던 노조들도 불법화하였다. 또한 비상대권에 의거하여 방화범, 마약밀매업자, 공산주의자로 혐의를 받게 된 자들을 처형하였다. 그의 통치 시기를 공포 정치라고 하는 이유도 여기에 있다. 그리고 육군 주도의 권력 체제와 지방 농촌 개발에 국왕, 승려가 리더십을 발휘하는 구조의 원형을 주조하였다. 특히 그가 외면상 왕정하의 타이 민족의 번영과 근대화를 기치로 함에 따라 서구형 정치 제도를 거부하고 전통적인 통치 원리를 복원하려는 듯 보였지만 역설적이게도 그의 '개발 체제' 발상은 서구 반공주의적 근대화론을 반영하고 있었다(수에히로, 1993, 50).

이를테면 싸릿 군부 정권 역시 박정희 정권과 마찬가지로, 당시 인도차이나 지역에서 공산주의 세력의 확대에 대한 강한 위기감을 이용하여 개발 독재를 정당화하였다. 싸릿은 외부적으로는 미국의 개발도상국 원조 전략을, 그리고 내부적으로는 기술 관료와 화인(華人) 자본으로 대표되는 민간 자본을 개발 전략의 수단으로 활용하기 시작하였다. 이와 함께 공산 게릴라 세력의 온상이었던 지방 농촌 지역 개발을 추진하였다.

이때 개발 독재가 취했던 산업화 패턴은 한국과 달리 수입 대체 산업화 노선을 기조로 한 농공 산업의 수출 촉진 전략이었다. 이는 동아시아 신흥공업국(NICs)과는 달리 풍부한 부존 자원과 농림 자원을 가지고 있었던 타이에게는 적절한 산업화 전략이었다. 특히 수입 대체 산업화 전략에 따른 관세 장벽과 차별 관세율은 내수 시장을 겨냥한 제조업 투자를 장려하였다. 이러한 유인 기제로부터 수혜를 입은 산업 부문은 시멘트, 유리, 강철과 같은 기초 공정 산업, 그리고 섬유, 수입 부품으로 가공된 자동차 조립, 전자 및 기타 소비재 등이었다. 그렇지만 타이의 관세 장벽은 타이 주변 국가들에 비해 낮았고 라틴아메리카에 비하면 훨씬 더 낮았다.[8)]

이 시기의 수입 대체 산업화 노선은 공업 부문에 중대 변화를 수반하였다. 1960~71년 사이에 소비재 생산이 증가되고 GDP 대비 제조업 부문의 비중이 현격히 증가하여 연평균 11퍼센트의 성장을 보였다. 또한 높은 수준의 보호율은 국내 금융, 은행 부문으로부터의 투자를 촉진하였다(Hewison, 1997, 102).

수입 대체 산업화의 가장 큰 수혜자는 성장 과정에 있던 대기업들과 이들의 파트너였다. 특히 높은 수준의 보호를 받으며 국내 상업은행 부문을 지

---

8) 세계은행은 발전도상국 중의 4분의 3을 '내부 지향'으로 분류하였는데 오히려 타이는 '보통 수준의 외부 지향'에 속하였다. 1960~72년 사이에 제조업 성장의 단지 8퍼센트만이 수입 대체에서 연유하였던 까닭이었다. 반면 제조업 성장의 5분의 4는 농산물 수출에 의해 확장된 내수 시장이 기여하였다(Pasuk and Baker, 1996, 62).

배하고 있던 15~20개의 재벌들이었다. 대부분이 화인인 이들 재벌은 농업 핵심 부문, 금융, 원료 수출, 수입 대체 산업에서 엄청난 이득을 보았다. 금융 부문에 대한 이들의 장악력을 매개로 하여 경제 부문에 걸쳐 과점 구조가 성립되었다. 그리고 이들과 유력 정치인들과의 연줄망이 이러한 구조를 지지해 주었다. 은행 예금 규모도 빠르게 성장하여 상품 수출에 필요한 자금을 조달하는 데 사용되었다(Hewison, 1997, 103).

1973년까지 타이는 성장의 황금기를 구가하였다. 이는 개발 독재의 경제적 성과였다. 그렇지만 역설적이게도 1960년대 후반부터 성장의 또 다른 부산물인 학생 집단을 핵심으로 하는 사회의 도전이 본격화되기 시작하였다. 1961~72년 사이에 학생수로 보자면 1만5천 명에서 10만 명으로 늘어난 대학 사회가 개발 독재의 대항 세력으로서 사회 집단을 조직화했던 것이다.

당시 타이에는 1963년 싸릿의 뒤를 이어 수상 · 국군최고사령관을 겸직한 타넘 부수상, 내무장관 · 육군사령관직을 겸직한 쁘라팟 2인 권력 체제가 1973년까지 9년 동안 지속되었다. '타넘-쁘라팟 체제' 는 싸릿 체제를 그대로 이어나갔다. 이때 육군 주도의 권력 체제가 공고화되면서 육군사령관 주변에 여러 파벌이 조성되었다. 그리고 정치적 부패가 일층 심화되면서 타넘, 쁘라팟, 나롱(타넘의 아들이자 쁘라팟의 사위) 3인을 일컫는 '3폭군' 이라는 신조어도 만들어졌다(수에히로, 1993, 55). 1971년 이들은 공산 세력의 위협과 헌법을 남용하는 일부 정당인들로부터 초래된 정치 혼란에 대한 진정을 명분으로 친위 쿠데타를 일으켰다. 이는 '싸릿 없는 개발 독재' 로서 1960년대 후반부터 연성화의 경로를 걷기 시작한 타넘-쁘라팟 체제를 위협하는 사회 도전에 대한 단발마적인 대응이었다.

오도넬과 슈미터가 지적하였듯이 정치적 개방에 따른 '사회의 부활(resurgence of civil society)' 은 불가역적이다. 브레튼우즈 체제 붕괴의 충격으로 타이 경제 역시 하강 국면을 맞게 된 1972년 말에 들어와 일제 상품에 대한 비난과 불매운동으로부터 출발한 학생들의 시위가 군부 정권에 대한 노골적인 도전의 양상을 보이기 시작했다. 마침내 1973년 10월 14일 학생 · 시민과 경찰 사이의 충돌이 빚어졌다. 군부 정권은 국립 탐마삿대학에 폭동 진압대와 경찰군을 투입하고 여기에다가 공중에서 헬리콥터를 통해 무차별 사살을 가하였다. 그 결과 정부의 공식 발표로도 77명이 사망하고, 부상자 444명에 이르는 대참사가 일어났다. 그날 타넘-쁘라팟 군부 정권은 붕괴되었다(수에히로, 1993, 66). 이때의 사회 도전의 성공은 당시 사회의 힘과 규모보다는 싸릿 이후 연성화된 개발 독재의 통치력 약화에서 기인하였다.

'10 · 14민중항쟁'의 정치적 성과에 따른 3년 간의 정치적 개방 국면은 '서울의 봄'이 그러했듯이 개발 독재 체제하에서 억눌려 있던 다양한 사회 집단, 특히 노동자 · 농민 계급의 활동을 비약적으로 발전시켰다. 이와 함께 항쟁을 주도하였던 학생운동 지도자들의 노선도 점차 급진화되는 양상을 보였다. 1975년에 들어와 극우 집단은 이러한 양상에 대해 "민족, 종교, 국왕을 타도하려는 공산 책동"이라고 비난하면서 학생 집회, 공장 파업을 방해하고 테러를 감행하였다. 1975년 상반기에 17명의 농민운동 지도자가 각지에서 암살되었다. 1976년 총선 기간 중에 극우 테러분자들의 공세가 더욱 고조되어 좌파 정당 입후보자 유세장에 폭탄이 투하되는가 하면 30여 명의 입후보자, 선거운동원이 암살되었다. 사회 내부가 왕당파, 아니면 공산주의자라는 이분법적 논리에 휘말리게 되면서 이른바 '맥락적 문제(contextual problems)'가 누적되었던 것이다.

마침내 1976년 8, 9월에 타넘과 쁘라팟이 귀국하자 이에 항의하는 학생들의 집회가 10월 4일에 탐마삿대학에서 열렸다. 그리고 10월 6일 경찰, 국경경비경찰대, 우파 조직이 탐마삿대학을 포위하고 발포를 개시하였다. 정부 발표로는 사망 46명, 부상 160명, 체포 2천 명이었다고 하지만, 사망자수가 약 1,300명, 부상자수는 이보다 더 많은 것으로 추산되고 있다(Pasuk and Baker, 1995, 311). 이 '피의 수요일 참사' 직후 신군부는 "탐마삿대학에 모인 공산주의자들이 국가 전복을 꾀하고 있다"는 명분을 들어 쿠데타를 단행하였다(수에히로, 1993, 78~80). 가중된 맥락적 문제, 군부 처리의 문제가 민주적 이행을 조기에 유산시킨 셈이다. 여기에다가 '사이공 붕괴'와 그에 따른 타이로부터의 미군 철수 등이 극우 세력의 반공 제일주의의 대중적 설득력을 높였다. 이러한 맥락에서 10 · 14민중항쟁을 지지하였던 적지 않은 중간 계급과 정치적 개방의 최대 수혜자였던 정치적 자본가들이 '10 · 6민중항쟁'에서는 등을 돌리고 신군부 주도의 쿠데타 동맹에 포섭되었다(박은홍, 1994, 170).

신군부의 개발 전략은 기존의 수입 대체 산업화보다 수출 지향 산업화에 보다 비중을 두기 시작하였다. 1978년에는 한국, 일본 모델을 모방하여 13개 국제상사를 설립하였다(Dixon, 1991, 177). 그러나 1970년대 후반 2차 국제 석유 파동, 달러에 연동되었던 국내 통화 바트화의 고평가 추세, 타이의 1차 상품 수출에 대한 세계 시장의 구매력 저하 등에 부딪히면서 이들의 개발 전략은 난항을 보이기 시작하였다. 1970년대 이후 확장 정책에 따른 국영기업 채무 및 정부 차입 자금의 누적에다가, 설상가상으로 1970년대 중반부터 미국의 군사 지원까지 감소함으로써(Hewison, 1997, 104) '업적에 의한 정당화' 전략은 또 다른 장벽에 봉착하였다.

기업 부문도 충격에서 예외일 수 없었다. 예상 성장률은 최저치를 기록하였고 은행 파산이 확산되었으며 투자가 급감하고 실업이 증가하였다. 심지어 규모와 영향력 측면에서 정상을 누리던 기업들조차도 손실을 감수해야 했다. 재정 적자도 눈덩이처럼 불어나 공적 채무가 전례없는 수준에 이르렀다. 무역 · 경상 수지도 적자로 돌아섰다. 빈곤층에 해당하는 농민들은 저곡가 문제에 봉착하였으며 임금은 인플레로 인해 잠식되었고 정부에 대한 비난이 고조되었다(Hewison, 1997, 104).

특히 1차 국제 석유 파동의 경우 비교적 유리한 국제 곡물 가격으로 인해 어느 정도 외부 충격이 흡수되었지만 2차 파동의 경우에는 곡물 가격까지

하락하여 그 충격의 강도는 더하였다. 여기에다가 '피의 수요일 참사' 이후 불법화된 학생, 노동, 농민, 여성운동지도자 들이 대거 사회주의 혁명을 기치로 공산 게릴라 세력에 합세, '산악 투쟁'에 나서자 신군부 정권에 대한 정치적 압박은 일층 심화되었다.[9]

이렇듯 경제적 · 정치적으로 압박을 당하던 신군부는 마침내, 기존 노선을 변경하고 '개방에 의한 정당화(opening legitimacy)' 전략을 고려하기 시작했다. 정당 활동이 재개되었고 검열 제도와 언론 및 집회의 자유를 제약하였던 많은 법적 조항들이 철폐되었다. 공산주의운동에 가담하였다는 이유로 구속되었던 정치범들과 1976년 쿠데타 때 체포된 자들에 대한 사면 조치도 취해졌다. 1978년에는 지명제 상원과 민선 하원 간의 권력 공유를 명문화한 신헌법이 통과되었다. 이 헌법을 계기로 상원에 대한 장악을 합법적으로 보장받게 된 군부와 정당 정치를 주도해 온 정치적 자본가 간의 전략적 제휴가 제도화되었다. 이어 1980년 의회 정치의 안정화를 기조로 하는 '반민주주의(semi-democracy)'를 제도화시킨 주역으로 일컬어지는 쁘렘 군부 내각이 출범하였다. 쁘렘은 투항하는 공산 게릴라들의 전력을 불문에 부치기로 하는 훈령을 공포함으로써, 1976년 '10 · 6민중항쟁' 이후 '대안 없는 선거(election without chioce)'를 이유로 하여 산으로 들어간 전투적 사회 세력을 포섭해 내는 데 성공하였다.

요컨대 한국과 유사하게 1970년대 말의 타이 경제 역시 2차 국제 석유 파동의 충격으로 그간의 안정적 성장이 한계에 봉착하면서 군부 정권의 정당성 위기가 사회 도전을 촉발시켰다. 그렇지만 한국에서 유신 체제 수립과 같은 친위 쿠데타의 성공이 억압적 독재의 정치 생명을 연장하였다면, 타이에서는 '싸릿 없는 개발 독재'의 연성화 국면과 맞물린 사회 도전의 규모화

---

9) 당시 정부 발표에 따르자면 친공산주의 세력이 1만4천 명에 달하게 되고 정부군과의 전투 횟수는 2배 이상 증가하였다(수에히로, 1993, 81).

가 한국에서와는 달리 개발 독재의 붕괴를 이끌어냈다. 하지만 민주적 공고화에 실패한 결과 정치적 개방 국면은 3년 만에 종언을 고하였다. 그럼에도 불구하고 2차 국제 석유 파동을 전후로 한 국내 경제의 위기 심화에 따라 사회의 불만이 정치적 도전으로 이어질 기미를 보이고 1976년 쿠데타로 확대된 전투적 사회 세력의 정치적 압박의 수위가 고조되자, 신군부는 곧바로 '개방에 의한 정당화' 전략으로 선회하였다. 이러한 맥락에서 1977년 후반부터 진행되기 시작한 '수동혁명'은 개발 독재의 복원에 대한 1976년 10 · 6민중항쟁의 '지연된 효과'에 해당하였다. 이후 타이는 한국과는 달리 1980년을 전후로 하여 '민주화 없는 자유화'(Chai-anan and Sukhumband, 1993), '부드러운 독재로의 전환'을 경험하였다.

5. 인도네시아 : 사회 도전의 유산(流産)과 억압적 독재의 지속

박정희 개발 독재에 비견할 수 있는 신질서(Orde Baru) 체제는 1965년 '9 · 30사태'라는 의미의 '게스따뿌(Gestapu)'로 명명되는 일련의 사태를 수하르또가 평정하고 수까르노 지지 세력과 공산당(PKI) 세력이 괴멸된 가운데 수립되었다.[10]

그러나 집권 초기부터 수하르또의 정치적 지위가 안정적이었던 것은 아니었다. 자카르타-베이징 축을 추진하였던 친 수까르노 세력이 군부 내에 남아 있었고 지방 관료 기구가 완전한 통제 대상에서 벗어나 있었다. 이러한 상황하에 수하르또는 그의 신질서 체제로의 국민적 통합을 이끌어내기 위해 수까르노 시기의 민족주의 이데올로기를 대신해서 근대화, 개발 등과

---

10) 공산당과 육군 간의 잠복되었던 대립이 폭발한 1965년 9 · 30사태 이후 1966년까지 공산주의자의 혐의를 받고 살해된 인명의 숫자는 아직도 불분명하다. 한 보고서는 1백만 명으로 추산하고 있다(Cribb, 1990, 8).

같은 실용적 목표를 강조하였고 실제로 일부 학생운동 그룹, 무슬림 과격파, 중간층, 전문인, 지식인 들의 신질서에 대한 지지를 이끌어낼 수 있었다(Mackie, 1993, 76).

수까르노의 '교도 민주주의(Guided democracy)' 로부터 보잘것없는 재정 · 징세 능력의 관료제를 물려받은 수하르또 군부 정권은 쿠데타 동맹에 해당하는 '신질서 연합' 을 통해 기존 국가 개입 주도의 수입 대체 산업화에 대한 구조 조정과 외자 의존의 개발 프로그램을 추진하였다. 이를 위한 재원 충당은 해외 원조, 대부, 투자 기금 등에 의존하였다(Mackie, 1993, 77; Robison, 1987, 18). 그리고 1958~64년 기간 동안 국유화된 네덜란드계, 여타 외국계 기업을 효율성 증진의 차원에서 유한 주식회사로 재편하고 이들에 대한 정부 주식 투자도 엄격히 통제하면서 민영화도 병행하였다.

이와 함께 수하르또 정부는 수까르노 통치가 남긴 4백 퍼센트에 이르던 인플레를 잡기 위해 고금리 체제를 도입하였다. 그러나 저축운동의 결과 수신고가 높아지면서 금리가 내리기 시작, 1973년 석유 호황 시기에는 실질 금리가 마이너스 수준(1977~78 시기는 0퍼센트 금리)까지 도달하였다.[11] 이는 당시 마이너스 금리하의 국제 자본 시장의 흐름을 반영한 것이기도 하였지만, 군부 정권의 의도적인 확장 정책의 결과였다. 이 시기 수하르또 정부는 국책은행이 차지하고 있던 막대한 시장 점유율을 지렛대로 하여 전략 산업 부문에 대한 보조금 지원의 차원에서 마이너스 금리 체제를 활용하였던 것이다.

요컨대 산업화 패턴의 혁신에 따라 1966~68년 사이 인도네시아는 20세기 들어 인플레를 가장 잘 통제한 사례의 하나로 꼽힌다. 여기에다가 1968년부터 증가된 해외 원조와 1970년대 석유 수출 수입의 급격한 증가로 경제가 활기를 되찾기 시작하였다. 1974년 순 석유 수출의 명목 가치는 4배나

11) 석유수출기구(OPEC)는 국제 석유 가격을 배럴당 3달러에서 12달러로 인상하였다.

증가하였다. 목재 산업 호황과 현실성 있는 외환 제도도 수출 신장에 커다란 기여를 하였다. 이로써 1967~73년 시기 인도네시아 경제의 성장률은 8.68퍼센트를 기록하였다. 이는 1973~81년의 성장률 7.48퍼센트보다 높은 수치였다. 수하르또 군부 정권은 이러한 석유 수출 수입에 따른 호황 국면을 확장형 경제 민족주의 노선으로 선회하는 전기로 삼았던 것이다.

이와 함께 국가 기구에 대한 조직 개편도 진행되었다. 이를테면 1970년 지역 단위에 대한 통제력을 높이기 위해 군 지휘 구조와 비대해진 관료제에 대한 개혁이 이루어졌다. '버클리 마피아(Berkeley mafia)'로 명명된 수하르또 측근의 경제 관료들의 자율성도 제고되었다. 정치적으로는 경제 발전의 전제 조건이 되는 '신질서'의 안정화를 명분으로 1971년 관권 선거를 '성공적'으로 치렀다. 이 선거에서 수하르또에 의해 급조된 골까르(GOLKAR : Golongan Karya의 약자로 직능 그룹이라는 뜻)가 360의석 중 236의석을 확보함으로써 대승을 거두었다. 그 이후에도 집권 골까르는 63~73퍼센트의 득표율을 지속적으로 확보하였다. 이는 야당에 해당하는 통일개발당(PPP)과 인도네시아민주당(PDI)이 수하르또에 의해 무력화된 정치적 결과였다(Esterline and Esterline, 1991, 404 ; 네어, 1993, 104).

그러나 1970년대 초 한국과 타이에서 사회 도전이 있었듯이 인도네시아에서도 1973년에 들어와 성장 연합으로부터 배제되었던 사회의 도전이 반일 · 반화인 폭동의 양상으로 폭발하였다. 다나카 일본 수상이 1974년 1월 인도네시아를 방문하였을 때 촉발된 '말라리폭동'[12]이 그것이다.

정치적 긴장은 재정 · 정치를 담당하던 수하르또 측근의 군 출신 비서진들과 일선에 있던 고위급 장교들 간에서 촉발되었다. 당시 아스프리(Aspri)라고 알려진 비서진 가운데에서 가장 유력한 인물은 알리 무르또뽀 장군이

12) 'Malapetaka Januari(1월의 재앙)'의 머릿글자를 따서 말라리(Malari)사태로 명명되었다. 물론 이미 1968년 쌀값 인상에 불만을 품은 첫시위가 있었다. 이때 수하르또 정부는 무마책의 일환으로 쌀을 비롯한 기본재 분배 기구로 국가조달청(Bulog)을 설치하였다(Amir, 1997, 21).

었다. 그는 1960년대 후반, 70년대 초 수하르또의 신질서를 위한 '싱크 탱크'를 조직화한 장본인으로 수하르또와 함께 화인 자본가와의 제휴하에 '축재를 꾀하는 장군'의 대표적 인물이었다(Schwarz, 1994, 33).

결정적 사태는 그의 경쟁 상대였던 국가안전질서회복사령부의 수미뜨로 장군이 1973년 10월 타이 군부 정부의 붕괴에 고무받은 무슬림과 학생 그룹을 향해 다나카 수상이 방문하기 수주 전부터 자신이 아스프리를 반대한다는 선동적 의향을 보인 데에서 비롯되었다. 수미뜨로는 1973년 말부터 무르또뽀를 비롯하여 '치부에 혈안이 된 장군들'을 비난하는 학생들의 시위에 동정적 태도를 보였던 것이다. 물론 수미뜨로의 이러한 행위는 민주주의에 대한 신념의 표현이라기보다는 자신과 자파의 입지를 강화하려는 의도에서 비롯되었다(신윤환, 1991, 205).

마침내 다나카 수상의 방문 당일 아침 수천 명의 학생들이 쌀값 인하, 부패 종식, 수하르또 측근의 사조직 해체 등을 요구하는 시위를 벌였다. 이어 오후에는 자카르타의 빈민들이 일본인 · 화인의 재산을 약탈 · 방화하는 폭동 사태로 건잡을 수 없이 비화되었다. 일본 상품을 상징하는 도요타 수입상과 화인 재벌을 상징하는 아스트라 진열대가 방화 대상이 되었다.

폭동은 11명이 사살된 채로 진압되었으나 그 여파로 수미뜨로는 보안사령관, 육군 부참모총장에서 해임되었다. 수미뜨로의 전격적 해임은 대중적 동원을 통해 자신의 세를 과시하려는 것이 얼마나 위험한 행위인가를 보여주고자 한 수하르또의 경고였다. 반면 아스프리는 공식적으로 해체되었지만 알리 무르또뽀는 군정보 기구의 부책임자로 승진하였다. 이렇듯 군부의 갈등에 휘말린 말라리폭동은 신질서 이후 초토화된 사회 역량을 보여주는 단적인 예였다. 이는 1970년대 초 인도네시아 사회의 규모와 능력이, 개발독재의 붕괴를 이끌었던 타이 사회는 물론이고 유신에 의해 진압된 한국 사회보다도 취약했음을 보여준다. 1965년 '9 · 30사태' 이후 수까르노 시기에 정치적으로 활성화되었던 사회가 수하르또의 반공주의에 의해 초토화되고 대다수 도시 중간 계급이 쿠데타 동맹에 안주하고 있던 결과였다. 말라리폭동을 계기로 해서 언론과 반대 목소리에 대한 수하르또 개발 독재의 탄압은 강화되었다. 우선 신질서 반대를 주도하던 여러 학생운동 지도자들이 구속되었다. 수하르또는 학생운동을 굴복시키기 위한 방도로 강경파를 교육부 장관에 임명하였고 여타 비판적 지식인들에 대해서도 이데올로기적 순응을 강요하였다. 또한 12개 신문을 폐간하였다. 이때 한국의 '유신' 교리화에 버금가는 다섯 가지의 국가 이데올로기에 강조점을 둔 빤짜실라(Pancasila)의 세련화 · 대중화 프로그램도 추진되었다. 이외에도 그는 반공주의, 군부의 정치 참여를 정당화하는 드위 풍시(dwi fungsi), 즉 이중 기능론, 선거 기간 이외 농촌에서의 정치 활동 금지를 정당화한 '부유(浮游)하는 대중론', 국제 사회에서의 인도네시아의 자립과 선진화를 위한 경제 발전 등을 국가 이데올로기적 차원에서 강조하였다.

경제가 호황 국면으로 접어들고 고급 인력의 고용 기회가 확대되면서 정치적 억압의 강도는 더욱 강화된 반면 수하르또 신질서 체제에 도전할 수 있는 사회의 역량은 현저히 약화되었다(Mackie, 1993, 82). 이로써 신질서 초기의 상대적으로 개방적이고 경쟁적이던 정치 체제는 종결되고 수하르또 개인에게 권력이 일층 집중된 사적 지배가 공고화되기 시작하였다.[13)]

이렇듯 수하르또 정권은 가산제적(patrimonial) 성격을 더욱 강화하면서도 유가 폭등이라는 예기치 않은 지대 덕분에 '업적에 의한 정당화'를 위한 가용 자원을 확대할 수 있었다. 그리고 그동안의 자유주의적 경향의 경제 정책을 개입주의로 대체하면서 제고된 재정적 자율성을 기반으로 특히, 정책 금융 할당, 그리고 고부가가치 사업 부문에 대한 규제를 일층 강화하였다(Mackie, 1993, 80). 특히 이 과정에서 말라리폭동의 배경이 되었던 반외

13) 야당이 2개당으로 통폐합되었듯이 그나마 있던 우익 노조들까지도 국가 통제하의 전국인도네시아노동연맹(FBSI)으로 통폐합되었다(전제성, 1998, 132~133).

세 반화인 민족주의 감정을 무마하기 위해 인프라에 해당하는 국영 기업 부문 확장 정책과 토착자본에 대한 우대 정책을 추진하였다.

그렇지만 1970년대 후반에 들어와 수하르또는 몇 가지 불안한 상황에 봉착하였다. 우선 유가의 급등으로 예기치 않은 수입원을 확보하였던 국고가 경영 악화에 몰린 국영 석유회사 빠르따미나에 소모될 지경이 되자 나돌기 시작한 반(反) 수하르또 쿠데타설이 그 하나였다. 무슬림과 학생들의 불만도 고조되고 있었다. 무슬림들의 경우 기독교인에게 우호적인 혼인법을 지원하고 나선 수하르또에게서 전통적인 자바 신앙인 끄바띠난까지 인도네시아 공식 종교의 하나로 승인하려는 듯한 인상을 받자 불만을 품게 되었다. 학생들 역시 다시금 수하르또 정권의 독재와 부패에 반대한다는 명분하에 반정부 선동을 하기 시작하였다. 관권 선거에 의해 구성된 국회가 개원된 직후인 1977년 11월 초 대학생들은 수하르또의 개발 정책이 국민 대중의 수입 불균형을 가중시켰다고 비난하고 나섰으며 무슬림은 수하르또가 반이슬람적이라고 공격하였다. 그러나 군부는 대통령에 대한 지지를 공식적으로 천명하였으며, 1978년 3월 2일 수하르또 3선 반대운동을 강력하게 저지하였다. 이때 반정부 학생 시위 보도와 관련하여 4개 신문이 폐간되었고 반정부 유인물이 배포된 가자마다대학에는 휴교령이 떨어졌다. 나아가 1978년 대학 내의 정치 활동을 규제하려는 의도에서 '대학정상화법'이 시행되었다(Esterline and Esterline, 1991, 411).

1979년 수하르또가 미국과 일본이 주도하는 인도네시아원조국회의(IGGI)와 세계은행, 국제통화기금(IMF)과의 관계를 긴밀히 하는 경향을 보이자 또다시 반 수하르또 움직임이 재연되었다. 극단적 민족주의자들은 서구 지향적 기술 관료들의 경제 정책이 소수 도시 엘리트들 중에서만 기업인을 만들어내고 경제적 불균형을 심화시키고 있다고 비난하고 나섰다. 그러나 보다 눈에 띄는 저항은 군부의 '드위 풍시', 즉 군사적 기능과 정치사회적 기능 결합론에 비판적인 일단의 퇴역 고위장교들로 구성된 '50인 그룹'

의 움직임이었다. 이들은 군부가 수하르또 일가와 그 측근들의 정치 · 경제적 거래에 휘말리면서 군부의 이미지를 훼손시키고 있다고 주장하면서 정치 개혁을 요구하고 나섰다. 하지만 '50인 그룹'은 대중적 기반이 전혀 없는 사회적 명망가들로 이루어진 반대 엘리트들의 모임에 불과하였다(신윤환, 1991, 201). 때문에 수하르또는 즉각적으로 신문들이 이들의 정치적 견해를 담는 것을 금지하고 이들을 정면에서 공격할 수 있었다.

요컨대 한국의 1970년대 말에 비견할 수는 없지만, 일부 사회의 저항 움직임이 있었음에도 불구하고 오히려 수하르또의 빤짜실라 체제가 더욱 공고화된 데에는 1974년에 뒤이어 1979~80년에 있었던 국제 석유가격의 급등 요인이 있었다. 석유 지대(oil rent)가 수하르또 정권의 '업적에 의한 정당화'의 경제적 자원으로 활용되었기 때문이다. 1980년을 전후로 한 무슬림과 반 수하르또 군부 파벌의 도전을 이겨낼 수 있었던 요인 중의 하나도 국제 유가의 폭등에 따른 국제수지 흑자와 재정 흑자의 확대에 있었다. 기묘하게도 말라리폭동이 있었던 1974년에 뒤이어 무슬림과 '50인 그룹'의 도전 기미가 있었던 1979~80년에 인도네시아는 경상수지 흑자를 보일 만큼 호황을 누리고 있었다. 이는 정부 조세 수입의 73퍼센트를 차지하는 석유, 천연가스 수출 성과에 기인한 바 컸다(McIntyre, 1994, 250). 1980~81년 사이에 외환 보유고도 50퍼센트 이상 증가하였다.

결국 인도네시아는 1966년 신질서 출범 이후 1980년에 이르기까지 이렇다 할 사회의 도전이 없었던 셈이다. 이는 일단 수까르노 시기 최고조로 정치화되었던 사회를 탈정치화시키는 데 성공한 수하르또의 성과였다. 그러나 사회에 대한 수하르또의 공격은 한국과 타이의 개발 독재 사례처럼 단지 폭력적 형태만을 띠었던 것이 아니었음을 주목할 필요가 있다. 수까르노 시기에 파국 일로에 있던 경제를 정상화시켜 낸 수하르또의 실용주의적 개발주의의 성과가 국민 대중을 부드럽게 포섭한 측면도 있었기 때문이다. 여기에다가 한국과 타이가 1970년대 두 번에 걸친 국제 석유 파동으로 정당성의 위기를 맞게 되었던 반면, 인도네시아의 수하르또 정권은 석유 지대라는 예기치 않은 행운을 얻어 그나마 있었던 소규모의 사회 도전을, 억압적 독재를 공고화하는 전기로 역이용하였다.

6. 결론

타이와 인도네시아는 경제력에서는 한국보다 낮은 수준이지만 국제 사회로부터 '고성장 아시아 경제군(high-performing Asian economies: HPAEs)'으로 분류된 바 있다. 주목할 것은 이러한 성장의 기초가 한국과 마찬가지로 개발 독재 시기에 마련되었다는 점이다. 이는 군부-기술 관료로 이루어진 쿠데타 동맹의 '업적에 의한 정당화' 전략의 성과였다. 물론 1980년 개발 독재 시기까지 이들 두 나라의 산업화 기조는 한국과 달리 수입 대체 산업화였다. 이는 한국과 차이를 보이는 이들 두 나라의 영토의 크기, 부존 자원 및 국내 시장의 규모와 관련이 있었다.

그러나 이들 두 나라 역시 한국처럼 1차 국제 석유 파동을 전후로 한 1970년대 상반기에 개발 독재에 대한 사회의 도전이 있었다. 이는 경제 성장의 부산물인 중간 계급, 노동 계급의 규모화와 밀접한 관련이 있었다. 즉 개발 독재가 의도하지 않았던 '토크빌 효과'였던 것이다. 하지만 타이에서 '토크빌 효과'의 강도는 한국과 인도네시아에 비해 높았다.

타이의 경우 이미 1960년대 후반에 미약한 수준이지만 정당 활동과 선거가 재개되는 등 정치적 개방을 경험하기 시작하였다. 이러한 '때이른' 위로부터의 자유화는 타이가 인도네시아에 비해 개발 독재를 먼저 경험하기 시작한 데에서 온 '선발성의 이점'이기도 하였지만, 한국과 인도네시아에 비해 상대적으로 사적 자본의 비중이 높은 산업화 패턴과 관련이 있었다. 따라서 이때 타이의 개발 독재는 한국, 인도네시아와 대조를 이루는 연성 개발 독재였다. 1차 국제 석유 파동의 여파에 따라 성장의 기조가 흔들리면서 야기된 1973년 사회 도전에 개발 독재가 붕괴될 수 있었던 것도 이러한 연성 개발 독재의 취약성과 관련이 있었다. 그러나 1976년 사회적 갈등의 증폭과 관련된 '맥락의 문제'가 누적되면서 정치적 개방 국면은 3년 만에 신군부에 의해 전복되었다. 그러나 1년 뒤 신군부는 2차 국제 석유 파동을 전후로 세계 경제의 하강에 따른 국내 경제의 위축, 정치적 개방 이후 진행되었던 확장 정책의 실패에 따른 공적 채무의 압박 등과 맞물려서 1976년 민중항쟁의 뒤를 이은 전투적 사회 세력의 영향력이 확대됨에 따라, '업적에 의한 정당화' 전략에서 선회를 모색하기 시작하였다. 이어 정치적 개방 국면을 이끌어냈던 사회를 대신하여 권력의 최대 수혜자가 되었던 정치적 자본가들의 정당과의 제휴를 기조로 하는 '개방에 의한 정당화', 즉 '수동혁명'이 진행되었다. 따라서 이때의 수동혁명은 전투적 사회 세력의 입장에서 보자면 '의도하지 않은 결과'였고, 타이의 정치 진화 측면에서 보자면 1976년 개발 독재 복원에 저항한 10 · 6민중항쟁의 '지연된 효과'였다. 이러한 맥락에서 1980년에 5 · 18민중항쟁에도 불구하고 '억압적 독재로의 회귀'를 경험한 한국과는 대조적으로 타이에서는 '부드러운 독재로의 전환'이 진행되었다.

이러한 타이 사례가 5 · 18민중항쟁 이후 이른바 1983년 말 '학원 자율화'를 기점으로 하여 직선제 개헌→ '문민 정부'에 의한 정치 개혁으로서의 군부 통제 성공→여 · 야 정권 교체→ '국민의 정부'에 의한 경제 개혁으로서의 재벌 통제 추진 등과 같이 수동혁명의 심화 과정을 밟고 있는 한국에게 주는 함의는 무엇인가? 그것은 바로 타이에서 있었던 민중항쟁, 즉 개발 독재에 대한 사회의 도전이 '지연된 효과'로서 '부드러운 독재로의 전환'이라는 수동혁명을 수반하였듯이 1983년 말부터 시작되었던 '박정희 없는 개발 독재'의 '부드러운 독재로의 전환'과 이후 수동혁명의 심화 역시 5 · 18 민중항쟁의 '지연된 효과'일 수 있음을 보여주고 있다는 점이다. 이는 개발 독재로부터의 민주적 이행에 대한 점진주의적 접근이 지니는 신화적 요소에 대한 하나의 도전이다.

한편 인도네시아 수하르또의 신질서 체제는 민주화를 향한 사회적 문턱의 형성을 장기간 동안 봉쇄할 수 있을 정도로 사회를 초토화시킨 가운데 출범하였다. 이는 한국전쟁이 남긴 사회적 효과와 같은 것이었다. 말라리폭동 역시 현저히 취약해진 사회의 규모와 역량을 반영해 주는 하나의 에피소드에 불과하였다. 여기에다가 1970년대의 석유 지대는 실용주의적 개발주의에 기조를 둔 수하르또 개발 독재의 '업적에 의한 정당화' 를 위한 행운이었다. 이로써 말라리폭동의 역설적 효과와 함께 수하르또의 경성 개발 독재가 안정적으로 공고화되었다. 이는 국제 석유 파동의 사회적 여파로 정당성 위기에 몰린 박정희 경성 개발 독재가 유신을 계기로 매우 불안정해지기 시작한 현상과 대조적이다. 결국 인도네시아에 있었던 1970년대 말의 사회 도전의 움직임 역시 수하르또 정권에 의해 용이하게 평정되고 유신의 '한국적 민주주의' 에 해당하는 '빤짜실라 민주주의', 즉 '억압적 독재의 지속' 을 경험해야 했다.

이러한 수하르또 군부 정권의 사례는 5 · 18민중항쟁에도 불구하고 '박정희 없는 개발 독재' 로 회귀한 한국의 사례와 함께, 사회 위에 군림하는 냉전적 아시아 개발 독재의 견고성을 유감 없이 보여주고 있다. 그렇다면 분단이라는 냉전적 조건하에서 박정희 정권이 수하르또 정권과 달리 사회 도전에 노출되었던 이유는 무엇이었나? 우선 국제 석유 파동 국면에서 석유 지대 부재로 인한 투입비용 증폭, 과잉 중복 투자에 따른 중화학공업화 노선의 동요 등이 미친 '업적에 의한 정당화' 전략의 차질에서 그 원인을 찾을 수 있을 것이다. 하지만 부마항쟁을 시발로 하는 개발 독재에 대한 사회 도전과 그 절정에 해당하는 5 · 18민중항쟁과 관련해서 주목하고자 하는 것은 수하르또 정권을 훨씬 앞질렀던 박정희 정권의 경제적 업적과 역설적이게도 그에 따른 고강도의 '토크빌 효과', 즉 규모화된 사회 도전의 효과다. 물론 이때 예기치 않았던 10 · 26이 사회 도전의 '눈덩이 효과'를 촉진하였다. 그럼에도 불구하고 1980년 5월 민중항쟁은 패배로 끝나고 '박정희 없는 개발 독재'는 복원되었다. 정치 무대 뒤로 잠시 동안 전술적 후퇴를 취하였던 '박정희 없는 개발 독재'가 1973년에 전복된 타이에서와 같은 연성 개발 독재가 아닌 수하르또 정권에 가까운 경성 개발 독재였던 것이다. 따라서 5 · 18민중항쟁의 패배는 숙명적이었는지도 모른다.

하지만 5 · 18민중항쟁은 역설적이게도 지배 블록에게는 정신적 장애(*trauma*)로 작용한 반면, 사회를 주도한 '모범적 행위자들'에게는 활력(*élan*)으로 작용하였다. 민주화를 여는 정초선거(founding election)에 해당하는 1987년 대통령선거는 이러한 5 · 18민중항쟁이 '박정희 없는 개발 독재'와 사회에 각각 미친 양날의 효과였다. 다시 말해 5 · 18민중항쟁의 '지연된 효과'였던 것이다.

〈참고문헌〉

김세균, 〈5 · 18광주민중항쟁의 사회적 배경〉, 《역사와 현장》, 1990년 5월 창간호, 1990.

김영순, 〈유신 체제 수립 원인에 관한 연구〉, 한국산업사회연구회 편, 《오늘의 한국 자본주의와 국가》, 한길사, 1988.

김준, 〈1980년의 정세 발전과 대립 구도〉, 정해구 · 김창진 외, 《광주민중항쟁연구》, 사계절, 1990.

김지훈, 〈인도네시아의 경제 개혁과 그 한계〉, 고려대 사회학과 석사학위논문, 1998.

김태일, 〈권위주의 체제 등장 원인에 관한 사례 연구〉, 최장집 편, 《한국 자본주의와 국가》, 한울, 1985.

네어, 동남아지역연구회 역, 《현대 동남아의 이해》, 서울 프레스, 1993.

류재헌, 〈한국 산업독점체 형성과 금융적 자본의 관계〉, 한국산업사회연구회 편, 《오늘의 한국 자본주의와 국가》, 한길사, 1988.

마인섭, 〈자본주의적 발전과 민주화〉, 임현진 · 송호근 공편, 《전환의 정치, 전환의 한국 사회》, 사회비평사, 1995.

무어, 진덕규 역, 《독재와 민주주의의 사회적 기원》, 까치, 1985.

박은홍, 〈타일랜드 민주화 연구 : 1973~1976년과 1992년~현재를 중심으로 한 비교 분석〉, 《동남아시아연구》, 한국동남아학회, 1994.

_____, 〈타이 : 성장과 위기, 국가-기업 연결망의 두 얼굴〉, 한국정치연구회 편, 《동아시아 발전 모델은 실패했는가》, 삼인, 1998.

백종국, 〈한국 자본주의 체제 변동의 요인과 전망〉, 임현진 · 송호근 공편, 《전환의 정치, 전환의 한국 사회》, 사회비평사, 1995.

서관모, 〈한국 화이트칼라 노동자의 구성〉, 서관모 · 심성보 외, 《현단계 한국 사무직 노동운동》, 태암, 1989.

손호철, 〈한국 민주화 : 이론과 쟁점〉, 《현대 한국 정치 : 이론과 역사》, 사회평론사, 1997.

신윤환, 〈인도네시아의 민주화 전망 : 안정된 권위주의 체제의 민주화 가능성에 관한 연구를 위한 시론〉, 한국정치학회, 제2차 한국정치세계학술대회 발표문, 1991.

이성형, 〈국가, 계급 및 자본 축적〉, 최장집 편, 《한국 자본주의와 국가》, 한울, 1985.

임혁백, 《시장 · 국가 · 민주주의》, 나남, 1994.

전제성, 《인도네시아 산업노동계급의 성장과 노동정책의 변화》, 《현장에서 미래를》 제6호, 1998.

정해구, 〈한국 사회의 정치 변동과 민중 투쟁〉, 정해구 · 김창진 외, 《광주민중항쟁연구》, 사계절, 1990.

조현연, 〈한국 정치 변동의 동학과 민중운동:1980년에서 1987년까지〉, 한국외대 대학원 정외과 박사학위논문, 1997.

조희연, 〈한국의 민주주의 이행 과정에 관한 연구〉, 임현진 · 송호근 공편, 《전환의 정치, 전환의 한국 사회》, 사회비평사, 1995.

Amir Santoso, 'Democratization : The Case of Indonesia's New Order', Anek Laothamatas (ed.), *Democratization in Southeast and East Asia.* Singapore: ISEAS, 1997.

Chai-anan Samudavanija and and Sukhumband Paribatra, 'Thailand : Liberalization without Democracy', James W. Morley (ed.), *Driven by Growth*, N.Y.: M.E. Sharpe, 1993.

Cribb, Robert (ed.), *The Indonesian Killings : 1965~1966*, Monash Papers of Southeast — No.21, 1990.

Dick, H. W., 'The Rise of a Middle Class and the Changing Concept of Equity in Indonesia : An Interpretation', Indonesia no.39 (April), 1985.

Dixon, Chris, *South East Asia in the world economy*, Cambridge : Cambridge Univ. Press, 1991.

Esterline, H. John and Mae H. Esterline, 동남아정치연구회 역, 《동남아정치입문》, 박영사, 1991.

Haggard, Stephan and Robert R. Kaufman, *The Political Economy of Democratic Transitions*, Princeton and New Jersey : Princeton Univ. Press, 1995.

Hewison, Kevin. 'Thailand : Capitalist Development and the State', Garry Rodan, Kevin Hewison and Richard Robison, *The Political Economy of South-East Asia: An Introduction*, Oxford, Auckland, New York: Oxford Univ. Press. 1997.

Hill, Hal. *Indonesia's New Order.* Honolulu: Univ. of Hawaii Press, 1997.

Hill, Hal. *The Indonesian Economy since 1966*, Cambridge : Cambridge Univ. Press, 1996.

Huntington, Samuel P., *The Third Wave.* Norman and London: University of

Oklahoma Press, 1991.

Hutchcroft, Paul D., 박사명 역, 〈필리핀 국가와 과두제: 가산제적 점탈의 정치〉, 동남아정치연구회 편역, 《동남아정치와 사회》, 한울, 1992.

MacIntyre, Andrew, 'Power, Prosperity and Patrimonialism : Business and Government in Indonesia', Andrew MacIntyre ed, *Business and Government in Industrialising Asia*, Sydney : Allen & Unwin, 1994.

Mackie, Jamie, 'Indonesia : Economic Growth and Depoliticization', James W. Morley ed. *Driven by Growth*. N.Y. : M.E. Sharpe, 1993.

Martins, Luciano, 'The Liberalization of Authoritarian Rule in Brazil', Guillermo O'Donnell, Phillippe C. Schmitter, and Laurence Whitehead (eds.), *Transitions from Authoritarian Rule : Latin America*, Batimore : The Johns Hopkins Univ. Press, 1986.

O'Donnell, Guillermo and Philippe Schmitter, *Transitions from Authoritarian Rule*, Baltimore and London: The Johns Hopkins Univ. Press, 1986.

Pasuk Phongpaichit and Chris Baker, *Thailand : Economy and Politics*. Singapore : Oxford Univ. Press, 1995..

____________________, *Thailand's Booml*, Chiang Mai : Silkworm Books, 1996.

Robison, Richard, 'After the gold rush: the poilitics of economic restructuring in Indonesia in the 1980s', Richard Robison, Kevin Hewison, and Richard Higgot (eds.), *Southeast Asia in the 1980s*. Sydeny : Allen and Unwin, 1987.

Rustow, Dankwart, 'Transition to Democracy : Toward a Dynamic Model', Comparative Politics 2, 1970.

Schwarz, Adam, *A Nation in Waiting: Indonesia in the 1990s*. Sydeny : Allen & Unwin, 1994.

Seligson, Mitchell A., 'Democratization in Latin America: The Current Cycle',

James M. Malloy and Mitchell A. Seligson (eds.), *Authoritarians and Democrats*, London : Univ. of Pittsburgh Press, 1987.

Skocpol, Theda, 'Bringing the State Back In: Strategies of Analysis in Current Research', Peter Evans, Dietrich Rueschemeyer, Theda Skocol, *Bringing the State Back In*, Cambrige : Cambridge Univ. Press, 1985.

Stepan, Alfred, 'Paths toward Redemocratization : Theoretical and Compatative Considerations', Guillermo O'Donnell, Phillippe C. Schmitter, and Laurence Whitehead (eds.), *Transitions from Authoritarian Rule*, Batimore: The Johns Hopkins Univ. Press, 1986.

Therbone, Goran, 'The Rule of Capital and the Rise of Capital', New Left Review 103, 1977.

수에히로, 아키라.《タイ開發と民主主義》, 岩波新書, 1994.

____________, 《講座現代アジアに近代化と構造變動》, 東京大學出版會, 1994.

5 · 18 담론의 변화와 정치 변동

전 재 호

(한국정치연구회 연구위원, 정치학 박사)

1. 머리말

1980년 5월의 광주(이하 5 · 18)는 한국 현대사의 한 획을 긋는 중요한 사건이다. 그것은 5 · 18이 한국 사회의 구조적 모순을 압축적으로 표현했기 때문만이 아니라, 1980년대 이후 한국 사회 정치 변동의 과정에서 5 · 18 담론이 폭발적인 영향력을 발휘했기 때문이다. 5 · 18 담론은 1980년대 진행된 정치 변동의 과정에서 권위주의적 국가와 정치 · 시민 사회 내 민주화운동 세력들 간의 담론 투쟁의 핵심이었다. 이 과정에서 '불순분자들의 사주에 의한 폭도들의 소요' 또는 '국가 발전을 저해하는 혼란'이라는 국가의 지배 담론은 '민주화 · 민중항쟁 · 반(反)외세 자주'라는 민주화운동 세력의 대항 담론에 의해 도전받았고, 1987년 6월항쟁 이후 대항 담론 중 '민주화운동'이라는 의미만이 국가에 의해 공인되었다.[1)]

그런데 6월항쟁 이전까지 국가와 정치 · 시민 사회 내 민주화운동 세력들 간의 담론 투쟁이 5 · 18의 성격을 중심으로 전개되었다면, 그후부터 정치 세력들간의 담론 투쟁은 민주화의 진행과 공고화라는 5 · 18 담론의 실천을 둘러싸고 진행되었다. 그리고 이 실천의 과정에서 권위주의 정권 아래서 연대하였던 정치 사회와 시민 사회 내 민주화운동 세력들간에 균열이 발생한다. 이러한 균열은 먼저 5 · 18 담론의 실천의 범위를 둘러싸고 정치 사회 내 야당과 시민 사회 내 자유주의 세력들을 한편으로, 시민 사회 내 민중운동 세력들을 다른 편으로 하여 발생하고, 다음으로 3당 합당 이후 전개된 지역주의로 인해 정치 · 시민 사회 모두에서 호남 대 비호남의 대립으로 등장하며, 마지막으로 광주 문제의 구체적 해결 방안을 둘러싸고 광주 · 전남 지역의 시민 사회 내 자유주의 세력들과 민중운동 세력 사이에서 발생한다. 따라서 1980년 이후 '광주사태' 로부터 '광주민주화운동' 과 '광주민중항쟁' 으로의 변화는 단순히 5 · 18을 지칭하는 용어의 변화가 아니라 한국 사회의 정치 변동 과정에서 전개된 국가, 정치 사회 그리고 시민 사회 내 여러 세력들간의 역학 관계와 밀접히 연관된 것이었다.

한국 정치사에서 5 · 18이 차지하는 위상에 걸맞게 5 · 18에 대한 연구는 그동안 다양한 측면에서 이루어져왔다. 그러나 기존 연구들은 주로 5 · 18의 구체적 역사를 복원하거나 그것이 지닌 민중 · 민주적 성격에 대해 관심을 보였고, 5 · 18 담론이 한국의 정치 변동 과정에 끼친 영향이나 5 · 18 담론과 정치 세력들과의 관계에 대해서는 큰 관심을 보이지 않았다.[2] 그러나

---

1) 담론은 다양한 의미로 사용되지만, 언어를 통해 개인들에게 제공하는 어떤 의미 구조나 표상 방식이라기보다, 차라리 담론은 개인들이 특정한 방식으로만 실천하게 만드는 실천의 양태와 그러한 실천을 강제하는 규칙이다(Foucault, 1992). 따라서 이 글은 담론을 어떤 사물(thing)을 의미하는 언어(language)와 대비되는 하나의 행위 개념으로서, 의미를 만들고 재생산하는 사회적 과정을 포괄하는 개념으로 사용하겠다.

2) 5 · 18 담론의 변화에 대한 관심을 보인 연구로는 최정운(1997)과 허만호 · 김진향(1998)의 글이 있는데, 전자는 5 · 18 당시의 담론과 이후 제기되었던 여러 담론들을 분석하였고, 후자는 5 · 18 담론과 4 · 19 담론을 분석하고 5 · 18의 올바른 사회적 담론 구성을 다루었다. 이 글들이 모두 5 · 18 담론과 그 이후의 정치 변동과의 상관성을 지적하기는 하였을지라도, 양자의 관계를 구체적으로 다루지 않았다는 점에서 본 연구와 차별성을 보인다.

이 주제는 한국의 민주화 과정에서 5 · 18 담론이 지녔던 상징성과 영향력을 고려할 때 무시할 수 없다. 따라서 이 글은 1980년대 이후 정치 변동의 과정에서 각 정치 세력들(주로 국가와 정치 · 시민 사회의 민주화운동 세력)의 5 · 18 담론은 어떻게 변화하였으며, 그 구체적인 담론 투쟁의 과정은 어떻게 진행되었는지 분석하려 한다.

제2절에서는 한국 사회의 정치 변동을 분석하기 위한 이론적 틀을 살펴본 후 제3절에서는 1980년부터 87년 6월항쟁까지 국가와 정치 · 시민 사회 내 각 세력들의 5 · 18 담론을 살펴보고, 또한 어떤 정치 변동이 후자의 우위를 가져오게 했는가를 분석할 것이다. 다음으로 6월항쟁 이후 어떤 정치 변동이 정치 사회 및 국가 주도의 5 · 18 담론의 실천을 가져왔으며, 이 과정에서 정치 세력들 사이에서 어떤 정치적 균열이 발생했는가를 분석하겠다. 마지막으로 결론에서는 이 글의 함의를 정리하겠다.

2. 분석틀의 검토

이 글은 5 · 18 담론의 변화와 당시 한국 사회의 정치 변동의 상관 관계를 추적하기 위해 국가—정치 사회—시민 사회라는 패러다임을 사용한다. 이것은 기존의 국가—시민 사회의 패러다임을 발전시킨 것으로, ○○국가와 시민 사회 사이에 양자를 매개하는 '정치 사회'라는 제3의 공간을 설정하고 있다. 여기서 정치 사회란 "선거와 정당 체제를 중심으로" 구성되어 있으며 "국가의 정책과 조정 능력을 시민 사회에 전달하고 부과하며 시민 사회의 요구와 갈등을 국가에 투영한다"(최장집, 1993, 393)고 정의할 수 있다. 시민 사회가 "자본주의 사회의 계급 갈등, 계급 투쟁의 일상의 지형"이라면, 정치 사회는 "시민 사회의 계급 갈등이 권력 문제를 지향하는 '정치적 계급 투쟁의 주된 지형'"으로서 "독립된 정치 지형으로 핵심적인 중요성을 갖는다”(임영일, 177)고 본다.

이 패러다임은 정치 사회라는 국가와 시민 사회의 매개 공간을 설정함으로써 다양한 수준에서 사회적 매개의 동학을 보다 구체적으로 밝혀주고, 이에 대한 우리의 이해를 풍부하게 해줄 수 있다는 점에서 장점을 가진다(손호철, 54). 즉 이것은 기존의 국가 · 계급 혹은 국가 · 토대론이 주목하지 못했던 비계급 관계적인 사회적 관계와 제도적 · 사회적 그물망을 부각시킴으로써 그동안 인식하지 못했던 사회적 다이내믹을 인식할 수 있게 하는 장점을 가지며, 다른 한편으로 서구와 달리 시민 사회의 사회적 계급 관계가 정치 사회 속에 상대적으로 반영되도록 정당 체제 등 정치 사회가 조직되어 있지 못한, 즉 “계급 관계의 구도로부터 탈구화된 정치 사회”(임영일, 197)가 특징인 한국의 현실을 설명하지 못하는 국가—시민 사회론의 단점을 보완할 수 있다는 장점을 가지고 있다.[3)]

그런데 여기서 주의해야 할 점은 이 패러다임이 국가, 정치 사회 그리고 시민 사회를 하나의 행위자들로 보고 이를 대비시키는 틀로 한국 사회를 바라보는 것이 아니라는 점이다. 여기서는 정치 사회나 시민 사회를 여러 정치 세력들이 투쟁하는 하나의 ‘공간’이나 ‘영역’으로 본다(손호철, 20). 예를 들어 80 · 90년대 정치 사회에는 민정당, 신한국당, 신민당, 평민당, 민주당 등의 보수 정당들과 민중당과 같은 진보 정당이 존재했고, 시민 사회에

3) 물론 김성국(1998)은 시민 사회를 “피지배층으로서 저항적 시민이 국가의 지배 세력(정치적 · 경제적 · 문화적 지배 블록, 예컨대 보수 야당을 포함한 집권 세력과 고위 공직자, 독점대자본 및 보수적 자본 분파, 일종의 친정부적 명망가 집단, 예컨대 관변 언론인, 종교인, 문화예술인, 지식인, 운동가 및 그 추종 세력 등)과 투쟁 혹은 타협을 전개하는 영역”(121)이라고 정의하면서 국가—시민 사회 모델의 유효성을 주장한다. 그러나 그는 스스로 시민 사회의 개념을 새롭게 규정하고 있기 때문에 그의 개념은 기존의 국가—시민 사회의 모델에서 논의하던 개념과 차이가 있다. 그의 새로운 모델은 단순성이라는 장점을 갖긴 하지만, 현실의 분석에서는 이러한 단순성이 도리어 현실의 전개를 설명할 수 없도록 만든다. 예를 들어, 그가 국가에 포함시켰던 보수 야당은 1985년부터 87년 6월 항쟁까지 국가에 반대하는 시민 사회와 함께 민주화 투쟁에 나섰다. 다시 말해, 1980년의 광주를 설명하는 데는 그의 모델이 적실성을 가질 수도 있지만, 이 모델로 1980년 이후 한국 사회의 변동을 설명하는 데는 무리가 따른다.

는 전국경제인연합회를 대표로 하는 자본가 세력, 조직화되지 못한 중산층, 한국노총 및 민주노총과 같은 노동자 조직들, 농민 세력, 재야 세력, 학생운동 세력, 청년운동 세력 등 다양한 세력들이 존재하고 있었다. 이것은 한국에서 정치 사회와 시민 사회가 하나의 단일한 행위 주체가 아니라 다양한 정치 · 사회 세력들이 공존하는 장이란 사실을 보여준다. 즉 1980년대 이후 정치 변동의 과정에서 국가와 정치 사회 또는 시민 사회가 대립한 것이 아니라, 이러한 영역에서 다양한 행위 주체들이 상호 대립하였던 것이다. 여기서 행위자들이란 집권당을 포함한 광의의 국가와 정치 사회 및 시민 사회 내 다양한 세력들이었다. 특히 1980년대의 정치 변동 과정에서 국가에 대항하는 주된 행위자는 민주화운동 세력이었는데, 이 범주는 시기와 쟁점에 따라 학생, 재야, 노동자, 농민 등 시민 사회의 세력들로부터 정치 사회의 야당까지 포함하였다. 따라서 이 글은 국가—정치 사회—시민 사회라는 패러다임을 중심으로 한국 사회의 정치 변동 과정을 살펴보겠지만, 시기별로 쟁점을 둘러싼 행위자들의 연합과 균열을 중심으로 5 · 18 담론의 변화와 실천을 분석하겠다.

3. 정치 변동과 5 · 18 담론의 변화

이 장은 우선 5 · 18 담론이 좌경용공으로부터 민주화운동으로 전환되는 과정을 살펴보기 위해 1980년~87년 시기의 정치 변동의 과정과 각 정치 세력들의 5 · 18 담론을 추적하고, 다음으로 87년 6월항쟁 이후 5 · 18 담론의 실천을 둘러싼 여러 세력들간의 균열을 살펴보기 위해 당시의 정치 변동과 각 정치 세력들의 5 · 18 담론을 추적하겠다.

1) 5 · 18 담론의 국가 독점과 민주화운동 세력의 도전

(1) 5 · 18 담론의 국가 독점(1980~1983)

5 · 18이 광주 · 전남 지역이 아닌 다른 지역으로 처음 공표된 것은 5월 21일 정부의 공식 보도에서였다. 당시 이희성 계엄사령관의 담화문은 5 · 18을 다음과 같이 규정하였다.

> 지난 18일 수백명의 대학생들에 의해 재개된 평화적 시위가 오늘의 엄청난 사태로 확산된 것은 상당수의 타 지역 불순 인물 및 고첩들이 사태를 극한적인 상태로 유도하기 위하여 여러분의 고장에 잠입, 터무니없는 악성 유언비어의 유포와 공공시설 파괴 방화, 장비 및 재산 약탈 행위 등을 통하여 계획적으로 지역 감정을 자극 · 선동하고 난동 행위를 선도한 데 기인한 것이다(광주시 제2권, 29).

그리고 계엄사령관은 5월 23일 광주 소요가 "고정간첩, 불순분자, 깡패에 의하여 조종되고 있다"(광주시 제2권, 48)고 기존의 주장을 반복하였고, 이러한 주장은 광주민중항쟁이 진압된 이후인 6월 계엄사령부의 발표에서도 다시 한 번 반복되었다.

> 북괴의 고첩과 이에 협력하는 불순분자들의 책동 흔적이 있는바 전 해안으로 상륙 침투하여 광주 일원에서 활동하다가 서울에 잠입, 공작 임무를 확산시키려다 23일 검거된 남파간첩 이창용의 그동안의 필답문에 의한 진술과 당국에 포착된 몇 가지 징후가 일치 실증되었으며…… (광주시 제2권, 141).

결국 전두환 정권은 초기부터 5 · 18을 북한의 사주를 받은 불순분자들에 의한 폭동으로 규정하였고, 지속적으로 이러한 좌경 · 용공적 내용을 담고 있는 5 · 18 담론을 공식화하였다. 당시 국가는 강력한 언론 통제를 통해 대항 담론을 봉쇄하였고, 이로 인해 국가의 공식 담론은 광주 · 전남 지역을 제외한 전지역에서 그대로 받아들여지게 되었다.

당시 전두환 정권이 5 · 18을 반정부 · 용공 · 좌경적인 담론으로 유포시킨 이유는 12 · 12군사쿠데타와 최규하 대통령의 강제 하야라는 불법적인 자신들의 집권 과정 및 이후의 통치를 정당화하기 위해서였다. 그들은 민주화를 요구하는 학생들의 시위에서 출발한 5 · 18을 북한 괴뢰나 불순 세력의 지원을 받은 무장 폭도들의 난동으로 왜곡하여 국민들에게 선전함으로써 자신들의 불법적인 정권 획득과 그 이후의 불법적인 정치 과정들을 정당화하려 하였다. 이런 이유로 그들은 자신들의 5 · 18 담론과 다른 시민 사회의 대항 담론은 무조건 철저히 봉쇄하였다.[4]

이러한 국가의 5 · 18 담론은 전두환 정권의 강력한 권위주의적 통치에 힘입어 한동안 독점적 지위를 누릴 수 있었다. 그들은 쿠데타 직후부터 정치 풍토 쇄신법을 만들어 국회와 정당을 비롯한 기존의 정치 사회를 해체시켰고, 대신 국가보위입법회의를 발족시켜 수많은 법률을 개폐하는 동시에 유신 체제와 유사한 대통령 우위의 간접선거에 의한 대통령제를 채택하여 자신들의 집권을 보장하였다. 또한 그들은 군사쿠데타를 주도한 군부 세력들을 주축으로 여당인 민주정의당(이하 민정당)을 창당하였고, 심지어는 국가안전기획부를 통해 야당인 민주한국당(이하 민한당)과 국민당의 결성을 배후 지원하였다. 이로써 국가는 정치 사회를 완전히 장악할 수 있었다.

더욱이 전두환 정권은 국가보안법 강화나 삼청교육대 등을 통해 시민 사회를 철저히 억압하였다. 특히 1980년 2차에 걸친 노동계의 정화 조치, 노동 관계 법령의 개악, 노동조합의 해체 및 대학의 학생운동 탄압 등은 시민

---

4) 그런데 국가에 의한 초기의 이러한 일방적인 5 · 18 담론의 형성은 5 · 18의 의미를 전국적인 민주화운동 과정 중 발생한 사건이 아니라 지역 감정에 따른 불만의 표출로 왜곡시킴으로써 1980년대 이후 반호남 이데올로기를 강화시키는 데 기여하였다.

사회 내 노동운동과 학생운동 세력을 약화시키려는 의도에서 추진되었다.

그러나 이상과 같은 국가의 강압 통치와 전면적 언론 통제로 정치 사회와 시민 사회의 대항 담론이 공식적으로는 제기되지 못했지만, 광주 지역의 시민 사회, 특히 천주교 사제들과 구속자 가족들은 1980년 6월부터 국가의 5 · 18 담론에 대한 반론을 제기하였다. 천주교 정의구현 광주대교구 사제단은 〈광주사태에 대한 진상〉이란 유인물을 통해 비상계엄 해제와 구속자의 석방을 요구하였고, 이어서 다른 천주교 세력들과 구속자 가족, 해외 동포, 기독교인 등이 계속적으로 광주사태의 진상 규명과 구속자의 구명 및 석방운동을 펼쳤다. 그런데 이러한 5 · 18 담론들이 주로 광주를 내란 또는 폭동으로 규정하는 국가의 담론에 대한 부정과 구속자의 석방과 같은 인도적인 문제에 초점을 맞추었다면, 1981년 5월 전남 도민의 이름으로 발표된 시국선언문은 처음으로 5 · 18의 민주적 성격에 주목하였다.

> 소위 광주사태는 불순 폭동이 아니라 국민의 민주화 열망을 묵살한 5 · 17 폭거에 항거하여 일어난 범시민적 의거였다. 따라서 이 순수한 항쟁의 주역은 빨갱이도 폭도도 아니요, 어디까지나 자유민주주의를 사랑하는 우리 광주 시민을 비롯한 전남 도민 자신이었다(광주시 제2권, 218).

이 선언문은 5 · 18을 처음으로 '광주사태' 가 아닌 '광주의거' 로 규정하였고, 민주주의를 지향한 시민들의 의거로 규정했다는 점에서 이전의 수동적이고 소극적이던 대항 담론과 차별성을 보여준다.

그런데 광주를 중심으로 형성되던 대항 담론은 1982년 3월의 부산 미문화원 방화 사건 이후 전국적으로 확산되었고, 전두환 정권의 퇴진운동과 함께 미국에 대한 인식의 전환을 가져왔다. 즉 이후 학생운동 세력의 5 · 18 담론은 광주에 대한 미국의 책임을 제기한 부산 미문화원 방화 사건의 문제의식을 이어받으면서 민주화뿐 아니라 '반미(反美)' 라는 민족 자주 의식을 담게 되었다. 또한 5월 '민주 쟁취를 위한 광주 시민운동'의 명의로 된 〈광주 민중봉기로부터 우리는 무엇을 배워야 하는가〉(광주시 제2권, 295~298)라는 성명서는 제목에서 드러나듯이 5 · 18 담론에 민중적 내용을 결합시켰다. 1982년경이 되면 대항 담론으로서 5 · 18 담론에는 민족 · 민주 · 민중의 내용이 모두 결합된다. 그러나 국가의 강력한 학원 통제와 학생운동에 대한 탄압 및 언론 통제로 인해 이러한 대항 담론은 1983년 말까지 학원 밖으로 널리 확산되지는 못하였다.

(2) 5 · 18 담론을 둘러싼 국가 대 민주화운동 세력의 투쟁(1984~1987)

용공 · 좌경적인 의미를 띤 국가의 5 · 18 담론은 1983년 말 전두환 정권이 취한 학원 자율화 조치 이후 점차 민주화운동 세력의 거센 도전을 받게 된다. 1984년이 되면 학생, 청년, 재야 등 민주화운동 세력이 발표한 5 · 18 관련 성명서가 전년도에 비해 양적으로 크게 늘어날 뿐 아니라 대학가의 시위 역시 크게 확산된다.[5] 그들은 5 · 18을 '광주사태'가 아닌 '광주의거', '광주민중항쟁', '광주 학살'로 지칭하고 5 · 18의 민주적 성격과 전두환 정권 및 미국의 반민주적 성격을 부각시켰다. 이러한 민주화운동 세력들의 활동은 우선 대학 내에서 대항 담론의 확산을 가져왔고, 이 대항 담론은 곧이어 사회로 확산되었다. 특히 이러한 대항 담론 확산의 결정적 계기는 1985년 5월 서울 지역 대학생들의 서울 미국문화원 점거 농성이었다. 그들은 국내외에서 몰려든 언론인들에게 광주 학살의 진상 규명과 책임자 공개, 전두환 정권의 퇴진, 미행정부의 공개 사과 등과 같은 대항 세력의 5 · 18 담론을 전파하였다. 특히 5 · 18에 대한 미국 책임론은 국민들에게 한 · 미 관계에 대한 인식의 전환을 요구하였다.

---

5) 《5 · 18광주민주화운동 자료총서》 제2권에 따르면 광주 관련 성명서가 1983년 5, 6월 동안 8건이 발표된 반면, 1984년은 같은 기간 동안 26건이 발표되었다.

> 광주민중항쟁 5주년을 맞이하여 전국에서 학살의 책임자를 단죄하라는 소리가 드높아지고, 학살의 원흉인 군사 독재 정권은 물러나라는 요구가 곳곳에서 터져나오고 있는 지금 우리는 미국의 광주항쟁 지원의 책임을 묻고자 한다(광주시 제2권, 626).

따라서 미문화원 점거 사건은 5 · 18 담론에 담겨 있던 민족 자주의 문제를 국민들에게 확산시켰다는 의의를 갖고 있다.

그리고 이 시기부터 학생운동 내 일부 세력은 5 · 18을 민주화운동이 아닌 '민중혁명'이라고 규정하였다. 5 · 18은 남한에서 해방 이후 누적되어 왔던 "반봉건 신식민지로서의 정치 · 경제적인 모순이 민중들에게 혁명적 폭발"(전남대학교 총학생회 학술부; 최정운 1997, 19)로 나타났다는 것이다. 이는 5 · 18을 민중적 관점에서 해석하는 것으로 이후 '광주민중항쟁'이라는 용어의 확산을 가져왔다.

이러한 민주화운동 세력의 대항 담론은 당시 확장되기 시작하던 정치 사회로 확산되었다. 미문화원 점거 농성 직후 열린 제125회 임시국회는 처음으로 5 · 18 담론이 정치 사회에서 공식적으로 논의되는 장이 되었다. 당시 노태우 민정당 대표위원은 광주사태가 "국가적 위기를 극복하는 과정에서 발생한 불미스런 국민적 · 국가적 비극"(광주시 제14권, 400)이므로 지극히 유감스러운 일이라고 말했다. 이것은 국가의 기존 입장에서 벗어난 것이 아니었다. 반면, 신민당의 신기하 의원은 대(對)정부 질문을 통해 광주사태를 민주화운동으로 규정짓고, 진상 규명, 국가의 공식 사과, 희생자 및 유족과 부상자들에 대한 국가유공자 예우, 희생자 묘역의 성역화 등을 주장하였다.

> 민족운동인 3 · 1독립운동, 민중운동인 동학혁명, 민주운동인 4 · 19의거와 같은 맥락의 민중민주운동인 5 · 18광주의거가 계엄군에 의해 진압됨으로써 해결되었다고 말하는 사람이 있다면 그는 역사와 민족의 이름으로 지탄받아

야 합니다(광주시 제14권, 499).

또한 신민당은 5월 30일 '광주사태 진상 조사를 위한 국정조사결의안'을 제출하면서, 국가의 5 · 18에 공식적으로 도전하였다. 그러나 이에 대한 윤성민 국방부장관의 '광주사태 보고' 역시 기존의 입장을 고수하였기 때문에, 5 · 18을 둘러싼 국가와 야당 간의 대결은 평행선을 달렸다.

그러면 어떻게 5 · 18 담론을 둘러싼 이러한 국가와 정치 · 시민 사회 내 민주화운동 세력 간의 대결이 가능하게 되었는가? 먼저 1983년 말 전두환 정권이 취한 유화 조치는 정치 사회와 시민 사회의 활동 공간을 확장시켰다. 그동안 '정치풍토쇄신법'에 묶여 정치 사회로부터 강제로 추방되었던 구(舊)정치권 인사들은 양 김씨를 중심으로 민주화추진협의회(이하 민추협)와 신한민주당(신민당)을 결성하였고, 1985년 2 · 12총선에서 승리함으로써 5 · 18 담론을 둘러싼 국가와의 담론 투쟁의 전기를 마련하였다.

또한 전두환 정권의 유화 정책은 시민 사회에 대한 국가의 통제를 약화시켰고, 이를 통해 확장된 시민 사회의 공간을 이용하여 다양한 정치 세력들—청년, 학생, 노동 및 재야—은 조직을 건설하였을 뿐만 아니라 반독재 민주화운동을 전개하였다. 주요한 재야 단체들—민청련(1983), 민추협(1984), 민통련(1985)—이 이 시기부터 결성되기 시작하였고, 이러한 움직임은 노동, 학생, 학술, 문화 부문으로 확산되었다. 그러나 이 시기의 민주화 투쟁의 선봉은 아직도 학생운동 세력이었으며, 이들은 학내외에서의 다양한 시위를 통해 대항 담론의 확산을 주도하였다.

마지막으로, 이렇게 확대된 정치 사회와 시민 사회의 공간은 정치 사회 내 야당 세력과 시민 사회 내 민주화운동 세력들의 연대를 가능하게 만들었다. 야당인 신민당은 정치 사회에서 5 · 18의 진상 규명 요구와 함께 대통령 직선제를 구호로 민주화를 요구하였고, 시민 사회 내 다양한 운동 세력이 이에 적극 호응함으로써 양자의 결합이 이루어졌다. 박종철 군 사건과 4 ·

13호헌 조치 이후 구성된 국민운동본부는 정치 사회 내 야당과 시민 사회 내 민주화운동 세력의 대표적인 연대 조직이었다.

이러한 연대를 통해 형성된 대항 세력의 5 · 18 담론은 5 · 18의 진상 규명, 5 · 18의 민주적 성격에 대한 국가의 인정, 광주 학살 책임자의 처벌 등과 같은 5 · 18과 관련된 내용뿐 아니라 대통령 직선제 개헌과 같은 민주주의의 일반 문제를 담고 있었다. 이러한 연대는 국가를 상대로 한 꾸준한 투쟁을 통해 1987년 6월항쟁을 가져왔고, 이 과정에서 대항 담론은 일반 대중들에게 확산되었다. 이에 따라, 6월항쟁 이후 등장한 노태우 정권은 전두환 정권의 5 · 18 담론을 폐기하고 민주화운동 세력의 대항 담론을 받아들이게 되었다.

2) 5 · 18 담론의 실천을 둘러싼 정치 세력들간의 갈등과 균열

1987년 6월 항쟁까지 국가 대 정치 · 시민 사회 내 민주화운동 세력들간의 담론 투쟁이 5 · 18의 성격을 중심으로 전개되었다면, 5 · 18 담론의 민주적 성격이 공인된 노태우 정권 이후 정치 세력들간의 담론 투쟁은 그것의 실천을 둘러싸고 벌어졌다. 그런데 5 · 18 담론의 실천은 노태우 정권 시기에는 주로 정치 사회가 주도한 반면, 김영삼 정권 시기에는 주로 국가가 주도하였다. 따라서 여기서는 두 시기를 구분하여 살펴보겠다.

(1) 정치 사회 주도의 5 · 18 담론의 실천(1987~1992)

민주화운동 세력의 5 · 18 담론에 대한 국가의 승인 이후 모두에게 남겨진 과제는 대항 5 · 18 담론이 담고 있는 광주와 민주화 일반에 대한 요구의 해결이었다. 그런데 이 문제의 해결을 둘러싸고 1988년 이후에는 그동안 연대하였던 정치 · 시민 사회의 정치 세력들간에 균열이 발생하였다. 먼저, 노태우 정권 초기에는 정치 사회가 5 · 18 담론의 실천을 주도하였는데, 이 시기의 균열은 주로 국가와 정치 사회의 여당을 한편으로, 정치 사회 내 야당을 다른 편으로 하였다. 그러나 또 다른 균열이 그동안 연대하였던 정치 사회 내 야당과 시민 사회 내 민주화운동 세력 사이에서 발생하였다. 다음으로 3당 합당으로 야당간의 연대가 무너지면서 5 · 18 담론의 실천도 실종되었으며, 국가와 정치 사회 내 여당을 한편으로 정치 사회 내 야당을 다른 편으로 하는 지역주의적인 균열이 발생하였다. 마지막으로 시민 사회 내 민주화운동 세력들 사이에서도 5 · 18의 실천을 둘러싸고 자유주의적 분파와 민중주의적 분파 간에 균열이 발생하였다. 그러면 노태우 정권 시기의 정치 변동의 과정에서 5 · 18 담론의 실천을 둘러싸고 어떤 갈등이 전개되었는가를 살펴보자.

먼저, 노태우 정권은 6월 항쟁의 적자(嫡子)로서 자신을 자리매김하고자 집권 직후인 1988년 2월 민주화합추진위원회(이하 민화위)를 결성하였다. 여기서 그들은 5 · 18에 대한 증언을 청취하는 등 진상 규명 활동을 벌였고 4월에는 '광주사태 치유 방안'을 발표하였다. 이 발표에서 그들은 5 · 18을 민주화운동의 일환으로 규정하였다. 첫째, 지금까지 사태의 원인을 불순분자의 책동으로 보던 것을 부정하고 계엄군의 과잉 진압이 사태 확대의 원인이라고 인정하였다. 둘째, 지금까지 광주사태가 문제로 남은 것은 정부측에서 부상자와 유가족에 대한 사후 관리를 소홀히 했기 때문이라고 인정하고 이들에 대한 물질적 보상을 약속하고, 계엄군의 과잉 진압과 정부측의 사후 관리 소홀을 국민에게 사과하였다. 셋째, 5 · 18의 성격은 결과만으로 보면 '폭동'이라는 시각도 가능하지만 전체적으로 보아서 '학생 · 시민의 민주화를 위한 노력의 일환'이라고 규정했다.

그러나 국가의 이러한 입장 전환에도 불구하고, 시민 사회 내 민주화운동 세력은 노태우 정권이 비상계엄 확대의 정당성을 강조한 점, 결과적으로 보면 5 · 18이 폭동이라고 볼 수 있다는 점, 그리고 진상 조사나 책임자 처벌이 불필요하다고 주장한 점을 근거로 하여, 본질적인 측면에서 그들의 입장이 변화하지 않았다고 비판하였다(천주교 광주대교구 정의평화위원회, 8).

특히 광주 지역의 민주화운동 세력은 "광주 문제를 돈 몇 푼에 홍정하려 하고 있다"고 비판하면서 진상 규명과 처벌을 우선시하는 자신들의 입장을 밝혔다.

> 철저한 진상 조사와 책임자 처벌이 선행되지 않는 '해결'은 허구적이며 기만적인 해소책에 불과하며 조작된 각본에 의해 저질러진 대학살 작전, 즉 군부대 이동 명령자, 발포 명령자, 그리고 이를 승인하고 배후 조종한 미국에 대한 책임 규명을 요구한다. (중략)철저한 진상 조사가 이루어지고 국민의 이름으로 책임자가 처단된 다음 광주 시민의 명예 회복, 망월 묘역의 성역화 작업, 기념탑 및 충혼탑 건립 등은 모든 민중이 주체적으로 추진, 이 땅의 진정한 민주화가 이룩되고 민주 정부가 수립된 다음 유가족과 부상자를 국가보훈 대상자로 예우, 그에 따른 보상과 생활 보조를 해야 한다(국민운동전남본부, 광주시 제12권, 340).

즉 그들은 노태우 정권이 광주 학살의 주범이므로 광주민중항쟁을 치유할 아무런 자격도 없으며, 광주의 상처는 민주화의 완전 실시와 국민의 뜻에 따라 해결되어야 한다고 주장하였다. 이 대립은 이후 5 · 18 담론의 실천을 둘러싸고 전개될 각 정치 세력들간의 균열의 한 사례를 보여준다.

이러한 5 · 18 담론의 실천을 둘러싼 투쟁은 이어 실시된 4 · 26총선을 거치면서 국가 대 정치 사회 내 야당의 대결 구도로 확산되었다. 이 선거에서 노태우 정권이 패배함으로써 국가의 영역은 축소된 반면, 정치 사회의 영역은 확대되었다. 더욱이 1988년 초부터 불거진 전두환 전대통령의 친인척 비리는 노태우 정권의 입지를 더욱 약화시켰다.

이러한 상황에서 정치 사회 내 야 3당(평민당, 민주당, 공화당)과 시민 사회 내 민주화운동 세력들은 5공 청산과 광주 학살 책임자 처벌을 내세우면서 노태우 정권을 더욱 압박하였다. 먼저, 야 3당은 8월 국회에 '5 · 18광주민주화운동 진상조사 특별위원회'를 구성하고 본격적인 진상 규명에 착수하면서 여당을 압박하여 여당과 공동으로 11월 18일 '5 · 18광주민주화운동의 진상 규명을 위한 청문회'를 출범시켰다. 다음으로, 시민 사회 내 민주화운동 세력은 이러한 정치 사회의 움직임에 발맞추어 노태우 정권의 정책을 "국민적 공분을 희석시키기 위한 고도의 정치 사기극"이라고 규정하고 "이제 전 · 이 구속 처벌은 특별입법에 의한 특별재판기구를 설치해 국민에 의해 심판해야 한다"고 주장하였다(기사연, 53). 이에 따라, 5 · 18광주민중항쟁동지회는 10월 18일 광주 학살에 가담한 지휘관 및 발포 책임자인 전두환, 노태우 등 9명을 내란 혐의 등으로 광주지검에 고소하였다.

한편, 노태우 정권은 불리한 정국을 돌파하고 광주 문제를 마무리짓기 위해 7월 14일 '광주피해자보상법'을 제정하였지만 야 3당의 거부로 통과시키지 못했고, 11월 '광주특위 청문회'를 받아들이는 등 계속 수세에 몰리게 되었다. 노태우 정권은 이러한 국면에서 벗어나기 위해 11월 말 5 · 18을 공식적으로 '광주민주화운동'으로 규정하는 특별담화를 발표하고 용서와 이해를 촉구하였다.

> 지난날의 문제를 가지고 사회 전체가 진통과 혼란을 무한정 계속할 수는 없지 않겠습니까. 이제는 지난날의 잘못을 청산할 국민 모두의 슬기와 냉철한 이성이 필요한 때입니다. (중략)너그러움과 용서와 이해 없이는 진정한 민주 발전을 기대하기 어렵다고 봅니다(대통령 공보비서실, 209~211).

그리고 노태우 정권은 전두환 전대통령에 대한 처벌을 거부하는 대신 전두환을 백담사로 이주시키는 것으로 5공청문회를 무마하려고 하였다. 그러나 전두환의 사과 해명문은 변명으로 일관되었기 때문에 도리어 야당과 민주화운동 세력 모두의 분노를 사게 되었다.

이러한 일들은 당시의 국가적 비상 시국하에서 아무런 준비와 경험도 없이 국정의 책임을 맡게 되었고 또한 오랜 병폐를 하루빨리 뿌리뽑고 기강을 바로잡아서 사회의 안정과 국가 발전을 도모해야 한다는 마음이 앞선 나머지 시행착오를 가져오게 된 것이라고 솔직히 인정합니다(동아일보, 1988.11.13).

이러한 전두환의 변명은 다음해 12월 31일 국회청문회의 증언에서도 똑같이 이어졌다.

광주사태가 특별한 의도에 의해 촉발됐다는 주장은 전혀 오해에서 비롯됐다. (중략)본인은 물론 어느 누구라도 집권을 위해 치밀한 계획을 세웠다면 광주사태 같은 불상사가 일어나지 않기를 오히려 바랐을 것이다(중앙일보, 1990.1.1).

이는 노태우 정권이 비록 5 · 18을 민주화운동으로 받아들였을지라도, 전두환을 비롯한 5공 세력들이 민주화 담론을 받아들이지 않고 있음을 보여준다. 그러나 TV로 전국에 생생하게 전달된 5공청문회는 당시의 진상을 당사자들의 증언을 통해 밝힘으로써 그동안 5공 세력의 5 · 18 담론이 거짓이었음을 드러냈으며, "기억이 나지 않는다"로 일관된 증언자들의 답변은 그들의 무책임성과 부도덕성을 폭로하였다.

그런데 1989년 초가 되면 그동안 국가에 대항하여 연대했던 정치 사회와 시민 사회의 세력들간에 균열이 발생한다. 중간 평가를 둘러싸고 그동안 공조하였던 야 3당이 의견 대립을 보였고, 5공청문회의 종결을 둘러싸고 야 3당과 시민 사회 내 민주화운동 세력간에도 균열이 발생하였다. 정치 사회 내 야 3당은 전두환의 국회 증언과 책임자 처벌을 주장하면서도 현실적으로는 노태우 정권과 타협한 반면, 시민 사회 내 민주화운동 세력들은 광주학살의 책임자 처벌을 강력히 요구하면서 노태우 정권뿐 아니라 이들과 타협하는 야당을 강도 높게 비판하였다. 이러한 균열은 단순한 정세관의 차이가 아니라 양자간의 정치적 지향을 잘 반영하고 있다. 즉 이것은 야 3당의 보수주의적 성향과 민주화운동 세력들의 민중지향적 성격의 차이에서 발생하는 지극히 당연한 균열이었다.[6]

1989년 초 중간 평가를 둘러싼 야 3당 공조 체제의 이완과 연이은 방북 사건—4월 문익환 목사, 6월 서경원 의원, 임수경 양, 7월 문규현 신부—은 수세에 몰렸던 노태우 정권이 전세를 역전시키는 계기가 되었다. 노태우 정권은 공안 정국을 이용하여 정치 사회 내 평민당과 시민 사회 내 민주화운동 세력에 대해 대대적인 이데올로기적 · 물리적 공세를 취하였다. 이에 따라 5 · 18 담론의 실천을 둘러싼 투쟁은 진행되지 못하였다. 비록 1989년도 후반기에 야 3당이 공조하여 12월 31일 국회청문회에서 전두환의 증언을 이끌어냈지만, 1990년 초의 3당 합당(민정당, 민주당, 공화당)은 정치 사회를 국가로 종속시키고 시민 사회에 대한 국가의 우위를 가져옴으로써 5 · 18 담론의 온전한 실천을 불가능하게 만들었다. 3당 합당으로 등장한 민자당은 1990년 7월 단독으로 '광주피해자보상법'을 통과시키면서 광주 문제를 종결지으려 했고, 1992년 말 전두환 · 노태우 등에 대한 고발도 법원에 의해 무혐의 처리되게 된다.

한편 여기서 지적할 점은 노태우 정권 초기에 정치 사회의 주도로 5 · 18 담론이 실천된 것은 시민 사회 내 민주화운동 세력들의 존재 때문이라는 사실이다. 시민 사회 내 다양한 세력들은 부문 조직들을 건설함으로써 정치 사회의 5 · 18 담론 실천을 지원할 수 있었다. 1987년 6월항쟁 이후 전대협, 전교조, 전농, 전노협, 전빈련 등 전국적인 대중운동 조직들이 결성되었으며, 1989년 1월에는 재야운동의 정치적 구심체를 자임한 전민련이 결성되

6) 이것은 야 3당이 노태우 정권과 마찬가지로 5 · 18을 '광주민주화운동'으로 지칭한 반면, 민주화운동 세력들은 대부분 5 · 18의 민중적 성격을 나타내기 위해 '광주민중항쟁'으로 불렀다.

었다. 그러나 5 · 18 담론의 실천을 둘러싼 정치 사회 내 야당과의 연대는 1989년 이후 단절되었고, 이에 따라 그들은 독자적으로 5 · 18 담론에서 민중적이고 통일 지향적인 성격을 더욱 강조하였다.

그런데 정치 사회 내 야당과 시민 사회 내 민주화운동 세력들간의 균열은 곧 이어 또 다른 균열을 가져왔다. 민주화운동 세력들은 민주화의 내용과 범위를 둘러싸고 통일된 목표나 지향점을 갖고 있지 않았기 때문에, 1991년 3 · 26총선을 맞이하면서 균열을 드러낸다. 즉 친김대중 세력이나 민중정당의 창설을 주장하는 세력들은 정치 사회로 들어갔고, 다른 세력들은 중간계급의 이익을 옹호하는 '새로운 시민운동'을 추진하였으며, 남은 세력들은 기존의 재야운동을 지속하였다. 더욱이 3당 합당으로 조성된 지역 대결의 구도는 시민 사회 내 민주화운동 세력의 정치적 입지를 더욱 약화시켰고, 이는 이후 5 · 18 담론의 왜곡을 가져왔다.

다른 한편, 당시 시민 사회 내 5 · 18 담론에서 주목할 것은 1989년 계급혁명을 강조하던 세력들이 다른 세력들의 민중론을 비판하고 새로운 견해를 제기한 점이다. 이후 사회주의노동자동맹(사노맹)으로 발전하는 급진적 노동운동 세력은 '광주봉기에 대한 혁명적 시각 전환'이라는 글을 통해 5 · 18을 노동 계급의 운동이라고 주장하였다. 그러나 이 시각은 시민 사회 내에서 별다른 반향을 일으키지 못하고 조직의 몰락과 함께 사라지게 되었다.

(2) 국가 주도의 5 · 18 담론의 실천(1993~1997)

노태우 정권 시기에 불충분하지만 정치 사회의 주도로 진행되던 5 · 18 담론의 실천은 김영삼 정권에서는 국가 주도로 진행된다. 비록 3당 합당에 기초하여 정권을 잡았지만, 김영삼 정권은 스스로를 문민정부로 규정하고, 자신의 정통성의 근거를 민주화운동에서 찾았다. 또한 스스로를 '광주의거의 피해자'라고 주장하면서 광주 문제의 해결을 자임하였다. 이런 이유로 김영삼 정권은 이전 정권들과 달리 5 · 18 담론의 실천을 주도해 나갔다.

그런데 김영삼 정권의 이러한 시도는 초기부터 광주 지역 시민 사회의 민주화운동 세력의 저항에 부딪히게 되었다. 김영삼 대통령은 3월18일 망월동 5 · 18묘역을 참배하려 하였지만 민주주의민족통일 광주 · 전남 연합과 광주 · 전남 지역 총학생회연합(남총련) 소속 대학생들의 반대로 무산되었다. 그런데 이 사건은 광주 지역 시민 사회의 균열을 드러내는 계기가 되었다. 이 사건 직후 지방 언론, 5 · 18위령탑 건립 및 기념사업 추진위(5추위), 그리고 5 · 18광주민중항쟁연합(5민련) 등은 광주 · 전남 연합과 남총련을 비난하고 사과를 요구했다.

> 소수 의견이 만능인가. 다수 의견은 묵살당해도 되는가. 김영삼 대통령이 문민정부 시대를 맞아 13년이나 응어리진 광주의 아픔을 함께 나누기 위해 광주를 방문, 5 · 18광주민중항쟁에 대한 재평가와 해결 방안을 제시하려 했지만 일부 강경 단체와 소수 학생들의 거센 반발로 무산됐다(〈광주매일〉 3. 19, 김호균, 45 재인용).

이에 대해 광주 · 전남 연합과 남총련은 "5 · 18의 진상 규명과 책임자 처벌에 대한 의지 표명을 한 후 망월묘역을 참배하는 것은 반대하지 않는다"는 원칙을 고수하였고, 다만 민족민주진영의 분열을 보여준 것에 대해서만은 시민들에게 사과했다(김호균, 45).[7]

망월묘역 참배 무산 이후 김영삼 정부는 5월 13일 특별담화를 발표하여 광주민주화운동을 칭송하고, '문민정부'를 5 · 18광주민주화운동의 연장선

7) 이러한 광주 지역 시민 사회 내부의 분열은 5 · 18 담론의 실천이 아직도 해결되지 못했다는 것과 5 · 18 담론을 둘러싼 시민 사회 내 여러 세력들간의 균열이 존재한다는 것을 반증한다. 이러한 균열은 시민 사회 내 현실주의적 관점과 원칙론적 관점의 차이라고 규정(김호균, 45)되기도 하지만, 아마 자유주의 분파와 민중적 분파 간의 대립이라고 표현하는 것이 더 정확할 것이다.

상에 위치시켰다.

> 문민 민주화를 향해 걸어온 고난에 찬 역정에서 볼 때, 광주민주화운동은 우뚝한 한 봉우리를 차지하고 있습니다. (중략)1980년 5월, 광주의 유혈은 이 나라 민주주의의 밑거름이 되었습니다. 그 희생은 바로 이 나라 민주주의를 위한 것이었습니다(대통령 비서실, 1994, 185~186).

그런데 특징적인 점은 김영삼 정권이 이 담화에서 12 · 12를 '쿠데타적 사건' 으로 규정한 점이다. 이는 5 · 18 담론의 민주적 성격을 보다 논리적으로 명확히 한 해석으로, 노태우 정권과의 차별성을 부각시키려는 의도를 갖고 있었다. 이후 김영삼 정권은 '5 · 18광주민주화운동 관련 보상지원위원회' 를 결성하고 추가 보상 신청을 접수하였다. 그러나 김영삼 정권은 시민사회 내 민주화운동 세력이 핵심적으로 요구했던 책임자 처벌의 문제를 해결하려 하지 않았고, "5 · 18의 평가를 역사에 맡기자" 고 함으로써 5 · 18 담론의 실천을 유보하였다.

이러한 국가의 5 · 18 담론의 실천과 별개로 정치 사회 내 야당인 민주당은 5 · 18의 진상 규명과 책임자 처벌을 위해서는 12 · 12군사쿠데타의 진상 규명이 선결 과제라고 주장하면서, 5월 28일 '12 · 12쿠데타 진상조사위' 를 구성하였다. 한편, 광주 지역의 시민 사회 내 5월 단체 관계자들은 1993년 2월 14일 '5 · 18위령탑 건립 및 기념사업 추진위원회' 주최로 대토론회를 갖고 광주 문제 해결을 위한 15개 사항을 결정하였다. 여기서 그들은 소위 '광주사태' 에 관한 용어들을 '5 · 18민중항쟁' 으로 정리할 것을 주장하였다. 이에 따라 광주시의회는 5월 18일을 '5 · 18민중항쟁기념일' 로 지정하는 시 조례를 제정하였다. 그런데 '5월 정신 계승 및 기념사업 추진을 위한 5 · 18 기념재단' 의 설립을 둘러싸고 광주 · 전남 지역 민주화운동 세력간의 균열이 다시 드러난다. 5항동과 5민련의 대립은 결국 5민련이 탈퇴한 가운데 11월 5항동이 주도가 된 설립대회의 강행으로 이어졌다.

다른 한편, 시민 사회 내 일부 세력들은 법적인 차원에서 5 · 18 담론의 실천을 전개하였다. 7월 19일 정승화 씨를 비롯한 22명이 12 · 12와 관련하여 전두환 · 노태우를 반란 혐의로 고소하였고, 이에 따라 검찰은 8월 16일 12 · 12사건의 수사에 착수하였다. 또한 1994년 5월 구성된 '5 · 18 진상 규명과 광주항쟁 정신 계승 국민위원회' (5 · 18국민위)도 5월 13일 전두환 · 노태우와 책임자 35명을 5 · 18사건으로 고발하였다.

이에 대한 국가의 대응은 시민 사회 내 민주화운동 세력뿐 아니라 일반 국민들의 기대를 철저히 저버리는 형태로 나타났다. 즉 검찰은 1994년 10월 29일 "12 · 12는 군사 반란"이지만 전두환 · 노태우 등 관련자들을 기소유예 처분한다는 12 · 12사건 수사 결과를 발표하였다. 그리고 1995년 1월 헌법재판소는 "12 · 12 기소유예 처분은 정당"하다는 결정을 내렸다. 더욱이 7월 18일 서울지검은 "성공한 쿠데타는 처벌할 수 없다"고 불기소를 결정하였다.

그런데 이러한 검찰과 헌법재판소의 판결은 한동안 지역적 쟁점으로 축소되었던 5 · 18 담론을 다시 한 번 전국적인 쟁점으로 만들었다. 그동안 광주 문제의 해결에 적극적이지 않았던 과거의 민주화운동 세력들도 이 결정을 계기로 5 · 18 담론의 실천을 촉구하고 나섰다. 7월 20일 5 · 18 관련 단체들은 검찰의 불기소 철회를 주장하면서 명동성당에서 농성을 시작하였고, 전국 대학교수들도 '불기소 부당성 규탄' 서명운동을 전개하였다. 이에 따라 국가와 정치 사회에 대한 시민 사회 내 민주화운동 세력들의 투쟁이 달아올랐고, 군사쿠데타의 주범이자 광주 학살 책임자인 전두환 · 노태우를 처벌하자는 그들의 주장은 국민들의 공감을 이끌어냈다.[8]

---

8) 그런데 이러한 5 · 18 담론의 확산에는 1995년 연초 광주민중항쟁을 다룬 〈모래시계〉라는 TV 드라마의 역할도 한몫을 차지했다. 〈모래시계〉는 당시 30~40대 지식인들에게 내재된 광주의 원죄의식을 일깨워냈으며, 광주를 역사로만 이해했던 젊은 세대에게 생생한 모습을 보여주었다.

이러한 투쟁과 함께 정치 사회 내 야당의 활동은 국가의 5 · 18 담론 실천에 결정적인 전환을 가져왔다. 10월 민주당 박계동 의원에 의한 '노태우 씨 비자금 4천억 원 은닉' 폭로는 11월 24일 김영삼 대통령의 5 · 18특별법 제정 지시와 11월 30일의 12 · 12 및 5 · 18사건 특별수사본부의 발족을 가져왔고, 마침내 노태우 · 전두환의 구속 수감과 헌법재판소의 '5 · 18 불기소 처분은 위헌' 이라는 결정을 가져왔다. 이후 검찰은 전두환 · 노태우를 12 · 12군사반란 혐의로 기소하였고, 국회 역시 5 · 18특별법을 제정 · 공포하였다.

그러면 왜 김영삼 정권의 정책이 이렇게 변화한 것인가? 정치 변동의 과정에서 위기에 처하게 된 김영삼 정권이 자신의 정치적 입지를 강화하기 위해서 정책의 변화를 취한 것이다. 김영삼 정권의 개혁 정책은 정치 사회 내 야당과 시민 사회 내 민주화운동 세력들의 지지를 받았지만, 정치 · 시민 사회 내 보수 세력의 반발을 가져왔다. 이후 그들은 반개혁 세력의 도전에 직면하여 정부 내 개혁 세력들을 퇴진시켰고, 노동운동을 탄압하였으며, 공안정국을 조성하여 시민 사회 내 통일운동 세력들을 탄압하였다. 이에 따라 시민 사회 내 민주화운동 세력들은 김영삼 정권에 대한 지지를 철회하였다. 이러한 김영삼 정권의 정책 변화는 초기 국가 대 정치 · 시민 사회 내 보수 세력들간의 대립을 국가 대 시민 사회 내 민주화운동 세력간의 대결로 전환시켰다. 이는 김영삼 정권의 개혁 정책의 실패와 동시에 국가가 주도하던 5 · 18 담론의 실천이 중단됨을 의미하였다. 그 결과 12 · 12와 5 · 18의 책임자에 대한 검찰과 헌법재판소의 불기소 처분이 등장하였다.

그러나 1995년 정국은 급변하였다. 6월 지방자치체 선거에서 김영삼 정권은 패배하였고. 7월의 삼풍백화점 붕괴 사건은 국민들로 하여금 김영삼 정권의 국가 관리 능력에 대한 의구심을 증폭시켰다.[9] 이러한 상황을 타개

9) 김영삼 대통령의 지지율 추이를 보면 집권 초기인 1993년 5월 88.3퍼센트를 최고로, 이후 지속적으로 하락하여 1995년 4월에는 44.9퍼센트, 97년 1월 13.9퍼센트로 나타난다(박상훈, 12).

하고자, 김영삼 정권은 당시 시민 사회 내 민주화운동 세력들이 주장하던 5 · 18 담론의 실천을 다시 주도하였다. 그들은 '역사 바로 세우기'의 구호 아래 5 · 6공 세력들과 재벌기업의 총수들을 구속 · 기소하였다. 이는 시민 사회 내 민주화운동 세력들의 주장을 받아들인 것이라고도 볼 수 있지만, 궁극적으로 이를 통해 정치 · 시민 사회 내 보수 세력을 견제하고 국민들의 지지도를 높임으로써 정국의 주도권을 회복하려는 의도였다.

전두환 · 노태우의 구속 이후 김영삼 정부는 5 · 18과 12 · 12 관련자들을 계속 구속하고 1997년 3월부터는 재판을 시작하는 한편, 5 · 18특별법을 제정하였고 5 · 18을 법정 기념일로 지정하였으며 5 · 18묘역의 단장 및 성역화 사업을 진행시켰다. 그들은 전자를 통해 5 · 18 담론 실천의 핵심 쟁점을 해결하려 하였고, 후자를 통해 5 · 18 관련자들의 감정을 달래려 하였다.

김영삼 정부는 5 · 18 담론의 실천을 다음과 같이 '역사 바로 세우기' 작업의 일환으로 주장하였다.

> 첫째, 무엇보다도 모든 국민이 이 땅에 정의와 진실, 그리고 법이 살아 있다는 사실을 확인하는 계기가 된 것이다. '역사 바로 세우기' 작업은 뒷날 역사의 심판에 맡길 것이 아니라 우리 시대, 개혁 정부의 몫임이 분명해진 이상 5 · 18특별법 제정을 통해 지난날의 치욕적인 역사의 굴레에서 벗어나 국민 역량을 한데 모으고 국민 통합을 이룩하는 일대 전환점이 된 것이다.
>
> 둘째, 5 · 18광주민주화운동의 진상 규명으로 우리 사회의 갈등이 근본적으로 치유되는 길이 열리고 궁극적으로 국민 대화합의 기틀이 마련된 점이다(공보처, 83).

이러한 12 · 12와 5 · 18 사건 책임자 처벌에 대해서 당시 국민들은 대폭적인 지지를 보냈지만, 김영삼 정권의 의도에 대한 시민 사회 내 민주화운동 세력들뿐 아니라 많은 일반 국민들의 인식은 부정적이었다.

> 두 전직 대통령이 5 · 18 광주 시민 학살 등과 관련해 구속되어 현재 재판을 받고 있다. 이것은 엄청난 사건이며 큰 변화다. 그런데도 웬지 개운치 않고 씁쓸하기만 하니 어찌 된 일일까. 5 · 18의 진상이 밝혀지고 그 책임자들의 처벌이 분명해졌음에도 과거 청산이라는 역사적 감동이 전혀 없으니 더욱 이상한 일이다(함세웅, 32).

이러한 국민들의 부정적 평가는 5 · 18재판의 최종심 직후(97년 4월) 실시된 여론 조사에서 67퍼센트 이상의 응답자가 진상 규명이 미흡하거나 불확실하다고 대답한 결과에서 잘 드러난다(김성국, 92). 이것은 일반 국민들도 김영삼 정권이 자신들의 정치적 목적을 위해 5 · 18을 이용하고 있다고 생각했기 때문일 것이다.

그러나 이러한 부정적 인식에도 불구하고 이 재판을 통해 5 · 18 담론이 요구했던 많은 실천들이 해소됨으로써 정치 사회나 시민 사회로부터의 반론이 거의 제기되지 않았다는 점을 주목해야 한다. 특히 전 · 노 재판의 문제에 가장 민감한 광주 · 전남 지역의 시민 사회와 5 · 18을 민중항쟁으로 해석하는 학생운동 세력들이 거의 반론을 제기하지 않은 것은 5 · 18 담론의 실천이 어느 정도 이루어진 상황에서 더 이상의 문제 제기는 5 · 18과 분리될 수 없는 인물인 김대중을 대통령으로 만드는 데 불리할 것이라는 지역적 분위기에 영향을 받았기 때문이었을 것이다.[10]

광주민중항쟁을 둘러싼 광주 · 전남 지역의 한(恨)은 1997년 김대중의 대통령 당선으로 일단 해소되는 듯 보인다. 이것은 김대중 대통령 당선 이후 처음 한 일 중 하나가 용서와 화해를 내세우며 광주 학살의 주범인 전두환 · 노태우를 석방한 것이었다는 사실에서 볼 수 있다. 이어진 5 · 18 유가

10) 1996년 5월에 실시된 《말》의 김대중 총재에 대한 호남 민심 조사에 따르면 호남인들 중 다수는 김대중의 대통령 당선을 위해서라면 내각제건 티케이(TK)와의 연합이건 받아들일 수 있다고 응답했다(조유식, 34).

족들의 공수부대 방문은 5 · 18 담론의 종결을 상징적으로 보여준 사건이었다.

결국 노태우 정권 이후 진행된 5 · 18 담론의 실천 과정은 5 · 18 담론이 담고 있는 민주화가 진척되는 과정이었다는 점에서 의미를 갖고 있다. 하지만, 5 · 18이 갖고 있었던 민중적 지향성은 이 담론의 실천을 주도한 국가나 정치 사회의 계급적 성격으로 인해 제한될 수밖에 없었다는 점은 한계로 남아 있다. 또한 3당 합당으로 강화된 지역주의는 5 · 18 담론의 의미를 단순히 광주 · 전남 지역의 문제로만 축소시킴으로써 다른 지역에서 5 · 18 담론의 의미를 약화시켰으며, 진상 규명, 책임자 처벌 등과 같은 '광주 문제'가 해결됨에 따라 5 · 18 담론의 상징적 의미가 더 이상 기능하지 못하도록 만드는 중요한 요인으로 작용했다.

4. 맺음말

1980년 5월 이후 5 · 18 담론은 1980년대 내내 권위주의적인 국가와 민주화를 지향하는 정치 사회 및 시민 사회 여러 세력들간의 투쟁의 쟁점이었다. 1980년대 초반에는 좌경 또는 폭도의 난동으로 해석하는 국가의 담론이 지배적이었고 정치 사회는 침묵으로 일관했지만, 시민 사회 내 일부 세력들은 5 · 18을 민주화운동 또는 민중항쟁으로 해석하면서 대항 담론을 형성했다. 이러한 대항 담론은 85년 정치 사회의 복원으로 등장한 야당과 시민 사회 내 민주화운동 세력이 연합함으로써 확산되었고, 이는 결국 1987년 6월 민중항쟁으로 국가의 공식 담론이 되었다.

그런데 노태우 정권 이후부터 5 · 18 담론은 이전과 다른 성격을 띠게 되었다. 노태우 정권 시기는 한국 사회의 정치 변동 과정에서 민주화의 출발을 의미하는 만큼, 5 · 18 담론이 제기한 과제의 해결은 곧 한국 사회에서 민주화가 구체화되는 과정을 매개하는 실천적 성격을 띠게 되었다. 이후 정치 사회와 시민 사회 내 여러 세력들은 5 · 18 담론을 매개로 민주화의 진행을 촉진시켰다. 노태우 정권 시기의 '민주화합추진위원회' 나 '5공청문회' 및 김영삼 정권의 5 · 18 책임자에 대한 사법 처리가 바로 그 예다.

그러나 역설적으로 한국 사회의 민주화 진행과 함께 5 · 18 담론이 지닌 상징성 또는 영향력은 점차 약화되었다. 이것은 다음과 같은 이유 때문인데, 먼저 5 · 18의 진상 규명 활동은 많은 국민들의 공감을 얻었지만, 3당 합당 이후 노골화된 지역주의(호남 고립주의)는 5 · 18의 의미가 점차 호남 지역만의 관심으로 축소시켰다. 다음으로 5 · 18 담론의 실천을 둘러싼, 특히 12 · 12 불기소 처분에서 사법 처리로 이어지는 과정에서 드러난 김영삼 정권의 5 · 18 담론의 이용은 국민들 사이에서 5 · 18의 의미를 왜곡시키기에 충분하였다. 다시 말해, 5 · 18 특별법의 제정과 전두환 · 노태우의 재판은 그 역사적 의의에도 불구하고 김영삼 정부의 정략적 의도가 개입됨으로써 5 · 18 담론의 의미를 개별 사건의 처리 과정으로 축소시켰다. 마지막으로 5 · 18 담론의 실천을 둘러싼 광주 지역 시민 사회의 분열과 호남 지역의 김대중에 대한 편애는 타 지역 국민들의 소외감 또는 무관심을 초래하였다.

5 · 18 담론은 80년대 이후 진행된 한국 사회의 정치 변동의 과정에서 민주화를 추동해 낸 가장 중요한 담론이었다. 때에 따라서는 정치 사회 내 보수 야당과 시민 사회 내 진보 세력을 하나로 묶어주었을 뿐 아니라, 이전까지 수동적 자세에 머물렀던 중산층 또는 시민들을 거리로 나서게 만들었다. 그러나 노태우 · 김영삼 정권 시기 동안 5 · 18 담론에 내재된 민주화 담론들이 실천되면서, 그리고 정치 변동의 방향을 둘러싼 정치 사회와 시민 사회 내 여러 세력들간의 균열이 드러나면서 5 · 18 담론의 영향력은 약화될 수밖에 없었다. 따라서 앞으로 우리에게 남겨진 과제는 민주화 담론으로서 5 · 18 담론의 수명을 그대로 마감시킬 것인지, 아니면 5 · 18 담론이 담고

있는 민중 지향적 성격을 지속적으로 발전시켜 나갈 것인지를 결정하는 일이 될 것이다.

〈참고문헌〉

공보처, 《변화와 개혁 : 김영삼 정부 국정 5년 자료집》1, 1987.

광주광역시 5 · 18 사료편찬위원회(광주시) 편, 《5 · 18 광주민주화운동 자료총서》 제1권~제15권, 1997.

광주사회조사연구소, 《국민이 보는 5 · 18 재판 : 1심 선고에 대한 전국민 여론조사》, 5 · 18 기념재단, 1996.

기독교사회문제연구소, 《기사연리포트 10호 : 5공 청산과 악법개폐운동》, 민중사, 1988.

김성국, 〈국가에 대항하는 시민 사회〉, 한국사회학회, 《인권과 사회운동 : 5 · 18광주민주화운동의 재조명》, 1998.

김종원, 〈광주 정신 살아 있나〉, 《말》 5월, 1995.

김호균, 〈김영삼 시대 광주의 길 찾기〉, 《말》 5월, 1993.

대통령 공보비서실, 《민주주의의 시대, 통일을 여는 시대 : 노태우 대통령 1년의 주요 연설》, 동화출판공사, 1989.

대통령 비서실, 《김영삼 대통령 연설문집》 제1권, 1994.

문병란, 〈10만 쪽에 기록된 죄상이면 지옥을 통째로 차지한다〉, 《말》 6월, 1996.

박상훈, 〈민주적 공고화의 실패와 그 기원〉, 《동향과 전망》 94 여름, 1997.

안철홍, 〈권두 인터뷰 : 소설 《봄날》의 작가 임철우〉, 《말》 5월, 1998.

임영일, 〈한국의 산업화와 계급 정치〉, 한국사회학회 · 한국정치학회 편, 《한국의 국가와 시민 사회》, 한울, 1992.

손호철, 《해방 50년의 한국 정치》, 새길, 1997.

정근식, 〈민주화와 5월운동. 집단적 망탈리테의 변화〉, 나간채 편, 《광주민중항쟁과

5월운동 연구》, 전남대 5 · 18연구소, 1997.
정대화, 〈한국의 정치 변동, 1987~1992 : 국가-정치 사회-시민 사회의 관계를 중심으로〉, 서울대학교 대학원 정치학과 박사학위논문, 1995.
정해구 외, 《광주민중항쟁연구》, 사계절, 1990.
조유식, 〈여론조사 : 호남 민심과 김대중 총재〉, 《말》 6월, 1996.
조현연, 〈한국 정치 변동의 동학과 민중운동 : 1980년에서 1987년까지〉, 한국외국어대학교 대학원 정치외교학과 박사학위논문, 1997.
천주교 광주대교구 정의평화위원회 편, 《광주의거자료집 4 : 광주 시민 사회 의식조사-광주민중항쟁을 중심으로》, 빛고을출판사, 1988.
최장집, 《한국 민주주의의 이론》, 한길사, 1993.
_____, 〈광주민중항쟁과 2단계 민주화〉, 한국정치학회, 《5 · 18학술심포지엄》, 1997.
최정운, 〈폭력과 언어의 정치 : 5 · 18 담론의 정치사회학〉, 한국정치학회, 《5 · 18학술심포지엄》, 1997.
평화민주당, 《1980년의 진실 : 광주특위증언록》, 평화민주당, 1988.
한국사회학회, 《세계화 시대의 인권과 사회운동 : 5 · 18광주민주화운동의 재조명》, 나남, 1998.
한국정치학회, 《5 · 18학술심포지엄》, 1997.
한인섭, 〈'5 · 18 살상' 진실 규명은 이제부터〉, 《신동아》 10월, 1996.
함세웅, 〈5 · 18 재판이 연극처럼 보이는 이유〉, 《말》 6월, 1996.
허만호 · 김진향, 〈올바른 역사 인식을 통한 5 · 18의 사회적 담론 분석〉, 전남대 5 · 18연구, 《동아시아의 민중항쟁》, 1998.
미셸 푸코, 홍성민 역, 《권력과 지식 : 미셸 푸코와의 대담》, 나남, 1991.

한반도 속의 미국, 5 · 18에서 금창리 핵 위기까지

강 정 구

(동국대학교 사회학과 교수)

1. 머리말[1)]

5 · 18항쟁의 민족사적 의의 가운데 하나는 반외세민족자주화의 역사적 계기를 이루었다는 점이다. 우리는 해방 공간에서 반외세민족자주화 투쟁을 통하여 통일국가의 형성을 추구하였으나 미국이라는 외세의 압도적 강제력에 의하여 좌절된 채, 민족사적 지향이 북녘땅에서만 지속되고 이곳 남녘땅에서는 거의 단절을 고했다. 5 · 18항쟁은 이 단절된 해방 공간의 역사 지향을 본격적으로 복원하는 계기가 되었다. 이 단절되었던 역사 지향은 6월항쟁의 과정 속에서 반미 자주화의 성격을 분명히 하면서 항쟁의 주역은 물론이거니와 일반 민중에게도 보편화되었다.

그러나 이 복원된 역사 지향은 제대로 성숙하여 민족통일의 굳건한 터전

---

1) 아래 언급된 신문의 발행일자는 PC통신의 일자이므로 어떤 경우는 실제 신문의 발행일보다 하루 앞설 수 있다.

을 닦기도 전에 불어닥친 세계사적 전환과 IMF 신탁통치라는 내외적 강풍에 의하여 위축되고 있다. 동구 사회주의 체제의 몰락, 미국을 정점으로 하는 단일패권주의 세계 질서의 구축, 국경을 초월한 상호 의존 관계의 심화라는 세계화와 이를 뒷받침하는 신자유주의의 범람, 이러한 세계사적 전환구조에 1백 퍼센트 이상의 동화를 추구하였던 김영삼 정권의 국제화와 세계화 정책, 이에 한술 더 뜬 김대중 정권의 과잉 세계화 등이 조금 위축되었던 한반도 속의 미국이라는 외세의 형상을 다시금 군림자의 형상으로 복원 및 확대시켰다. 그 결과 우리의 위대한 5 · 18 정신은 훼손에 훼손을 거듭하고 있다.

국민회의 임복진 의원이 1998년 10월 2일 국회 국방위의 국방부 조달본부 국정감사에서 밝힌 바와 같이, 한 · 미 군사 무역 수지 적자는 지난 95년 10억3백37만 달러, 96년 15억8천2백33만 달러, 97년 19억6천8백47만 달러 등으로 3년 간 45억 달러의 역조를 보이고 있다(〈한국일보〉 1998. 11. 2). 그런데도 주한미국상공회의소(AMCHAM)의 '한국의 투자 및 교역 환경에 관한 99년도 연례 보고서' 초안은 외국인의 영업 환경 개선을 위해 한국측이 이행해야 할 사항을 23개 분야에 걸쳐 조목조목 열거하면서 지적재산권 보호에 관한 법원의 법률 해석 및 검찰의 수사 방향에 대한 '지시'에서부터 외국 기업 영업 비밀 보호를 위해 모든 정부 기관이 내규를 제정하고 공무원을 교육하라는 요구, 외국 차 수입의 혜택을 홍보하라는 '명령'까지 내릴 정도로 일제 식민지하의 조선총독부 행세를 하고 있다(〈동아일보〉 1999. 3. 15).

이러한 미시적 수준의 지배자로서 한반도 속의 미국이라는 형상에 더하여, 거시적 수준에서는 80년의 5 · 18항쟁에서부터 83년 북한을 완전히 섬멸한다는 OPLAN5027작전계획(이하 OPLAN5027), 87년 6월항쟁에서는 이민우 구상에서부터 6 · 29선언에 이르는 수동혁명의 추진, 걸프전쟁 이후의 '제2의 한국전쟁' 시나리오, 94년 6월 전쟁 일보 직전까지 치닫게 하였던 영변 핵 위기, 97년의 IMF 경제 신탁통치화, 98~99년의 제2차 핵 위기와 '3~4월 위기설'로 일컬어지는 금창리 핵 위기 등에 이르기까지 한반도 역사의 중요한 굽이마다 개입자로서 또는 지배자로서 미국의 위상은 더욱더 위압적이 되고 있다. 그것도 언제나 자유와 민주 그리고 평화를 위한다는 명분을 구실로 삼으면서 말이다.

지금 우리는 미국이라는 외세의 주도에 의하여 강제로 분단된 조국을 우리 스스로, 즉 민족 자주적으로 재통일하여야 하는 민족 재통일 시대라는 제4의 민족사적 전환기에 살고 있다(강정구, 1996나). 그러나 과연 이 시대적 요구에 걸맞는 민족 통일 기반 조성이라는 민족사적 핵심 과제에 우리들은 제대로 접근하고 있는지 깊은 성찰을 요구한다. 이 글도 이러한 자기 성찰을 위해서 씌어졌다. 미국이라는 외세의 존재는 결코 남녘땅에 국한된 존재는 아니다. 또 일시적으로 등장하는 단막배우도 아니다. 그래서 남과 북에 자리잡고 있는, 현대사 전반에 걸친 미국의 실체를 규명하는 작업은 긴요하다.

이 글은 미국의 실체를, 중요한 역사적 국면인 80년 5 · 18항쟁, 83년의 OPLAN5027, 87년 6월항쟁, 93~94년 영변 핵 위기, 97년 IMF 경제 신탁통치, 98~99년 금창리 핵 위기를 중심으로 살펴보겠다. 미국의 실체는 언제나 고정된 모습을 띤 것은 아니다. 이는 냉전과 탈냉전, 동북아 질서의 변화, 제3세계와 제국주의 종주국인 미국과의 관계, 미국의 이윤 축적 방식의 변화 등 여러 가지 요인에 의하여 변증법적인 관계 속에서 주형되는 역동성을 띤다. 이러한 관계 속에서 한반도에 개입하는 미국의 다양한 모습을 포착하도록 하겠다.

결론적으로 한반도의 중요한 역사적 계기마다 행위 주체로 등장한 미국의 양태를 좀 과장되게, 또 익살스럽게 단순화시킨다면 아래와 같이 서술할 수 있을 것이다. 5 · 18항쟁에서는 냉전의 제1기능인 대공산권 봉쇄 정책과 제2기능인 제3세계 지배 정책에 마비되어 안보 최우선주의로 민주화라는 민족사적 과제를 위한 광주 민중의 정당한 요구를 헌신짝처럼 내팽개쳤다. 이는 북한의 도발적 징후가 전혀 없는데도 불구하고, 이란 사태로 인해 미국이 "자라 보고 놀란 가슴 솥뚜껑 보고 놀라"는 격이었다. 이러한 미국의 히스테리 증세는 신냉전의 출발이라는 시점에서 과잉 냉전화의 병에 걸렸기 때문이었다. 1983년의 OPLAN5027은 신냉전의 극치로 달리는 과정에서 미국이 대소 봉쇄전이나 대소 섬멸전을 위해서 한반도를 최전선의 총알받이 소모품으로 규정했음을 의미한다. 미국의 목적을 위해서는 당연히 한반도쯤이야 언제나 희생양의 제물이 되어야 한다는 미국 지상주의의 발로였다. 6월항쟁에서 미국은 여전히 남한의 민주 역량을 과소 평가하여 체육관 선거에 의한 정권 교체만으로도 만족해야 한다고 들쑤시다가 질풍노도와 같은 항쟁 열기와 제헌의회 소집 투쟁과 같은 초급진성에 기겁하여 부랴부랴 6 · 29라는 예방 혁명 조치를 내밀었다. 영변 핵 위기에서 미국은 소련의 제3세계 보호막이 상실된 공간에서 자기의 군사적 세계 지배를 위해 북한에 일방적 순종을 강요하다 안팎에서 허를 찔리는 수모를 당하는 꼴이었다. 금창리 핵 위기에서 미국은 미국에 '작지만 새로운 적'이 있다는 거짓 무대를 화려하게 장식하여 군수 산업체에 돈벌이를 안겨주려다가, 조연을 맡기로 한 남한이 영변 핵 위기 때와는 완연히 달리 딴전을 피우는 바람에 무대를 제대로 세우지도 못하고 막을 내렸다. 그러면서도 또다시 미사일 무대와 대량살상무기 무대를 차릴 준비를 하고 있다. IMF 신탁통치에서 미국은 도박판 자본주의로 세계 자본주의를 변모시켰다. 여기서 남한은 판돈을 좀 가지고 이 신자유주의 도박판에 느릿느릿 기어오르려다가 미국에게 걸려 판돈을 다 걸어버리려는 만만한 주자로 떠올랐다.

2. 방법론 논의

한반도 속의 미국, 보다 구체적으로는, 우리 현대 민족사의 중요한 고비마다 미국이라는 외세가 끼친 영향력을 제대로 파악하기 위한 올바른 접근은 무엇인가, 즉 방법론에 대해 논의하겠다.

첫째, 현대사 전반에 끼친 영향력을 규명하기 위하여 현대사의 출발인 해방 공간의 역사적 자리매김과 이 국면에서 미국의 위치를 규정할 필요가 있다. 필자는 해방 공간을 민족사적 전환기로 개념 규정한다. 민족사적 전환기는 기나긴 민족사의 도정에서 어떤 특정 시기에 설정된 역사 지향과 그 특성이 이후의 민족사적 경로에 결정적인 규정력을 행사하여 장기간 동안 역사 진행 방향이 근본적인 변화 없이 이 전환기에 새로이 형성된 특정 역사 행보가 지속되게 하는 결과를 초래한 역사적 또는 민족사적 계기를 말한다. 곧 '역사 갈림길'을 말하는 것으로 여러 갈래 역사 행로 가운데 특정의 한 역사 행로를 택하면 오랫동안 그 행로로 갈 수밖에 없음을 의미한다.[2]

이는 먼저 발생한 사건이 다음에 오는 사건을 결정한다는 앤더슨(Perry Anderson)의 발생적 결정론 또는 유전적 결정주의와 유사한 개념이다. 그러나 앤더슨의 발생적 결정론은 고대 로마의 사적 소유제와 게르만 원시공동체 생산 양식이라는 기원적 특성에다 오늘날 서구 유럽의 역사 행로를 결합시키는 초장기적이고 극단적인 발생적 결정론이다. 이 논문에서 말하는 역사 전환기는 발생기의 기원적 특성이 이후의 성격을 전적으로 좌우한다는 앤더슨류의 운명론적인 초발생적 결정론을 배제하고 있다. 초기의 발생적 결정성이 이후의 구조적 특성과 결합되어 역사 행로를 제약한다는 낮은

2) 필자는 우리 민족사를 이러한 민족사적 전환기라는 개념을 바탕으로 시기 구분을 하였다. 첫째의 민족사적 전환기는 신라에 의한 민족 통일국가 수립 시대, 둘째는 1860~90년대의 '반침략 반봉건 시대', 셋째는 '해방 공간 시대', 넷째는 1990년대 이후의 '민족 재통일 시대'(강정구, 1996가, 2부 1장)

수준의 발생적 결정론을 의미한다. 곧 구조보다는 발생시의 기원적 특성을 거의 결정적인 것으로 간주하는 개념과 동일한 것은 아니다. 구조와 발생이 제각기 따로 놀기보다는 발생적 기원의 특성이 그 이후 오늘날까지 구조화하여 구조적 영향력과 규정력을 행사하고 있다는 점을 부각시키는 개념이다.

현대사의 출발이었던 열려진 해방 공간에서 가능했던 여러 가지 역사적 대안의 행로 가운데, 미국은 조선의 내재적 역사 행로였던 사회주의로의 이행을 저지하고 종속적 자본주의의 역사 행로를 강제하였다. 이러한 기원적 특성을 규정한 것으로 끝나지 않고 미국은 한미경제협정, 한미상호방위조약, 행정협정, 미군의 한국 주둔, 군 작전권 장악, 원조와 차관, 합동군사훈련 등을 통하여 쌍무적인 지배와 종속, 미국 헤게모니하에 있는 자본주의 세계 경제 체제의 편입과 통합, 동북아 삼각동맹 등의 동북아 지역 체제로의 통합과 같은 구조적 속박을 지속하고 있다. 동시에 미국은 정치권에서부터 군사, 경제, 사회, 문화, 정보 기관 등 전영역에 걸쳐 친미 인맥을 형성하여 구조적 제약이나 선택과 함께 행위적 제약과 선택을 이끌고 있다. 물론 여기에다 주로 CIA나 초국적 자본을 통한 음모까지 개입시킨다. 그러므로 미국의 영향력을 체계적으로 분석하기 위해서는 발생적 결정론 차원의 기원적 특성, 역사적으로 형성된 구조적 강제력, 친미 인맥의 행위론적 선택, 음모적 개입 행위 등을 다각적으로 고려해야 한다.

둘째, 미국의 구조적 강제력이나 친미 인맥의 특성, 쌍무적 지배 등은 고정적인 유형을 띤 것이 아니라, 당시의 역사적 조건에 따라 변화하는 역동적인 유형을 띤다. 특히 세계 질서에서 미국의 헤게모니 구도하의 위상 변화와 미국의 지배적인 자본 축적 체제의 변화에 따라 강제력이나 음모 등은 다양한 유형을 띠게 된다.[3] 전자의 경우 할리데이의 냉전 시기 구분과 같이 1차 냉전기(1946~1953), 오락가락 적대기(1953~1969), 화해기(1969~1979), 2차 냉전기 또는 신냉전기(1979~1989), 탈냉전기(1989 이후)로 구분할 수 있을 것이다(Halliday, 1983).

셋째, 미국의 강제력이 일방적으로 관철되는 것만은 아니다. 특히 냉전 체제하에서는 소련과 북한의 연대, 중국과 북한의 연대, 북한의 변화 등이 고려되고 동시에 남한 정권의 정통성, 국가 자율성, 인민의 지향 등 남한의 변화 등도 다양하게 고려되어야 한다.

넷째, 특히 1989년 탈냉전 이후의 미국 영향력에 대한 분석은 냉전 체계가 가지고 있는 세 가지 차원의 기능을 동시에 고려할 필요가 있다. 그것은 소련을 핵심 대상으로 한 대공산권 봉쇄, 북한이나 남한과 같은 제3세계에 대한 지배, 일본[4]이나 독일과 같은 핵심부 경쟁국가에 대한 견제다.[5]

다섯째, 남과 북을 때로는 분리해서, 또 때로는 총체적으로 분석하는 유연한 접근을 시도할 필요가 있다.

여섯째, 사건사적 접근과 구조사적 접근을 병행하여 분석할 필요가 있지만 지배와 예속과 같은 예민한 문제는, 특히 5 · 18항쟁과 같은 경우에는 구체적인 실증 자료가 은폐 · 소멸 · 비공개되는 특성이 있기 때문에 구조사적 접근이 중심이 될 수밖에 없는 점을 고려해야 한다.

---

3) 헤게모니는 세계 시장의 경쟁력과 국제 정치 무대의 억압력이라는 차원에서 특정 핵심 국가가 여타의 핵심부 국가들이나 주변 및 반주변부 여타 국가보다 확연한 우위에 서는 지배 체제를 일컫는다.

4) 냉전의 제3의 기능은 닉슨 전 미국 대통령의 72년 중국 방문 당시 '일본 주둔 미군은 일본의 군국주의 부활을 막는 역할도 할 것'이라고 밝힌 데서도 확인된다. 저우언라이 중국 총리와의 대화록에 담겨 있는 것으로 "일본인은 팽창주의 역사를 지닌 도발적 국민이기 때문에 경제 대국이면서도 군사적으로는 난장이 상태이다. 내버려둘 경우 결국 군국주의자들의 요구에 걸려들게 될 것으로 생각한다"며 "주일 미군의 존재가 일본의 군사대국화를 억제할 것으로 믿는다"고 답변했다(〈한겨레 신문〉 94. 4. 21).

5) 커밍스는 냉전이 대공산권 봉쇄, 대동맹국 봉쇄, 전세계적 헤게모니의 세 가지 성격을 가지고 있다고 보았다. 그러나 이러한 성격 규정은 공산권과 동맹국을 같은 수준의 봉쇄 대상으로 서술하고 있어 그 차별성을 간과하고 있다(커밍스, 1996, 51). 그래서 이 글은 그 차별성을 보이기 위하여 봉쇄, 견제, 지배라는 성격이나 기능을 가진 것으로 본다.

3. 분석틀

앞의 접근법에서 밝힌 대로 미국의 대한반도 정책은 보다 거시적이고 장기적인 구조인 세계 질서, 미국의 지배적 축적 체제, 이들에 기반하여 형성된 장기적 외교 정책 기조의 제약을 받는다. 동시에 당시의 국면적 상황에서 전개되는 국내외적인 관련 사건에 의한 제약과 영향을 받게 마련이다. 이들 장기적 · 국면적 상황에 따라 형성된 여러 구조적인 제약과 영향 아래 구체적인 대한반도 정책이 입안되고 주조되게 마련이다. 이를 반영한 분석틀이 오른쪽의 도표다. 물론 구체적인 분석에서는 이들 가운데 어떤 부분이 보다 결정적인 요소를 점유하고, 다른 부분은 영향을 끼치지 않을 수도 있다. 이것은 경험적인 문제로서 일괄적으로 또 병렬적으로 적용될 수는 없다. 보다 구체적인 분석틀은 〈도표 1〉에 의존하겠다.

4. 5 · 18항쟁과 미국

1979년 10월 26일 영구 독재 체제를 구축한 박정희가 그의 휘하에 있던 중앙정보부장에 의해 피살됨으로써 남한은 근 20년 만에 '서울의 봄' 을 맞아 민주 체제로 나아가는 듯하였다. 이 시점에서 우리의 민족사적 핵심 과제는 '서울의 봄' 이라는 상징어가 말하듯이 군부 독재를 청산하고 민주주의로 이행하는 것이었다. 5 · 18항쟁은 바로 이러한 민족사적 과제를 구현하기 위한 민중 중심의 민중항쟁이었다. 그러나 이 민중항쟁은 광주 학살이라는 엄청난 비극으로 귀결되었고, 이 피흘림의 과정을 딛고 군부 독재 정권이 재등장하여 배반의 역사를 강제하였다.

전두환을 비롯한 정치군부가 12 · 12쿠데타, 5 · 17비상계엄과 내란, 5 · 18광주학살로 민주화 이행을 무산시키고 박정희의 유신 체제에 버금가는

〈도표 1〉 한반도 속의 미국

시 기	역사적 계기	세계 질서 구도	지배적 축적 체제	외교 정책 기조	중심 사조 (미국)	국내 · 국제적 관련 사건	구체적 한반도 정책 기조	결 과	평가와 문제점
1980. 5월	5 · 18 항쟁	신냉전 출발기	군수 · 정보 산업	인권 외교 소멸, 카터 독트린	신보수 주의	이란혁명, 소련의 아프가니스탄 침공, 미국 대통령선거	안보 최우선 주의	광주 대량 학살, 신군부 집권	미국의 과잉 냉전화 대응
1983	OPLAN 5027	신냉전 극대화기	군수 · 정보 산업	커크 페트릭 독트린	신보수 주의	극단적 대소 대결주의 (SALT 협정 폐기, 군비 경쟁)	극단적 신냉전 구도에 한반도 통합화	남북 군사 대치 구도 심화, KAL기 추락	한반도를 세계 전쟁의 희생양화, 민족 생존권 박탈
1987. 6월	6월 항쟁	신냉전 이완기, 신개입 주의	군수 · 정보 산업	레이건 독트린, 저강도 전략	신보수 주의	제3의 물결, 필리핀 등의 형식적 민주화	장기적 안보를 위한 최소한의 민주화 지원	준 군사 과도 정권 수립, 형식 민주주의 이행	수동혁명으로 인한 제한적 민주화
1993 ~1994	영변 핵 위기	탈냉전, 미국 단일 패권주의 형성기	금융 · 군수 · 정보 산업	세계화, 금융 자율화	신자유 주의	소련 해체, 걸프전 미국 승리, 95년 3월 25일 NPT조약 만료, 이라크 무기 사찰	단일 패권주의 질서로의 북한 순치화, 탈냉전하 새로운 적 만들기	6월 전쟁 위기, 북미협정, 연착륙 정책	민족 공멸 위기와 김영삼 정권의 전쟁 부추기기
1997. 11	IMF 신탁통치 체제	탈냉전, 미국 단일 패권주의 지배기	금융 · 군수 · 정보 산업	클린턴 독트린, 세계화, 금융 자율화	신자유 주의	초국적 금융 자금의 세계 지배, 아시아 금융 위기, 남한 대통령 선거	미국 중심의 세계 경제 체제(금융 세계화)에 완전 순치화	대외 개방 전면화, 대미 예속화, 3 · 16조미 합의	과잉 세계화, 종속적 신자유주의, 국민 경제 기반 소실, 통일 기반 소실
1998 ~1999	금창리 핵 위기	탈냉전 미국 단일 패권주의 완결기	금융 · 군수 · 정보 산업	세계화, 금융 자율화	신자유 주의	미일 신안보 조약과 일본 군사대국화, 북한 생존권 위기	새로운 적 만들기와 단일 패권주의 질서로의 지속적 순치화	포용 정책과 일괄 타결	평화 구도 형성

신군부 독재 체제를 출범시켰지만, 미국은 이들 유신 잔당의 광주 학살에 대해서는 주로 명시적인 지원을[6], 정권 찬탈 기도에 대하여는 묵시적인 지원과 명시적인 지원을 병행하였고, 군부 정권이 공식적으로 출범한 1981년 2월에는 곧바로 전두환을 미국으로 초대하여 축복을 내리는 반역사적인 행위를 저질렀다.

그럼에도 불구하고 미국 정부는 이에 대하여 최소한의 도덕적인 책임마저도 부인하는 뻔뻔스러움을 보여주었다. 80년대 내내 비등하던 미국 책임론과 반미주의에 대한 미국의 공식적인 반응은 89년 미국무성의 백서(White Paper), 87년 초 당시 주한미국대사였던 글라이스틴(Gleysteen)의 기자회견, 85년 6월 워싱턴의 회견 등에서 나타났다. 이들을 대변하는 대표적인 견해는 당시 동아시아 태평양 담당 차관보였던 홀브루크(R. Holbrooke)의 주장일 것이다. 그는 "광주 학살에 미국이 한국 장성들과 적극적으로 공모했을 것이라는 의심은 솔직히 기상천외의 엉뚱한 생각이다. 이러한 공모 행위는 우리 미국이 추구해 왔던 모든 정치적 가치에 배치될 뿐 아니라 역겨운 짓이다. 전두환이 특전사를 광주에 투입한다는 정보를 접했을 때 미국은 그 사태를 중지시키기 위하여 모든 노력을 다했다"고 하였다. 그러므로 어떠한 법적 · 외교적 책임도 없거니와 도덕적 책임도 없다는 것이다.

보다 세부적인 내용은 다음과 같다. 첫째, 미국은 특전사에 대한 어떠한 관할권도, 광주 이동에 대한 사전 정보도 가지고 있지 못하다. 둘째, 학생 데모에 경찰을 지원하기 위하여 군대를 사용한다는 계획에 대하여 미국은 경악했다. 셋째, 주한미군사령관 위컴은 공수부대가 초기에 행한 잔혹한 조치를 모르고 있었다. 넷째, 20사단의 광주 투입을 승인한 것은 질서 회복을

6) 이상우는 "미국은 광주항쟁에 대하여 아무것도 하지 않았던 것이 아니라 명백히 어떤 일을 하고 있었다. 미국이 한 일이란 시민과 한국 국민 편에 서서 군부의 만행을 규탄하고 지지한 일이 아니라, '질서'와 '안보'를 명분으로 군부 편에 서서 항쟁을 진압하는 데 협력한 일이었다"라고 명백한 지원을 주장하고 있다(이상우, 1988, 140).

위하고 공수부대의 재투입으로 인한 초기 과잉 진압을 막기 위한 불가피한 조치였다. 넷째, 미국은 이 사태의 처음부터 끝까지 배후에서 평화적 해결을 촉구하였다. 다섯째, 광주의 비극에 대하여 어떠한 도덕적 책무도 없다고 국무부는 계속 믿고 있다.

이러한 미국의 무책임론은 사실적인 차원에서 대부분 거짓임이 이미 96년 〈저널 오브 코머스〉의 팀 셔록(Tim Shorrock) 기자가 정보 공개법에 의해 입수한 비밀문서 전문을 통하여 밝혀졌다(Shorrock, 1996). 그럼에도 불구하고 미국은 공식적으로 이에 대한 사죄나 도덕적 책임에 대한 최소한의 유감 표명조차 없었다. 당시 주한미국대사였던 글라이스틴은 단지 '과장 해석일 뿐'이라고 일축하였고, 국무부도 89년의 광주백서와 비밀 해제된 전문 사이에 일부 차이가 있다는 것은 인정하지만 기본적으로는 89년의 백서와 동일하다고 항변하였으며, 미국의 언론들도 이미 알려진 뉴스에 불과하다면서 주목하지 않았다. 이 글에서는 이와 같은 미국의 결백 주장에 대한 구체적인 반론을 제기할 필요를 느끼지 않는다. 이미 셔록이나 이삼성(이삼성, 1993, 1997) 등에 의해 충분히 미국의 공식적 주장이 반증되었기 때문이다. 이 글에서는 왜 미국이 이 시점에서 민족적 핵심 과제인 민주화에 대한 지원을 거절하고 오히려 유신 잔당인 신군부 독재 체제를 지원하였나 하는 점을 위의 분석틀에 의거하여 논의하겠다.

우선 한국에 대한 미국의 반인권 외교와 친군부 독재 행위는 장기적인 구조적 제약하에서 틀이 잡혔다. 곧 세계 질서 수준에서 미국은 이미 1979년 소련과 극한적 대립으로 치닫는 신냉전 또는 제2의 냉전기에 돌입하였다. 1978년 6월 미 해군사관학교 졸업식에서 카터가 소련에게 "협력이냐, 아니면 대결이냐"를 선택하도록 요청한 데서부터(Dougherty et. al, 1986, 457), 기존의 닉슨 독트린에서 천명한 대소 데탕트 정책은 약화되기 시작하였다. 이어 79년에는 대소 온건론자인 벤스 국무장관이 대소 강경파인 브레진스키 안보보좌관에게 외교 정책의 주도권을 넘겨주게 되었고, 이어 79년 12월 소련의 아프카니스탄 침공을 계기로 데탕트는 사라지고 대신 냉전의 제1기능인 대소 봉쇄 정책의 강화로 돌아섰다.[7]

또 냉전의 제2기능인 제3세계에 대한 지배가 79년 1월 서남아시아에서 미국의 이해를 전적으로 대변하는 이란의 '샤' 정권이 붕괴하고 이란혁명이 고조됨으로써 위기에 처하게 되었다. 또 이란의 군사 기지 상실로 냉전의 제1기능인 미국의 대소 봉쇄에 기술적으로 구멍이 뚫리게 되고, 석유값이 12달러에서 40달러 선으로 폭등하여 제2차 석유 위기를 맞아 냉전의 제3기능인 자본주의 경쟁국인 일본이나 유럽에 대한 견제력을 상실할 위기에 처하였고, 서남아시아, 즉 중동 지역의 제3세계를 지배할 파트너를 잃게 되어 냉전의 제2기능이 위협에 처했다. 여기에다 카터 정권은 니카라과 혁명, 쿠바의 소련군 주둔에 대한 우려, 2차 전략 무기 협정에서 소련에 대한 지나친 '양보'를 비난하는 냉전론자의 강한 목소리 등 미국 내에서 강한 비판에 직면하였다. 1980년은 대통령선거의 해로서 이러한 국내의 비판 고조는 미국의 베트남전쟁 개입에 대한 심각한 반성에서부터 비롯된 카터 정권 초기의 도덕적 합리성에 기반한 인권 외교 원칙이나 미국 · 일본 · 서유럽의 3자 상호 협력 관계를 증진시키고 이를 바탕으로 소련을 끌어들여 남북 문제와 전지구촌의 문제인 무역 확대, 개발, 인구 과잉, 인권과 같은 '세계 질서 정치'가 무산되는 구조를 띠게 되었다.

이들 결과로 나타난 것이 바로 80년 1월 4일의 연두교서에서 밝힌 카터 독트린이다. 페르시아만 지역의 지배권을 얻기 위하여 어떤 외부 세력의 공격도 미국의 직접적인 이익에 대한 공격으로 간주하고, 군사력을 포함한 어떤 수단을 쓰더라도 축출하겠다는, 곧 핵무기를 사용하겠다는, 초강경 신냉전 정책을 공식화하였다. 한국의 경우도 79년 2월 카터의 방한으로 인권 외

7) 이 시점에서 봉쇄 정책은 그 기원인 트루먼 독트린의 대공산권 봉쇄라는 포괄적 봉쇄에서 소련의 봉쇄에 초점을 맞추는 것이었다. 이를 위해 미국은 중국을 봉쇄의 테두리에서 풀고 오히려 중국과 연대하여 소련을 봉쇄하는 정책을 펼쳤다.

교는 종잇장에 불과하게 되었고, 그 대신 기존의 주한 미군 철수를 중단하는 방향 선회를 하게 된다. 이것은 물론 위의 신냉전의 형성과 미국 내의 강경파의 저항에 부딪히기도 하였지만, 일본이라는 자본주의 경쟁국의 이해를 어느 정도 보장하면서 견제한다는 냉전의 제3기능인 대일본 헤게모니 정책도 여기에 작용하였다.

이러한 구조적이고 국면적인 제약하에서 79년 10 · 26사태 이후 한국 사태에 대한 미국 정책의 선택은 대소 봉쇄 정책과 북한의 오판 위협을 중심으로 한 안보와 이를 뒷받침할 안정화, 곧 안보 최우선주의에 있었다. 이러한 미국의 인식은 줄곧 여러 각도에서 나타났다.

첫째, 홀브루크가 설명하였듯이 당시 미국의 절대적 대한 정책 원칙은 한국 사태가 '제2의 이란 사태'로 발전하지 않도록 막는 것이었다. 이란의 경험을 통하여 "조그만 사태의 진전도 미국의 핵심 우방인 나라에서 혼란과 불안정으로 나아가는" 것으로 미국은 인식하고 있었다. 셔록의 분석에 의하면 10 · 26 이후 그는 정작 군부에 대하여는 전혀 비난을 하지 않으면서 "한 줌도 안 되는 극단주의 반체제 기독교도들 때문에 한국 사회가 양분될 것을 우려하여" 글라이스틴 대사에게 "미국의 지원을 영원히 받지 못한다는 사실을 기독교도들에 통보하고 이들이 정치 집회를 금지하는 계엄령 포고를 위반하지 않도록 경고하라"는 지시를 내렸다. 미국대사는 또 "우리는 학생들에게 자제를 촉구하면서 만약 자제하지 않을 경우 결과는 정말 추악하고 유혈적인 사태가 전개될 것임을 강조할"것이라고 전문은 밝히고 있다 (Shorrock, 1996).

둘째, 10 · 26 직후 한국 상황을 다루기 위해 행정부 내 고위 관리들로 구성한 비상대책반〔암호명 체로키(Cherokee)를 정하고 한국 관련 전보나 논의사항을 카터 대통령을 비롯한 최고위 관리들만 볼 수 있게 하는 NoDis로 통제하였다〕을 구성한 데서도 바로 나타난다. 또 12 · 12를 실질적인 쿠데타로 규정하면서 신군부를 격렬하게 비난했던 글라이스틴은 12월 13일자 전문에서는 "나는 우리가 신군부 지도부를 너무 매도하여 그들과 우리의 관계가 심각하게 소원해지는 모험을 해서는 안 된다고 생각한다. 따라서 우리는 우리의 경고와 아울러 우리의 공동 이익에 대한 재확인도 곁들일 것이며, 그래서 상호 조정을 통해 우리의 협력 관계를 계속할 수 있기를 바란다는 의사를 밝힐 것이다"라고 말했다. 이후 "미국은 12 · 12 이전으로 사태를 환원시키려 하지 않는다"는 언질을(1월 22일 최성택, 김윤호 장군 등 신군부 인사와 만난 자리에서 나눈 대화) 계속 군부에 전달하였다. 이러한 안보 최우선 정책은 "신군부가 시간의 흐름과 함께 권력을 굳히고, 현실 세력으로 등장하게 될 때 이를 인정해 주는 출발점이 되며, 나중에 시위와 시민 봉기를 무력으로 제압하는 신군부의 특수 계획을 마침내 수용하고 지원하는 쪽으로 발전하게 된다"(〈한겨레21〉 1996. 4. 4).

셋째, 미국은 12 · 12 이후 단순히 신군부 중심의 현상 유지 정책을 사후 승인한 것만은 아니었다. 오히려 이 신군부 중심의 집권에 장애가 되는 요소, 곧 야당, 재야, '급진적'인 교수, 지식인, 시국 관련 복학생 등을 안정화를 저해시켜 안보를 해친다는 인식하에 부정적으로 보고 압박하였다. 80년 1월 19일자 미대사의 전문은 "12 · 12군사반란 이후 우리는 한국의 정치적 전환기에 안정적인 바탕을 마련하도록 도움을 주는, 전례를 찾아볼 수 없는 적극적인 활동가가 되어버렸다"라고 활발한 개입을 실토하였다. 결과적으로 신군부의 집권에 유리한 환경 조성을 미국이 발벗고 나선 셈이다. 외교 관계에서 이러한 지원은 전폭적인 지원과 동일한 의미를 가진 것으로 보아야 할 것이다. 광주의 피를 딛고 명실상부한 집권자로 부상한 전두환이 5월 29일 주요 신문 편집국장을 만나 "미국은 12 · 12, 중앙정보부 부장서리 취임, 5 · 17조치 등을 모두 사전에 통보받았다"라고 말한 것은 결코 자기 권력 굳히기를 위한 거짓말 일색은 아니었다고 보아야 한다. 미국은 모든 상황을 면밀히 파악하고 수시로 신군부와 협의하였음이 이미 드러났다. 이는 미국이 당시의 한국인의 최대 관심사가 민주화이고, 민족사적 당면 핵심 과제 역시 민주화였다는 사실을 너무나 잘 파악하고 있었는데도 불구하고, 냉전 구조와 이를 위협하는 국면적 상황 전개인 이란 사태의 유령에 매몰되어 안보 최우선주의라는 절대적 원칙을 불문가지(不問可知)로 받아들였음을 입증한다.

재야의 민주화에 대한 열망이 최초로 나타난 이른바 YWCA 위장 결혼 사건을 주도한 윤보선 전 대통령과 함석헌에 대해 "두 나이 많은 인사들의 어리석은 행위"라고 비난하고 "고집 불통의 야당과 반체제 그룹에 대해 인내심을 갖고 정부와 일정한 협력을 갖도록 압력을 가하고 있다"고 했다. 80년 1월 15일 방한한 홀브루크 국무부 동아태 차관보는 김영삼 당시 신민당 총재와 만난 자리에서 "정치 개혁의 정확한 일정이 핵심 문제가 되어버린다면 그것은 비극적이다. 지금 자제력을 발휘하는 것이 아주 중요하다"고 한국의 역사 지향과는 전혀 상반되는 반역사적인 인식을 노골화하였다. 1월 30일 김영삼 신민당 총재, 양일동 통일당 총재, 김대중 씨와 윤보선 전대통령 등 4명의 야권 지도자는 공동 기자회견에서, 최규하 대통령에 대해 분명한 정치 일정을 요구하고, 계엄 즉각 해제, 모든 정치범의 즉각 석방, 해직 인사들의 전원 복직 등을 요구했다. 이에 대해 글라이스틴 대사는 2월 3일자 전문에서 "지난 주 있었던 몇 가지 일들은 한국의 정치적 변화 과정에 얼마나 많은 난제들이 있는지 다시 한 번 일깨워준다. 일부 야당 지도자들은 정치적 자유화를 위해 절실하게 필요한 온건 입장을 내팽개쳐버리려 하는 것 같다"라고 우려하였다.

이러한 미국의 인식은 18년 군부 독재에 시달려온 한국민이 새로운 사회를 건설하기 위하여 요구하는 최소한의 행위조차 안보를 해치는 혼란이나 무정부성 등으로 간주하는 성향을 전적으로 보여준다. 이는 미국이 자신의 이익을 위해서는 제3세계의 최소한의 요구조차 전적으로 묵살해 버리는 오만한 제국주의와 패권주의의 실체임을 여실히 드러내는 것이다.

넷째, 5월 22일 백악관 회의에서 광주 진압을 위하여 20사단을 추가 투입하는 것을 승인하고는, 만약 신군부가 사태 수습을 원만히 하지 못할 경우에는 미군을 직접 투입하여 광주를 진압하겠다는 계획을 세우기까지 하였다. 이러한 안보 노이로제에 걸린 미국에게 새로운 민주 사회를 개척하기 위한 한국인의 행위는 결코 발전을 위한 진통 행위가 아니라 그야말로 혼란과 무정부성이었다.

다섯째, 엄청난 피를 흘린 뒤 전두환이 명실상부한 집권자로서 위치를 굳힌 시점에서도 미국은 5월 22일의 결정대로 수출입은행장의 한국 방문을 통하여 6억 달러의 차관을 제공하였고, 한 달 후에는 미대사가 전두환을 만나 국무장관의 대한안보공약을 재확인해 주어 전두환 굳히기를 마무리짓고, 81년 2월에는 전두환을 초청하여 축복을 내렸다.

이제까지 살펴본 대로 미국은 대소 봉쇄, 제3세계에 대한 헤게모니적 지배, 자본주의 경쟁 국가에 대한 견제를 중심으로 한 냉전 질서의 노예가 되어 안보 최우선주의라는 철칙 아래 최소한의 도덕성이나 자기들이 신봉한다는 민주주의 이념을 헌신짝처럼 내팽개쳤음을 확인하였다. 이는 제3세계 인민들의 당대적 요구나 민족적 과제, 인류 보편사적 가치나 이념조차 미국의 과잉 냉전화로 설 자리가 없음을 여실히 보여준 셈이다. 단지 제3세계 민중의 투쟁 역량에 의하여 당대사적 과제는 구현 가능하고, 이 상태에서 미국의 냉전 전략은 경직성이 수그러들 수 있음을 우리는 6월항쟁에서 확인할 수 있을 것이다. 박정희 유신 정권이 부마항쟁의 전국화의 결과로 붕괴되었더라면 광주의 피흘림은 예방할 수 있었을 것이다. 10 · 26은 결코 환희의 시작이나 '서울의 봄' 을 잉태한 것이 아니라 오히려 광주의 비극을 잉태한 것이었다.

5. OPLAN5027과 남북한

한반도 속의 미국은 1945년 해방 공간에서부터 위력적인 실체로 자리잡았다. 당시 조선 전체를 자기의 지배권 아래에 두려는 미국의 기도는 좌절되어 남한만이라도 확보하려는 전략으로 바뀌었다(정용욱, 1995). 이후 한국전쟁에서는 소련 영향권의 북한을 섬멸하는 탈환 전략이 시도되었으나, 이에 실패한 이후로는 현상 유지와 분단 고착화 정책이 추구되었다. 1973년의 닉슨 독트린 아래서 강요된 6 · 23선언은 당시의 독일처럼 남과 북이 유엔에 가입하고, 4대국 교차 승인을 받아 지구촌에서 완전히 별개의 주권국가로서 '영구히' 위치하자는 것이었다.

그러나 이러한 분단 고착화 정책은 1983년이 되면서 바뀐다. 베트남전쟁에서 패전한 미국은 1976년부터 한반도에서 세계 최대 규모의 연례 행사인 팀스피리트 훈련을 실시해 왔다. 그 주된 목적은 한반도에서 무력 분쟁이 일어나 미국이 또다시 베트남전쟁과 같은 수렁에 빠지지 않기 위한 것으로 수세적이고 예방적인 성격이 짙었다고 볼 수 있다. 그러나 이 팀스피리트 훈련은 1983년을 기해 질적으로 전환하게 된다. 곧 1982년에 계획되고 1983년 팀 훈련에서 성공적으로 연습된 OPLAN5027이라는 새로운 작전계획을 채택한 것이다.

OPLAN5027은 휴전선을 회복한다는 적극적 방어전 중심의 옛전략에서 북조선 정권을 붕괴시킨다는 적극적인 공세전으로 전환하는 새로운 작전계획이었다. 곧 남과 북이 무력 충돌할 경우 휴전선 근처에서 며칠간의 혼전을 거쳐 평양의 중심부를 공격하여 북조선 정권을 멸망시킨다는 북한 섬멸 전쟁을 의미한다. 이는 전쟁이 발발할 경우 소강전 등을 통해 전쟁 확대를 막고 휴전을 꾀하는 기존 전략의 포기를 의미하였다(Hays, 1993). 94년 서울 불바다 파문 때 이병태 국방장관이 언급한 통일전쟁은 바로 OPLAN 5027을 공개적으로 드러낸 것이었다.

북조선은 이러한 새로운 한미연합사 작전에 대해 극도의 불안을 느껴 사상 최초로 원산만에서 소련과 대규모 해군 훈련을 실시하고, 평양과 원산에 주둔하고 있는 타격 부대를 전방에 배치하는 등 예민한 반응을 보여 남북 군사 대결 구도의 긴장감이 고조되었다. 이렇게 남과 북, 미국과 소련 사이에 긴장이 조성되는 가운데 소련 영공에서 KAL여객기가 격추되는 불상사를 맞게 되었다. 이는 결코 우연한 현상이 아니라 바로 신냉전의 극대화로 초래된 결과물이었다.

이어 1991년 23차 한미연례안보회의에서 New OPLAN5027이 채택되어 이제 북으로부터 남침 조짐이 있다고 판단될 경우 즉각 미군을 추가 투입하여 OPLAN5027을 수행한다는 초공세적 작전으로 바뀌었다. 이어 1993년에 실시된 팀스피리트 훈련에서 새 OPLAN5027의 이행 연습을 성공적으로 마쳤다. 1993년 2~3월에 실시된 팀 훈련은 12만의 병력, B1B폭격기, 스텔스, 패트리어트미사일, 핵 장착 폭격기와 전면전 수행 능력을 가진 인디펜던스 항공모함 등을 동원한 대북조선 핵전쟁 연습이었다. 이에 북조선은 '준전시 상태'를 선포하고, 남북고위급회담을 잠정적으로 중단하는 등 대응 조치를 취하였다.

이어 1994년 6월의 영변 핵 위기 당시 전쟁 일보 직전까지 치닫는 긴박한 상황을 맞았고 또다시 1998년 가을, 전쟁 음모설과 New New OPLAN5027이 수립되었다는 주장이 제기되었다. 이 새로운 작전계획은 북한이 식량난과 경제난으로 인하여 군사력이 극도로 저하되었기 때문에, 무력 공격을 준비하고 있다는 '모호하지 않은 신호(unambiguous signs)'를 포착한다면, 한미합동군이 북한의 주요 군사 시설에 대한 선제 공격을 가하여 북한 정권을 섬멸한다는 작전으로 전쟁 발발 가능성을 한층 높인 조치였다. "북한이 백만 명이 넘는 군대를 갖고 있지만 그들은 구식 무기로 무장되어 있고, 제대로 훈련조차 받고 있지 못하고" 있고, 또한 "북한의 경제적 재난은 식량, 연료, 장비 등의 군수품 조달에 심각한 장애 요인이 되고 있다. 이미 북한은 베이징으로부터의 군사적 원조에 의존할 수도 없으며 자신의 문제만으로도 벅찬 모스크바로부터도 그러하다"고 보는 군사 전략가의 평가를 기반으로 북한 죽이기 전쟁 프로그램이 마련되었다(Halloran, 1998).

해리슨이 밝힌 바와 같이(〈한겨레신문〉 1999. 1. 3), 미 국방부가 이 기사를 부인하지 않은 점은 이를 뒷받침한다. 미국이 91년 한국에서 1천여 기의 전술 핵무기를 철수하기까지는 '확인도 부인도 하지 않는' (NCND) 사기 정책을 폈던 것을 보면 거의 틀림없다고 보아야 한다. 그가 추가로 확인한 것은 98년 10월 9일 주한미군 작전부참모장인 레이먼드 아이어스 소장이 비보도를 전제로 미국 공보원이 아시아 여러 나라 출신의 지도급 언론인 13명을 초청해 브리핑을 주선한 곳에서 다음과 같은 의사를 밝혔다는 것이다. 작전계획의 수정판은 "첫째는 남한에 의한 통일의 전주곡으로 북한 정권을 남한의 점령 정권으로 대체하겠다는 노골적인 목표이며, 둘째는 방어 진지로부터 탱크나 포대가 대규모로 이동하는 것 같은, 북한이 공격을 준비 중임을 보여주는 모호하지 않은 신호들이 나타날 경우 '선제 공격을 가할 가능성' 을 강조하고 있으며", 심지어 그는 "우리는 그들을 모두 죽여 군대라고 할 수 있는 걸 가질 수 있는 능력을 없애버릴 것"이라고 말했다 한다(《한겨레신문》 1999. 4. 4).

이에 대해 북한은 98년 12월 2일 〈중앙방송〉을 통해 미국을 맹비난하면서 인민군 총참모부 대변인 이름으로 이례적인 성명을 발표하여 '섬멸적 타격' 을 다짐하는 각오를 잇따라 내놓았다. 인민무력성 정창렬 부상(대장)은 3일 〈중앙통신〉에 소개된 '(총참모부 대변인 성명)반향' 에서 "만약 미제가 끝끝내 전쟁의 도화선에 불을 단다면 우리 인민 군대는 미국땅을 통째로 날려보내겠다" 고 다짐했다(《한겨레신문》 1998. 12. 4). 또 98년 12월 7일 북한 외무성 대변인이 '섬멸적 타격' 을 호언한 군총참모부 대변인 성명을 '응당한 대응' 이라며 미국의 핵 의혹 시설 사찰 주장과 'OPLAN5027' 공개 등을 지적한 것도 바로 이에 언급으로 보인다(《한겨레신문》 1998. 12. 8).[8]

---

8) 사활이 걸린 문제에 대한 북쪽의 이런 반응에 대해 이른바 대북 전문가들이라는 사람들은 대체로 4일부터 미국 뉴욕에서 열리고 있는 조미협상을 위한 '시위용' 으로 보기도 하고, 통일부는 '내부 단속용' 이라고 보았다. "식량 · 에너지난으로 어려움을 겪고 있는 주민과 군인들이 혹한기를 맞아 동요하는 것을 막기 위해 위기 의식을 인위적으로 조장하고 있는 것으로 보인

최근 천용택 국방장관이 국정 개혁 보고회의에서 김 대통령에게 보고한 내용 가운데 "북한이 스커드 등 중거리미사일과 화생 무기로 도발할 확실한 징후가 포착되면 한 · 미 양국은 핵심 전력을 선제 공격할 계획을 세워두고 있"고, "북한의 주요 군사 시설에 대해 군사위성과 U2정찰기 등이 24시간 감시, 대량살상무기의 선제 공격에 실패해도 피해 예상 지역에 3분 내 경계 경보가 가능하다"고 밝힌 것은 이 새로운 작전계획을 언급한 것으로 보인다(〈한국일보〉 1999. 3. 24). 일본 또한 이를 빌미로 선제 공격론과 핵 공격론까지 펼치고 있다. 노로타 호세이 일본 방위청장관이 99년 3월 3일 중의원 안전보장위원회에 출석, 일본을 공격하려는 외국에 대한 선제 공격 문제와 관련해 "일본에 피해가 발생하지 않은 시점이라도 자위권을 발동해 적 기지를 공격하는 것은 법리상 가능하다"고 말했고, 지난 2월 참의원 예산위원회에선 한 정부각료가 "현행 헌법상 핵무기를 사용할 수 있다"고 하였다.

월남전이 종식되는 1970년대 중반 미국은 슐레진저 국방장관이 한반도에서 핵무기를 사용할 것과 주한미군은 북한보다는 소련을 겨냥하고 있다는 점을 1975년 공개적으로 밝혔다. 또 1983년 레이건이 대소 대결책을 극대화하여 대소 핵전쟁도 불사한다는 신냉전을 주도하는 시점에서, 만약 중동 지역에서 미 · 소간의 군사 분쟁이 발생하면 소련 군사력을 다른 곳에 분산시키기 위해 남한과 일본이 북한에 대해 지상 공격을 감행하고 미국이 핵 공격을 감행한다는 충격적인 '와인버거 군사작전 계획'을 세웠다. 이의 일환으로 OPLAN5027이 입안된 것으로 추정할 수 있다.

할리데이는 2차 냉전 또는 신냉전의 경우 경제적 공황과 냉전이 겹쳐 오히려 1차 냉전보다 전쟁 발발 가능성이 높아졌고, 1차 냉전의 경우 전쟁이 발발하면 주로 유럽과 소련이 파괴되고 미국이나 소련의 일부는 생존 가

다"고 말했다. 그러나 '한총련'을 비롯한 학생들은 이를 분명히 미국의 전쟁 책동으로 보는 투시력을 발휘하여 대조를 이루고 있다.

능했으나, 2차 냉전의 경우 전쟁이 발발하면 지구를 20번 이상 파괴할 수 있기 때문에 공멸을 초래할 가능성이 높다고 보았다(Halliday, 1983). 이렇게 극도로 위험한 시점에서 미국은 한국의 동의도 없이 자기들의 나르시스적 미국 우월주의에 빠져 한반도에서 OPLAN5027을 세웠고, 소련의 군사력을 분리시키기 위하여 한반도에 핵 전쟁을 벌인다는 전쟁광적인 계획을 세웠다.

이렇게 한반도가 미국의 전쟁 수행 장소로 선택되어 민족의 운명이 경각에 달려 있게 된 요인 역시 미국의 세계 질서 구도와 직결되어 있었다. 초기 카터 정권의 인권 외교나 '세계 질서 정치'가 베트남 신드롬에 기반했다면, 레이건의 초강경 신냉전주의는 이란 신드롬에서 비롯되었다. 그의 정책은 안팎으로 극단적인 신보수주의와 신냉전주의 플러스 미국 우월주의였다. 국내 정책은 작지만 효율적인 국가라는 슬로건으로 국가의 역할을 축소시키고, 규제와 세금을 감면시켜 민간 경제 활동의 공급 능력을 신장시켜 경제 문제를 풀고, 사회보장 제도를 줄여 저소득 계층의 '무위도식'을 허용하지 않고, 가족 · 종교 등 전통적인 보수적 가치를 높이고, 군사비를 대폭 증강시키는 데 중점을 두었다.

대외 정책 기조는 첫째, 소련을 '악의 제국'으로 규정하면서 강력하고 공개적인 반공주의를 천명하고, 둘째, 군사력을 대규모 증강시켜 '소련의 위협'을 막고 이를 바탕으로 소련을 위협해 양보를 이끌어내고, 셋째, 냉전 초기의 트루먼 독트린과 도미노 이론을 부활시켜 제3세계 문제를 소련의 사주 문제로 환원시키고, 넷째, 군사주의와 개입주의 외교 기조의 지지를 위하여 미국 우월주의를 고취시키고, 다섯째, 미국을 모델로 세계를 이끌어야 한다는 사명감을 고취시키는 계몽적 식민주의의 부활이었다(최영보 외, 1998, 433~434).

이러한 기조 아래 레이건 집권 초기는 냉전의 세 기능 가운데 제1기능인 대소 봉쇄에 주로 초점을 맞추었고 제2기능인 제3세계의 지배는 커크 페트럭 독트린을 이념적 지표로 삼았다. 이 독트린은 독재 체제를 남한, 필리핀, 칠레 등과 같이 변화가 가능한 자본주의 체제하에서의 권위주의 독재와 변화나 개선이 전혀 불가능한 공산주의 전체주의 독재가 있다고 보았다. 그런데 제3세계의 우익 독재는 어떠한 것이든 간에 공산 독재보다는 낫다고 보고 이 정권을 지지해야 한다는 주장이다. 이러한 소련 악마 만들기와 미국 우월주의 그리고 우익 독재 찬양주의라는 반역사적인 기조였기 때문에 살인 정권의 전두환을 집권하자마자 첫 손님으로 자국에 초청하여 축복을 내리고, 북한 섬멸 작전인 OPLAN5027이 형성되었고, 소련의 군사력 분산을 위하여 남한 · 일본 · 미국의 3각 동맹군으로 핵무기를 사용하여 북한을 공격하고 한반도를 세계대전의 전장화로 만들겠다는 정책이 가능하였다.

이후 전개된 94년의 전쟁 위기나 금창리 핵 의혹으로 재발된 신작전 계획 등에서 확인되듯이 미국은 그들의 필요에 따라 우리 민족의 삶을 언제나 희생양으로 옥죄고 있다. 이제 3 · 16조미합의로 99년 금창리 핵 위기는 진화되었다. 그러나 이후 미국은 가깝게는 미사일 협상, 대량살상무기 협상, 북한 인권 문제 등에서, 또 멀리는 대중국 포위망으로서 지속적으로 한반도의 생존을 자기들의 제국주의적 이해를 위하여 볼모로 잡으려고 안간힘을 쓸 것이다.

6. 6월항쟁과 미국

5 · 18광주의 비극 속에서 잉태되고 발전될 수밖에 없었던 6월항쟁은 1982년 9월 문부식의 부산 미문화원 방화 사건과 1983년 11월 레이건 방한 반대 투쟁을 전개하면서 반독재민주화투쟁과 반미자주화투쟁이 유기적으로 결합하여 민주와 민족자주가 통일적 관계를 이루면서 진전되기 시작하

였다. 이어 1985년에는 전국학생총연합(전학련)과 '민족통일 · 민주쟁취 · 민중해방을 위한 투쟁위원회' (삼민투)가 결성되어 미문화원 점거 농성을 벌이면서 군부 독재와 미국에 대한 투쟁의 강도를 높였다. 또 이한열 열사의 장례식에서도 '독재 지원 내정 간섭 미국을 몰아내자' 라는 구호가 연속되었고, 영구차를 앞세우고 미문화원에 가서 시위를 전개하자는 계획을 짜기도 하였다(정지환 외, 1997, 132). 이 반미 노선의 격화와 더불어 투쟁 노선에서 제헌의회 소집 등 극좌에서부터 호헌조치에 이르는 극우반동에 이르기까지 백가쟁명(百家爭鳴)의 마당이 형성되어 한국전쟁 이후 가장 이념적 지평이 넓어졌다. 여기서 급진 이념과 반미 투쟁이 결합하여 한국 사회 변혁의 기본 목표인 '민족자주 위업의 완수', '진보적 민주주의 실현', '평화적 조국통일' 을 위한 투쟁이 총체적으로 전개되는 국면이 조성되었다. 이러한 반미 투쟁의 연속선상에서 진행된 6월항쟁은 87년의 6 · 29선언으로 질적 전환을 맞게 되어 연인원 4~5백만의 6월항쟁의 열기가 사그라지면서 쇠잔 국면으로 나아가고 그 대신 7~9월 노동자 대투쟁으로 전선이 바뀌게 되었다.

6 · 29선언은 대통령 직선제 개헌, 김대중을 비롯한 시국 관련 사범의 사면 복권, 기본적 인권의 신장, 언론 자유의 창달, 지방자치와 자율의 확대, 사회 정화 조치 등의 8개 항목을 그 내용으로 하고 있었다. 이는 일종의 분할 지배 전략이고 그람시(Antonio Gramsci)가 이야기하는 수동혁명이었다. 제한된 민주주의의 허용을 통한 집권 세력의 지속적 지배를 꾀하고, 저항 세력의 내부 분열을, 즉 기층 민중과 중간층의 분리, 제도권인 야당과 재야인 민통련 사이의 분리를 유인하는 전략이었다. 이는 "정치 사회의 민주당과 시민 사회의 중간 계급의 요구를 수용함으로써 민주화 투쟁의 의미를 최소화하고 그 투쟁의 주체를 민주당과 중간 계급으로 한정시키고 그들을 체제 내로 흡수하고 나아가서 사회운동 세력과 기타 사회 계급들을 분리시키려는 시도였다" (윤상철, 1997). 이러한 분할 지배 전략은 그대로 적중하여

중간 계급은 7~9월의 노동자 대투쟁에서 이탈하여 탈정치화하였고, 야당은 성급한 타협으로 정치 사회에 복귀하였고, 재야 사회운동 세력은 연대 세력을 잃어 약화되었고, 드디어는 대선 후보 단일화마저 실패하면서 민주 정부 수립은 좌절되고 역사의 단절을 통한 새로운 한국 사회의 출발은 미완으로 끝나게 되었다.

이러한 분리 정책과 수동혁명 전략은 미국이 주된 연출자였고, 전두환이나 노태우는 연기자에 불과하였다. 〈월간조선〉에서는 6 · 29선언을 마치 '위대한 결단' 이고 '대전환' 의 용단인 것처럼 그 성격을 규정하면서, 마치 전두환이 연출자였고 노태우가 연기자인 것처럼 묘사하였다. 더 나아가 전두환의 과단성과 남성성 등을 부각시켜 전두환에 대한 향수를 불러일으키는 듯한 반동적인 모습을 보였다(〈월간조선〉 1989년 7월호). 전두환은 이민우 구상의 내각제가 불가능해지자 4 · 13호헌조치를 취하였고, 6월 10일에는 노태우를 후계자로 선출하였으며, 6월 18일 부산대회에서 30여만의 시민이 참여하여 통제 불능 상황이 전개되자 6월 19일 오후쯤 계엄령을 선포하려고 하였다. 12 · 12쿠데타 이후 총과 칼 그리고 광주민주열사의 피를 딛고 권력을 찬탈하였던 전두환과 노태우의 과거를 반면교사로 삼아 유추한다면 군부를 동원하여 정면으로 대결한다는 전략은 뻔한 결론이었다.

그러나 6월항쟁은 더 이상 5 · 18항쟁과 같이 고립적이지도 않았고, 미국도 더 이상 5 · 18 당시와 같이 이란의 유령에 홀린 막무가내식은 아니었다. 〈월간조선〉도 서술했듯이 19일 오후 2시에 전두환을 방문했던 릴리 미국대사는 레이건 대통령의 친서를 전달하고 계엄령 반대를 분명히 하였다. 강준식이 적절히 지적하였듯이 이 두 시간 동안 미국의 6 · 29에 대한 연출이 전달되고 전두환은 어쩔 수 없이 여기에 맞추어 연기를 할 수밖에 없었을 것이다.

어떻게 이렇듯 미국은 5 · 18항쟁과는 극명하게 대조되는 전략을 구사하였는가? 홀브루크가 이야기하는 "미국이 추구해 왔던 모든 정치적 가치" 운운은 가소로운 소리에 불과하다. 근원적 요인은 민족자주화와 민주화를 추구하는 우리 민주 세력의 급진성과 엄청난 힘의 과시였다. 여기에다 미국의 제3세계 정책 기조가 기존의 커크 페트릭에서 저강도 전략을 통한 신개입주의를 표방하는 레이건 독트린으로 전환하였기 때문이다. 집권 2기를 맞은 레이건 정부는 집권 1기 동안 어떠한 우익도 전체주의적인 좌익 정권보다 낫다고 보고 반공노선을 강화하기 위하여 직접적인 군사적 개입 일변도에 의존하여 우익 군부 독재 체제를 지원하던 기존의 커크 페트릭 독트린을 완화하였다. 물론 이를 완전히 폐기한 것은 아니지만 가능하면 직접적인 대규모 군사 개입을 피하면서 정치, 경제, 심리전과 군사전을 병행하여 반란 진압, 반테러 특수 작전, 반란 조장, 정치적 개입 등을 통해 안정적인 친미 정부를 구축하려는 '저강도 전략'으로 제3세계 전략이 전환되었다.

여기에다 80년대 진행된 스페인, 그리스, 포르투갈 등의 민주화가 현실적 추세임을 인정하여 가능하면 선거라는 절차에 의하여 친미 정권을 수립하도록 유도한다는 저강도 정책이 한국에 적용되었다. 흔히들 레이건 독트린의 기조라고 일컬어지는 86년 3월 14일 미 의회에 보낸 레이건의 외교 메시지인 '자유, 지역 안보, 세계 평화'는, "미국민은 인권을 신봉하며 좌익이건 우익이건 그 어느 형태의 압제도 반대한다. 우리는 민주 변혁을 고무하기 위해 우리의 영향력을 행사한다. 그러나 그 나라의 전통과 정치적 현실, 그리고 그 나라가 국내외적인 전체주의 세력으로부터 당면한 안보 위협을 감안하여 조심스럽게 취해질 것이다"라고 유연한 방식에 의한 신개입주의를 표방하였다(임재경 외, 1987, 53).

구체적으로 레이건 독트린의 한국 적용 과정을 보면 그것은 시민 사회 민주 세력의 역량, 야당을 중심으로 한 정치 사회의 대응과 역량, 전두환을 중심으로 한 국가의 역학 관계에 따라 유연성을 보이고 있다. 83년부터 반독재민주화투쟁이 활발히 전개되는 과정에서 치른 85년의 2 · 12총선은 야당인 신민당이 승리하고 이를 계기로 개헌 정국이 본격적으로 펼쳐지게 되었다. 이에 대하여 전두환은 86년 1월 16일 자신의 임기 내 개헌 불가 입장을 밝혔다. 그러나 미국은 계속적으로 전두환의 '평화적 정권 교체' 의지를 높게 평가하여 군부 후계자에 대한 평화적 정권 교체를 종용하고 혹시 이를 이행하지 않을 것을 우려하여 86년 가을에는 개스턴 시거 미국무부 차관보가 "한국군은 병영으로 돌아가야 할 것"이라는 경고를 발하였던 것으로 알려졌다(강준식, 1990, 154 · 159). CIA 정치 공작의 명수였던 제임스 릴리가 주한미국대사로 임명된 것이나 그가 86년 9월 16일 열린 상원 인사청문회에서 미국의 대한 정책 우선 순위를 안보, 민주화, 무역 자유화로 꼽았던 점은 시사하는 바가 크다.

86년 상반기부터 신민당이 직선제를 포기하고, 반미 재야 세력과 단절하고, 군부 세력을 포함하는 보수대연합을 통한 여야 합의의 내각제 개헌을 추진하는 이민우 구상은 바로 미국의 구상이었다는 게 일반적 인식이다. 이 구상은 김대중, 김영삼 양김의 배제를 의미하는 것으로, 이에 대해 적과의 동침이라면서 양김이 단호히 반대하자 결국 무산될 수밖에 없었다. 이에 대해 미대사관은 "이민우 구상이 어디가 나쁜가? 우리는 명안이라고 생각했는데"라면서 각 방면에 문의하였던 것으로 알려졌다. 87년 2 · 7 박종철추모대회의 전날인 6일 시거 국무부차관보는 "여야간의 합의 개헌을 촉구"하였으나 "정치적 이행이 안정을 해쳐서는 안 된다"라고 하여 민중 투쟁을 위축시키려 하였다.[9]

미국이 원하던 내각제 합의 개헌이 무산되자 "미국은 보다 개방적인 정치체제를 원하나 그것이 안정을 해쳐서는 안 된다"며 군부 정권의 안정적 개편을 모색하였다. 곧 현행 헌법에 의한 '평화적 정권 교체'를 이루는 군부의 권력 세습이 대안일 수 있다는 것을 암시하였다. 3월 중국 방문 후 잠시

9) 이곳의 인용문은 별도로 밝히지 않은 경우 모두 〈실록 6월항쟁〉, 월간 《말》, 1997, 130~131쪽에서 따온 것이다.

한국에 들렀던 슐츠 국무장관도 한국은 향후 '평화적 정권 교체'를 두세 번 경험하고 나서 자유로운 선거로 나아가는 것이 좋다는 의견을 피력했다(강준식, 1990, 164). 12 · 12 이후 이러한 식으로 언제나 사후 승인을 확보하여 집권한 전두환으로서는 이를 분명히 군부 세습 정권을 수용한다는 신호로 받아들였던 것 같다. 곧 바로 호헌조치가 선포되었다. 예견한 대로 4 · 13호헌조치 이후인 5월 6일, 시거는 하원청문회에서 "4 · 13조치를 인정할 수밖에 없고 부분적인 민주화를 위해 여야 타협이 필요하다"고 강조하였으며, 6월 1일 미국무부 대변인인 오클리는 "미국은 현행 헌법에 따른 권력 세습에 적극적으로 개입하고 싶지 않다"면서 호헌조치를 지지하였다. 6월 10일 박종철 군 고문 살인 은폐 조작 규탄 및 민주헌법 쟁취 범국민대회에 24만의 민중이 모이자 그는 "한국의 폭력 행위를 혐오한다. 야당의 타협이 필요하다"라고 하면서 야당과 민주 세력을 싸잡아 비난했다. 그리고 같은 날 노태우를 후계자로 선임하는 잠실체육관의 민정당 전당대회에 릴리 대사를 출석시켰다. 이는 명백히 미국이 내각제에서 단순한 평화적 정권 교체를 통한 군부 세습제를 전략적 선택으로 삼았음을 의미한다.

그러나 야당과 재야민주 세력이 연대하여 6 · 10범국민대회가 6월항쟁으로 발전하자 위협을 느낀 미국은 기존의 현행 헌법에 의한 군부 권력 세습보다는 직선제에 의한 실질적인 군부 권력 세습으로 전략을 수정한 것으로 보인다. 6 · 18최루탄 추방 결의대회를 계기로 계엄령이 논의되자 앞에서도 밝힌 대로 레이건 친서를 전달하여 계엄령을 취소시키고, "군대의 사용을 검토하기 전에 정치적 제스처를 한번 보여주는 것이 좋을 것"이라고 연출하였고, 잇따라 백악관이 개헌 논의를 촉구하였다. 슐츠 장관이 계엄령을 반대하는 성명을 내면서도 "한국 정부가 비상조치를 선포해도 미국은 관여하지 않는다"고 언급하여 만약의 경우를 대비하는 면밀함을 보여주었다. 그러나 민주화 세력이 압도하는 상황에서 이러한 국무장관의 애매한 발언은 반미 정서를 촉발할 수 있다고 보고 바로 이튿날 국무성차관보가 국무장관의 발언을 해명하며 "군부가 개입하면 한국 국익 크게 해친다"라고 미국의 입장을 분명히 하였다. 이어 23일에는 시거가 내한하여 군부 개입 반대 입장을 분명히 하면서 군부에 재차 경고하여 직선제 개헌안 굳히기를 하였다.

6 · 29 바로 전날인 28일에는 한국 민주화 결의안을 미국 상원이 통과시켰고, 이어 국무장관이 "한국 정부가 우리 제안을 받아들여 몇 가지 중요한 사안에 관한 입장이 변경될 것"이라고 발표하였다. 6 · 29선언이 발표되자 솔라즈 의원은 "적극 환영한다. (중략) 이번의 찬사는 (중략) 끝으로 미행정부와 의회 간의 협조에 돌아가야 한다. (중략) 이번 일의 주역인 시거에게 노벨평화상을 주어야 한다"라고 미국의 연출을 노골적으로 시인하였다. 이후 미국은 노태우를 초청하여 그를 미국의 선택아로 부상시켰고, 선거 이후 부정선거 시비가 일 것을 예견하여 미리 시비를 차단하려는 듯, 12월 10일 시거 차관보는 선거를 일주일 앞둔 시점에서 "결과를 무시하면 비난받을 것이고 누가 되든 국민의 대통령이다"라면서 마치 최종 재판관과 식민지 총독 행세를 하였다. 예견한 대로 노태우가 당선되자 백악관은 "한국 선거는 비교적 공정했다. 뚜렷한 부정선거는 없었다. 노태우 당선을 적극 환영한다"라는 논평을 내어 각본대로 나타난 군부 정권의 세습을 마무리지었다.

우리는 위의 분석을 통하여 6 · 29는 미국이 연출을 담당하고 전두환 · 노태우 등이 연기한 속임수로 이룬 수동혁명이었다는 것을 거의 입증하였다. 그러나 6 · 29가 이러한 한계에도 불구하고 형식적 민주화의 이행이라는 역사적 의의를 가지고 있음을 인정하여야 한다. 또 이 역사적 성과물은 미국이나 전두환 등의 자비로운 시혜물이 아니었다. 그들이 내각제나 현행 헌법에 의한 단순한 평화적 정권 교체라는 형식을 통하여 군부 권력 세습제에서 직선제를 통한 군부 권력 세습이라는 전략적 선택으로 전환하지 않을 수 없도록 근원적인 강제력을 행사한 것은 역시 우리 민주 세력의 폭발적인 항쟁력 때문이었다. 우리는 5 · 18항쟁에서 명시적이고 묵시적인 군부 지원과 6월항쟁에서 제한적 군부 지원과 대군부 강제력 행사라는 미국의 행위 유형의 극명한 차별성은 바로 우리 민주 세력의 강도에서 대부분 기인한 것이라는 사실을 앞으로 민족자주 위업의 완수와 평화적 조국통일의 민족사적 과제를 구현하는 데 훌륭한 역사적 교훈으로 삼아야 할 것이다.

7. 영변 핵 위기와 미국[10)]

1993년 3월부터 시작된 영변 핵 위기는 94년 10 · 21조미협정이 체결되던 10월까지 무려 5번의 민족 생존권 위기를 맞았고, 그 가운데 94년 6월 위기는 최악의 위기로서 당시 민족 생존권은 벼랑 끝으로 몰리고 있었다.[11)] 이미 미국은 6월 2일부터 매시간 단위로 한반도 상황 점검이라는 비상 체제를 갖추었고, 인디펜던스항공모함을 환태평양 군사 훈련에 참가시켰고, 이

---

10) 별도의 언급이 없는 한 이 장은 전적으로 아래의 두 글에 의존하고 있다. 강정구, 〈북핵 문제를 둘러싼 국제적 대응의 실체 : 한국 · 미국 · IAEA를 중심으로〉, 역사문제연구소, 《역사비평》 통권 27호, 1994 겨울 ; 강정구, 〈민족적 시각에서 본 북한 핵 문제〉, 《통일시대의 북한학》, 당대, 1996.

11) 이러한 전쟁 위기가 카터 전미국대통령의 평양행을 서두르게 하였으며, 전쟁에서 대화로 급진전한 것도 클린턴을 비롯한 고위 외교안보팀이 6월 16일 오전 10시경 군사 대응책을 구체적으로 논의하고 있는 시점에서 카터의 긴급 전화 연락과 CNN 인터뷰를 통한 적극적인 대안 제시를 통해서였다. 카터의 제안에 대책회의는 국무장관을 비롯한 일부의 반대에도 불구하고 고어 부통령의 "감정을 배제하고 새로운 가능성을 찾아보자"는 제안에 방향 전환을 시도함으로써 전쟁의 고비를 넘기게 되었다. 정연주의 〈카터 방북과 백악관 뒷얘기〉(〈한겨레신문〉 1994. 6. 28), 카터의 《남북한 방문기》도 이를 확인해 준다. "갈루치에게 브리핑을 받으면서 상황이 심각하다는 것을 깨달았다. 제2의 한국전을 피하는 결정을 내릴 수 있는 유일한 인물인 최고지도자와의 대화 채널이 부족하다는 인상을 강하게 받았다. 다음날 북한측은 김일성이 직접 나를 평양으로 초청했으며 초청은 아직도 유효하다고 재확인해 주었다. (중략)김 외교부장의 발언은 정중했지만 그들이 국제 사회의 비난과 경제적 압력에 굴복하기보다는 전쟁으로 나아가려 한다는 것이 분명하게 느껴졌다"(〈한국일보〉 1994. 10. 8. 또한 〈한겨레신문〉 1995. 4. 27 보도도 이를 뒷받침한다). "2개의 대규모 국지전을 동시에 수행할 수 있다는 미국의 이른바 '윈 앤드 윈' 전략이 지난해 한국과 이라크에서 거의 현실화 직전까지 갔었다"고 미 국방부의 고위 예산기획관 존 햄리가 26일 밝혔다. 그는 이날 국방 관련 회의석상에서 "미국이 지난해 한국과 중동 지역에서 동시에 전쟁을 치르기 위한 '계획 작성 상태'에 있었으나 다행히 이를 피하게 됐다고 말했다"(워싱턴=AP 연합).

미 퇴역한 고속정찰기인 SR71을 복귀시켜 북한 상공을 정기 정찰하기 위해 미 상원이 1억 달러의 예산 지출을 승인하였고, 예방 폭격을 배제하지 않고 있음을 재확인하였고, 미군 1개사단 증파를 협의하는 등 군사적 대결 상태의 준비에 착수했다. 또한 존 메케인 상원의원 등은 "북한이 계속 버틸 경우에 대비해 핵 시설에 대한 선제 공격 계획을 지금 준비해야 한다"고 주장하였으며, 언론이나 여론조사 등도 대화보다는 대결을 촉구하고 군사력 사용이라는 초강경 대결을 역설하였다(《한겨레신문》 1994. 6. 7).

최종의 순간은 6월 16일이었다. 럭 주한미사령관과 레이니 대사는 미대사관 관저에서 몰래 만났다. 두 사람은 비상 체제를 가동, 소개 작전을 추진하는 수밖에 다른 도리가 없다는 데 의견을 같이했다. 레이니는 공식 명령도 기다리지 않았다. 당시 한국에 와 있던 딸과 세 손자 · 손녀에게 사흘 뒤인 일요일까지 한국을 떠나라고 말한 것이다. 워싱턴 시각으로 16일 아침 10시경 백악관에선 대통령, 부통령, 국무 · 국방장관, 합참의장, CIA국장, 유엔대사, 안보보좌관 등 최고위 당국자는 모두 모여 회의를 열었다. "회의 서두에 클린턴은 유엔안보리의 대북한 제재 추진을 최종 승인했다. 클린턴의 최종 승인이 떨어지자 합참의장은 한반도 주변 지역의 미군 증강 계획을 설명하기 시작했다. (중략)대통령에게 추가 병력을 제대로 배치하려면 한시적이나마 예비군을 소집할 필요성이 있다고 보고했다. 그렇게 되면 필연적으로 미국민이 사태의 심각성을 실감하게 될 것이다. (중략)점진적 증강안이 담긴 제1안에 대해 설명한 뒤 전투기와 또 다른 항모 전단, 그리고 1만 명을 웃도는 추가 병력 배치에 관한 제2안에 대해 설명하기 시작했다." 이미 북한은 미군의 추가 배치가 있을 경우 이를 군사적 공격으로 간주하고 선제 공격할 것을 밝힌 상황이었다.

바로 이때, 이 긴박한 순간에 평양을 방문 중인 카터에게서 백악관으로 전화가 걸려왔다. 이로써 가까스로 민족 파멸을 초래할 전쟁 고비를 넘기게 되었다. 실로 모골이 송연한 순간이었다(Oberdorfer, 1998, 300~303). 물론 미국은 5월 18일 국방장관, 합참의장, 주한미군사령관 게리 럭, 현역 4성장군과 제독, 세계 전역에 파견된 미장성 등을 대거 소집하여 특별군사회의를 거쳐 도상 훈련이 아니라 '실전 회의' 를 통하여 만반의 준비를 거친 상태였다(Oberdorfer, 1998, 291). 이때 제3안은 전면전, 곧 OPLAN5027에 의한 북한 섬멸전을 의미하는 것으로 최소한 40만 명 이상의 미군 파병을 전제로 예비군 소집을 계획하였던 것으로 보인다(Oberdorfer, 1998, 299). 전쟁 경보 국가정보 담당관 찰스 앨런은 미군의 무력 증강은 북한의 전시 동원령을 유발시킴으로써 선제 공격의 위험성이 고조되고 있다고 대통령에게 보고하였다. 대통령에 대한 전쟁 경보 보고는 전쟁 개시가 임박했을 때에만 이루어지는 것이 관례다.[12]

남한 정부 또한 전군의 경계 태세를 강화하고, 대통령이 "24시간 감시 체제를 통해 한 · 미 양국은 북한의 움직임을 1백 퍼센트 장악하고 있다. (중략)한 · 미 양국은 만일의 사태에도 대처할 수 있는 충분한 무력을 갖추고 있다"(〈한겨레신문〉 1994. 6. 4)면서 '여유' 의 수준을 넘어서 '전쟁 승리' 를 자신하는 모습까지 보였다(〈중앙일보〉 1994. 6. 4). 6월 8일 김영삼 정권은 출범 이후 첫 국가안보회의를 열고 예비군 동원 태세, 국지전 대비 태세, 심지어 전면전까지 상정하였다.[13] 이에 대해 북한의 '조국평화통일위원회' 는 "제재는 곧 전쟁이며 전쟁에서는 자비가 없다. (중략)동족에 대한 제재판을 벌여놓고도 자기만은 무사하리라고 생각한다면 큰 오산"이라고 맞대응을

12) Leon V. Sigal, *Disarming Strangers : Nuclear Diplomacy with North Korea*, Princeton, New Jersey : Princeton University Press, 1998, p. 155 ; 한호석, 〈핵 위기와 금융 위기 : 한(조선)반도 정세를 읽는 두 초점〉, 1998년 3월(미주평화통일연구 인터넷사이트에서 재인용).

13) 두 번째 국가안전보장회의는 김일성 주석 서거가 알려진 직후인 7월 9일이었다. 이는 "'김일성 사망—북한 체제 붕괴—김정일 무력 도발' 이라는 시나리오에 기초한 정부의 비상 계획(우발 계획)에 따른 조치였다." 우발 계획은 군사 · 안보 측면의 충무 계획과 통일에 대비한 충무 계획으로 나눠져 있고 이러한 시나리오와 우발 계획에 따라 대통령은 전군특별경계령, 공무원비상대기령, 외교대책반 가동 등의 조치를 취했다. 〈빗나간 시나리오, 맥빠진 '비상계획〉, 《시사저널》 150호(1994. 8. 11).

하였다(〈중앙일보〉 1994. 6. 6). 또한 군참모총장 최광을 중국에 급파하여 '혈맹 관계'를 과시하고[14], 핵확산금지조약(NPT : Non-Proliferation Treaty) 탈퇴 불사를 선언하였다.

미국의 이러한 일촉즉발의 전쟁 놀음 기도에는 북한의 핵무기 제조 능력 그 자체보다는 이를 구실로 탈냉전과 걸프전쟁의 승리를 계기로 미국의 단일 패권주의 세계 질서의 구축, 제3세계에 대한 지배를 확실히 하려는 냉전의 제2기능의 완결화, 소련의 멸망으로 이를 대체할 '새로운 적 만들기'(Bello & Blantz, 1996), 이를 빌미로 자본주의 경쟁국, 특히 일본을 미국의 손아귀에 묶어두려는 냉전의 제3기능 지속 등 복합적 요인들이 결합되어 있었다. 특히 1995년 3월 15일 종료되는 NPT 체제를 영속화하는 데 가장 큰 걸림돌로 예상되는 북한을 미리 길들이려는 미국 군사 헤게모니에 순치하려는 의도라고 볼 수 있다.

1991년 3월 걸프전쟁 이후 미국은 북한과 김일성 주석을 '제2의 이라크'와 '제2의 후세인'으로 낙인 찍으면서, '120일 전투 시나리오', '제2의 한국전쟁', '세계 7대 분쟁 예상 지역' 선정 등으로 노골적인 전쟁 위협을 가해왔다. 당시 이종구 국방장관이 영변을 기습 폭격하는 엔테베 작전을 언급한 것은 이러한 미국의 대북 공세와 맥을 같이하는 것으로, 미국이라는 제국주의의 논리에 덩달아 춤추는 발상이었다(강정구, 1991).

미국의 '북한 길들이기' 정책이 강화되고 소련이 몰락함에 따라, 북한은 기존 정책을 바꾸어 생존권 확보를 꾀했다. 곧 유엔의 틀 안에 들어감으로써 남한은 중국 · 소련과 수교, 북한은 미국 · 일본과 수교라는 교차 승인 구도로 나아가 북한 생존권이 보장받을 것으로 기대했다. 또 1991년 9월 부시

14) 이후 중국은 8월 하순 요동반도에서 대규모 군사 훈련을 실시하였다. 이 "육 · 해 · 공군 합동군사 훈련은 한반도 정세의 긴장에 따라 한 · 미측에 무력을 과시하고 북한이 이들로부터 군사 침략을 받으면 절대로 좌시하지 않겠다는 중국의 단호한 의지를 표명한 것이라고" 홍콩의 《鏡報》 10월호는 평가했다(〈중앙일보〉 1994. 10. 3).

미대통령의 한반도 내 전술핵무기 폐기 선언과 12월 18일 노태우 대통령의 핵 부재 선언을 계기로 1992년 1월 31일 국제원자력기구(IAEA)와 핵안전협정을 체결하고 1993년 2월까지 6차례의 사찰을 받았다.[15] 아울러 1991년 12월 13일 남북기본합의서, 12월 31일 남북비핵화공동선언, 92년도 팀스피리트 훈련 중지 발표 등을 이끌어내어 남북 관계도 상당히 개선시켰다.

그러나 북한의 이러한 생존권 확보를 위한 노력에도 불구하고, 미국은 북한과의 관계 개선을 추진하기보다 1993년 팀스피리트 훈련을 재개해 대북한 핵전쟁 연습을 감행하였다. 더 나아가 미국의 하위 기관으로 전락한 IAEA는 북한에게 미신고한 영변의 2개 기지에 대한 특별 사찰을 요구하였다. 미신고 시설에 대한 특별 사찰은 사상 유례가 없는 것이었다. 북한의 입장으로서는 IAEA가 북한에 요구한 특별 사찰은 미국의 사주를 받은 터무니없는 불공정한 행위였다. 더구나 핵무기 보유국가인 미국이 핵무기 비보유국인 북한을 겨냥해 스텔스폭격기 등을 동원해 핵전쟁 연습을 강행하면서 북한을 위협하는 것은 분명히 핵무기 보유국가가 비보유국가에 대해 핵 위협을 하지 못하게 되어 있는 NPT조약을 위배한 행위다. 그러나 IAEA는 미국의 위배 행위를 응징하기보다는 오히려 북한에 특별 사찰을 강요하는 불공정하고 불평등한 이중 잣대와 제국주의 미국의 시녀 행위를 자행했다.

미국은 상대적으로 생산 비용이 저렴하고 기술 요구 수준이 낮아 제3세계도 쉽게 만들 수 있는 화학무기나 생물학무기의 생산을 전면 금지시키고 이미 생산 비축된 무기까지도 일체 폐기 처분하는 전향적인 국제 협약을 이끌어내었다. 곧 제3세계뿐 아니라 강대국의 화학무기, 생물학무기를 전량 폐기함으로써 제3세계가 저렴한 무기로 강대국에 대항할 수 있는 소지를

15) 6번의 사찰 결과에 대한 확인 사항은 대체로 다음 세 가지로 압축할 수 있다. 미국의 전직 동북아시아 태평양 지역 차관보인 솔로몬이 주도한 솔로몬 보고서도 동일한 내용을 확인하고 있다. ① 핵무기 개발에 대한 기초 역량은 보유하고 있다. ② 핵무기를 개발한 단계는 아니다. ③ 핵무기를 개발하지 않는다는 '완전한' 핵투명성을 보여주지 않는다.

없애버렸다. 그러나 핵무기는 기술 요구 수준이 높고 생산 비용도 상대적으로 높은 점 때문에 제3세계의 핵무기 개발이 쉽지 않다. 또 현존 NPT는 핵무기 보유국가들에게는 핵무기 생산, 개발, 실험, 증산 등에 아무런 제재를 가하지 않고 핵무기 비보유국에게는 일체의 핵무기 생산, 실험, 개발, 비축도 허용하지 않는다. 곧 핵강국의 기득권을 철저히 보장하는 전형적인 불평등 · 불공정 조약이다. 미국은 바로 이 조약을 영속시켜 그들의 핵 기득권을 유지하면서 군사적 헤게모니를 장악하려는 장기적인 세계 지배 전략을 추진하고 있었다.

바로 이러한 미국의 패권주의적 이해 관계가 걸려 있는 NPT를 북한이 탈퇴함으로써 미국의 장기적 세계 전략에 차질을 빚을 소지를 만들었다는 점에서 미국의 사활이 걸린 이해 관계라고 볼 수 있다. 설사 핵 문제가 해결된다 하더라도 곧이어 미사일, 인권, 화학무기, 생물학무기, 테러 문제 등에 대한 압력을 강화하려는 저의를 미국이 보였다. 이에 북한은 93년 3월 12일 NPT 탈퇴를 선언함으로써 핵 카드를 통해 생존권을 확보하려는 고단위 처방으로 나아갔다. 바로 이를 둘러싸고 진행된 북미간 공방이 영변 핵 위기의 실상이었다.

미국은 왜 실제 개발하지도 않고, 능력도 확실하지 않은 북한 핵 문제에 위와 같이 전쟁 불사론까지 펼치는 극단적인 대응을 해왔는가?[16)]

첫째, 91년 3월 걸프전쟁 이후 기고만장한 미국이 새로운 세계 질서의 초패권주의자로서 북한을 제2의 이라크로 설정하여 확실하지도 않은 핵무기 개발 의혹을 확대하여 '북한 길들이기'에 섣불리 나선 것으로 볼 수 있다. 둘째, 1995년 만료되는 핵확산금지조약을 영구화 또는 장기화하여 미국의

16) 남북한 핵 관계 전문가인 피터 헤이즈는 남한과 일본의 핵 잠재력이 북한을 훨씬 능가한다고 본다. 남한은 9개월 이내에, 일본은 6개월 이내에 핵 무기를 생산할 수 있고, 남한은 플루토늄 239를 현재 10톤 정도 비축하였고, 2000년까지 24톤으로 추정하고, 북한은 70킬로그램으로 보고 있다.

핵 절대 우위에 입각한 군사적 세계 패권주의 질서를 유지하는 데 북한이 걸림돌이 된다고 보았기 때문이다. 셋째, 북한핵을 핑계로 한반도에 군사적 긴장을 조성해 남한에 대한 무기 수출을 증가시키려 하였다. 넷째, 국방부, CIA, 각종 정보기구, 군 등 탈냉전에서 규모가 축소될 수밖에 없는 미국의 국가기구 등이 자기들의 생존 전략으로 북한 핵 문제를 과잉 문제화시켜 예산 감축을 저지하고 조직의 수명을 연장하려 하였다. 다섯째, 21세기에 미국의 경쟁국으로 부상할 일본의 핵 무장을 저지하는 것에 미국의 사활적 이해가 걸려 있다. 이를 위해서는 남한도 북한도 철저히 비핵화시킬 필요가 있다. 남북이 합의한 '한반도 비핵화 공동 선언'에서 핵 주권의 포기라고 지탄을 받고 있는 우라늄 농축 시설 및 핵 재처리 시설의 포기는 바로 이러한 미국의 이해 관계를 철저히 반영한 결과다. 여섯째, 따라서 북미 관계 개선이 이루어지기까지 설사 핵 문제가 해결된다 하더라도 곧 미사일, 화학 및 생물학 무기 문제, 인권 문제 등으로 북한 목 조르기 및 인위적인 적 만들기는 지속될 것으로 예상되었다. 그러므로 북미 관계 개선이 이루어지기 이전에는 북한으로서는 결코 완전(특별) 사찰을 받아들일 수는 없었다.[17]

북핵 문제의 본 당사자는 북한이다. 그렇지만 남한 또한 준 당사자다. 그래서 남한은 준 당사자답게 주도적으로 민족적 차원에서 핵 문제를 해결해야 할 책무를 걸머지고 있었다. 그러나 남한은 미국의 강경책에 적극적인 보조를 맞추다가 때로는 이들의 강경 노선을 능가하여 '크게 더 흔들기'를 자행하였고, 북미간 협상이 전진되어 돌파구의 기미가 보이면 느닷없이 특사 교환이나 특별 사찰 등을 끼워넣어 '재 뿌리기'와 '판 깨기'를 일삼았고, 도

17) 이러한 견해는 98년 11월 23일에 발표된 미국의 '동북아 전략보고서'에서도 나타났고, 커트 캠블 미국 국방부 부차관보는 이날 보고서 발표 후 기자회견에서 "북한에 대한 미국의 깊은 우려는 단순히 핵 의혹 지하 시설 때문만이 아니라 한국과 미국의 포용 정책과 일치하지 않는 북한의 행태 때문"이라고 말하는 데서도 나타났다(〈한겨레〉 1998. 11. 24). 그러나 실제 북미 협정을 위반한 것은 북한이 아니라 미국이었다는 사실을 볼 때 북한 적 만들기는 미국의 필요에 따라 지속적으로 제기될 것으로 예상된다.

쿄에서는 대북 제재를 역설하다 하루 사이에 베이징에서는 대화를 강조하는 갈팡질팡의 '비일관성의 일관성' 정책을 노정하였고, '서울 불바다' 파문을 확산시켰고, '전쟁 불감증'을 질타하면서 미국의 군사 무기를 도입하여 분단 비용을 급증시키는 등 마치 적대 당사자인 것처럼 대응해 왔다. 조미협정이 마무리되는 1994년 10월 7일 〈뉴욕타임스〉의 발행인과 한 대담에서 김영삼 대통령은 "미국이 북한의 조작에 넘어가지 말아야 한다는 것, 그러나 그런 합의는 오히려 더 많은 위협을 불러올 것"이며 "북한 정권과의 타협은 북한 정권의 생명을 연장해 줄 뿐이며 북한 지도자들에게 잘못된 신호를 보내는 것이 될 수 있다"면서 예정된 조미협정에 대한 '막판 뒤집기'를 시도하는 무모함을 보여 미국과 심한 외교 마찰까지 일으키는 촌극을 벌였다. 민족 공조나 민족 중심적인 접근은 실종되고 민족 공멸을 가져올 수 있는 승부사적인 민족 적대로, 민족이 민족이기를 거부하는 민족 일탈로 일관하였다.[18)]

1년 8개월 동안 지루한 공방과 다섯 번이나 되는 전쟁 위기를 겪은 끝에 10 · 21조미협정에 이르렀다. 그 핵심 내용은 합의문 발표 후 1개월 이내 북한 핵 활동 동결, 핵 동결 뒤 연락사무소 연내 설치, 연간 중유 50만 톤까지 대체 에너지 북한 공급, 2천 메가와트 경수로 제공에 대해 6개월 내 계약 및 2003년 완공, 북한의 NPT 복귀와 국제 원자력기구 임시 · 일반 핵 사찰 수용, 대북 핵 불사용에 대한 미국무성 보증 등이다.

이로써 북미 관계는 적대적 관계에서 새로운 외교 관계 수립의 단계로 전환되고, 휴전 협정 또한 평화 협정으로 대체되어 북한의 생존권은 확보될 것으로 기대되었다. 그러나 또다시 금창리 핵 의혹이 제기되면서 98~99년 한반도 위기설이 재연되었다.

---

18) 김영삼 대통령이 영변 핵 위기 때는 전쟁을 부추기고, 김주석 사망시에는 북한 붕괴론을 가정하였고, 북한 식량난에도 북한 식량 지원은 '민족에 대한 배신 행위'라는 기상천외의 화두를 제시한 것은 그가 북한 붕괴를 통한 통일대통령이 되려는 과대 망상적인 착각 속에 사로잡혔기 때문이다(Oberdorfer, 1998, 340~341)

8. 금창리 핵 위기와 미국

금창리 핵 위기의 근본적 원인은 94년 영변 핵 위기 당시 합의한 10 · 21 조미협정을 미국이 제대로 이행하지 않은 데 있다. 일부에서는 북한이 극심한 식량난으로 곧 붕괴될 것으로 예견하였기 때문에 미국이 제네바협정을 제대로 이행하지 않았고, 또 새로운 OPLAN5027로 북한을 섬멸하려는 계획을 세운 것으로 분석하기도 한다. 미국의 속내야 어쨌든 북한은 그동안 10 · 21협정이 규정한 핵연료봉을 97퍼센트까지 봉인하고 핵발전소를 중단하여 협정을 충실히 이행하였다. 그러나 미국은 합의사항인 중유 50만 톤을 제대로 적기에 공급하지도 않았고, 대북 경제 제재의 해제도 거의 하지 않았고, 북한에 먼저 핵 선제 공격을 하지 않는다는 정부의 공식적인 보증도 하지 않았고, 2003년까지 완료하게 되어 있는 2천 메가와트 경수로도 적기에 공급할 수 없게 되었으며, 북한과의 관계 개선도 전혀 진전시키지 않았다. 북한이 핵연료봉의 97퍼센트를 이미 봉인한 데서도 드러나지만 제대로 이행하지 않은 부분은 단지 남북 관계 개선으로, 이 문제는 금창리 핵 위기의 본질과는 거리가 먼 문제다. 이러한 미국의 고의적인 불이행에 대하여 북한은 공식적으로 문제 제기를 하고 협정 이행을 촉구하고 또 경고도 하였다.

이러한 견해는 임동원 외교안보수석의 99년 3월 11일자 "대북 경제 지원, 관계 개선, 북한의 안전 보장 등을 내용으로 하는 북미간 제네바협정을 지키는 대국의 아량을 보여야 한다. 북한이 먼저 이것을 해야 저것을 주겠다는 식으로는 해결이 어렵다"는 발언이나 제네바 협정을 지키지 않은 책임은 "엄밀히 따지면 미국쪽이 더 크다"고 그동안 비공식적인 자리에서 우리 정부 관계자들이 토로했으면서도 외교적 파장을 우려해 공개하지 않았을 뿐이라는 〈한겨레신문〉(1999. 3. 11)의 분석과 일치한다. 또 NPT의 국제법이나 영변 핵 위기 당시 체결한 10 · 21협정에 의하더라도 미국은 금창리에 사찰을 요구할 권리가 없다. NPT규약은 미신고한 '핵 의혹' 시설에 대하여 국제원자력기구가 임의로 특별 사찰을 할 수 없게 되어 있다. 그래서 10 · 21조미협정도 영변의 과거핵을 규명해 줄 수 있는 두 곳의 특별 사찰은 경수로의 핵심 부문을 인도하고 난 이후 허용하기로 합의하였다.

그럼에도 불구하고 군산 복합체의 이익과 밀착한 공화당 의원들은 제네바협정에서 북한에 제공할 중유 50만 톤의 예산을 승인하지 않으면서 협정 이행을 방해하기 시작하였다. 이후 해리슨이나 퀴노네스가 밝힌 것처럼 이들 의회의 강경파, 국방부나 CIA의 매파 등이 미 국방정보국장(DIA) 패트릭 휴즈(현역 중장)가 유출한 정보를 토대로 북한이 제네바협정을 위반했다고 주장한 것이 발단이 되었다(〈중앙일보〉 1998. 11. 24). 미국 의회는 북한이 94년 경수로협정을 준수하며, 핵연료봉 저장을 위한 봉인 작업에 협조하고, 미국이 지원한 식량을 적절히 사용하며, 탄도미사일 개발과 수출 시도를 하지 않는다는 4가지 조건을 충족할 경우, 1차분인 1천5백만 달러를 3월 1일 이후 지급하도록 규정했다. 2차 중유 제공 지원금 2천만 달러는 북한의 지하 핵시설 의혹 해소에 큰 진전이 있고 미사일 위협이 감소됐을 때 지급하도록 의회는 조건화했다.

또 페리 북한 정책 조정관의 전략안에서 한반도를 전쟁 상황으로 몰아넣는 3단계 안을 예고하고, 존 틸러리 주한미사령관이 미 합참 간부회의에서 "올 봄 한국에서 일종의 '긴급 상황'이 예상된다"라고 밝히고, 99년 2월 2일 조지 테닛 중앙정보국(CIA) 국장이 상원군사위에서 "북한이 절박한 경제 상황으로 '미국과 위험한 극한 정책'으로 치달을 가능성이 높아졌다"고 경고하면서 의회를 지원하였다(〈한겨레신문〉 1999. 2. 4). 앞에서도 밝혔지만 98년 10월 9일 주한미군 작전부참모장인 레이먼드 아이어스 소장이 북한이 공격을 준비 중임을 보여주는 모호하지 않은 신호들이 나타날 경우 선제 공격한다는 New OPLAN5027을 발표하면서, "우리는 그들을 모두 죽여 군대라고 할 수 있는 걸 가질 수 있는 능력을 없애버릴 것"이라고 전쟁 위기를 확산시켰다.

98년 8월부터 본격화된 이 금창리 핵 위기는 8월 말 북한의 인공위성 발사로 더욱 증폭해 '한반도 봄 위기설' 로 발화되면서 지난 93~94년의 위기를 재현하는 듯하였다. 94년 전쟁 위기 때 전쟁을 부추겨 민족안보를 저버린 반민족적인 김영삼 정부의 행위와는 달리 김대중 정권은 포용 정책의 테두리 속으로 금창리 핵 위기를 끌어들여 위기를 잠재워 민족 안보를 지키는 전향적 정책을 취했다.

3 · 16조미합의는 금창리 지하 시설 의혹 해소를 위해 현장 조사단(30명) 방문과 추가 복수 방문 허용, 정치 · 경제 관계 개선을 위한 조처로 60만 톤 식량 지원 및 감자 증산의 농업 지원, 4월 29일 평양서 4차 미사일회담 재개, 북한 자산 동결 해제 등 부분적 경제 제재 완화다. 북한이 이 합의로 얻은 것은 식량 지원 60만 톤과 약간의 농업 지원밖에 없다. 다른 부분은 미국이 응당 10 · 21협정에 의해 이행했어야 할 사항이다. 그것도 경제 제재의 부분적 완화에 그쳤고 관계 정상화도 구체적이지 못하다. 미국은 식량 지원에 드는 약간의 비용만으로 '북한 적 만들기' 를 시도했던 군산 복합체나 이들과 야합한 강경 세력의 목표를 충분히 달성한 셈이다. 일본에 전역 미사일 방어 체제(Theatre Missile Defense)를 강요하고 자신은 전국 미사일 방위(NMD) 개발을 확정시켰다. 물론 이들은 한반도의 전쟁 위협을 볼모로 그들의 추악한 잇속을 차린 것이다.

필자는 이미 영변 핵 위기 당시 미국의 행위 유형을 다섯 가지로 특징화한 적이 있다. 첫째, 미국은 이중 · 삼중 잣대로 영변 핵 위기를 조성하여 불공정 게임을 일삼았다. 이스라엘, 남아공, 일본 등의 핵은 문제화하지 않는데도 북한에게만 유독 온갖 혐의를 뒤집어씌웠다. 둘째, 강 · 온 양동 작전으로 북한에 양보를 강요하고, 기존의 자기의 합의를 의회 등의 핑계로 깨면서 무력 제재 수순을 밟는 유형을 보였다. 셋째, 국무부는 일괄 타결 등으로 유화책을, 국방부, CIA, 군산복합체 등은 무력 제재 불사의 강경책을 일

삼았다. 넷째, 핵 위기의 주기적 악순환을 이용하여 한미연례안보회의 등에서 의도적으로 위험을 고조시켜 한국에 무기 구매를 유도 및 강요하였다. 다섯째, 궁극적으로 북한의 핵 카드를 완전 소진시킨 상태에서 다음에는 미사일 문제, 화학 및 생물학무기, 테러 문제, 인권 문제 등으로 북한을 순차적으로 옥죄려는 경향을 띠었다. 여섯째, 국제원자력기구라는 국제기구를 '긁어 부스럼을 만드는 훼방꾼' 역할을 하게 하여, 마치 미국의 행위를 객관적이고 정당한 것처럼 위장하는 행위를 일삼았다.

문제는 3 · 16조미합의로 한반도가 미국의 볼모에서 벗어날 수 없다는 데 있다. 미국은 북한에 대한 경제 제재의 해제와 단계적 관계 정상화를 지속적인 카드로 악용하면서, 미사일 문제, 생화학무기 문제 등을 순차적으로 제기하여 양파 껍질 벗기기로 북한의 방어선을 하나씩 무너뜨리려 할 것이다. 이때마다 또다시 한반도에는 위기가 재연될 것으로 보인다. 또 국제원자력기구의 긁어 부스럼 만들기에서 확인하였듯이 금창리 접근에서 조그만 기술적인 문제를 트집 삼아 미국이 문제를 확산시킬 여지가 높다.

이미 이러한 징조는 98년 11월 25일 모하메드 엘바라데이 IAEA 사무총장이 오스트리아 빈에서 열린 집행이사회 기조 연설에서 "지난 95년 이후 북한 핵 동결 선언의 정확하고 완전한 이행과 관련, 필요한 정보에 접근하거나 정보 보존에 필요한 조치들에 합의하려는 노력이 성과를 거두지 못하고 있다"고 보고하는 데서도 드러난다(〈한겨레신문〉 1998. 11. 26). 3월 22일 제임스 폴리 국무부 대변인은 "대북 제재 조치가 해제되기 위해서는 미 · 북 미사일 협상과 내달 제네바에서 개최되는 한반도 4자회담 등 북한과 관련된 여러 가지 관심사들이 만족할 만한 결과를 얻어야 할 것"이라고 강조했다(〈중앙일보〉 1999. 3. 24). 이에 대해 북한의 외무성 대변인은 3월 31일 "미국이 방대한 핵미사일과 대량살상무기로 우리를 항시적으로 위협하고 있기 때문에 나라의 안전을 지키기 위해 우리 자체의 노력으로 미사일을 개발, 시험, 생산하는 것은 우리의 자주권에 속하는 것"이라고 강조하면서,

"미국이 아무리 우리의 미사일 위협을 떠들어대도 자신들의 군비 증강 책동을 정당화할 수 없다"고 문제의 핵심을 부각시키면서 맞대응했다(〈동아일보〉 1999. 3. 31).

이렇게 한반도가 미국의 제국주의적 이해 관계 때문에 언제나 거의 무방비 상태로 위험에 노출될 수는 없다. 이제 우리 정부는 그동안 강조한 대로 모든 문제를 일괄적으로 해결하는 포괄적 해결을 빨리 진척시켜 나가야 할 것이다. 또한 막연한 미국의 제국주의성만을 이야기할 것이 아니라, 보다 구체적으로 미국의 문제점을 파헤치고 이를 바탕으로 대응책을 모색하여 실천하는 앙가주망으로 나아가야 할 것이다.

9. IMF 경제 신탁통치와 미국

탈냉전이 시작되는 1990년, 미국이 21세기 세계 지배 전략의 하나로 구상하였다는 '워싱턴합의'는 "우연의 일치라고 하기에는 신기할 정도로" 한국의 1997년 말의 상황에서 재연되고, 김대중 정권의 과잉 세계화 정책에 그대로 반영되어 시사잡지의 한 기자로 하여금 "전율을 느끼게" 만들었다. 이 '합의'는 한국과 같은 제3세계 국가들이 신자유주의적 경제 구조 조정을 위해 필요한 조치들로서, "정부 예산의 삭감, 자본 시장의 자유화, 외환 시장 개방, 관세 인하, 국가 기간 산업의 민영화, 외국 자본에 의한 국내 우량 기업들의 인수 · 합병 허용, 정부 규제 축소, 그리고 재산권 보호" 등 8개항을 제시하였다. 이러한 구조 조정의 강요는 으레 반발을 살 것이기 때문에 이 조치를 관철시키기 위한 전술까지 고안해 두었다. 첫째, 선거를 통해 정권 교체를 추진한다. 둘째, 현 정권의 핵심 세력이 연루된 부패 고리를 폭로하여 현 정권을 무력화시킨다. 셋째, 재벌이나 노조의 저항에 부딪혀 신자유주의적 구조 개혁이 좌절되는 것을 예방하기 위해 서로 다른 지지 계층과 기반을 갖춘 중도 성향의 정당 두개를 결합시킨 연립 정권을 새로이 창출시킨다(이교관, 1998, 79~81).

우리는 5 · 18항쟁이나 6월항쟁 등의 역사적 계기나 역대 정권의 등장 과정을 미루어보아 미국이(은밀한 개입이기에 실증적인 증거에 의해 입증하기는 힘들겠지만) 어떠한 형식으로든 이번 한국의 IMF 경제 신탁통치 체제에 개입하였다고 볼 수밖에 없다. 미국은 76년 자메이카 회의에서 고정 환율제와 브레튼우즈 체제가 법적으로 종결된 이후 군산복합체 중심의 축적 구조의 한계를 월가의 금융투기 산업으로 극복하려는 축적 체제의 변화를 겪었다. 동구 사회주의가 몰락한 이후 미국은 21세기에도 세계를 지배하려는 전략을 세웠는데, 그것은 바로 금융투기 산업과 실리콘밸리에 바탕을 둔 정보지식 산업의 결합에 의한 '부드러운' 세계 지배다. 물론 이 부드러운 세계 지배는 여전히 핵무기나 '별들의 전쟁'과 같은 '무시무시한' 세계 지배를 동반하고 있다.

이 부드러운 세계 지배 전략은 구체적으로 1995년에 새로 창립된 세계무역기구(WTO)를 통해 은행, 외환, 채권, 주식, 보험 등의 금융 자율화를 추진하고, 국제통화기금(IMF)을 통해 국가의 자본 통제 체제를 제거하고 외환 거래를 자유화시키며, 경제협력개발기구(OECD)를 통하여 다자간 투자협정을 추진하는 것이었다. 바로 이 전략의 행위 주체가 미국의 재무부—IMF—월가의 초국적 투기 자본(금)의 3자 복합체이다(Wade & Veneroso, 1998, 19). 여기에 걸림돌이 되는 것은 제거되게 마련이고, 단지 유럽 통합이나 중국과 같은 강력한 자족력을 가진 국가군이나 지역은 1차 표적에서 벗어나고, 반미주의가 확산되는 지역에서는 그 공략 강도를 낮춘다.

80년대까지 냉전 구도하에서 미국의 철저한 보호막 안에 있었던 한국을 비롯한 아시아의 발전국가군은 사회주의 체제가 몰락한 시점에서 더 이상 미국의 보호막에 안주할 수 없게 되었을 뿐 아니라 이제는 1993년부터 클린턴 독트린의 표적이 되었다. 커밍스는 클린턴 독트린을 "수출을 장려하고,

특정 지역을 개방시켜 미국의 상품과 투자를 허용하도록 하는 공격적인 대외 경제 정책"으로 정의한다. 이 "미국의 상품은 주로 미국 GDP의 85퍼센트를 차지하고 세계적으로 경쟁 상대가 없을 정도로 경쟁력이 절대적인 서비스 산업, 곧 금융 산업이나 정보지식 산업이다. 또 경쟁 상대국인 일본이나 독일에게는 냉전 구도에서 확보한 영향력으로, 잠재적인 적대국인 중국의 경우에는 면밀하고도 명백한 위협을 구사하여 이 정책을 관철시키며, 이를 뒷받침하는 이념은 바로 신자유주의와 로크의 민주주의"라고 보고 있다(Cumings, 1998).

한국 역시 1980년 초반의 경제 위기와는 달리 탈냉전 덕분에 이미 미국의 안전 보호막이 거둬진 무방비 상태에 들어갔다. 하루에 1조 달러가 넘는 투기(도박) 자금이 미국과 IMF 등 '국제(준 미국) 기구'의 보호를 받고 협조를 하면서 국경을 무너뜨린 세계화의 초고속도로를 타고 질주하는 마당에, 세계화와 신자유주의를 미국 못지않게 외치는 김영삼 정권하의 한국이 쉽사리 포획되는 것은 예측 가능하다. 97년 7월부터 아시아 외환 위기가 시작되고 한국에서 외환 위기가 고조되던 시점인 97년 11월 7일 김영삼 정부는 한국이 일본으로부터 빌린 단기자금에 대한 회수를 자제하여 달라고 엄낙용 차관보를 특사로 일본에 파견하기로 비밀리에 결정한 시점에서 우연이라고 보기는 힘들 정도로 월가의 투기자금이 일본 증시에서 대탈주극을 벌였다. 이 여파로 일본 증시가 폭락하여 일본 금융권이 한국의 연기 요청에 대하여 비록 연기를 해주고 싶어도 연기가 불가능한 상황이 전개되었다. 이뿐만 아니라, 이미 일본 수상은 클린턴으로부터 "한국 정부에 협조 융자를 해주지 말라"라는 편지를 받은 상태였다고 한다(이교관, 1998, 48~51).

이러한 미국의 소름 끼치는 음모 협의의 사실 여부는 그리 중요하지 않다. 문제는 IMF 프로그램과 현 김대중 정권의 위기 극복 경제 정책이 위의 워싱턴 합의가 제시한 8개항의 필요 조치를 전적으로 수용할 뿐 아니라, 자발적인 과잉 세계화와 종속적 신자유주의를 추진하여 IMF의 요구를 능가하여 대외 개방을 급진적으로, 또 광범위하게 진행시키는 IMF 특별 장학생이 되었다는 사실이다. 이에 대한 김대중 정권의 논거는 민족주의를 폐쇄적인 것으로 매도하고 세계적 보편주의를 내세우면서 외환 위기와 이에 따른 경제 위기를 전적으로 내인 구조론과 내인 정책 부재론으로 설명하는 데 있다(이병천, 1998 ; 김균 · 박순성, 1998). 곧 비효율적인 박정희식 발전국가의 모순인 재벌경제, 정경유착, 불공정거래, 지나친 정부의 시장 개입 등을 극복 및 전화하여 시장의 보이지 않는 손에 의해 자동 조절되도록 하는 시장 근본주의로 변신하지 못하였고, 또 한보 및 기아 사태와 동아시아 외환 위기가 나타나는 시점에서도 이에 대한 적절한 대응 정책이 부재하였기 때문이라는 분석이다.

그러나 우리의 IMF 신탁통치는 위의 내인 구조론이라는 요인 외에도 미국의 세계 지배 전략에 의해 세계 자본주의 체제가 이미 금융투기자금이 판치는 '도박판 자본주의'로 변신하여 어느 누구도 제물이 될 수 있는 구조라는 외인 구조론, 또 1993년의 클린턴 독트린과 1995년의 WTO 출범 등 외인 국면적 요인, 김영삼 정권의 OECD 가입의 대가로 경제기획원의 폐지와 급속하고도 광범위한 개방으로 우리의 경제를 무방비 상태로 노출시킨 내인 국면적 요인, 위의 미국 음모론 등 외인 사건사적 요인 등이 복합적으로 작용한 결과다(김균 · 박순성, 1998 ; 김동원, 1998).

더욱더 분명한 사실은 이 모든 외인론과 내인론의 기원에는 미국이 직간접적으로 행위 주체로 개입하였다는 점이다. 남한은 발전국가 모순이 누적된 상황에서 미국의 세계 자본주의 질서 재편 전략에 휘말린 것이다. 남한이 가장 많이 빚진 나라는 미국이 아니라 일본과 유럽연합인데도[19], IMF 신

19) 1997년 6월 말 현재 남한에 대한 채권국별 외채 금액의 순위를 따져보면, 일본 237억 달러, 독일 108억 달러, 프랑스 101억 달러, 미국 100억 달러, 영국 61억 달러, 벨기에 39억 달러, 네덜란드 17억 달러, 이탈리아 14억 달러, 캐나다 13억 달러, 오스트리아 12억 달러, 스페인과 룩셈부르크 각각 5억 달러로 나와 있다.(〈조선일보〉 1998. 2. 3.)

탁통치에 대한 모든 조치와 처방은 주로 미국 재무부의 손에서 이루어졌다는 것이다. 곧 동남아 외환 위기가 고조되는 상황에서 미국은 일본의 아시아투자기금(Asian Monetary Fund) 시도를 저지시켰고, 한국은 '투명성' 이 부족하다고 떠벌려 외화 유출을 부채질하였고, IMF와 협약을 체결하는 시점에서는 미국 재무장관인 루빈이 그의 추수감사절 휴가까지 취소하고 긴급히 제2의 맥아더라고 불리는 섬머스 등 고위관리를 파견시켜 이들이 미국의 대리인에 불과한 IMF 당국자를 제치고 "한국에 대한 구제 금융은 단지 IMF 프로그램을 준수하는 조건에서만 제공될 수 있다"고 선언하여 그 가혹한 조건을 강요하였다(Cumings, 1998). 이로써 미국은 남한에 '병 주고 약 주는' 척하면서 한국을 경제 식민지화하고 있는 것이다. 이는 분명히 한반도의 탈냉전은 김대중 대통령이 이야기하는 군사적 탈냉전만이 아니라, 미국의 한국 지배와 일본에 대한 견제 기능이라는 냉전의 두 가지 기능도 해체시켜야만 진정한 한반도의 탈냉전이 이루어지는 것을 의미한다. IMF 신탁통치와 이후 김대중 정권의 '세계에서 제일 기업하기 좋은 나라 만들기' 는 전적으로 대미 예속의 심화와 전면화라는 냉전의 심화다. 냉전의 심화를 주도하면서 탈냉전을 역설하는 이 모순이 김대중 정권의 정책 기조다.

이 결과 "대외 개방은 IMF의 요구 수준을 훨씬 능가하는, 거의 전면적 대외 개방이다. IMF가 제시한 일정보다 앞당겨 외국인 주식투자 한도를 대폭 확대하고 적대적 인수 합병을 허용하였으며, 채권 및 단기금융상품 시장을 완전 개방하고 외국은행과 증권회사의 국내 현지법인 설립을 허용하였다. 또한 부동산 시장을 열었는가 하면, 한미투자자유화 협정 체결을 추진하고 있다. 뿐만 아니라 외환 시장을 완전 자유화하였으며" 외환관리법도 2000년부터는 전면 폐지된다. 이로써 남한은 국민국가의 경제 정책의 자율성 내지 주권은 근본적으로 제약되어 국민 경제라는 개념 자체가 무색해지는 과정에 놓여 있다(김균 · 박순성, 1998, 385~386).

"금융적 자본과 생산 관계들을 세계적 경제 공간으로부터 국민적 · 지방적 경제 공간으로 다시 묶어둠으로써, 국민국가적 수준에서 지방적 수준으로 금융적 자본과 생산 관계들에 대한 통제 능력을 강화하는 것, 이를 통해 대안적인 발전 경로들에 대한 모색과 민주적인 선택 능력을 강화하는 것임을 분명히 해야 한다"(이창근, 1998)는 민중적 처방은 근원적으로 김대중 정권을 부정하지 않을 수 없게 하였다. 또한 2020~30년경에 도래할 것으로 예견되는 중국과 미국 사이의 동북아 신냉전 형성 이전에 부분 통일이라도 이루어 이 지구촌에서 우리의 민족 재통일을 기정 사실화해야 하는 절대적인 민족사적 과제를 짊어진 우리 민족에게는 국민 경제의 상실로 통일의 물적 기반과 국가적 기반을 허물어뜨리는 반통일적이고 반민족적인 정권이 될 운명에 처한 것이 김대중 정권의 전망이 아닌가 싶다.

10. 맺음말

한반도 속 미국의 실체를 80년 5 · 18항쟁에서부터 99년 금창리 핵 위기까지 살펴보았다. 냉전기의 세 가지 큰 역사적 계기인 5 · 18항쟁, 6월항쟁, OPLAN5027에서 미국은 어김없이 냉전 전사의 모습을 보여주었다. 그러나 이후의 세계사는 동구 사회주의 체제의 몰락이라는 대전환을 기록하였다. 이에 따라 동서 냉전의 결정적 강제력에 의해 분단과 대결의 역사를 강요당하였던 이곳 한반도에도 탈냉전기인 90년대 이후에는 응당 탈냉전의 역사 구도가 펼쳐질 것으로 기대되었다. 특히 한반도 냉전의 주범이었던 미국의 행위가 탈냉전으로 나아가기를 기대했다.

그러나 탈냉전의 시점에서도 한반도 속의 미국은 오히려 더 냉전 전사다운 모습을 보여주었다. 영변 핵 위기에서 우리 민족은 민족 공멸로 이어질 엄청난 전쟁 위기를 마지막 순간에 가서야 넘길 수 있었다. 그러다 또다시 이러한 위기가 금창리 핵 위기에서 발화되려고 하였다. 이는 곧, 춘래불사춘(春來不似春)이었다. 세계적 수준에서 탈냉전이 되었다고 하지만 이 지구상에는 진정한 탈냉전은 도래하지 않았다. 지구촌 전반이 이러한 형편이니 한반도야 두말할 나위도 없다. 탈냉전은 두 대립물인 소련 주도의 사회주의 체제와 미국 주도의 자본주의 체제가 변증법적 지양을 통한 냉전의 극복으로 귀결한 것은 아니다. 단지 한 대립물만의 몰락으로 다른 한쪽의 냉전 체제는 건재한 생태로 아직도 남아 있다. 오히려 기존 대립물의 견제 기능 상실로 이 잔존한 외팔이 냉전 전사는 더욱더 기세를 올리고 있다. 그래서 이 '탈냉전'의 시대에 미국은 무려 2천6백억 달러에 이르는 막대한 군사비를 지속적으로 쓰면서 이곳 한반도에다 '윈 앤드 윈' 전략으로 93~94년과 98~99년에 두 차례 전쟁 놀음을 벌였다.

다른 한편으로 미국은 세계 자본주의를 이제 천민성을 넘어 라스베가스 도박판 자본주의로 변모시키고 조그만 판돈을 소유한 아시아의 작은 용들을 이 도박장으로 몰아붙였다. 이 과정에서 남한은 6 · 25전쟁에 버금가는 참화를 입었다. IMF 경제 신탁통치라는 전혀 새로운 냉전 전사의 모습으로 미국은 남한땅에 다가왔다. 순진한 남한 사람들은 완전히 허를 찔린 셈이다.

미국으로서는 한반도가 냉전의 세 가지 기능 가운데 어느 하나도 완벽하게 해소되지 않은 상태에 놓여 있는 것으로 보인다. 대공산권 봉쇄라는 제1기능의 차원에서 한반도에는 북한이, 그 옆에는 중국이라는 작은 공산권이 자리잡고 있다. 제3세계 지배라는 제2기능의 차원에서는 남한과 북한은 이제 동격의 제3세계로서 미국의 지배하에 놓여야 할 대상이다. 미국의 서방경쟁 상대국 견제라는 제3기능에서는 여전히 일본을 견제해야 하는 미국의 이해 관계 때문에 한반도는 냉전의 마당으로 존속해야 하는 것이다.

5 · 18항쟁은 반외세민족자주화 지향의 역사적 계기를 형성했다. 이 민족사적 의의를 구현하는 길은 바로 한반도 속의 미국을 탈냉전적 순응물로 만드는 것이다. 냉전 전사 미국의 철옹성 같은 모습도 영변 핵 위기에서 북한

의 민족자주적 대응으로 수모를 당하는 꼴이 되었다. 금창리 핵 위기에서도 김대중 정권의 포용 정책은 미국의 허를 찔러 민족 안보를 도모하였다. 미국이라는 세계화 제국주의가 우리에게 강요하는 '우리가 우리일 것을 거부하는 자아 소멸과 자아 해체'를 단호히 배격하고, 우리 자신에 대한 자기 긍정, 곧 탈미(脫美) 자존으로 나아갈 때 한반도 속의 미국은 역사를 거역하는 힘을 잃게 될 것이다.

앞에서도 강조하였듯이 한반도의 진정한 탈냉전은 김대중 대통령이 이야기하는 군사적 탈냉전만이 아니라 미국의 한국 지배와 일본에 대한 견제 기능이라는 냉전의 두 가지 기능도 해체시켜야만 이루어질 수 있다. IMF 신탁통치를 기해 '세계에서 제일 기업하기 좋은 나라 만들기'라는 정책으로 대미 예속의 심화와 전면화라는 냉전의 심화를 주도하면서 탈냉전을 역설하는 이 모순적인 정책 기조로는 역사에 조응하는 한반도 속의 미국 만들기는 불가능하다. 오히려 다음과 같은 한호석의 처방에 우리는 귀를 기울여야 할 것이다.

"갈라진 남북이 분단 의식에서 벗어나서 민족이라는 공고한 집단 의식으로 다시 결합하고 그 결합력에 기초하여 국가 통합을 이룩하지 않고서는 참된 의미에서 자주 · 자강의 역사적 과업은 실현되지 않을 것이며, 거꾸로 자주 · 자강 전략이 없이는 한반도에서 민족적 단결과 국가적 통합은 실현되지 않을 것이다. 이런 의미에서 자주 · 자강의 과업과 한반도의 통일 과업은 하나의 일치점으로 겹쳐진다. 우리 민족이 추구할 21세기의 미래는 이 일치점 위에 그 뚜렷한 영상이 맺혀지게 될 것이다(한호석, 1998)."

〈참고문헌〉

강명세, 〈IMF 위기, 한국 모델의 파탄, 그리고 새로운 모색〉, 한국정치연구회, 《동아시아 발전 모델은 실패했는가》, 삼인, 1998.

강정구, 〈걸프전은 '제2의 한국전쟁'을 부추기는가〉, 《사회평론》 1991년 6월호, 1991.

강정구, 〈미국과 한국전쟁〉, 역사문제연구소, 《역사비평》 통권 21호 여름, 1993.

강정구, 〈북핵 문제를 둘러싼 국제적 대응의 실체 : 한국 · 미국 · IAEA를 중심으로〉, 역사문제연구소, 《역사비평》 통권 27호 겨울, 1994.

강정구, 《통일시대의 북한학》, 당대, 1996가.

강준식, 〈6 · 29선언은 미국 공작품이다〉, 월간 《다리》 1990년 5월, 1990.

김균 · 박순성, 〈김대중 정부의 경제 정책과 신자유주의〉, 이병천 · 김균 엮음, 《위기 그리고 대전환 : 새로운 한국 경제 패러다임을 찾아서》, 당대, 1998.

김동원, 〈경제 위기의 원인〉, 이병천 · 김균 엮음, 《위기 그리고 대전환 : 새로운 한국 경제 패러다임을 찾아서》, 당대, 1998.

김민웅, 〈한국 외교의 위기와 조선일보의 책임〉, 《말》 10월호, 1994.

김승국, 《한국에서의 핵 문제 · 핵 인식》, 일빛, 1992.

김창수, 〈분단시대의 군사 대결 구조에 대한 비교 분석〉, 한국기독교사회문제연구원 통일연구회, 《분단 50년의 구조와 현실》, 민중사, 1994.

노중기, 〈6월민주항쟁과 노동자대투쟁〉, 학술단체협의회, 《6월민주항쟁과 한국사회 10년》1, 당대, 1997.

리영희, 〈남북한 전쟁 능력 비교 연구 : 한반도 평화 토대의 구축을 위한 모색〉, 함택영 외, 《남북한 군비 경쟁과 군축》, 경남대 극동문제연구소, 1992.

박순성, 〈분단 체제의 미래와 동북아질서〉, 《창작과 비평》 봄호(103호), 1999.

부지영, 〈김영삼의 고백〉, 《월간조선》 9월호, 1998.

서재정 · 정용욱, 《탈냉전과 미국의 신세계질서》, 역사비평사, 1996.

손호철, 〈발전과 위기의 정치경제학 : 한국의 'IMF위기'와 '동아시아 모델〉, 한국정치연구회, 《동아시아 발전 모델은 실패했는가》, 삼인, 1998.

송문홍, 〈김대중 대통령의 경제이념 비판 : 신자유주의에 기운 DJ노믹스 과연 '준비된 경제' 인가〉, 《신동아》 3월호, 1999.

오동렬, 〈새정부 통일 정책을 교란시키는 청와대 속의 냉전주의자〉, 《사회평론 길》 통권 54호, 6월호, 1994.

윤상철, 〈6월민주항쟁의 전개 과정〉, 학술단체협의회, 《6월민주항쟁과 한국사회 10년》1, 당대, 1997.

월간조선 취재반, 〈6 · 29선언 전두환의 작품이다〉, 《월간중앙》 7월호, 1997.

이교관, 《누가 한국 경제를 파탄으로 몰았는가》, 동녘, 1998.

이병천, 〈한국 경제 패러다임의 반성과 전망〉, 이병천 · 김균 엮음, 《위기 그리고 대전환 : 새로운 한국 경제 패러다임을 찾아서》, 당대, 1998.

이삼성, 〈핵사찰, 서울 불바다, 페트리어트 미사일의 진실〉, 《길》 5월호, 1994a.

이삼성, 〈북한 핵 문제와 미국의 대외 정책—클린턴 외교 정책의 역사적 성격〉, 한국산업사회연구회, 《경제와 사회》 가을, 통권 23호, 1994b.

이삼성, 《미국의 대한 정책과 한국민족주의》, 한길사, 1993.

이삼성, 〈광주를 통한 한국 민주주의의 유혈 통로와 미국의 위치 : 1979~80년 미국 대한 정책의 치명적 비대칭성〉, 한국정치학회 주관, 《5 · 18학술심포지엄》 발표문, 1997.

이창근, 〈세계화에 맞선 세계 민중들과 한국 민중들의 투쟁을 위하여〉, 2.18~2.25 스위스 제네바에서 개최된 '자유' 무역과 세계무역기구에 반대하는 지구적 민중행동(Peoples' Global Action)의 제1차 국제회의 발표문, 1998.

이상우, 〈광주항쟁과 미국의 역할〉, 월간 《엔터프라이즈》 51호, 12월호, 1998.

임제경 · 폴 마틴 외, 《미국의 새로운 제3세계 전력 저강도 전쟁》, 민중사, 1987.

전원하 엮음, 《저강도전쟁의 이론과 실제 : 미국의 반혁명 수출과 제3세계 전략》, 친구, 1990.

전태일을 따르는 민주노동운동연구소, 《신자유주의와 세계민중운동》, 한울, 1998.

정상호, 〈재벌 체제와 좌절된 경제 개혁〉, 한국정치연구회, 《동아시아 발전 모델은 실패했는가》, 삼인, 1998.

정용욱, 〈1942~47년 미국의 대한 정책과 과도정부 형태 구상〉, 서울대 대학원 국사학과 박사논문, 1995.

정지환 · 배윤기 · 김종석, 《실록 6월항쟁》, 월간 말, 1997.

조임숙, 〈IAEA의 군산복합체 인맥〉, 《말》 10월호, 1994.

조현연, 〈6월민주항쟁의 이념 · 주체 · 전략〉, 학술단체협의회, 《6월민주항쟁과 한국사회 10년》1, 당대, 1997.

지병문 · 안종철 외, 《현대한국정치의 전개와 동학》, 박영사, 1997.

최명보 외, 《미국현대외교사 : 루즈벨트 시대에서 클린턴 시대까지》, 비봉, 1998.

최원기, 〈핵 개발, 국방용인가 대미 협상 카드인가 : 99년 3월 핵 위기 진상〉, 《월간 중앙》 12월호, 1998.

학술단체협의회, 《6월민주항쟁과 한국사회 10년 1, 11》, 당대, 1997.

《한겨레21》 특집, 1996년 04월 04일 제102호

한국역사연구회현대사연구반, 《한국현대사 4》, 풀빛, 1991.

한국정치연구회, 《동아시아 발전 모델은 실패했는가》, 삼인, 1998.

한호석, 〈핵 위기와 금융 위기 : 한(조선)반도 정세를 읽는 두 초점〉, 미주평화통일연구소 인터넷사이트, 1998.

Bello, Walden & Eric Blantz, 〈위험과 가능성 : 태평양 지역에서 대안적 질서의 모색〉, 서재정 · 정용욱, 《탈냉전과 미국의 신세계 질서》, 역사비평사, 1996.

Cumings, Bruce, 'The Korean Crisis and the End of 'Late' Development' New Left Review, 1998.

Cumings, Bruce, 〈70년 위기의 종언 : 삼각 구성과 신세계 질서〉 서재정 · 정용욱, 《탈냉전과 미국의 신세계 질서》, 역사비평사, 1996.

Dougherty, James & Robert Pfaltzgraff, 이수형 옮김, 《미국외교정책사》, 한울, 1997.

Halliday, Fred, *The Making of the Second Cold War, London* : Verso, 1983.

Harrison, Selig, 'Confederation or Absorption : The Nuclear Issue and Beyond', 민주당정책위 주최 학술심포지엄, '남북통일과 21세기 한국' 발표 논문, 1994.

Hays, Peter, 고대승 · 고경은 옮김, 《미국의 한반도 핵 정책의 뿌리와 전개 과정, 핵 딜레마》, 한울, 1993.

Halloran Richard, 〈부드러운 말, 그러나 거대한 채찍〉, Far Eastern Economic Review, 12.3, 1998.

LaFeber, Walter, *America Russia and the Cold War 1945~1992*, NY : McGraw Hill, 1993.

Oberdorfer, Don, 중앙일보 역, 《두 개의 코리아 : 북한국과 남조선》, 1998.

Shorrock, Tim, 'The U.S. Role in Korea in 1979 and 1980' A Special Report by Tim Shorrock (Copyrights held by Tim Shorrock), 1996.

Wade, Robert & Frank Veneroso, 'The Asian Crisis : The High Debt Model Versus the Wall Street-Treasury-IMF Complex', New Left Review no. 228, 1998.

Wallerstein, Immanuel, 강문구 옮김, 《자유주의 이후》, 당대, 1996.

재미 한인 사회의 정치구조 변화와 5·18[1)]

장 태 한*

(U.C. 리버사이드대 소수민족학과 교수)

1. 머리말

광주민중항쟁을 미국에 대한 새로운 인식관을 열어준 전환점으로 역사가들은 평가할 것이다. 즉 광주민중항쟁의 희생으로 한·미 관계를 새롭게 평가하는 대중적 인식의 변화가 생기기 시작했다고 볼 수 있다. 1945년 세계대전 종식 이후 한반도에 본격 진출한 미국은 동북아시아에서 공산주의 세력의 확장을 방지하는 수단으로 '억제 정책'를 추구해 왔다. 따라서 미국은 한국 국민의 염원인 민주주의 정착보다는 반공과 친미 정책을 고수해 온 군사 독재 정권을 지원하는 정책으로 일관했다. 미국과 소련의 냉전 대립은 한반도를 남과 북으로 분단시켰고, 분단의 비극은 남과 북에 독재 정

---

1) 이 논문은 'Korean Community Politics in Los Angeles : The Impact of the Kwangju Uprising', *Amerasia Journal* Vol. 14 No.1, 1988, pp. 51~67에 실렸던 글을 수정 보완한 것임을 밝힌다. 또한, 이 글을 읽고 좋은 조언과 격려를 해준 황인성 님에게 감사드린다.

* Edward Taehan chang, U.C. Riverside Univ.

권을 출범시키는 중요 요인이 됐다. 미국의 군사 · 경제 · 정치적 지원으로 유지됐던 독재 정권은 한 · 미 관계를 맹방, 우방, 또는 혈맹 관계로 묘사하면서 한국 국민들에게 친미화 교육을 강요했다. 1980년의 광주민중항쟁은 바로 한국 국민들에게 한 · 미 관계의 종속 관계를 깨우치게 한 역사적 계기가 되었으며 한 · 미 관계의 새로운 장을 열어주는 전기도 마련해 주었다.[2)]

또한 광주민중항쟁은 재미 한인 사회에도 많은 영향을 미쳤으며, 재미 한인 사회와 모국과의 새로운 관계를 정립하는 전환점이 되었다. 1970년대부터 급증한 중산층 한국인들의 미국 이민으로 재미 한인 사회는 양적 · 질적으로 급성장했다. 로스앤젤레스 한인 사회는 '서울시 나성구' 라고 불릴 만큼 정치, 경제, 문화 등 여러 분야에서 한국과 밀접한 관계를 유지하고 있었다. 특히 영사관, 한인 언론 그리고 한국 정부의 시녀 역할을 하는 어용 한인 단체들이 '삼각 연합(Tripartite Alliance)' 체제를 구성하면서 한인 사회의 여론을 이끌어갔으며 반공 논리로 재미 한인들의 '반독재 정권' 의 목소리를 희석시켰다. 이러한 정치적 상황에서 광주항쟁은 재미 한인 사회에도 엄청난 충격을 주었다. 민간인에 대한 무차별 사살의 장면들이 저녁 뉴스를 통해 재미 한인들에게 전해졌고, 재미 한인들은 한 · 미 관계 및 모국과 자신들의 관계에 대해 새로운 인식을 하게 되었다. 그 결과 재미 한인 사회를 지배하던 영사관, 한인 언론 그리고 어용 단체들의 삼각 연합 세력의 힘이 약해지기 시작했으며 독립된 재미 한인 단체가 구성되어야 한다는 목소리가 높아지기 시작했다. 이 글의 주 목적은 1980년 5월 발생한 광주항쟁이 1980년대 재미 한인 사회의 정치적 구도에 미친 영향을 살펴보는 것이다.

---

2) Edward Taehan Chang, 'Anti-Americanism and Student Movements in South Korea', In Eui-Young Yu and Terry R. Kandall eds, *The Korean Peninsula in the Changing World Order*, Los Angeles : A Joint Publication of the Center for Korean-American and Korean Studies and California Sociologist, 1992, pp. 147～172.

특히 재미 한인 사회를 지배하고 있던 삼각 연합 구조 변화를 분석하고 모국과 재미 한인 사회의 관계를 실증적으로 조명할 것이다.

2. 이민자와 모국의 관계

미국은 이민의 국가이기 때문에 사회학자들은 이민자에 대한 연구를 활발히 전개했다. 이민자들에 대한 연구는 미국 관점의 '동화론(assimilation)'과 한국적 시각으로 연구되는 '모국에 대한 충성(loyalty to homeland)'의 관점으로 활발히 전개되었다. 즉 미 주류 사회에 동화하는 것이 가장 바람직한 미래상이므로 이민자들은 '미국화' 또는 '백인화' 하는 것이 성공의 지름길이라는 동화론에 대한 접근과 재미 한인들의 모국(한국)에 대한 충성심이 어느 정도인지에 관심을 갖고 한민족 공동체 같은 범주에 대해 연구하는 것으로 구분된다. 이 두 가지 분석틀은 미국 속의 이민자 집단, 특히 소수민족 집단의 특성을 무시하고 자기들의 관점으로만 이민자들을 연구한다는 비판을 받고 있다. 그리하여 기존의 이민자 연구 분석틀은 이민자들이 갖고 있는 내부의 계층, 연령, 이주 시기, 세대 갈등 등의 특수한 상황을 고려한 분석틀, 즉 내재적 시각의 분석틀로 이민자 사회를 연구해야 한다는 변화의 필요성이 강조되고 있다.

링치 왕(Ling-Chi Wang)은 이민자 또는 소수민족 집단은 다음과 같은 특성을 갖고 있기 때문에 새로운 관점의 연구가 필요하다고 역설한다. 1)이민자 집단은 인종 차별을 당하는 피해자인 동시에 평등을 쟁취하기 위해 항쟁하는 사람이기도 하다. 2)미국과 모국의 관계가 이민자 집단에 상당한 영향을 미친다. 3)이민자 집단 안의 계층, 성차별, 세대 간격의 폭이 커져 문제가 될 수 있다. 또한 이민자 집단, 특히 아시아 이민자들의 경우 미국 내에서 인종 차별을 당하고 있으며 모국 정부로부터는 충성을 강요당하는 '이

중 탄압'을 경험하고 있다는 점을 인식할 필요가 있다.[3] 따라서 위의 문제들에 대한 연구가 필요하며, 이민자 연구를 위한 새로운 패러다임과 시각이 필요하다.

또한, 중국계 학자인 피터 콴(Peter Kwong)은 미국에서의 소수민족들의 정치적 · 경제적 위치는 본국 정부의 국제 사회에서의 정치적 · 경제적 위치에 따라 결정된다고 National Approach 학설을 주장했다. 즉 힘이 강한 나라의 국민들은 미국에 이민와서도 대접을 받으며 주권 행사를 할 수 있으나, 약소 민족은 인종 차별 및 괄시를 받으며 살아간다는 학설이다.[4] 예를 들면, 중국인의 경우 자신들의 위치를 개선하기 위해 중국 정부에 1882년 제정된 '중국인 이민 금지법' 폐지를 위한 협조를 적극 추진했다.[5] 중국인들은 중국의 막강한 힘을 빌려 자신들의 정치적 위치를 개선하고자 했던 것이다. 그러나 당시 중국의 국제적 위치가 낮았기 때문에 미국 정부는 중국 정부의 항의를 무시하고 중국인 이민 금지법(1882)을 통과시켰다. 반면 일본계의 미국 이민에 대한 반감이 고조되자 일본 정부는 미국과 '신사 협정'(1907)을 체결하여 자국민에 대한 어느 정도의 보호를 얻어낼 수 있었다.[6] 재미 한인의 경우 한국의 국제적 위치가 워낙 미약했기 때문에 미국 내 재미 한인들의 존재는 거의 무시된 채 중국인 또는 일본인으로 오해받으며 살아왔다. 미국인들은 로스앤젤레스 폭동 이전까지 한인들에 대하여 대부분 몰랐으며, 한국에 대한 인식도 약하여 한국전쟁, 미군 주둔 또는 〈매시(MASH)〉라는 TV 영화만을 연상할 뿐이었다.[7]

---

3) L. Ling-Chi Wang, 'The Structure of Dual Dominatioin : Toward a Paradigm for the Study of the Chinese Diaspora in the United States', *Amerasia Journal* Vol. 21 No. 1/2, 1995, p. 158.

4) Peter Kwong, *Chinatown, N.Y. : Labor and Politics, 1930~1950*, New York, 1979, p. 13.

5) Debleer Mckee, *Chinese Exclusion vs. the Open Door Policy 1900~1906*, Detroit, 1977.

6) 신사 협정으로 일본인들의 미국 이민이 금지됐으나, 일본계 이민자들이 부모, 자녀, 그리고 사진신부들을 데려올 수 있는 길이 열렸다. 반면, 중국계의 경우 여성 이민이 전면 금지됐기 때문에 대부분의 초기 중국계 사회는 '총각 사회'로 불리고 있다.

미국에서 이민자 집단에 대한 연구는 주로 미국 사회로의 '동화' 정도를 측정하는 수준이었다. 또는 인종 차별이 이민자 집단에 미치는 영향에 관한 연구도 많다. 그러나 미국에 이민온 이민자들의 경제, 사회 그리고 정치적 위치를 결정시키는 데 중요한 역할을 한 것이 바로 '모국과의 관계' 라는 점은 특히 이민 연도수가 짧은 재미 한인 사회를 이해하는 데 매우 중요하다. 역사적으로 이민자들의 공통점은 미국과 모국의 관계 및 모국의 정치적 상황에 따라 직접 또는 간접적으로 많은 영향을 받았다는 것이다. 물론 상황에 따라 긍정적인 측면과 부정적인 측면이 있다는 것을 주지해야 한다. 정치학자 존 하이엄(John Higham)은 미국 내의 이민자들은 모국의 정치와 밀접한 관계를 유지하면서 다음과 같은 4가지 사항에 깊은 관심을 표명한다고 설명한다. 1)미국과 모국 정부(한국)의 관계(U.S.-Korea), 2)미국 내에서 자신들의 생존권(the essential issue of survival), 3)미국 내에서 자신들의 정치적 · 경제적 · 인종적 위치(their own status in American society), 4)자신들의 응집력과 결집력(internal integrity and cohesion of the groups).[8] 물론 각 이민자들의 상황에 따라 그 중요성이 바뀔 수가 있다고 하이엄은 설명한다. 이민 연도가 짧은 민족들은 모국 지향적인 성향이 강하기 때문에 미국과 모국 정부의 관계와 자신들의 생존권에 깊은 관심을 표명하는 반면, 이민 연도수가 길거나 2세, 3세의 집단은 주로 자신들의 미국 내에서의 위치와 민족적 결속력에 더욱 깊은 관심을 표명한다. 이민 연도가 비교적 짧은 재미 한인들의 정치적 성향은 전자로 모국 지향적이며 생존권, 즉 경제적 자립에 사력을 다하고 있다고 볼 수 있다.

---

7) 로스앤젤레스 폭동 이후 재미 한인들의 위치가 크게 향상됐으며, 이제는 한인들이 아시아인을 대표하는 대명사로 바뀌었다. 그 중요 이유는 미 주요 언론이 한 · 흑 갈등을 크게 보도했으며, 폭동 때 한인 상인들의 피해가 어느 민족보다도 컸기 때문이다. 자세한 내용은 장태한, 〈흑인 그들은 누구인가〉(한국경제신문사, 1993) 참조.

8) John Higham, *Ethnic Leadership in America*, Baltimore, 1978, p. 2.

미국내 이민자 · 소수민족의 위치에 대한 올바른 연구는 Transnational Relations를 이해할 때 가능해진다(〈도표 1〉). 즉 미국 안에서 백인(기득권층)과 유색인(피지배자층)의 관계(화살표 ①), 미국과 모국의 관계가 이민자들에게 미친 영향(화살표 ②), 그리고 모국과 이민자들의 관계(화살표 ③)가 미국 내의 이민자 집단의 정치적 · 사회적 · 문화적 위치를 결정하는 중요한 역할을 담당하고 있다는 것을 인식할 필요가 있다.[9]

재미 한인 사회도 역시 모국, 즉 한국의 정치적 상황과 매우 밀접한 관계를 유지하면서 직접 · 간접으로 많은 영향을 받았다. 재미 한인 사회의 특징 중의 하나는 모국 지향적인 사회였다는 점이며, 1970년대와 1980년대의 로스앤젤레스 한인 사회는 한국의 정치 상황에 많은 영향을 받았으며, 그것은 커뮤니티의 정치 구조를 결정짓는 중요한 변수로 작용했다.

〈도표 1〉

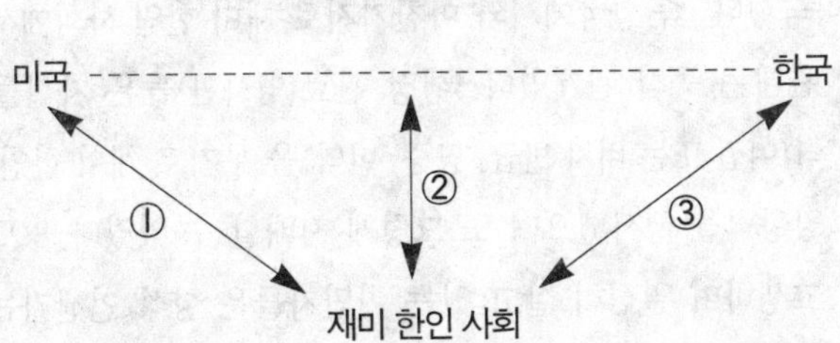

9) Don Nakanishi, 'Minorities and International Politics', *Counterpoint : Perspectives on Asian American*, Los Angeles, 1976, p. 81.

3. 삼각 연합 주도의 재미 한인 사회 정치 구조(1965~1979)

1960년대와 1970년대 재미 한인 사회의 정치는 영사관 주도의 구조였다. 특히 로스앤젤레스 한인 사회는 미주 내 한인이 가장 많이 사는 곳으로 한국 정부는 반정부 또는 민주화운동의 목소리를 억제하는 것에 각별한 신경을 썼다. 당시 미주 내 영사관의 주목적은 재미 한인들의 권익 보호가 아닌 민주화 세력을 분쇄시키고 친정부 조직을 강화시켜 한인 사회의 여론을 친정부 쪽으로 이끄는 것이었다.[10] 당시의 군사 독재 정권은 미국으로부터의 경제 · 군사 · 정치 지원을 절대 필요로 하고 있었기 때문에, 한국 정부는 재미 한인들의 '반정부' 또는 '민주화' 성향에 민감한 반응을 보였으며, 이러한 세력을 분쇄시키기 위해 온갖 노력을 다했다.

영사관은 재미 한인 사회의 언론 기관, 어용 단체들과 삼각 연합 전선을 구축하여 한인 사회의 정치를 장악하면서 여론을 이끌어갔다. 당시만 해도 이민 역사가 짧았던 까닭에 대부분의 한인들은 미국식보다는 한국식 관행에 더욱 익숙했다. 즉 한국에서와 마찬가지로 재미 한인 사회에서도 관료-일반인의 관계는 종적 관계였다. 행정 관료(영사관)들은 자신들이 지니고 있는 행정력(여권 또는 비자 발급, 공증, 번역)을 무기로 재미 한인 사회를 감시하면서 영향력을 행사했으며 또 그렇게 지배할 수 있었다.[11] 모국을 떠나 객지에서 고생하며 열심히 살고 있는 이민자들은 항상 언젠가는 '고향'을 방문하고 싶다는 마음을 갖고 있다. 그러나 민주화 활동을 하다가 영사관의 블랙 리스트에 올라가면 한국 방문을 할 수 없게 된다는 것을 미주 한인들은 잘 알고 있었기 때문에, 대부분의 재미 한인들은 영사관의 정치적 입김을 두려워했다. 따라서 영사관의 이러한 행정력은 재미 한인 사회를 지배하

---

10) Ill Soo Kim, *New Urban Crisis : The Korean Community in New York*, Princeton : Princeton University Press, 1981, p. 227.

11) *Ibid.*

는 무기로 사용될 수 있었다.

또한 아직 경제적 기반이 약했던 당시의 한인 사회는 모든 행사나 단체 활동을 영사관의 재정적 지원 없이는 할 수 없었다. 대부분의 한인 단체들은 창설된 연수가 오래되지 않았고 재미 한인의 수도 많지 않아 재정적으로 어려웠다. 영사관은 이러한 재미 한인 사회의 취약점을 이용하여 보통 금전적 지원을 통해 한인 사회에 막강한 영향력을 행사했다. 따라서 당시 영사관의 '영향력' 은 거의 절대적이었다. 또한 영사관은 한글 학교 또는 교회 학교에 교과서, 영화, 신문 등을 기증함으로써 재미 한인 사회에 대한 직접 · 간접적인 영향력을 행사하기도 했다.

영사관은 한인 언론에 대한 검열을 실시하여 재미 한인 사회의 여론을 통제하고 이끌어갔다. 로스앤젤레스 한인 사회에는 한국 · 동아 · 중앙일보가 있었는데 이 세 신문은 모두 한국에서 발행되는 신문이며, 현지에서 미주판을 발행하여 재미 한인들에게 배포하고 있었다. 언론에 대한 제도적인 검열과 통제가 심했던 당시 미국에서 발행되는 세 일간지들도 모두 검열의 대상이 되었으며 통제와 검열을 당했다. 만약 한국 정부에 비판적인 기사를 싣는다면 그것은 신문과 방송의 사활을 각오한 비장한 결심 없이는 불가능했다. 신문사의 편집국장들은 한국 정부에 비판적인 기사를 게재했다가 자칫 자신들의 직업을 잃을 수 있다는 것을 잘 이해하고 있었다. 따라서 재미 한인 사회 대부분의 언론들은 친정부나 반공 계몽 기사로 대부분의 지면을 메웠다고 볼 수 있다.[12)]

친정부 또는 반공 활동은 대부분 한인 사회의 어용 단체들이 주도했다. 조총련과 민단으로 양분된 재일 한인 사회와는 달리 재미 한인 사회는 북한을 지지하는 세력이 거의 없었다. 미국은 북한과 정식 외교 관계를 수립하지 않고 있었기 때문에 북한 인사가 미국에 위장 침입하는 것이 거의 불

12)《한국일보 십년사》, 로스앤젤레스, 1979, 39~40 · 62쪽.

가능했으며, 북한을 방문하는 것도 사실상 불가능했던 시기였다. 미국의 CIA 등 첩보 기관은 북한의 미국 내 활동을 제약했을 뿐만 아니라 철저히 감시했기 때문에 친북한 세력이 재미 한인 사회에 침투하여 뿌리를 내릴 수가 없었다. 그럼에도 불구하고 영사관과 어용 단체 그리고 한인 언론은 항상 공산주의의 침투를 경계해야 한다는 상투적인 '위협'을 강조하여 한인 사회에 공포 분위기를 조성하였다. 실제로 '북괴 거물 간첩 1명 체포'라는 톱 기사가 신문에 실리기도 했다.[13] 물론 이것은 영사관의 조작극이었다.

한인회는 친정부 활동을 주도한 대표적인 어용 단체다. 한인 사회의 대표 기관임을 자처하면서 한인 사회의 권익 신장보다는 한 개인의 이익 추구를 위해 한인회가 운영되던 시기였다. 1969년 로스앤젤레스에 한인 유학생들을 중심으로 창설된 한인회는 한인 사회의 대표 기관으로서 제 구실을 전혀 못한 채 명예욕과 감투를 노리는 일부 한인들의 감투 싸움의 중심지로 전락하고 말았다. 처음 한인회가 창설된 것도 당시 로스앤젤레스 총영사 노신영 씨의 주도하에 이루어졌다는 사실은 한인회의 어용성을 극단적으로 보여준다.

당시 한인 사회의 모습은 극과 극의 정치적 대립이었다. 일부 인사들은 영사관의 모든 간섭을 비판하면서 데모와 반정부 활동을 열심히 전개한 반면, 어용 단체 인사들은 반공 정책을 고수하여 재미 한인들을 정치적으로 무기력하게 만드는 데 앞장섰다. 자유와 민주주의가 보장된 미국에 이민온 재미 한인들은 미국에서도 독재 정권의 직접 · 간접적 탄압을 받으면서 하고 싶은 말을 제대로 하지 못하면서 살았으니 참으로 아이러니컬했다.[14]

---

13) 〈중앙일보〉 미주판 1979년 8월 8일.

14) 〈한국일보〉 1972년 3월 11일자는 재미 한인 최태범 씨가 한국 방문 중 반공법 위반 혐의로 구속됐다는 기사를 보도했다. 최태범 씨는 로스앤젤레스의 한 식당에서 친구들과 대화 중 한국 정부를 비판했다는 혐의로 구속되었던 것이다.

이러한 상황에서 대부분의 한인 이민자들은 한인회에 참여하기를 꺼렸으며 한인회는 명예와 감투를 좋아하는 일부 부패한 한인들의 싸움의 장소로 전락했다. 물론 한인회장에 당선되기 위해서는 영사관의 지지와 신임 없이는 불가능했기 때문에 이들은 어떻게 해서든지 영사관의 비위를 맞추기 위해 온갖 수단과 방법을 가리지 않고 '충성' 을 보이기 위해 전력을 다했다.

요약하면, 광주항쟁 이전의 로스앤젤레스 한인 사회는 삼각 연합 체제 구조였다. 민주화 또는 반정부 활동을 여러 가지 방법을 동원하여 방해 · 와해시켰다. 반정부 활동에 가담하는 개인 또는 단체를 '공산주의자' 로 낙인 찍어 커뮤니티로부터 고립당하도록 만들거나, 언론 통제를 통해 반정부 여론을 묵살시키거나, 막강한 재력을 바탕으로 어용 단체 활동을 적극 지원하거나, 영사관의 행정력으로 개인 또는 단체의 활동을 방해하기 등이 민주화운동을 통제하고 억제한 방법들이다.

4. 광주민중항쟁과 한인 사회의 반응

1980년 5월 18일 발생하여 열흘 동안 계속된 광주민중항쟁은 재미 한인 사회를 정치적 무관심에서 깨어나게 해주었다. 5 · 18은 그동안의 침묵에서 깨어나 모국의 정치 상황에 참여하는 데 새로운 활력소 역할을 했다. 삼각 연합의 탄압 때문에 독재 정권의 횡포에 대항하지 못하고 침묵으로 일관했던 재미 한인들은 광주항쟁을 TV 화면을 통해 보면서 경악, 탄식, 아울러 한국인으로서 수치심을 느꼈다. 단일 민족의 우수성, 한국인의 우수성을 믿었던 재미 한인들은 TV 화면에 비치는 야만적인 한국 군인들의 폭력에 울분을 터뜨렸으며, 또한 한국에 대한 수치심을 감출 길이 없었다. 그만큼 충격적인 장면들이 미 주요 TV 화면을 통해 매일 방영됐다. 드디어 재미 한인들도 거리로 뛰쳐나와 군부의 무차별 탄압에 항거하는 시위에 동참했다. 비록 그 숫자는 수백명이었지만 이것은 당시 영사관 주도의 삼각 연합에 직접 도전한 획기적인 사건이었다.

재미 한인 사회에서 군부 독재 정권의 타도를 외치며 시위를 주도한 것은 학생들이었다. 당시 한인 대학생 총연합회는 영사관의 재정 지원을 받던 어용 단체 중 하나였다. 따라서 일부 뜻있는 학생들은 따로 민주 학생 연합회를 조직하여 군부 독재 타도를 위한 시위를 한인 타운 한복판에서 여러 번 가졌으며, 여기에 일반인들도 참여했다. 물론 대부분의 한인들은 조심스러운 태도로 사태를 관망했다고 보는 것이 당시의 올바른 상황이었다. 그러나 광주항쟁 이전에는 상상도 할 수 없었던 반독재 시위가 한인 타운 한복판에서 여러 번 있었다는 것은 로스앤젤레스 한인 사회의 분명한 정치적 변화의 시작이었다.

유혈 사태로 얼룩진 광주에 피가 모자란다는 외신 보도를 접한 학생들은 한인 타운에 위치한 미국 적십자사를 점거하고 헌혈 운동을 전개했다. 마침 당시 미국은 현충일(Memorial Day) 연휴였기 때문에 적십자사는 정상 근무를 하지 않고 있었다. 따라서 미국 적십자사의 정상적인 운영에 피해를 주지 않고 헌혈운동을 전개할 수 있었다. 우선 피가 모자라는 광주에 피를 보내자는 순수한 마음에서 시작된 헌혈운동은 한인 사회의 지지를 받았고 미 주류 언론도 '특종'으로 학생 주도의 헌혈운동을 취재했다. 미국이 광주에서 발생한 유혈 사태에 책임을 지고 평화적인 해결책을 강구할 수 있도록 여론을 환기시키는 것이 주목적이었기 때문에, 학생들의 이러한 전략은 일단 성공적이었다.

부마사태와 박 대통령 암살 사건 이후 민주 학생 연합회는 여러 차례의 시위를 주도하면서 한인 사회의 중요한 정치 변수로 등장했다. 특히 광주항쟁 때 벌인 '헌혈운동'은 미 주요 언론의 대대적인 보도로 민주 학생 연합회의 입지가 크게 부각되기도 했다.[15] 비록 3일 간의 짧은 미 적십자사

점거 농성 '헌혈운동' 이었으나 그 파급 효과는 대단했다고 평가내릴 수 있다. 3일 간의 헌혈 운동 기간 동안 약 4백여 명의 한인들이 자발적으로 참여했으며, 이중 약 220명이 헌혈에 참가할 수 있었다.[16] 놀라운 사실은 헌혈에 참가한 사람들 가운데는 학생은 물론, 노인, 부녀자, 목사, 사업가, 일반인 등 한인 사회의 각계 각층이 포함됐다는 것이다. 비록 소수에 불과했으나 당시의 한인들의 조국의 민주화에 대한 강렬한 의지를 엿볼 수 있었다. 재미 한인들은 더 이상 영사관의 관제 탄압의 대상에 머무르지 않고 능동적으로 한국의 정치적 상황에 대처해 나갈 수 있는 새로운 전기를 마련한 것이다.

민주 학생 연합회의 가두시위와 헌혈운동이 전개되는 동안에 영사관과 한인 어용 단체들은 광주민중항쟁과 민주 학생 연합회의 시위에 대해 침묵을 지켰고, 헌혈운동에도 어떠한 반응을 보이지 않았다. 광주민중항쟁 전에 이러한 사건이 발생했다면 영사관은 분명히 수단과 방법을 가리지 않고 '헌혈운동' 같은 '반정부 활동' 을 방해했을 것이다. 이러한 영사관의 방관적인 태도는 다음과 같은 이유에서 비롯되었을 것이다. 첫째, 본국 정부도 무정부 상태였기 때문에 그 결과를 정확히 알 수 없었고, 따라서 관망하는 자세로 일관했다. 특히 전두환 장군의 작전이 성공하리라는 보장이 없는 상태였기 때문에 공개적인 활동을 자제한 것으로 보인다. 둘째, 영사관은 중앙정보부장의 공석으로 공백기를 맞이하고 있었다. 전두환 장군 스스로 임시 중앙정보부장을 겸임했기 때문에 정보 체제에 공백기가 있었을 것으로 추측된다. 따라서 영사관 요원들 역시 사태를 주시하면서 직접적인 간섭보다는 관망하는 자세를 선택했다고 볼 수 있다. 셋째, 일부 영사관 직원들도 민간

15) UPI와 AP통신, 로스앤젤레스 타임스, 로스앤젤레스의 모든 TV 방송국이 민주 학생 연합회 주최의 헌혈운동을 취재하고 보도했다.

16) 미 적십자사는 헌혈 자원자들을 상대로 간단한 신체 검사를 실시한 후 합격 판정을 받은 사람만을 상대로 헌혈하도록 했다.

인에 대한 군인들의 무차별 사격과 살인 행위에 회의를 느끼면서 민주 학생 연합회의 활동에 간접적으로 동조하고 있었다.[17] 넷째, 광주 학살에 대한 재미 한인 사회의 반감이 너무도 컸기 때문에 영사관의 무분별한 행동은 오히려 한인들의 반군사 독재 감정을 불러일으킬 염려가 있었으므로 어떠한 조치도 취하지 않았다고 볼 수 있다.

5. 광주민중항쟁이 재미 한인 사회에 미친 영향

광주민중항쟁이 재미 한인 사회에 미친 영향은 직접적 영향과 간접적 영향으로 구분할 수 있다. 직접적 영향이란 광주민중항쟁이 가져온 재미 한인 사회의 변화를 의미하며, 간접적 영향이란 광주민중항쟁으로 변화된 한국의 정세가 재미 한인 사회에 미친 영향을 의미한다.

광주민중항쟁 이후 재미 한인들의 의식 구조에 근본적인 변화가 생기기 시작했다. 광주의 유혈사태는 재미 한인들에게 남한의 군부 독재 체제와 북한의 공산주의 체제의 다른 점이 무엇인가라는 근본적인 의문을 제기해 주었다. 정도의 차이는 있겠으나 민간인을 대량 학살하고 인권을 유린하는 남한의 군부 독재 체제는 공산주의의 독재 체제와 별다른 점이 없어 보였다. 또한 미국에서 성공하고 한국으로 돌아가겠다고 생각하던 많은 한인들은 과연 독재 정권이 득세한 한국으로 돌아가야 할지 회의를 가졌다. 미국은 이제 서서히 재미 한인들의 제2의 고향이 되어가고 있었던 것이다.

재미 한국인의 위치에서 한 · 미 관계에 대한 올바른 태도가 무엇인가 생각하게 되었다. 미군의 남한 주둔이 북한의 침략으로부터 남한을 보호하기

17) 이것은 필자가 민주 학생 연합회의 대변인 역할을 담당하고 있었기 때문에 당시 영사관 직원들과의 비공식 대화에서 감지할 수 있었다.

위해서라는 명분을 신봉하던 재미 한인들은 미군의 역할이 자국 이익 보호 수호라는 사실을 깨닫기 시작하면서 자신들의 위치 및 태도에 대해 고민하기 시작했다. 예를 들자면 미국에 사는 한국인으로서 미국과 한국의 분쟁시 누구의 편을 들 것인가와 같은, 조국(한국) 정치 개입에 대한 재미 한인들의 문제 의식을 제기해 주는 것이다.[18] 또한 광주 학살 때 보여준 미국과 미군의 태도와 자세를 어떻게 이해할지 고민하기 시작했다. 제2차 세계대전 당시 일본계 미국인들이 '적국 시민' 으로 낙인 찍혀 3년 이상의 세월을 포로 수용소에서 보내야 했던 역사적 사실을 간과할 수 없었다.

재미 한인들의 통일에 대한 의식이 변화하기 시작했다. 이제 통일은 이루어져야 한다는 막연하고 관념적인 목적에서 꼭 실현시켜야 하는 구체적인 목적으로 변했다. 통일을 실현시키기 위해 재미 한인 사회는 교량 역할을 담당하면서 남북의 불신 풍조를 해소하고 대화의 장을 여는 역할을 담당해야 한다고 생각했다. 이념으로 분단된 조국을 민족 의식으로 다시 통일시켜야 한다는 의식이 싹텄다. 해외 한인 사회의 진보 단체들은 광주민중항쟁 다음해인 1981년 11월 오스트리아의 수도 빈에서 북한 대표들과 만남의 장을 열었고, 1982년 12월에는 다시 핀란드의 헬싱키에서 제2차 회담을 개최하였다. 물론 이러한 만남의 장이 어떤 구체적인 결과나 통일을 위한 방법을 제시해 주지는 못했으나, 그 당시가 국제 사회의 냉전 의식이 고취되고 있었던 시기임을 감안하면 북한 대표와 해외 진보인사들의 역사적인 만남이었다는 평가를 내릴 수 있을 것이다.[19]

재미 한인들의 이러한 북한에 대한 새로운 인식 및 의식 변화는 〈코리안 스트리트 저널〉의 여론 조사에서 살펴볼 수 있다. '1984년 로스앤젤레스 올

---

18) 자세한 설명은 다음 글 참조. Michi Wegyln, *Years of Infamy*.

19) 미국은 레이건 행정부의 출현으로 강력한 반공 정책을 고수하고 있었으며, 그에 힘입은 전두환 군사 정권도 고조된 냉전 의식을 정권 유지를 위한 수단으로 사용하면서 일반인에 대한 강한 탄압 정책을 실시하던 시기임을 상기할 필요가 있다.

림픽 때 남북 대표팀이 참가할 경우 어느 팀을 응원하겠는가'는 질문에 64퍼센트가 남북한팀을 동시에 응원하겠다고 응답했으며, 만약 북한팀하고 외국팀이 시합할 경우 69.6퍼센트가 북한을 응원하겠다고 응답했다. 이것은 재미 한인들의 대북한관이 광주민중항쟁을 계기로 급변했다는 것을 증명해 준다.[20]

또한 북한을 방문하는 재미 한인들의 숫자가 급증했다. 1980~84년 사이에 5백여 명의 재미 한인들이 북한을 방문한 것으로 밝혀졌으며, 그후 재미 한인들의 방북은 더욱 빠른 속도로 증가했다. 재미 한인들의 방북이 급속도로 확산되자 놀란 남한 정부는 당시 통일원 장관(이범석)의 명의로 성명서를 발표하여 개인 자격으로 북한을 방문하는 사람들은 통일을 방해하는 사람이라며 방북을 자제할 것을 호소했다. 정부는 가족 또는 친지 방문 목적의 방북조차 이적 행위라고 규정짓고 재미 한인들 중 허락 없이 북한을 방문한 사람들은 남한 방문을 금지한다면서 재미 한인들의 북한 방문을 강력히 저지하려고 했다.[21] 그러나 한국 정부가 비밀리 실시한 토론토 지역 한인들의 여론 조사 결과 75퍼센트 이상이 북한 방문을 찬성하고 있는 것으로 나타나 한국 정부는 이 여론 조사를 발표하지 않았다고 〈코리안 스트리트 저널〉은 폭로했다.[22]

북한을 방문하고 돌아온 재미 한인들은 그동안 철저한 반공 교육을 통해 알고 있던 북한의 실상이 거짓임을 폭로했으며, 북한에 대한 새로운 인식을 확인시켜 줄 수 있는 물증들, 즉 사진, 비디오, 인터뷰, 그리고 재미 한인들이 보고 느끼고 체험한 사실들을 재미 한인 사회에 전달함으로써 반공 사상으로 무장됐던 재미 한인들의 의식 구조를 바꾸기 시작했다.

---

20) 〈코리안 스트리트 저널〉은 광주민중항쟁 직후 로스앤젤레스에서 생겨난 교포 신문이다(1982~1992). 창립 기념으로 여론 조사를 실시했다.
21) 〈한국일보〉, 1980년 11월 17일.
22) 〈코리안 스트리트 저널〉, 1983년 3월 30일.

6. 변화하기 시작한 재미 한인 사회의 정치 구조

재미 한인들의 북한에 대한 새로운 인식은 영사관 주도하에 있던 재미 한인 사회의 정치 구조에 변혁을 가져왔음을 의미한다. 그것은 영사관의 '입김'이 상대적으로 약화되었음을 의미한다. 또한 영사관의 재정적 지원을 받으면서 정부의 대변인 역할을 해오던 어용 단체들도 새로운 세력의 등장과 함께 주도권 싸움에서 밀리기 시작했다.

영사관—한인회—어용 단체의 삼각 연합 체제에 제일 먼저 도전을 한 세력은 역시 '헌혈운동'을 주도했던 민주 학생 연합회다. 남가주 한인 총학생회는 영사관의 재정 보조를 받아왔으며 민주 학생 연합회 주최의 시위 및 헌혈운동에 참가하지 않았다. 가령, 1979년 남가주 한인 총학생회 주최의 문화 행사는 약 1만 5천 달러라는 막대한 금액이 들었는데 대부분 영사관의 지원으로 충당된 것으로 알려졌다. 앞서 지적했듯이 영사관은 막강한 재력을 바탕으로 한인 단체들에게 영향력을 행사했는데 학생 조직도 예외는 아니었다.

1979년 실시된 총학생회 선거 때 민주 학생 연합회의 후보가 다수를 획득했으나 총학생회와 영사관의 부정선거로 영사관 후보가 회장으로 변칙 선출됐다. 당시의 선거는 간접선거로 실시됐는데 각 학교는 한인 학생의 숫자에 따라 1~5표가 주어졌다. 그런데 총학생회측은 총학생회 임원 전원에게 한 표씩을 부과하여 영사관과 총학생회측 후보의 당선을 강행한 것이다. 군부 독재의 방법을 재미 한인 사회, 그것도 학생회 선거에 그대로 도입한 너무나 어처구니없는 일이었다. 1980년 선거에서는 민주 학생 연합회의 철저한 준비로 민주 학생 연합회 후보가 회장에 쉽게 당선되었다. 학생회의 주도권을 장악한 진보 학생 세력은 한인 사회의 정화 운동을 선포하고 어용 단체들과 부정부패를 자행하는 일부 인사들, 그리고 영사관의 한인 사회 간섭에 정면 대결을 선언했다.

당시 한인회장이었던 이민휘 회장이 한국을 방문해 김포 공항에서 나오려다가 외환 관리법 위반 혐의로 구속되는 사건이 발생했다. 이민휘 회장은 당시 로스앤젤레스 한인 사회에서 영사관과 언론의 적극 지지를 받으며 온갖 횡포를 자행하던 인물이었다. 로스앤젤레스의 어용 단체들은 이민휘 회장의 석방을 요구하는 탄원서를 제출하는 등 온갖 노력을 했으나, 남가주 총학생회는 강력하게 이 회장의 사법 처리를 요구하여 한인 사회의 여론을 올바르게 이끌어나가는 데 결정적인 역할을 담당했다. 이 회장은 징역 3개월의 실형을 언도받았고 회장직에서 사퇴하고 말았다.

한인 사회를 대표하는 한인회 회장직이 공석이 되자 새로운 회장 선출을 위한 보궐선거가 발표됐다. 선거 관리 위원회는 직접선거로 실시되던 회장 선거를 간접선거로 바꾼다고 발표하여 한인 사회는 또다시 공방전이 벌어졌다. 1969년 이후 한인 회장 선거 방식은 거의 매년 바뀌었음을 주지할 필요가 있다. 회장단은 자신들이 지지하는 후보에게 유리하도록 매번 정관을 개정하였기 때문에 항상 부정선거 시비가 발생한 것이다. 선관위는 각 한인 단체들에게 투표권을 주겠다고 간접선거를 강행했다. 문제는 수많은 한인 단체들 중 누가 투표권을 행사할 권리가 있는가에 대한 명확한 답변을 찾을 수 없었다는 점이다. 총 123개의 한인 단체가 투표에 참가하겠다고 신청했는데, 20개의 각 학교 학생회도 포함되어 있었다. 남가주 총학생회는 각 학생회에게 투표권을 주지 않을 경우 선거를 방해하겠다고 경고했다.[23] 그러나 선관위는 각 학생회의 투표권을 박탈했으며 54개 단체만 투표권을 인정했다. 그러나 선정 기준이 애매모호하고 주로 친여 성향이 짙은 단체들이 포함되었기 때문에 총학생회를 비롯한 탈락 단체들의 반발이 거세었다. 여론에 밀린 선관위는 7개의 학생회를 비롯한 22개 단체의 선거권을 복권시켰다. 남가주 총학생회의 이러한 행동은 비록 한인 사회의 제도적 모순을

23) 〈한국일보〉, 1982년 3월 19일.

근본적으로 고치지는 못했으나 기득권층에 정면 대항하고 삼각 연립에 타격을 입히면서, 소위 영사관의 한인 사회 간섭의 입김을 약화시켰다.

7. 전두환 대통령의 방미

1981년 1월 레이건 대통령 취임 후 전두환 대통령이 외국 원수로는 최초로 백악관을 방문하는 '영예'를 가졌다. 전 대통령의 방미는 광주민중항쟁 직후 미국의 역할에 대한 논쟁이 분분한 가운데 강행됐다는 데 의미를 부여할 수 있다. 한편, 전 대통령의 미국 방문에 대한 재미 한인 사회의 반응은 냉담했으며, 환영 행사에 참석한 사람들의 대부분은 동원되었다.[24] 동원된 사람들의 대부분은 영사관 관계자들, 상사 직원들 그리고 통일교인이었다.

반면, 전 대통령의 행사장마다 시위대들이 쫓아다니면서 괴롭혔다.[25] 시위대들의 등살에 못 이긴 전 대통령은 행사를 취소하거나 급히 서둘러서 겉치레 사진 찍기만 하고 행사장을 떠나곤 했다. 〈로스앤젤레스 타임스〉는 "우정의 종각에서의 기념 식수식은 세계에서 유래를 찾아보기 힘든, 30초 만에 끝난 행사였다"고 혹평했다.[26] 전 대통령의 기념식장에는 영사관에서 버스로 동원한 동원객 외에는 한인들의 모습을 찾아볼 수 없었으며,[27] 이것은 재미 한인 사회에서의 약화된 영사관의 위치를 단적으로 보여준 것이었다.

광주민중항쟁 직후 한국의 재벌과 부자들은 전두환 정부에 대한 신뢰가 약해졌고 외화를 밀반출하는 사례가 급증했다. 그들은 홍콩, 일본 그리고

---

24) 〈Los Angeles Times〉, January 29, 1981.
25) 〈Los Angeles Times〉, January 30, 1981.
26) 〈Los Angeles Times〉, January 30, 1981.
27) 〈New York Times〉, February 1, 1981.

미국을 주요 밀반출 국가로 선정하고 외화를 밀반출했는데, 그중 상당수가 LA 지역으로 전입됐다고 언론들은 보도했다.[28] 이것은 로스앤젤레스 한인 사회에 상당한 정치적 · 경제적 영향을 미쳤다. 가령, 미국은 1980년대 초반 극심한 경제적 어려움을 겪고 있었으나 한인 사회는 급속도의 경제 성장을 하면서 호황을 누렸다. 그 이유 중의 하나는 한국에서 밀반출된 외화로 한인 타운의 경제가 비정상적으로 성장한 까닭이다.

또한 미국으로 유학 오는 학생들의 숫자도 급증하기 시작했다. 1990년도에 언론의 주요 공격을 받은 도피성 유학이 이미 1980년대 초반부터 생겼다. 학생들의 데모와 시위를 무마하는 정책의 일환으로 전두환 대통령이 유학 자유화 정책을 추진하여 힘든 국가고시를 통과하지 않아도 유학을 갈 수 있는 학생들의 유학을 전격 허락한 제도는 미국에 오는 한국 유학생들의 숫자를 급격히 증가시켰다.

광주민중항쟁 이후 미주 한인 사회는 한국 정치인들의 임시 망명지로 각광을 받았다. 김대중 현대통령을 비롯한 많은 정계의 인사들이 미국에 와서 은거 생활을 했다. 김 대통령은 당시 전 민주당 총재 자격으로 한인들이 많이 거주하는 워싱턴, 뉴욕, 필리델피아, 시애틀, 애틀랜타, 디트로이트, 보스톤, 그리고 로스앤젤레스 등지를 순회하면서 수차례의 강연회를 통해 재미 한인 사회의 지지를 호소했다.

광주민중항쟁 직후 발간된 〈코리안 스트리트 저널〉은 관 주도로 여론을 조성하던 한인 사회에 새로운 목소리로 등장하면서 급속도로 발전했다. 또한 〈코리안 스트리트 저널〉의 등장은 삼각 연합의 중요한 역할을 담당했던 한인 언론사들에 경종을 울리면서 검열을 받지 않는 신문의 공정성을 요구했다고 볼 수 있다.[29]

---

28) 〈Washington Post〉, December 1, 1983.
29) 그러나 〈코리안 스트리트 저널〉은 주간지에서 일간지로 바꾸었다가 재정난에 부딪혀 폐간되고 말았다.

8. 윤한봉과 민족학교

광주민중항쟁 이후 로스앤젤레스 한인 사회를 지배하던 삼각 연합 체제에 구멍이 생기기 시작했으며, 모국 정부의 지배에서 벗어나 독자적인 재미 한인 사회를 구성해야 한다는 목소리가 높아지기 시작했다. 그러나 광주민중항쟁 이후의 한인 사회는 여전히 모국 지향적이고 출세욕과 명예욕에 집착한 일부 인사들의 주도권 쟁탈전이 계속되었다. 영사관의 노골적인 간섭과 훼방은 줄어들었으나, 영사관은 여전히 한인 사회의 정치를 주도하면서 어용 단체들을 이용하여 재미 한인 사회를 정치적으로 무기력하게 만드는 작업을 계속했다.

그러나 광주민중항쟁의 주범으로 전국적인 수배가 내려졌던 윤한봉이 미국에 도착하여 재미 한인 사회 정치 구조에 신선한 충격을 던져주며 많은 영향을 미쳤다. 윤한봉은 밀항선을 타고 시애틀로 극적인 탈출에 성공한 후 로스앤젤레스에 도착하였다. 처음에는 자신의 정치적 신분을 숨기고 조용히 재미 한인 사회 분석에 주력했다. 1982년 7월 로스앤젤레스에서 '광주 수난자 돕기회'[30]를 발족하여 광주 수난자 가족들 돕기 운동을 전개한다. 또한 재미 한인 청년들을 중심으로 '재미 한국 청년 연합회' (한청년)를 조직하여 미주 한인 사회에서 본격적으로 민주화 및 광주민중항쟁 진상 규명을 위한 조직적인 운동을 벌여나갔다. 1983년 역시 로스앤젤레스에 민족학교가 설립되고 1983년 10월에는 나성한국 청년 연합(한청련)이 결성되어 미주 한인 사회의 민주화운동의 조직화가 윤한봉을 중심으로 전개되었다. 그후 1984년 3월 샌프란시스코, 5월 뉴욕, 7월 시카고, 8월 시애틀 지역에 한국 청년 연합이 조직되어 재미 한국 청년 연합은 전국적인 단체로 태동한다. 제1차 재미 한청련 정기 총회가 1984년 8월 시카고에서 개최되었다.

---

30) 1986년 6월 해체까지 총 3만 5천 달러 한국으로 송금.

윤한봉은 뛰어난 조직가로서 많은 재미 한인 청년들을 규합했으며 모국의 민주화와 통일을 위한 운동에 참여할 것을 호소하여 전국적인 조직을 만드는 데 성공했다. 윤한봉의 재미 한인 사회 출현은 기존의 기성 민주화 세력에 적극 도전하는 것이었으며, 재미 한인 사회를 지배하던 삼각 연합 체제에 대한 조직적인 대응을 의미하는 것으로 분석할 수 있다. 또한, 산발적이고 조직적이지 못하던 재미 한인 사회의 민주화운동을 조직적인 운동체로 승격 발전시킨 것은 윤한봉의 카리스마적인 조직력과 운동가로서의 신뢰 때문인 것으로 분석된다. 물론, 윤한봉의 도전적인 행동에 반기를 들고 새로운 단체를 조직한 인물들도 있었으나 '민족학교'와 '한청년'은 다른 단체들과는 달리 조직적이고 모범적인 활동을 많이 펼쳤다고 평가한다.

그러나 윤한봉의 출현이 재미 한인 사회의 민주화운동에 부정적인 영향을 미쳤다는 견해도 있다. 기존의 여러 단체들을 무시한 채 독선적이고 자기 중심적인 운동 단체와 윤한봉 사조직을 구성하여 기존 질서를 파괴하고 전체적으로 재미 한인 사회의 민주화운동에 찬물을 끼얹은 격이라고 혹평하는 사람들도 있다. 실제로 한청년과 민족학교에 참여했다가 탈퇴한 사람들이 상당히 많다는 것은 이러한 비판을 어느 정도 뒷바침해 준다. 이들 중에는 노선의 차이, 이념적 대립, 영사관의 방해 공작, 또는 윤한봉 개인 독선주의에 대한 반대 등의 이유로 탈퇴하고 새로운 조직을 형성하여 활동하기도 했다. 특히 미국에서 자라난 1.5세들의 경우 미국 내의 소수민족 문제는 등한시하고 한국의 민주화 또는 통일 문제에 집착한 한청년의 노선에 이의를 제기하고 재미 한인들이 겪는 제반 문제들, 즉 노동 문제, 인종 차별 문제, 민권 쟁취 및 정치력 신장 문제 등에 주력하려는 새로운 형태의 운동 의식이 형성되면서 새로운 단체들이 많이 조직되었다. 그러나 한청년과 민족학교도 1990년대 초부터 동포 사회 문제에 대한 운동을 전개하기 시작했으며,[31] 1994년 9월 미주 한인 봉사 교육 단체 협의회를 결성하여 민권 문제, 소수민족 권익 보호, 반이민법 반대, 타민족과의 유대 강화 등 소수민족

보호에 관한 운동이 활발히 전개된다.

1990년 초까지 재미 한인 사회의 정치적 성향과 특징은 단연 '모국 지향적'이었다. 광주민중항쟁 이전까지는 한국 정부의 탄압과 압력에 침묵했던 한인들은 광주민중항쟁 이후 침묵을 깨고 독재 세력에 비판을 가하기 시작했다. 이처럼 재미 한인 사회는 한국의 정치적 상황에는 민감한 반응을 보였으나 정작 자신들이 살고 있는 미국의 정치에는 무관심했다. 그러나 재미 한인 사회는 1992년 4월 29일 발생한 로스앤젤레스 폭동을 경험하면서 근본적인 의식의 변화를 경험한다.

9. 로스앤젤레스 폭동과 재미 한인 사회

광주민중항쟁이 한국 정치에 대한 재미 한인들의 새로운 인식과 함께 보다 능동적이고 본격적인 참여 의식을 고취시키면서 구조적인 변화를 가져왔다면, 1992년 4월 29일 발생한 로스앤젤레스 폭동은 재미 한인 사회, 특히 로스앤젤레스 한인 사회에 근본적인 의식 개혁의 필요성, 정치력 부재에 따른 정치력 신장의 필요성, 그리고 재미 한인들과 한국 정부의 새로운 관계 정립의 필요성을 깨우쳐주었다. 로스앤젤레스 폭동으로 한인들은 많은 피해를 입었다. 재산 피해는 물론 정신적 충격과 아메리칸 드림의 좌절, 그리고 미 주류 언론의 부정적인 보도로 악화된 한인의 이미지 등 삼중고에 시달렸다.[32)]

---

31) 윤한봉은 1993년 8월 한국으로 귀국했으며, 이것이 한청년, 민족학교의 방향 전환의 계기가 되기도 한다. 즉 한국의 민주화, 통일 문제에 전념했던 한청년과 민족학교가 미주 동포 사회 문제에도 관심을 갖고 주도적인 역할을 한 것이다.

32) Edward T. Chang, 'America's First Multiethnic Riots', In Karin Aguilar-San Juan ed, *The State of Asian America*, Boston : South End Press, 1994.

그러나 재미 한인 사회는 그 사건을 통해 많은 귀중한 교훈을 얻었을 뿐만 아니라 전화 위복의 기회로 삼아야 한다는 긍정적인 평가도 있다. 첫째, 미국 속에서 한국 또는 재미 한인의 위치는 한마디로 '보이지 않았다' 라고 말할 수 있다. 소수민족 중의 소수민족이 바로 한국인들이었다. 아시안 아메리칸은 주로 중국계 또는 일본계를 의미했다. 그러나 로스앤젤레스 폭동 이후 한인들에 대한 미국인들의 인식이 크게 향상됐다. 이제 한인들은 아시안 아메리칸을 지칭하는 대명사 역할을 하고 있다. 최근 미국 3대 TV 방송국의 하나인 ABC－TV에서 〈All American Girl〉이라는 한인 가정을 소재로 한 프로그램을 방영한 것도 바로 미국인들의 한인들에 대한 새로운 호기심, 그리고 인식이 있었기 때문이라고 필자는 생각한다. 동양계 전체를 대표하는 민족으로 재미 한인들은 급부상했고, 그 존재가 확인됐다.

로스앤젤레스 폭동이 한인들에게 준 무엇보다도 중요한 교훈은 바로 정치력 신장의 필요성이다. 지금까지 모국 지향적인 정치 성향의 모순을 지적하고 한국계 미국 시민으로서 미국의 정치에 능동적으로 참여하여 재미 한인들의 지위 향상은 물론 권익 보호에 앞장서야 한다는 자각이 한인 사회에 생기기 시작했다. 정치력 부재로 인해 억울한 차별을 당하고도 정당한 대우를 받을 수 없다는 것을 한인들은 실감했다. 폭동 직후 김대중, 김동길 의원을 비롯한 많은 한국인 정치가들이 로스앤젤레스를 방문하고 피해자들과 재미 한인들을 위로했다. 그들은 한결같이 로스앤젤레스 시 행정부에 한인들을 보호하지 못한 것을 재미 한인들을 대신하여 항의했다. 그러나 이러한 행동은 재미 한인들이 미국 사회에 뿌리를 내리고 정치력 신장을 꾀하는 데 도움을 주기는커녕 오히려 큰 장애물이 되고 말았다. 미국인들은 동양인들을 '이방인' 또는 '외국인' 으로 취급하기 때문에 동양인에 대한 차별을 정당화한다. 그러나 많은 한국계 미국 시민들과 2세, 3세들은 미국 시민으로서 정당한 대우와 권리를 요구할 자격이 있고 그것이 바로 정치력 신장의 지름길이다. 그런데 한국 정치가들이 미국에 와서 재미 한인들을 대신하여 정치적인 발언을 하는 것은 상황 판단을 잘못하여 생긴 오류라고 생각한다.

로스앤젤레스 폭동 이후 한인 사회는 구심점이 없었기 때문에 방향 정립을 못한 채 표류하고 있었다. 총영사는 LA 경찰 국장과 면담하여 재미 한인들의 치안을 부탁했고 LA 시장을 만나 한인 상인들의 복구에 각별한 협조를 부탁했으며 한인 사회의 모든 모임과 행사에 귀빈으로 초빙되어 다시 재미 한인 사회의 대표자 역할을 한 것이 영사관의 활동이었다. 물론 독재 정권 때의 한인 사회를 탄압하려던 영사관의 입김과는 근본적인 차이는 있지만 영사관이 재미 한인 사회의 대표 기관 역할을 하고 막강한 영향력을 행사하고 있다는 것은 변함이 없다.

재미 한인 사회는 영사관이나 모국 정부에 기대거나 의지하는 나쁜 습관을 버리고 미국 사회에서 뿌리내리고 살아갈 수 있는 자생력을 키워나가야 한다. 정치력 신장이라는 재미 한인들의 최대 과제를 실천하기 위한 구체적인 방법을 모색해야 한다. 한인들의 정치력 강화를 위해 제일 중요한 사업은 바로 전국적인 한인 대표 기관인 '압력 단체'를 조직하여 한인들의 응집력을 과시하면서 권익 옹호를 해야 한다는 것이다. 압력 단체 조직은 분명 재미 한인들에게 중요한 과제다. 그러나 새로이 인식되기 시작한 한국과 재외동포 간의 관계, 즉 상부상조의 관계를 이해하면, 재미 한인의 정치력 향상은 한국의 국제적 지위 향상을 의미하므로 한국 정부와 기업도 재미 한인들의 정치력 향상에 간접적인 지원을 하는 것이 바람직하다.

10. 맺음말

광주민중항쟁은 재미 한인 사회에 상당한 영향을 미쳤으며 이 사건으로 말미암아 재미 한인 사회 정치 구조의 근본적인 변화가 시작됐다. 민간인에 대한 무차별 사격과 무력 진압의 비도덕성이 던져준 충격으로 모국 정부의 탄압을 받던 재미 한인들은 억압을 거부하기 시작했다. 이것이 광주민중항쟁이 재미 한인 사회에 던진 가장 값진 결과다. 민주화를 위해 광주 시민들이 군부 통치에 항거하고 무력에 대항한 것과 마찬가지로, 재미 한인들도 삼각 연합 구조의 억압에 대항하기 시작했다. 즉 영사관의 노골적인 인권 유린과 탄압을 거부하고 재미 한인 사회의 자립적인 정치 체제를 구축하기 위해 노력했던 것이다. 민주화 또는 통일이 막연한 구호에서 구체적이고 실천적인 활동을 통해 재미 한인 단체들의 사업으로 바뀌었으며 통일 지향적인 활동이 두드러졌다. 1979년 말까지 한인 사회의 정치를 직접 · 간접으로 간섭하면서 장악했던 삼각 연합 체제가 붕괴되면서 영사관의 입김이 약화되었다. 통일을 성취해야 한다는 새로운 사명 의식이 고취되면서 재미 한인들의 방북이 급증했으며, 학생 단체가 커뮤니티의 새로운 세력으로 등장하면서 한인 사회의 정화운동을 전개했다. 그러나 학생 세력은 재원이 약하고 지속성이 없기 때문에 정화운동을 효과적으로 추진하기에는 역부족이었다. 또한 미국에서 공부한 학생들은 한국 정치보다는 미국 내의 한인들의 정치력 신장이라는 문제에 더욱 큰 관심이 있었기 때문에 그와 관련된 이슈들이 1990년대 이후 재미 한인 사회의 새로운 이슈로 재등장한다.

광주민중항쟁사는 한국 근대사의 저항 정신을 계승하고 있다. 일제의 탄압에 항거한 광주학생운동, 3 · 1운동, 4 · 19학생운동, 유신 철폐 등으로 이어진 한국 근대사의 저항 정신을 광주민중항쟁이 계승하고 있다. 이러한 가치관을 우리의 것으로 만드는 작업이 필요하다. 미주에서 살고 있는 재미 한인들도 코리안—아메리칸이라는 새로운 정체성 확립이 필요하다. 그렇기에 광주민중항쟁의 저항 정신을 코리안—아메리칸 정체성 확립의 중요한 역사적 가치관으로 삼기 위해 노력해야 한다.

제3장

5·18민중항쟁과 한국의 사회·문화

인권과 법의 시각에서 본 5 · 18민중항쟁

박 홍 규

(영남대 법대 교수)

1. 머리말

혁명은 새로운 인권선언을 낳고 그것에 근거한 새로운 법 체계를 창조한다.[1] 우리 역사에서는 그런 의미의 '혁명'이 성공한 적이 없는 듯하지만, 인권 투쟁의 궤적은 길고도 찬연했고, 그것은 궁극적으로 법의 진정한 진보를 초래했다. 우리가 5 · 18민중항쟁을 법과 인권의 차원에서 검토하려는 이유는 바로 그 점에 있다. 그러나 불행히도 우리의 기대는 아직까지 달성되지 못하고 있다. 말하자면 법과 인권의 시각에서 우리의 역사는 바로 세워져 있지 않다. 새로운 인권의 주창도, 그것을 법으로 제도화하려는 노력도 거의 없는 것처럼 보인다. 그런 의미에서 5 · 18민중항쟁은 아직도 현재진행형이다.

---

1) 혁명과 인권 및 법의 관계는 여기서 말하는 정의에 의해 반드시 충족되는 것은 아니다. 예컨대 시민혁명에서 봉건적 법의식, 법규범, 법제도, 법관계가 개폐되어 그것과 단절된 새로운 자본주의법이 지배하게 되나 어떤 혁명도 완벽한 개폐와 단절을 보여주지 않는다.

이 글은 5 · 18민중항쟁을 법과 인권의 시각에서 살펴보려는 시도다. 사실 5 · 18민중항쟁을 법과 인권의 시각에서 검토하려면 우리의 인권 문제와 법체계 전반이 논의되어야 하나,[2] 이 글에서는 그동안 충분하게 논의되지 못했다고 생각되는 두 가지 논점만을 검토의 대상으로 잡는다. 첫째, 5 · 18 민중항쟁 자체에 대해 아직까지도 미흡한 법적 책임 문제를 다시 검토하고, 둘째, 5 · 18민중항쟁에서 나타난 참여민주주의와 민중의 자기 결정권 및 지역 분권의 정신을 중심으로 하여 새로운 민주주의와 인권 개념을 검토하는 것이다.

첫째의 논점에 대해서는 그동안 몇 가지의 검토가 있었으나, 이 글에서는 몇몇 새로운 외국 자료를 더하여 기존의 검토를 보완하도록 한다. 둘째의 논점에 대해서도 이미 기본적인 논의는 제기되었으나, 법리적 차원에서 보충하도록 한다. 이러한 두 가지 논점 중에서 보다 큰 의미를 부여하려는 것은 둘째의 논점이다. 왜냐하면 5 · 18민중항쟁이 우리의 인권사에서 민중으로부터의 자생적 인권 개념 확립의 가능성을 보여준 민중의 자기 결정권을 중심으로 하여 새로운 인권 개념을 정립하고, 그것에 근거한 새로운 참여민주주의와 지역 분권을 전망할 필요성이 있기 때문이다.

여기서 자기 결정권이란 개인의 차원이든, 지역 민중의 차원이든, 민족의 차원이든 간에 자신들에게 관련되는 문제를 자신들이 결정한다는 것으로서 사실 인권론의 기본으로 삼아야 할 필요성이 있다. 5 · 18민중항쟁은 지역 민중의 자기 결정권을 인권의 차원에서 확보한 것이고, 그것이 현 안보법 체계하에서 당연히 법적 책임이 있는 미국의 묵인하에 이루어졌다는 점에서 국제적 차원의 자기 결정권의 문제점을 던져주었다. 그리고 자기 결정권을 중심으로 한 참여민주주의의 가능성을 보여주었고, 동시에 오늘날의 형해화한 지방 자치를 넘는 지역 분권의 가능성도 보여주었다. 이러한 논점들

2) 박홍규, 《법은 무죄인가》, 개마고원, 1998 참조.

은 우리가 봉착하고 있는 시대적 과제의 근본을 이룬다는 점에서 5 · 18민중항쟁의 차원을 넘는다고 할 수 있을 뿐만 아니라, 5 · 18민중항쟁의 중차대한 역사적 의의를 보여주는 것이기도 하다.

2. 5 · 18민중항쟁의 법적 책임 추궁의 미비점

1) 5 · 18민중항쟁에 대해 법적 책임을 완전히 추궁했는가

5 · 18민중항쟁 자체는 일부 정치 군인들이 내란의 목적으로 시민들을 살상한 대규모 인권 침해의 가장 현저한 사례로 볼 수 있다. 침해된 인권은 구체적으로 거론할 필요도 없이 생명권과 자유권을 비롯하여 광범하고 심각했고, 그 살상자도 아직까지 정확한 숫자가 제대로 밝혀지지 않을 정도로 엄청났다. 나아가 항쟁의 참여자는 도리어 내란죄를 이유로 구속되어 재판을 받았고, 그 침해의 구제가 19년이 지난 지금까지도 완전하지 못하다는 점에서 그야말로 대규모 인권 침해의 전형으로서 가히 세계적인 차원의 인권 침해 사례였다.

5 · 18민중항쟁의 살상자들은 사건 발생 17년 후 내란 목적 살인죄 등으로 처벌되었고, 그 희생자들에게는 일정한 사면과 배상이 주어지긴 했다. 그러나 그것으로 인권 침해 범죄에 대한 단죄와 배상이 모두 끝났다고 할 수 있는가? 예컨대 그 하수인이었던 군인들은 물론, 검경찰이나 판사 등은 단죄될 가능성이나 필요성은 없는가? 단죄의 가능성이 없다고 하여도 그들의 폭력적인 권력에 의해 좌우되었던 우리 사회의 반민주적인 구조는 개혁될 필요가 없는가? 게다가 단죄된 자들이 2년도 안 되어 사면되어 단죄의 역사적 의의가 희석된 것을 어떻게 보아야 하는가?

2) 5 · 18민중항쟁 참여자의 인권 침해에 대한 구제는 완전했는가

5 · 18에 대한 피의 진압이 있은 직후인 6월 1일 계엄사령부는 민중항쟁 기간 동안 1,740명을 검거하여 1,010명을 훈방하고 730명을 조사 중이라고 발표했고, 동월 5일 21명을 공개 수배했으며, 424명이 내란 수괴, 내란 중요 임무 종사, 내란 부화 수행, 계엄법 위반, 소요죄 등으로 유죄 판결을 받았다. 이들에 대해서는 '5 · 18 민주화 등에 관한 특별법' 제4조가 재심의 길을 열어놓고 있다.

피해 배상과 관련하여 동법 제6조는 종래의 보상을 배상으로 본다고 하여 국가에 의한 불법 행위가 인정되었으나, 현재까지 그 피해 배상의 범위가 너무나 협소하다는 문제점을 안고 있다. 1990년의 보상법은 5 · 18을 전후한 불법 구속과 고문을 당한 자는 제외시켰고, 그것이 위헌이라고 하는 5 · 18광주민주화동지회의 헌법소원에 대해 헌법재판소는 법인격 없는 단체의 청구라는 이유로 기각했다.[3] 게다가 소멸 시효의 기산점을 대법원이 1981년 1월로 보아[4] 대부분의 피해 구제 노력은 완전히 봉쇄되었다. 그러나 적어도 1988년 1월까지 제5공화국하에서는 어떤 피해 구제도 불가능했으므로 그러한 판결은 부당하기 짝이 없다.

3) 5 · 18민중항쟁 인권 침해자 재판에는 문제점이 없는가

5 · 18재판에서 피고인들의 군대 및 국가에 대한 범죄는 충분히 다루어졌으나 피고인들이 국가 권력을 장악 이용하면서 국민에 대해 죄를 범한 부분은 제대로 다뤄지지 않아, 그 결과 살상 행위에 대한 가해자의 범위가 지극

---

3) 헌재결 1994. 2. 24, 93헌마33
4) 대판1992. 8. 14, 92다29811 등

히 좁혀지고 중요한 역할을 담당했던 피고인 중 일부가 무죄 선고를 받기까지 했다는 비판[5]은 아직도 유효하다.

최규하 등의 인권 침해 책임은 왜 묻지 않았는가

먼저 최규하의 법적 책임에 대한 것이다. 국군통수권을 행사하고 헌법을 수호해야 할 대통령의 직무를 유기하고 내란범들의 행위를 기정 사실화함으로써 내란 행위를 방조한 그는 내란죄의 공동 정범 또는 적어도 방조범에 해당되나 그에 대한 책임은 재판에서 아무런 문제가 되지 않았다.

다음 제1심 재판부가 내란 목적 살인에 대해 전두환, 이희성, 주영복에 대해서만 유죄를 인정하고 뒤의 둘에 대해서는 직책상의 부담을 이유로 양형 참작을 했으며, 황영시와 정호용에 대해서는 증거 불충분을 이유로 무죄를 선고하여 실제 주동자로는 전두환만 인정했던 것을 항소 및 상고심에서 유죄로 인정하였다. 더욱 심각한 것은 내란 목적 살인의 실행 단계 책임자인 소준열 전교사령관, 박준병 20사단장 등은 아예 기소조차 되지 않았다는 점이었다. 이는 검찰은 물론 재판부가 내란 목적 '살인'에 대한 단죄보다 '내란'에 대한 단죄를 지나치게 의식한 탓이었다.

계엄군의 인권 침해 책임은 왜 묻지 않았는가

다음 5월 18일~21일까지의 학살에 대하여 공수여단의 현장지휘관과 병사들은 비무장 시위대와 일반 시민들에게 직접 살상을 가한 자들로서 책임을 면할 수 없다. 나아가 공수여단 파견을 결정한 자, 사태의 심각성을 알고 더욱 공수여단을 증파하는 결정에 관여한 자에게도 책임은 있다. 또한 공수여단의 외곽 철수시 외곽 봉쇄를 단행한 이후의 살인에 대해서도 전두환 등의 책임은 물론 직접 그러한 행위를 자행한 병사 및 그 지휘관의 책임도 물

---

5) 한인섭, 《한국 형사법과 법의 지배》, 도서출판 한울, 1998, 118~119쪽.

어야 한다. 마지막으로 재진입 전후의 계엄군의 살인 행위에 대해서도 상명하복을 이유로 그 책임이 면제된다고 재판부는 보았으나, 어느 정도의 재량권을 가진 지휘관은 물론 잔혹한 인권 침해를 자행한 사병에 대해서도 책임을 물어야 한다.[6]

5 · 18 이후 인권 침해의 책임은 왜 묻지 않았는가

5 · 18 이후 80년대의 인권 유린 행위가 내란 행위의 계속이었음에도 불구하고 그 관련자인 이상재, 허문도, 허삼수 등에 대한 법적 책임은 묻지 않았다. 따라서 이들에 대한 재판은 여전히 역사 바로 세우기의 과제로 남아 있다.

---

6) 그동안 이 문제는 국제법 차원에서 논의되어 왔다. 그중에서 아이히만의 사례 등이 국내 문헌에서 소개되었으나 충분하지 못하다고 생각되어 몇 가지 역사적 사례를 소개한다. 그 최초의 사례는 1861~65년 사이의 아메리카 내전에서 남부군 포로수용소의 사령관이었던 헨리 윌츠가 북부군 포로를 고문하고 살해한 사건이었다. 전쟁 후 윌츠는 법원에서 자신의 행동이 상관의 명령에 의한 것이었다고 변명했으나, 검찰은 상관이 부하에 대해 위법한 명령을 할 수 없고, 만일 부하가 그 명령을 실행하여 비참한 사태를 야기하면 상관과 함께 부하도 책임을 져야 하고, 만일 부하가 자발적으로 그러한 행동을 하면 그 책임은 더욱 중하다고 주장했다. 법원은 그 주장을 받아들여 윌츠는 사형에 처해졌다(L. Friedman, *The Law of War*, vol. 1, 1972, p.783). 이러한 문제에 관하여 네덜란드의 법학자 뢰링은 개인에 의한 범죄(노인이나 아동의 살해, 부녀 폭행, 약탈 등 개인의 단독 행위)와 조직적 범죄(군사 조직 전체의 선동이나 명령에 따라 병사 또는 장교가 행한 위법 행위는 반드시 최고위의 정치적 지위에 있는 자의 선동이나 명령에 근거하거나 국가 강제 장치의 전면적인 승인을 얻을 필요는 없고, 금지된 병기의 사용이나 일반 시민에 대한 조직적인 폭격이나 대규모의 포로 학대도 포함된다)를 구별했다. 전자는 군대 전체에 대한 신뢰의 손상으로 국내 법원에서 처벌되나, 후자는 승리한 적대국에 의해 처벌된다(B. V. A. Röling, 'The Significance of the Laws', in A. Cassese, a cura di, *Current Problems of International Law*, Giuffre, Milano, 1975, pp. 137~139). 이러한 구분에 따르면 윌츠의 사례는 후자에 속한다. 이와 같은 사례로는 제1차 세계대전 중 영국인 프리세트 사건, 도버 캐슬 호 사건, 란드베리 캐슬 호 사건 등이 있다. 특히 란드베리 캐슬 호 사건은 국내 법원이 부정한 명령에 복종한 것을 이유로 자국민을 유죄로 선고한 최초의 사례였으나 상급자 책임이라는 전통적인 군사법의 범위 내에 있었다.

제2차 세계대전 중인 1944년 영국군은 군사법의 상급자 책임 규정을 삭제하고, 위법한 명령이 행해진 경우 상관만이 아니라 그 실행자도 책임을 지는 것으로 새로이 규정했다. 그것

5 · 18 인권 침해 단죄는 사면으로 훼손된 것이 아닌가

전두환 · 노태우 두 전직 대통령은 각각 사형과 22년 6월의 징역에 처하는 등으로 단죄되었으나 2년도 채 안 되어 사면되었다. 그 2년 전의 5 · 18 재판도 전혀 완전하지 못했는데 그 단죄조차 사면으로 끝났다. 특히 5 · 18의 인권 유린에 대한 책임 소재가 명확하게 밝혀지지 못했다. 이는 재판이 처음부터 군사 반란과 내란에 대한 입증에만 집중했기 때문이다. 그 결과 5 · 18의 진상조차 명백히 밝히지 못했다. 따라서 재판은 끝이 아니라 시작에 불과했다. 형사 책임의 유무를 따지는 것만으로 잘못된 역사는 청산되지 못한다.

그런데 그 사형수가, 그 22년 징역형 죄수가 2년도 못 가서 풀려났다. 사면의 법적인 원리는 차치하여도 그것은 최소한 죄과에 대한 반성을 전제로

과 마찬가지로 7개 연합군도 1945년 뉘른베르크 군사 법원 규칙 제8조에서 다음과 같이 규정했다. 즉 "피고인이 그 정부 또는 상관의 명령에 따라 행위했다는 사실은 피고인의 책임을 면하게 하는 것이 아니나, 정의가 그것을 요구하고 있다고 판단하는 경우에는 정상 참작 고려의 대상이 될 수 있다". 뉘른베르크 재판에서 피고인들은 자신들이 절대적 의사의 단순한 대변자 또는 도구에 불과했다고 변명했다. 이에 대해 법원은 "히틀러는 단독으로 침략 전쟁을 할 수 없었다. 그는 정치가, 군사지도자, 외교관, 사업가의 협력을 얻어야 했다. (중략)그의 협력자들은 히틀러의 도구로 사용되었으나 만일 그들이 무엇이 행해지고 있는가를 인식했다면 책임을 면할 수 없다. 또 그들이 독재자에 의해 임명되고 명령을 받았다고 하여도 스스로의 행위에 대해 책임을 져야 한다. 상관과 부하의 상하 관계 그 자체는 국제법상 또는 국내법상 형벌을 면제하는 것이 아니다"(*Procés Grands Criminels de Guerre devant le Tribunal Miritaire International*, Nürnberg, 14 novembre 1945–ler octobre 1946, Nürnberg 1947, pp. 237~238.)라고 하였다.

여기서 우리의 관심을 끄는 것은 국내법의 차원이다. 1944년 영국 군사법과 마찬가지로 그후 대부분의 나라에서 군사법이 개정되었다. 이와 같이 제2차 세계대전 후 수많은 법과 판결은 일치하여 수동적 복종이라고 하는 나치 독일의 이론을 거부했다. 그 하나의 중요한 사례가 캐리 중위 사건이다. 1968년 캐리 중위는 미군 부대를 이끌고 남베트남의 마이 라이 마을을 습격하여 거의 1백 명에 이르는 시민을 살해했으나 그것은 비밀에 부쳐졌다. 그후 그 사건이 폭로되어 캐리 중위와 그 부하들이 재판에 회부되었다. 재판에서 캐리 중위는 자신이 상관의 명령에 따라 행위했다고 주장했으나, 상관은 그러한 명령을 내린 것을 부정했고, 캐리 중위는 유죄로 종신형을 선고받았다(Antonio Cassese, *Violenza e Diritto Nell'era Nucleare*, Gius, Laterza & Figli Spa, 1986, 제6장 참조).

해야 한다. 그러나 저들이 과연 반성했는가? 예컨대 처음부터 끝까지 철면피였던 수괴 전두환은 최후 진술에서도 "역사를 마음대로 재단할 수 없다"라고 내뱉지 않던가. '역사'를 자신의 것으로 여기는 자에 대해 어떻게 사면이 가능한가. 게다가 사면되는 날엔 뭐라고 했는가? 반성은커녕 "여러분은 감옥에 가지 말라"고 웃으며 빈정거리지 않았던가.

분명히 얘기하자. 5 · 18은 정녕 끝나지 않았다. 피의 과거는 전혀 청산되지 못했다. 진실은 아직도 규명되지 못하고 있으며 미봉책으로 끝났다. 아니, 그들의 범죄에 대한 가벼운 면죄부 부여로 재판이 끝났다. 심지어 김대중 정권하에서 5, 6공 세력이 다시 준동하고 있다. 따라서 5, 6공 군부 실세 전원, 나아가 당시의 사회 지도층 전체에 대한 책임을 물어야 한다. 적어도 재판이 벌어진 때부터 그러한 책임 추궁이 준열했어야 했는데 우리는 기회를 놓쳤다. 그래서 그들은 줄기차게 사면을 요구했고 마침내 그것이 허용되어 5 · 18의 가해자들은 역사의 무대에 다시 도도하게 등장했다. 다시 그들이 날뛰고 있다. 과거를 묻지 말라고 그들은 주장한다. 그러나 분별력 있는 과거 청산이 아니라 무분별한 과거 망각이 이어지고 있다.

3. 5 · 18민중항쟁에 나타난 인권과 법의 문제

1) 기본적인 문제점

5 · 18민중항쟁을 낳은 반인권적 법구조는 완전히 고쳐졌는가

인간이 차별에 의해 자기 정체성을 부정당하는 경우 언제 어디서나 인권은 주장된다. '자기 정체성의 확보를 위한 자기 방위와 자기 결정을 통한 자기 실현의 인권운동'이었던 5 · 18민중항쟁은 정신적으로 빨갱이 폭도로 비난받았고, 물리적으로 야만적인 살상을 당했다. 전자는 당시 최규하 대통령의 성명을 비롯하여 1987년까지 '광주사태'로 비하되면서 계속되었고, 후자도 같은 시기까지 은폐되었다. 5 · 18민중항쟁에 대한 이러한 비난과 은폐는 당시의 대통령은 물론 그후의 대통령들을 포함한 권력 기구, 그리고 모든 언론과 다수 국민에 이르기까지 그 책임이 있다. 뿐만 아니라 그것은 지난 반세기 동안 대부분의 인권운동에 뒤집어씌워진 구조적인 멍에였다는 점에서 문제가 된다. 더욱이 그것은 국가보안법 체제하에서 언제나 합리화되었다. 그렇다면 국가보안법 체제와 반민주 악법이 아직도 유지되고 있는 것을 과연 우리는 어떻게 생각해야 하는 것일까?

5 · 18민중항쟁에 대한 미국 개입의 문제는 아직까지도 명확하게 밝혀지지 않고 있으나 안보 체제의 구조에서 보아도 의심의 여지는 거의 없다. 이는 한국에서만이 아니라 범세계적인 차원의 인권 탄압이라는 점에서 미국이 져야 할 책임 문제이지만, 현행 국제법 체계에서는 그다지 효과적으로 논의할 만한 여지가 거의 없다. 그러나 차제에 한국법이 그 안보 체제의 범위 내에서만 존재한다고 하는 점은 분명히 밝혀둘 필요가 있고, 그러한 안보법의 극복이야말로 한국의 법과 인권의 중요한 과제라고 하는 점도 강조할 필요가 있다.

5 · 18민중항쟁은 법과 인권에 대하여 어떤 의미를 갖는가

이와 관련하여 우리는 국가의 안전보장과 시민 생활의 안전보장의 관련성이 5 · 18민중항쟁을 기점으로 문제가 되었음을 강조할 필요가 있다. 멀리는 일제 통치로부터, 혹은 가까이는 분단 상황으로부터 국가의 안전보장이 시민의 안전보장의 기본 전제라는 의식이 지배적이었다. 그러나 군사 독재에 의한 시민 인권의 지속적인 억압은 국가의 안전보장이 시민을 희생하는 구실이 되고 있다는 의식을 강하게 심어왔다. 시민의 안전보장을 정식화한 '인간의 안전보장'이라고 하는 발상 자체는 1994년 유엔개발계획(UNDP)이 제시한 것으로서 그 내용으로 경제, 식료, 건강, 환경, 개인, 지역 사회, 정치의 안전보장을 내용으로 한 것이었으나, 5 · 18민중항쟁은 특히 개인과 지역 사회 및 정치의 안전보장을 선구적으로 보여준 것으로 주목할 필요가 있다. 5 · 18민중항쟁 이후 지역 자치체나 시민 집단의 새로운 움직임이 제기되었다는 것은 그 역사적 의의를 보여주는 것이다.

따라서 5 · 18민중항쟁은 단순히 그 사건만으로 문제 되는 것이 아니다. 그것은 지역 차별주의라고 하는 우리 군사 독재적 국가 권력에 의해 빚어진 특정 지역 주민의 자유와 평등 및 복지에 대한 중대한 침해로 야기된 사건이기도 하다. 이에 맞서 5 · 18민중항쟁은 지역 주민의 자기 결정권 내지 자기 통치권과 참여민주주의라고 하는 새로운 과제를 낳았다고 할 수 있다. 그러므로 5 · 18민중항쟁은 상상을 초월하는 군부 독재 권력에 의한 인권의 유린 내지 억압이라고 하는 의미 분석을 넘어, 공권력이 무너진 극단적인 정치 공백의 상황에서 시민들이 자치적으로 공동체를 형성하고 유지하였으므로 소극적인 자기 방위권으로서의 저항권을 넘는 적극적인 자기 결정권 및 자기 통치권에 관한 새로운 인권 개념을 창조한 점에 주목해야 한다. 말하자면 앞으로도 그러한 경우에 시민들은 저항권 내지 자기 결정권을 행사할 수 있다는 중요한 선례가 되었다. 그러나 실정법으로 보장되어야 인권으로 구체화될 수 있고, 또한 참여민주주의를 확보해야 한다는 점에서 그것은 하나의 과제가 되었다.

이러한 점에서 5 · 18민중항쟁은 동학농민전쟁 이래 4 · 19를 잇는 우리 민주화 투쟁사의 분수령이자 그 발전이라고 할 수 있다. 즉 5 · 18민중항쟁은 소위 무정부 상태에서 무기 탈취에 의한 무장 폭동이라는 악순환에 이르지 않고, 자율적 자치가 수립되고 상호 연대의 윤리를 확립했으며 내부 토론을 거쳐 참여적 민주 질서를 확보했다는 점에서 극단적인 상황 속에 인권이 확립되는 찬연한 역사를 창조했다. 그것은 민중의 해방이 진실로 가능한 하나의 이상을 체현했다는 점에서 몹시 중요하다.

그러나 인권의 역사는 그 투쟁기를 지난 인권의 실정법화에 의해서야 비로소 결실을 맺는다. 5 · 18에 대한 재판과 배상이 어느 정도 확보되었으나 그것이 던져준 많은 과제는 아직도 그대로 산적해 있다. 정치 군사적으로 우리는 아직도 미국의 지배 체제하에 있으며 최근에는 경제적으로 미국의 자본이 지배하는 IMF 등의 간섭하에 놓여 있다. 이는 한국만이 아니라 아시아, 나아가 제3세계 일반의 국제적 과제이기도 하다. 그것을 확인시켜준 것이 5 · 18민중항쟁 18주년을 맞아 광주에서 채택된 '아시아 인권헌장' 이다. 이제 광주는 한 도시의 1주일이 아니라 아시아, 나아가 세계의 역사 속에 서 있으나, 그것은 아시아와 세계의 인권이 이미 확보되었다는 의미가 아니라 앞으로 확보되어야 한다는 과제를 뜻하는 것이기도 하다.

5 · 18민중항쟁 전후의 군사 독재와 법을 어떻게 볼 것인가

"히틀러라는 소리를 들어도 나는 아무것도 생각나지 않는다"고 칼 크라우스가 히틀러에 대한 책을 쓰기 시작했듯이, '군사 독재와 법' 에 대해서 나 역시 아무것도 생각나지 않는다. 소위 유신 시대 직전에 법을 공부하기 시작하여 유신을 거치고 제5, 6공화국 시절을 법학교수로 지낸 나는 법에 대해서는 고통 이외에 아무것도 느낀 것이 없다. 1995년 7월, 검찰이 전두환 외 34명에 대해 공소권 없음의 불기소 처분을 했을 때 그 고통은 극에 이르렀다.

제5공화국이 끝난 뒤 어떤 법학자는 나치 12년의 독재처럼 5공을 겪으면서 '악법도 법' 이라는 법실증주의의 논리를 학습받아 왔다고 회상한 적이 있다.[7] 교수가 군사 독재로부터 학습을 받았다고 하니 교수 체면에 말이 아니나, 사실은 법학자나 법률가들은 군사 독재에 기생하여 법이론을 제공했다고 고백하는 것이 옳을 것이다. 그 극단의 보기가 바로 '성공한 쿠데타' 를 이유로 한 불기소 처분의 장황한 법논리였던 것이다.

---

7) 김일수, 〈제5공화국이 남긴 법적 과제〉, 《인권과 정의》, 1989. 9.

그러나 더욱 중요한 문제는 우리 법학이 6공에 이르는 수십 년의 법을 나치의 그것에 비유하되 실제로 나치의 전체주의법과 동일한 의미에서의 반민주주의적 악법으로 재단하지 않는 무의식, 게다가 그것을 겨우 법실증주의라고 하는 것으로 미봉하고 그것에 대한 대응을 기껏 자연법 등으로 극복할 수 있다고 보는 작태의 위선이다.

여기서 문제는 나치나 군사 독재의 법이론이 결코 자연법에 대립하는 법실증주의가 아니라, 아무것도 아니었다고 하는 점, 아니 굳이 말하자면 피와 땅이라고 하는 실정법 이전의 것에 근거한 자연법이었다는 점이다.[8] 불기소 처분의 논리 역시 엄연한 실정법상의 내란죄 적용을 부정하기 위하여 '성공한 쿠데타' 라고 하는 실정법 이전의 정치 논리를 내세웠다는 점에서 마찬가지였다.

제 3, 4, 5, 6공은 소수의 군인들에 의해서만 성공하고 유지된 군사 독재 정권이 아니었다. 그들에 협력한 수많은 정치인, 지식인, 언론인 그리고 국민들이 있었다. 그들의 문제점은 무엇이었는가? 그것은 인권과 법의식의 결여, 곧 민주주의의 법제도에 대한 과소 평가였다. 그들은 독재가 국익을 위하여 선량하게 행사되는 한 문제가 안 된다고 생각했다. 그러나 국가 권력이 법에 우월하는 한 국가 권력의 범죄적인 행사는 언제나 가능하다. 그것이 바로 5 · 18민중항쟁을 낳은 것이었다.

여기서 결론은 분명해진다. 문제는 도덕적인 호소가 아니라 인권을 보장하는 법제도의 수립이다. 인권을 보장하는 법제도의 확립 없이는 또다시 군사 독재와 같은 비민주적 정권이 창궐하여 5 · 18민중항쟁과 같은 비극을 야기할 것이다. 이에 대하여 권력자에 대한 도덕적 요구나 시민이나 공무원, 군인 등에 대한 도덕적인 요구나 비난, 나아가 영웅적인 저항도 어떤 구

---

8) Hubert Rottleuthner, *Recht, Rechtsphilosophie und Nationalsozialismus*, Franz Steiner Verlag, 1983.

제책이 될 수 없다. 법과 정의는 단지 도덕이나 양심이 아니라 무엇보다도 먼저 민주적 법제도의 확보에 의해 가능해진다.

2) 5 · 18민중항쟁과 자기 결정권

새로운 시민상의 전개—승인과 자기 구속

본래 인권은 인간 자신의 노력으로 정신적 · 경제적 · 정치적으로 생활을 유지할 수 있는 강한 개인을 전제로 하여 국권과 충돌하는 것으로 상정되었다. 국권, 곧 국가 권력은 아무리 필요하다고 하여도 절대적으로 악이고 인권과 절대적으로 대립하는 것이었다. 그러나 한국에서는 국익 또는 공익을 이유로 국권은 항상 인권에 우월하는 것으로 되어왔다. 자발적으로 공익의 실현에 참가하고 적극적으로 행동하는 시민이 열린 사회의 구성 요소지만 국가는 그러한 능동적인 시민을 인정하는 법제도를 두지 않았다. 이러한 상황에서 인권은 그 보유자가 그 실현을 추구하여 능동적으로 움직이지 않는 한 무의미한 것이 된다. 5 · 18민중항쟁은 우리 역사에서 그러한 새로운 시민상의 가능성을 보여주었다.

5 · 18민중항쟁은 시민의 자격으로 보편적인 입장에서 공공적 사항을 자유롭게 논의하고 연대를 통하여 그 실현을 도모하는 주체적인 존재로서 새로운 인간상을 보여주었다. 여기서 우리는 캐나다 퀘벡의 독립 논의를 둘러싼 C. 테일러의 '승인의 정치'론[9]에서 나타난 승인이라는 개념, 공공성을 지향하는 시민의 보편적 입장을 유지하기 위하여 일정하게 요구되는 공공성의 유지 혹은 자기 도야라고 하는 자기 구속, 자기 의무의 개념을 5 · 18민중항쟁과 관련하여 살펴볼 필요가 있다.

---

9) Charles Taylor, *Multiculturalism:examining the politics of recognition*, Princeton University Press, 1994.

승인의 정치란, 인간은 타인으로부터 자기 정체성을 승인받아야 비로소 인간답게 살 수 있다고 하는 것이다. 신분적인 자기 정체성이 존재한 전근대 사회에서는 승인의 문제가 없었으나, 그것이 불식된 근대 사회에서는 국가를 비롯한 타인의 승인이 필요하게 되고 그것이 국민이라는 신분으로 인정된다. 그러나 국가의 논리가 불식되면 개인은 시민으로서 공공성에 대한 주체적인 의무를 요구당한다. 5 · 18민중항쟁은 그러한 공공성에 의한 시민의 자기 의무를 훌륭하게 보여준 사례라고 할 수 있다.

5 · 18민중항쟁과 자기 결정권을 중심으로 하는 새로운 인권 개념

자기 결정 또는 자기 실현을 인권 가치의 핵심으로 이해하는 새로운 인권관은 세계적으로는 1960년대 이후 차별을 극복하는 인권론으로 대두되었으나 우리에게는 아직도 낯선 것이다. 그것은 사회적으로 차별되고 자기 인격으로는 어떻게 할 수 없는 속성에 의해 타인에 의해 자신의 삶이 결정당하는 자에게 자신의 삶에 대한 결정권을 되돌려주기 위한 것으로서, 개인은 자신의 삶을 스스로 결정하므로 동등하다는 것을 전제로 하여 자기 결정, 자기 실현의 권리를 균등하게 배분하는 것으로 구성되는 인권론이다. 차별받는 인간은 그 차별에서 도피하기 위하여 자신의 정체성을 폭로당하지 않기 위하여 가장된 삶을 살게 마련이다. 자기 결정권 또는 자기 실현권은 그러한 은폐를 중단하고 정체성을 분명히 하기 위하여 차별과 투쟁하고 평등을 확보하는 권리를 말한다. 그러나 자기 결정의 권리는 종래의 자유권과 같이 국가와 개인의 긴장 관계만을 강조하는 것이 아니라, 시민의 자기 노력을 축으로 하여 공적인 제도에 의한 지원을 배치하는 인권론이다.

그런데 이러한 자기 결정권은 무엇보다도 사상의 자유를 전제로 한다. 5 · 18민중항쟁 자체가 국가보안법 문제와 직접 관련되는 것은 아니지만 5 · 18 관련자들이 빨갱이 폭도로 규정된 점, 5 · 18 전후로 수많은 민주 인사들이 국가보안법 위반으로 회부된 점 등에 비추어 안보법과 함께 헌법 위에 군림하는 국가보안법 및 그 관련법에 의한 반인권적 국가보안법 체제는 이제 정리되어야 한다.

5 · 18민중항쟁의 인권적 성격—저항권 및 자기 결정권

5 · 18민중항쟁을 인권론으로 고찰하면서 그 소극적인 관점에서 저항권으로[10] 보는 입장이 있으나, 보다 적극적인 관점에서 자기 결정권으로 검토하는 것[11]은 나치에 의한 대량 학살에 대한 반성에서 나온 1947년의 뉘른베르크 강령, 1960년대 미국의 공민권운동 등에서 타자에 의한 간섭이나 강제에 신음한 사회적 약자의 입장을 옹호하고자 한 사상적 맥락을 잇는다는 점에서 매우 중요하다. 이는 또한 앞으로도 있을 수 있는 민주적 항쟁에 대한 인권법적 기초를 제공한다는 점에서도 매우 중요하다.

저항권의 문제

5 · 18민중항쟁을 저항권의 행사로 보는 견해는 5 · 18재판의 항소심에서도 어느 정도(구체적인 명시는 없으나 전체 문맥상) 나타났다. 즉 항소심은 형법 제91조가 국헌 문란을 헌법 또는 법률에 정한 절차에 의하지 않고 헌법 또는 법률의 기능을 소멸시키는 것과 헌법에 의하여 설치된 국가 기관을 강압에 의하여 전복 또는 그 권능 행사를 불가능하게 하는 것으로 규정함을 예시적인 것으로 보고, 헌법 기관보다 더 중요한 헌법 수호 기관 혹은 집단으로 민주 국가의 주권자인 국민의 결집을 지적하면서, 광주 시민들이 전두환 등의 국헌 문란 행위에 항의한 것을 '주권자인 국민이 헌법 수호를 위하여 결집을 이룬 것' 으로 보았다. 이러한 견해는 대법원에서 죄형법정주의에

10) 박은정, 〈법 · 힘 · 저항〉, 박은정 · 한인섭 엮음, 《5 · 18, 법적 책임과 역사적 책임》, 이화여자대학교출판부, 1995, 19쪽.
11) 한상진, 〈광주민주화운동에서 본 국민 주권과 승인 투쟁〉, 한국사회학회 편, 《세계화 시대의 인권과 사회운동》, 나남출판, 1998, 64쪽.

반하는 유추해석으로 배척되었으나, 대법원도 5 · 18민중항쟁이 헌정 질서를 수호하기 위한 정당한 행위였음을 인정했다. 저항권은 실정법상 극히 제한적으로 규정되는 예도 없지는 않으나 적어도 우리 헌법상 또는 우리 헌법에 의해 비준된 국제법상 인권으로 규정되어 있지는 않고 학설상으로도 반드시 통설적으로 받아들여져 있다고 볼 수도 없다. 그러나 더욱 큰 문제는 5 · 18민중항쟁을 저항권의 행사로만 보는 것은 너무나도 소극적이라는 것이다. 그런 점에서 나는 5 · 18민중 '항쟁' 이라고 하는 개념 규정에 대해서 상당한 저항감을 느낀다. 그 적극적인 의미를 표상할 만한 다른 개념이 없다는 이유에서 그 말을 그대로 사용하나, 아래에서 설명하는 자기 결정권의 차원에서 그 적극적인 의미는 지극히 중요하다.

자기 결정권의 문제

자기 결정권도 우리 헌법 제10조의 인간의 존엄과 가치에서 나오는 인권의 기본적 내용이라고 하는 이해가 외국에서는 학설로 어느 정도 인정하고는 있으나, 그것이 구체적으로 어떠한 내용인가에 대해서는 아직 정설이 없다. 그러나 1966년에 제정되고 1976년부터 그 효력이 발생했으며, 우리 나라도 1990년에 비준한 국제 인권법상 인민 결정권이 명정되어 있어 국내법에서와 같은 효력을 갖는 인권의 하나로 인정할 수 있음을 주목할 필요가 있다. 물론 그것 역시 구체적인 인권이라기보다도 하나의 선언적인 인권으로 파악하는 것이 일반적이며 그 내용도 주로 이른바 민족 자결권 정도의 차원에서 이해되고 있다. 그러나 그 권리의 내용에 대해서는 재검토할 필요가 있다.

'시민적 · 정치적 권리에 관한 국제 규약' 및 '경제적 · 사회적 · 문화적 권리에 관한 국제 규약' 의 각 제1조가 공통으로 규정하는 인민 자결권은 민족이나 국민(nation)이 아닌 인민(people)의 자결권을 규정한다. 규약의 채택 과정에서 국민이 아닌 인민이 채택된 이유는 후자가 전자보다 더욱 포괄적인 용어로 이해되었기 때문이었으나, 이는 국민보다 인민이 광범한 개념이라고 하는 것이 아니라, 예컨대 주민과 같이 더욱 좁은 개념일 수도 있다는 것을 뜻한다.

여기서 5 · 18민중항쟁과 같은 국가 폭력에 의해 야기된 무정부적인 상태에서 지역 공동체 주민들이 자기 결정에 의해 그 사회를 운영한다는 것은 바로 그러한 인민 자결권의 행사라고 보지 않을 수 없다. 5 · 18민중항쟁의 과정은 그러한 기본적 권리로서 자기 결정권의 행사에 대하여 하나의 모델을 제공한다는 점에서 몹시 중요하나, 그 내용이 무엇인지에 대해서는 아직도 정설이 없다. 여기서 하나의 보기로 아시아 태평양 지역의 민중운동의 연합 조직인 '민중계획 21세기' 가 자기 결정권을 억압당하는 사람들이 자신들의 생활을 좌우하는 결정의 실시에 대하여 그 결정이 누구에 의해 내려지든 그것을 비판하고 반대하며 나아가 그 실시를 저지할 수 있는, 천부의 보편적인 권리로 정의한 것을 참고할 수 있을 것이다.

이러한 자기 결정권은 비판이나 반대 또는 저지라고 하는 소극적인 것에 그치는 것이 아니라 나아가 자기 통치권까지 포함한다는 의미에서, 현대의 형해화된 민주주의를 대체할 가능성을 갖는다는 점에서 더욱 중요하다. 즉 아이자이어 버린이 소극적 자유로부터 구분한 적극적 자유로서의 자기 지배 내지 자기 통치에 해당되고, 만년의 미셸 푸코가 근대적 자유에 대응하는 자치로 주목한 것에 해당하는 것이기도 하다.

인간의 안전보장

위에서 설명한 자기 결정권은 '인간의 안전보장' 이라고 하는 보다 광범한 사고에 근거하며, 후자는 시민 생활의 안전 확보는 시민 자신의 책임이라고 하는 점에 기초한다. 그러한 발상의 연장선상에 생활의 안전 확보를 국가에 의존하지 않고 도리어 시민의 권리이자 의무라고 생각하는 '안전에 대한 권리' 론과 시민 참가형의 '인간의 안전보장' 론이 성립한다.

'안전에 대한 권리'는 자기 방위권이라고 하는 이념을 출발점으로 하여 군사적 · 비군사적인 안전에 대한 다양한 위협에 대하여 시민이 스스로 대응할 것인가, 지역 단위로 대응할 것인가, 자치체에 위임하여 대응할 것인가, 국가에 위임하여 대응할 것인가, 국제 사회의 차원에서 대응할 것인가 등을 시민이 주권자로서 선택한다는 논의로 이어진다. 그 선택에 따라 지역의 봉사 그룹, 마을 모임에서 국제 사회의 비정부 기구(NGO)에 이르는 시민 참가의 길이 가능해진다.

안보 체제와 헌법 그리고 자기 결정권

5 · 18로 인해 공개적 논의로 변한 미국의 개입 문제는 안보 체제에 대한 법적 재조명을 요구하고 있다. 이 문제는 적어도 두 가지 관점에서 논의할 필요가 있다. 그 하나는 우리가 과연 헌법이라는 단일 기본법 체제하에서 살고 있는가, 아니면 헌법을 상회하는 안보법 체제가 우리를 궁극적으로 지배하고 있느냐 하는 문제다.

이와 아울러 우리는 군대에서 상관의 부당한 명령에 대한 부하의 책임 문제를 군사법상 명문화할 필요가 있다고 생각한다. 5 · 18재판에서 군사법 체계의 문제는 다루지 않았으나 당연히 이 문제는 5 · 18 이후 군대의 내부 규율 문제로 검토할 필요가 있었다. 그러나 그러한 논의가 있었다는 얘기를 우리는 듣지 못하였다.

3) 5 · 18민중항쟁과 참여민주주의

참여민주주의의 새로운 의미 부여

5 · 18민주항쟁은 대표민주주의로 굳어진 우리의 정치 현실에 참여민주주의의 가능성을 보여주었다는 점에서 주목해야 한다. 여기서 참여민주주의는 현행의 대표민주주의를 보완하는 차원에서 이해되는 참여의 강조[12]가

아니라 대표민주주의와 대립되는 의미라는 점에 주의하여야 한다.

본래 민주주의란 말은 '인민의 통치(정치 또는 정부)'를 뜻했다. 그것을 인민이 통치의 주체가 되는 경우라고 하면 '인민에 의한 지배'를 뜻하므로 링컨식의 '인민의, 인민에 의한, 인민을 위한' 통치가 민주주의라는 통념에서 '인민의' 라는 것은 '인민에 의한'이라는 것과 중복된다고 할 수 있다. 다음 '인민을 위한 통치'란 인민의 이익과 복지를 목적으로 한 정치를 뜻하는데 무엇이 '인민을 위한' 것인가를 인민 스스로 판단한다면 그것도 '인민에 의한 통치'와 중복된다. 따라서 민주주의란 결국 '인민에 의한 통치', 곧 인민 스스로 정치를 지배한다는 것을 뜻한다.

민주주의는 그 자체가 목적이 아니라 다른 목적을 실현하기 위한 수단이다. 그 목적에 따라 민주주의는 참여민주주의와 대표민주주의로 나뉜다. 전자는 개인이 자신의 이상으로 삼는 생존 방식을 자율적으로 선택하여 자기를 실현하거나 발전시키는 데 불가결한 사회로서 민주주의를 구상한다. 따라서 그것은 자신의 삶을 규정하는 공동 결정에 참가하여 자율적으로 결정하는 것을 뜻하고(참여의 자율적 효과), 나아가 공동 결정에 참가하는 것은 자신을 발전시키는 계기가 된다(참여의 교육적 효과). 공동 결정은 사회의 모든 곳에서 직접 참가로 이루어져야 하나, 동일 장소에서 동시 집합은 불가능한 경우도 있다. 그러나 원칙은 직접 참가이고 적어도 개인에게 가장 가까운 기층 차원은 직접 참가가 가능한 구조로 조직되어야 한다. 또한 상층 차원에서 대표제를 취하는 경우라도 소환, 이니셔티브, 레프렌덤 등에 의해 참가의 자율 효과를 확보해야 한다.

이에 대하여 대표민주주의는 사람들이 희망하는 정책을 그들이 투표로 뽑은 대표인 정부에게 행하게 하는 데 가장 적합한 정치 형태로 이해한다. 슘페터는 이를 '정책 결정에 도달하기 위하여, 개개인이 투표를 획득하기

12) 참여사회연구소, 《참여민주주의와 한국 사회》, 창작과비평사, 1997.

위하여 경쟁적 투쟁에 의해 권력을 획득하는 제도적 장치'로 이해한다.[13] 여기서 정치의 주체는 대표자이고 인민은 정치의 주체로 인정되지 않는다. 또한 대표민주주의는 정치의 전문가를 전제한다. 이른바 자유주의 또는 신자유주의 민주주의란 바로 이러한 입장을 말하는 것이리라.

참여민주주의와 대표민주주의의 차이는 다음과 같다. 첫째, 인간관의 차이다. 곧 참여민주주의는 인간을 발전 가능한 잠재 능력을 갖는 존재로 보고 민주주의란 그 발전을 현실화하는 것이라고 보는 것이다. 반면에 대표민주주의는 인간을 사적 이익을 무한하게 추구하는 존재로 보고 민주주의란 그 이익을 정치에 반영시키는 것을 목적으로 한다고 본다. 또한 전자는 개인을 사회 속에서 내부적으로 교류하는 존재로 보나, 후자는 개인을 상호 고립되어 외부적으로만 관계하는 존재로 본다.[14] 둘째, 정당관의 차이다. 곧 토론을 중시하는 참여민주주의는 정당, 특히 규율적인 정당을 배척하나, 대표민주주의는 정당 없이 생각할 수 없을 정도로 그것을 중시한다.

5 · 18민중항쟁은 민중의 참여민주주의를 구현한 정치를 실현했다. 물론 그 시간은 짧았고 항쟁 이후 그것을 구체화하는 노력도 없었으나 그것이 진정한 민중의 삶을 구현한 민주주의 정치의 실험이라는 점에서, 우리는 그것이 낳은 인간관의 변혁과 정치관의 개혁적 의미를 되새길 필요가 있다.

하나의 보기—민중의 인권으로서의 사법 참여

5 · 18은 지방자치를 인권적 차원으로 생각하게 했을 뿐만 아니라 법원은 물론 검경찰을 포함하는 광의의 사법 체계를 역시 인권적 차원에서 재조명해야 할 과제를 우리에게 던져주었다. 우리는 위에서 살펴본 1980년대의

---

13) 슘페터, 이상구 역,《자본주의 사회주의 민주주의》, 삼성출판사, 1977, 제22장 참조.

14) Carol C. Gould, *Rethinking Democracy : Freedom and social cooperation in politics, economy and society*, Cambridge University Press, 1988.

5 · 18 관련 재판에서 검경찰 및 법원이 취한 사법범죄적 죄악에 대하여 단죄하지는 못할지언정 그러한 범죄가 다시는 자행되지 않도록 철저한 사법개혁을 감행할 필요가 있다.

검찰의 어용 시비는 끝없이 되풀이되었으나 최근의 가장 결정적인 사건으로는 흔히 1995년에 5 · 18 불기소 처분 결정을 여론에 굴복한 대통령의 한마디에 의해 180도 바꾸어 '검찰은 개'라고 욕한 사건을 든다. 그러나 그것이 대통령의 지시에 검찰이 굴복했다고 해서 문제가 되는 것이 아니라 검찰이 부당한 결정을 내린 것이, 국민에 의해 정당하게 뒤바뀌었다는 점에서 도리어 국민의 입장에서는 다행이라고 할 수 있다. 검찰의 어용 문제는 일부 검찰 간부들의 권력 해바라기성 행태와 정치권의 검찰 흔들기라는 행태에 의한 것이다. 전자는 정치적 출세를 노리는 잘못된 관행, 후자는 최근의 국회 529호실 사건에서 보듯이 정치적 사건을 무리하게 법으로 재단하려는 잘못된 관행에서 비롯되고 있다.

그러나 검찰과 법원의 어용 문제 이전에 우리는 관행으로 합리화된 소위 전관 예우나 떡값 문제가 근본적으로 검찰과 법원 및 변호사 조직의 특권적 독점 구조에 그 원인이 있음을 주의해야 한다. 이는 국민의 인권인 공정한 재판을 받을 권리가 극소수의 법조인에 의해 침해받는 현실과 직결된다는 점에서 우리 법조계의 근본적인 문제라고 할 수 있다. 법조 인구가 절대적으로 늘어나야 전관 예우와 같은 특권적 법조 체질이 개선될 수 있다.

그러나 궁극적으로 변호사를 포함하는 사법 권력을 민중이 통제하는 방식을 제도화하지 않고서는 어떤 개혁도 있을 수 없다. 여기서 우리가 근본적으로 살펴보아야 하는 것은 우리 사법 제도의 반민주적 권력 구조와 그것에 대한 시민의 참여 문제다.

민주주의란 국민이 그 대표를 통하여 주권을 행사하고 주권자로서 그것을 통제하는 것을 말한다. 그런데 그것이 어느 정도 달성되는 입법과 행정의 경우와 달리, 사법의 경우는 국민의 대표가 아닌 전문 관료만으로 행사되는 것이 우리 나라의 오랜 전통이었다. 재판관은 물론이고 검찰이나 경찰도 국민이 뽑는 게 아니고 국민에 의해 통제되지도 않는다. 그러나 다른 나라에서는 국정을 다루는 일반적인 행정이나 입법과 달리 국민의 구체적인 법적 분쟁을 다루는 개별적인 사법은 기본적으로 그 사정을 제일 잘 아는 국민들에 의한 재판을 중심으로 행해져 왔다. 따라서 국민의 사법 참여는 역사적으로 보나 실리적으로 보나 입법이나 행정의 경우보다 더욱 뿌리가 깊고 일반적이다.

또한 사법에 국민이 참여하는 것은 국정에 대한 국민 참여가 필연적인 것과 같이 민주주의의 전제다. 그것은 선거를 통하여 국민이 그 대표를 국회에 보내어 입법을 하게 하고, 그렇게 제정된 법이 적정하게 법원에서 적용되고 있는가를 국민이 직접 검증하기 위한 것이기도 하다. 그것을 보장하기 위한 것이 첫째 재판관과 검찰관의 공선제이고, 둘째 시민이 직접 재판 과정에 참여하는 제도다.

우리가 민주주의라고 부르는 제도는 보통 국민의, 국민에 의한, 국민을 위한 정부라고 정의된다. 입법부나 행정부와 함께 정부를 구성하는 사법부도 그 예외일 수가 없다. 그러나 세상에서 가장 어려운 시험을 통해 극히 제한된 수가 합격하여 배출된 관료인 판검사나 변호사가 독점하는 우리 나라의 사법은 어떤 의미에서도 그런 민주적 요소를 갖지 못하고 있다.

이에 반해 다른 나라의 사법 제도는 동일한 형태는 아니나, 국민이 재판에 직접 참여하는 제도인 배심제 내지 참심제를 공통적으로 가지며, 재판관을 명망 있는 변호사 또는 일반인 중에서 국민이 선출하는 경우도 드물지 않다. 특히 미국에서 그러하나, 우리 나라에서는 해방 후에도 그러한 제도의 도입은 전혀 고려하지 못했다. 해방 전에도 대륙법계에 공통된 배심제 내지 참심제는 전혀 고려하지 못했다.

일본에서는 1928년부터 1943년까지 배심제가 실시되었으나, 식민지였던 조선에서는 전혀 적용되지 않았다. 1945년 이후 점령 미군에 의해 일본에서는 판검사의 선거제, 배심제의 부활 및 사법의 민주화가 요구되었으나 일본측의 저항에 의해 채택되지 못했다. 한편 남한에 주둔한 미군은 그런 미국식 사법 민주화를 시도조차 하지 않았다.

그후 한국에서는 1960년 4 · 19 이후 법률가들에 의한 대법원장 및 대법관 선거의 시도가 있었으나 5 · 16으로 무산되었다. 그리고 지금까지 민중의 사법 참가는 물론 재판관 공선제에 대한 어떤 논의도 볼 수 없다. 민주화가 주장되어 왔으나 사법 분야에서는 1960년의 그것보다 훨씬 못하다. 나는 오늘의 사법 문제는 시민의 사법 참여 없이는 해결될 수 없다고 믿는다. 뿐만 아니라 민주주의에 필수적인 시민의 참여는 단순히 시민의 의식 개혁으로 가능한 것이 아니라 그 참여의 제도화에 의해서만 가능하다.[15]

4) 5 · 18민중항쟁과 지역 분권

앞에서 말한 자기 결정권 내지 자기 통치권의 현실적인 대안은 인권으로서의 지방 자치의 구축이다. 지금까지 지방 자치는 인권적 차원에서 논의되지 못했으나, 5 · 18은 지방 자치의 인권적 의미를 되새길 수 있는 계기였다. 하지만 아직까지 그러한 의식은 우리 사회에 뿌리내리지 못하고 있다.

여기서 인권적 차원의 지방 자치라 함은 지방 자치가 단순히 통치 구조의 내부적 문제가 아니라 어떤 지역의 주민이 자유와 생존을 위해 기본적으로 쟁취해야 할 인권의 문제라고 하는 사실을 더욱 강조하기 위해서다. 이 점과 관련해 제주도 사람들과 마찬가지로 전라도 사람들이 독립을 주장하는 것까지 심각하게 고려할 필요가 있다고 생각한다. 물론 현실적으로 독립이라고 하는 것이 불가능하지만 적어도 연방제 구상은 이제 현실적으로 검토할 단계가 아닌가 생각한다. 이 점은 통일 한국을 구상하는 경우 남북한 문

---

15) 박홍규, 《사법의 민주화》, 실천문학사, 1996 참조.

제의 차원에서도 검토할 필요가 있다.

이 글에서 연방제의 구상을 구체적으로 밝힐 생각은 없으나 그것이 지금의 형해화된 지방 자치와는 기본적으로 다른 것임은 물론 선진국 형태 수준의 지방 자치와도 본질적으로 다른, 실질적인 독립성을 어느 정도 보장하는 연방제임을 밝히고 싶다. 말하자면 미국 또는 독일식의 연방제를 뜻한다는 것이다.

연방제라고 하는 구체적인 제도의 문제는 별도로 하더라도, 자기 결정권의 확충은 반드시 필요하다. 이는 두말할 필요도 없이 국가 권한을 지방 자치체에 대폭 위양하여 국가의 관여를 대폭 축소하는 것이어야 한다. 궁극적으로 현행과 같은 사무 위임 제도는 폐지하여 행정적 통제는 없애고 제한된 국가적 사무에 대한 입법 통제만 남겨야 하며, 사후적인 사법적 통제도 지방 차원에 대폭 위임하고 국가적 차원의 재판 업무만 국가가 담당하도록 해야 한다. 따라서 조례제정권과 자주과세권의 확대에 의해 지방의회 및 자치단체장의 권한과 책임을 확대하고, 지역 주민이 정책 형성 과정에 광범하게 참여해야 한다. 따라서 새로운 지방 자치의 핵심은 지방 주민과 그들이 선거한 지방 공공기관의 자기 결정권을 최대한 확대하는 것이다. 본래 지방 자치란 문자 그대로, 곧 주민에 의한 자기 통치(Local Self-government)를 의미하는 것으로서 주민의, 주민에 의한, 주민을 위한 통치를 말한다.

Local이란 본래 '현장'이라는 의미이지 국가의 부분을 이루는 '지방'이라는 의미가 아니다. 5 · 18민중항쟁은 모든 지방이 현장이라는 의식을 심는 계기가 되었다. 그러나 그후 행정은 물론 입법, 사법이 주민의 일상 생활에서 생기는 모든 문제에 직접 대응하는 것으로 전환하지 못했다. 예컨대 공해 방지, 소비자 보호, 폐기물 처리, 도시 녹화, 보육과 교육, 여성, 문화는 물론 국제 정책의 전개에 이르기까지 산업화, 도시화, 정보화, 고학력화, 고령화, 핵가족화 등이 새롭게 전개되는 사회는 국가가 아니라 현장에서의 문제 해결을 향한 시행착오 속에서 보편적인 기준, 원칙, 법칙을 발견하는 것이어야 한다. 여기서 중앙 정부가 앞서고 지역이 그것을 따르는 것이 아니라, 현장으로서 지역이 앞서고 정부는 그것을 지원하는 시대로 전환해야 한다. 이러한 전환은 종래 지방자치체가 중앙 정부의 권한에 종속된다고 하는 국가 중심주의적 사고의 전환을 법적으로는 물론 상식적으로도 전환해야 하는 것을 뜻한다. 지역의 자기 결정권을 기초로 하는 분권화의 추진이 5 · 18민중항쟁이 던지는 또 하나의 과제다.

5 · 18 언론 보도의 행태, 1980년에서 1997년까지

송 정 민

(전남대 신문방송학과 교수)

1. 머리말

5 · 18광주민중항쟁(이하 5 · 18)이 올해로 19돌을 맞는다. 그동안 학계와 정계를 비롯한 사회 일각에서는 5 · 18의 본질을 규명하고 이해하려는 노력들을 꾸준히 전개해 왔다. 그 결과 5 · 18이 민주주의를 쟁취하기 위한 국민적 운동이었다는 개념화에는 어느 정도 사회적 동의가 이루어졌다. 그러나 그렇다고 해서 5 · 18에 대한 우리 사회의 부정적 인식이 완전히 소멸되었다고 볼 수는 없다. 지배 권력이 5 · 18에 강제했던 폭력성과 지역성은 아직도 우리 사회 도처에 도사리고 있기 때문이다.

5 · 18의 왜곡과 폄훼에 대해서는 언론의 책임이 크다. 80년 당시 언론이 보도한 5 · 18은 사실과 전혀 다르다는 것이 언론인 자신들에 의해 밝혀졌다. 5 · 18을 기명으로 왜곡 보도했던 〈조선일보〉의 한 기자는 당시 자신의 기사를 두고 "쓰지 말았어야 할 기사"였다고 뒤늦게 술회하기도 했다(김대중, 1997). 보수 언론의 부정적 속성이 왜곡에 있지만, 사후에라도 좀더 빨

리 그러한 사실들을 공식화했다면, 5 · 18이 감정의 비아냥거림이 되고 비정통적 정치 권력에 함몰되는 것은 어느 정도 막을 수 있었을 것이다.

5 · 18의 진실을 호도했다는 사회 일각의 비판에 대한 언론의 변명도 없지는 않다. 언론은 진실 보도를 생명으로 하지만, 그 진실 추구란 현실적인 한계 내의 최선의 노력이지 진실 그 자체일 수 없다는 것이다. 따라서 5 · 18에 대한 보도에 문제가 있어도 언론의 행위를 결정하는 시대 상황과 언론의 환경 조건이 제한적일 때는 어쩔 수 없다는 설명이다(김대중, 1997).

이 글에서는 이처럼 지속적으로 문제가 되고 있는 언론의 5 · 18 보도 행태가 지난 19년 동안 어떻게 전개되어 왔는지 살펴보고자 한다.

2. 이론적 배경 및 연구 문제

언론은 사회에서 일어나는 여러 가지 사건과 문제들의 본질이 무엇인가를 규정하고 공식화한다. 그리고 사회는 이러한 언론의 공적 행위를 통해 유지된다. 그러나 언론의 규정과 공식화가 뉴스 보도를 통해 제대로 행해지는가에 대해서는 논란이 많다. 이를테면, 언론의 뉴스 보도가 객관적인 내용물이라 하더라도 그것은 권력과 자본의 역학 관계를 벗어날 수 없고, 언론인 개인과 조직 내에서 이념적으로 굳어진 언론의 관행을 떨쳐버리지 못한다는 것이다. 언론은 공적 이상을 목표로 하지만, 현실적으로는 사회를 이념적으로 구성하는 행위를 한다는 것이다.

뉴스 보도에 대한 국내외의 다양한 연구들은 언론의 이 같은 이념적 기능과 역할들이 실제로 행해지고 있음을 보여준다. 언론이 사회 문제를 취재 · 보도함에 있어 언론 나름의 작업 관행과 일정한 틀에 의존하고(G. Tuchman, 1978 ; T. Gitlin, 1980), 이념적 편파나 왜곡들을 만들어냄으로써 사회의 지배 구조와 관계들을 유지시켜 주는 역할을 담당하게 된다는 것이다(S. Cohen & J. Young, 1973 ; S. Hall, 1977 ; Glasgow University Media Group, 1976).

5 · 18에 대한 언론의 취재 보도 행위에 대한 비판도 주로 이러한 시각에서 이루어지고 있다. 즉 언론이 5 · 18을 왜곡하고 폄훼하는 보도로 일관함으로써 항쟁의 성격과 내용을 사회 안에 전혀 사실과 다르게 각인시켰다는 것이다. 그리고 언론의 이 같은 행위는 정통성이 없는 권력 체계의 현실적 존립을 가능하게 해주었다는 것이다. 또한 의도적이든 아니든 언론은 5 · 18을 이념적으로 구성하였을 뿐만 아니라, 그러한 과정을 통해 지배 구조의 형성과 고착을 도왔다는 지적이다.

5 · 18과 관련한 언론의 보도 행태를 살펴보는 것은 중요하다. 그것은 5 · 18의 본뜻과 실체를 찾는다는 점에서도 그렇지만, 5 · 18에 대한 잘못된 사회 인식이 불러왔던 뒤틀린 사회 관계를 바로 세울 수 있기 때문이다.

따라서 이 글에서는 1)언론이 지난 20년 동안 5 · 18을 어떻게 보도해 왔는가(5 · 18에 대한 뉴스 언어의 규정), 2)이러한 행태(뉴스 언어의 규정)들은 어떠한 이념성을 내포한 것이었는가를 밝히고자 한다.

3. 연구 방법

이 글에서는 5 · 18에 대한 언론의 보도 행태를 파악하고, 그러한 행태가 결국 어떠한 이념적 의미와 작용을 하는가의 문제까지 살펴보려 한다. 이를 위해 이 글은 기사에 사용된 5 · 18 관련 언어들의 분석에 초점을 맞추었다. 따라서 분석 방법은 일반 행태 연구에 주로 이용되고 있는 양적 분석 방법이 아닌 질적 분석 방법을 사용했다.

1) 분석 대상

분석 대상은 1981년부터 1997년까지 〈동아일보〉와 〈조선일보〉의 5 · 18에 대한 중심 뉴스 보도(5월 18일자 또는 19일자의 스트레이트 뉴스) 제목으로 한다.

분석 시기는 제1기를 1981~87년(5공 정권기), 제2기를 1988~92년(6공 정권기), 제3기를 1993~97년(문민정부기)으로 나누었다. 분석 시기를 정권별로 나눈 것은 언론의 보도가 사회의 조건과 어떤 관계가 있는지 보려 한 것이다.

분석 신문을 〈동아일보〉와 〈조선일보〉로 한 것은 두 신문이 똑같이 보수성을 가진 상업지이지만 한국 신문계를 대표하는 가장 영향력 있는 신문으로 평가되기 때문이다.

분석 대상 기사를 5 · 18에 대한 중심 뉴스 보도(종합적인 5 · 18 스트레이트 기사)로 한 것은 해설 기사나 기획 기사와 달리 스트레이트 기사가 5 · 18에 대한 언론의 개별적 시각을 보다 확실하게 보여준다는 생각에서였다.

분석 내용을 5 · 18 기사 제목에 국한한 것은, 일반적으로 역 피라미드형 기사 구성과 요약형 제목 작성을 기본으로 하는 우리 신문들의 경우, 기사의 제목 분석만으로도 보도 행태를 알 수 있기 때문이다. 그리고 5 · 18을 총체적으로 설명하고 규정하는 뉴스 언어는 제목에 있다고 보았기 때문이다.

2) 분석 방법

언론 보도의 이념적 편향이나 왜곡을 파악하기 위한 질적 방법으로는 비판언어학에서 사용하는 언어 분석 방법이 있다. 이 글의 핵심은 언론이 5 · 18을 언어로 어떻게 규정해 왔는가, 그리고 그 이념적 성격은 무엇인가를 살펴보는 데 있다. 따라서 이 글에서도 같은 분석 방법을 사용하기로 한다.

비판언어학이 견지하는 언어 분석의 이론적 기초는 언어를 정태적인 상징이나 기호 혹은 그들의 관계로 보지 않고, 기능하고 작용하는 실체로 간주한다. 또한 언어는 언어가 사용되는 사회적 조건들을 반영하고 의미들을 만들어낸다고 본다. 따라서 사용되는 언어의 단위인 어휘들, 어휘들의 상호 관계가 만들어내는 의미 또는 의미 구조에 대한 분석에 중점을 둔다(R. Fowler, 1991). 그러나 이 글에서는 기사 제목들에 담긴 어휘들을 대상으로 1)5 · 18이 어떤 어휘들로 범주화되어 왔는가(범주어의 문제), 2)어휘들이 만들어낸 대상 구조(Thematic Structure : 주체와 대상 및 행위 간의 언어적 구성 문제)는 어떠한가, 3)상황어와 경과어의 관계(내용의 문제)는 어떠한가에 관해서만 살펴보기로 한다(G. Kress, 1983 ; P.L. Jalbert, 1983).

여기에서 범주화란 5 · 18을 현실적 또는 상징적으로 구분하거나 규정하는 것을 말한다. 그리고 대상 구조란 5 · 18을 기사화하는 과정에서 행위자, 행위, 피행위자 등이 어떤 관계를 형성하는가 하는 것이다. 예컨대 '학생 시가지 데모…… 1백여 명 부상' 이라는 기사 제목에서 본다면, 학생들을 부상케 한 행위자가 탈락함으로써, 경찰의 과잉 진압은 숨겨지고, 학생들이 제풀에 날뛰다 다친 것으로 오해할 수 있다. 이러한 보도 행위는 사실을 왜곡할 뿐 아니라, 모든 행위의 시작과 결과의 책임을 학생에게 지우는 것이 된다. 상황어는 문자 그대로 뉴스의 중심 사건 또는 상황을 나타내는 것이고, 경과어는 그 상황이나 사건의 결과를 보여주는 것이다. 다시 말하면, 학생들이 데모를 했다는 것은 상황어이고, 그 데모에서 무엇이 주장되고 누가 다쳤는가에 관한 것은 경과어다.

4. 5 · 18 보도의 행태 분석

분석 대상은 〈동아일보〉와 〈조선일보〉의 기사 제목 각 14개씩 모두 28개다. 제목은 매년 5월 19일자 종합 기사를 원칙으로 했으나, 19일자 기사가 종합적인 것이 되지 못한다고 판단된 일부 기사는 18일자로 대체했다. 분석 내용은 다음과 같다.

1) 1981~1987년(5공 정권)의 보도 행태

1981년부터 83년까지는 〈동아일보〉와 〈조선일보〉 모두 5 · 18에 대한 정상적인 보도가 없다. 따라서 5공기의 뉴스 분석은 1984년부터 87년까지 4년 간 보도된 기사 제목 8개를 대상으로 했다.

〈제목 1〉

동아일보(84년 5월 19일)	조선일보(84년 5월 19일)
광주, 천여 명 금남로서 시위	천여 명 고속도 시위
남동 성당선 천여 명 '5 · 18추모미사'	
시민 등 77명 연행	

(1) 범주어

〈동아일보〉와 〈조선일보〉 모두 5 · 18을 지칭하는 주 어휘는 '시위' 다. 〈동아일보〉의 경우 추모 미사가 제목에 들어 있지만, 두 신문 모두 시위, 곧 5 · 18로 범주화되어 있다.

(2) 대상 구조

〈동아일보〉 기사의 행위 어휘는 '시위', '추모미사', '연행' 이다. 그러나 어떠한 시위, 어떠한 추모 미사, 어떠한 연행인가 하는 구체적 행위를 나타내는 어휘는 없다. 행위자는 숫자로만 표기돼 신분이 불분명하다. 이는 시위의 성격 파악을 어렵게 한다. 또한 시위 행위의 주체만 있고(이도 구체적이지 못함), 그 행위를 일으킨 원인자가 빠져 있다. 이를테면 시위의 목표물과 연행의 주체가 감추어져 있다. 결국 5 · 18의 원인자를 감추고 있다.

(3) 상황어와 경과어

두 신문의 상황어는 '시위', '추모미사' 다. 경과어는 〈동아일보〉의 (시민 등 77명) 연행뿐이다. 시위와 추모 미사에서 나온 주장이나 요구, 대치 관계 등 여러 가지 행해진 내용들을 전해주는 경과어는 없다.

〈제목 2〉

동아일보(85년 5월 18일)	조선일보(85년 5월 19일)
80개 대 3만 8천여 명 교내외서 격렬 시위	전국 10개 대 시위
어제 전국서	
2천5백 명 철야 농성 … 파출소 투석 경찰 4백 명 다쳐	

(1) 범주어

두 신문 모두 '시위'라는 어휘로 범주화되어 있다. 5 · 18은 곧 시위로 설명된다.

(2) 대상 구조

〈동아일보〉의 행위어는 '시위', '농성', '투석' 이고, 〈조선일보〉의 행위어는 '시위' 다. 시위의 행위자는 대학생들로 보이지만, 숫자로만 제시돼 있어 불확실하다. 〈동아일보〉의 농성과 투석의 행위자 역시 숫자로만 제시돼 분명하지 않다. 시위, 농성, 투석의 원인자 및 행위가 겨냥하는 대상이 드러나 있지 않다.

(3) 상황어와 경과어

두 신문의 상황어는 '시위' 다. 경과어는 '(2천 5백명)농성', '투석', '(경찰 4백 명)다쳐' 다. 격렬한 시위 내용과 과정을 제대로 전해주는 경과어가 빠져 있다.

〈제목 3〉

동아일보(86년 5월 19일)	조선일보(86년 5월 20일)
광주 '5 · 18' 산발 시위	'5 · 18' 6주 추모
천여 명 망월동 묘지서 추모식	광주서 8백여 명 한때 시위도

(1) 범주어

〈동아일보〉 범주어는 '시위' 이고, '추모' 가 곁들어져 있다. 〈조선일보〉는 범주어가 '추모' 이고, '시위' 가 함께 제시되고 있다. 5 · 18의 범주어에 추모라는 어휘가 일반화하기 시작한 것으로 볼 수 있다. 다시 말하면 5 · 18에 대한 범주가 시위와 추모로 된 것이다.

(2) 대상 구조

〈동아일보〉와 〈조선일보〉의 행위 언어는 공통적으로 '시위' 와 '추모' 이다. 시위 행위자의 경우 〈동아일보〉는 '광주' 로 되어 있고, 〈조선일보〉는 숫자로 나타내 불분명하다. 추모 행위자의 경우 〈동아일보〉는 숫자로, 〈조선일보〉는 행위자를 제시하지 않았다. 시위와 추모의 원인자나 대상자도 제목에 들어 있지 않다.

(3) 상황어와 경과어

두 신문의 상황어는 '시위' 와 '추모(식)' 다. 그러나 어느 신문에나 두 상황을 설명해 줄 경과어는 없다.

〈제목 4〉

동아일보(87년 5월 18일)	조선일보(87년 5월 19일)
갑호비상 속 잇따른 추모 시위	'5 · 18' 7주 … 곳곳서 시위
대학가, 종교계 등 시국 집회	갑호비상 속 광주선 추모제…
오늘 전남대생 천여 명 추모제	한밤 천여 명 가두 진출
어제 명동성당서도 집회 충돌	전국 62개 대 2만여 명도

(1) 범주어

두 신문의 범주어는 '시위'다. 준 범주어는 '집회', '추모'다.

(2) 대상 구조

두 신문의 행위어는 '추모 시위', '시국 집회', '추모제', '집회 충돌'이다. 행위자는 대학생, 종교인, 전남대생이다. 추모제를 지내고, 추모 시위, 시국 집회, 집회 충돌을 한 행위자만 제시돼 있을 뿐, 상대자 또는 행위의 대상은 빠져 있다.

(3) 상황어와 경과어

〈동아일보〉의 상황어는 '(추모)시위', '(시국)집회', '추모제'이고 경과어는 '(집회)충돌'이다. 〈조선일보〉의 상황어는 '시위'와 '추모제'이고 경과어는 '(가두)진출'이다. 두 신문 모두 상황을 설명해 줄 수 있는 경과어가 빠져 있다.

【분석 내용의 요약】

〈동아일보〉와 〈조선일보〉의 5공 정권하의 보도 행태 분석 내용을 요약하면 다음과 같다.

첫째, 5 · 18을 언어로 규정해 주는 범주어는 두 신문 모두 '시위'가 지배적이다. 따라서 5 · 18은 곧 시위라는 인식을 갖게 했다. 〈조선일보〉가 86년 기사에서 추모라는 범주어를 사용하고 있고, 87년 기사에서는 두 신문 모두 추모(또는 추모제)라는 범주어를 썼지만, 다른 제목에 바로 시위가 나와 결국 5 · 18이 '시위'라는 범주를 벗어나지는 못했다.

둘째, 대상 구조에서 보면 행위어도 시위 및 그와 관련된 어휘들(농성, 투석, 연행, 집회, 진출, 충돌 등)이 주로 쓰이고 있다. 그리고 여기에서 특기할 점은 행위의 주체나 행위의 대상이 구체적이지 못하고 집합적이거나 퍽 모호하다는 것이다. 주체의 경우, 광주 또는 광주를 암시하는 어휘를 사용하거나 숫자로만 표기하고 있다. 행위의 대상 또는 목표는 전혀 나타나 있지 않다. 따라서 '5 · 18=광주=데모' 라는 등식만 가능하게 만들었다.

셋째, 5 · 18을 기해 행해진 행사나 행위들의 내용을 알려주는 상황어와 경과어의 경우 상황어만 사용되고 있어 실제 모습을 알려주는 것이 되지 못했다. 다시 말하면, '시위', '추모' 라는 상황어와 그 상황을 좀더 구체적으로 말해주는 투석, 농성, 추모 시위 등의 어휘들만 들어 있을 뿐, 시위와 추모제에서의 요구, 주장 등과 관련한 어휘나 언어는 전혀 없었다. 결국 시위나 추모만 있었다는 식이었다.

결론적으로 5공 정권에서의 〈동아일보〉와 〈조선일보〉의 보도 초점은 시위에 있었다. 그러나 시위가 있었다거나 몇 명이 했다는 식의 단순 사실 보도에 그쳤다. 시위의 목적이나 내용, 목적의 대상 등에 대해서는 다루지 않았다.

2) 1988~1992년(6공 정권)의 보도 행태

6공 5년 간의 〈동아일보〉와 〈조선일보〉 보도 행태의 분석 대상은 5 · 18 관련 기사 제목 10개다.

〈제목 5〉

동아일보(88년 5월 19일)	조선일보(88년 5월 19일)
광주 '최루탄 없는' 5 · 18행사	그날 그 거리 시민대회 절정
어제 10만 명 궐기대회 …	망월동 …
2만여 명 시가 행진	도청－금남로 시가 행진
서울대 등 전국 3백 개 대 시위	한밤까지 행사 … 충돌 없이 끝나
명동성당선 천여 명 철야농성	광주 '5 · 18' 8주 상가 추도 철시
	… 곳곳서 조기

(1) 범주어

〈동아일보〉의 범주어는 '(최루탄 없는 5 · 18)행사' 다. 〈조선일보〉의 범주어는 '시민대회' 다. 지금까지 대부분 5 · 18의 성격을 규정해 왔던 '시위' 라는 범주어가 뒤로 물러나고, 행사와 시민대회라는 중립적 범주어가 전면에 나오는 변화를 볼 수 있다.

(2) 대상 구조

〈동아일보〉의 행위어는 '행사', '행진', '시위', '농성' 이고, 행위자는 광주(시민 및 학생), (서울대 등 전국 대학교)학생이다. 그러나 행위자들은 모두 광주라는 식의 포괄적 행위자이거나, 10만 명, 3백 개 대, 1천여 명 등 숫자 행위자로 되어 있다. 〈조선일보〉의 행위어는 '시위' 이고, 역시 행위자는 '1천여 명' 이다.

(3) 상황어와 경과어

〈동아일보〉의 상황어는 '행사' 이고 경과어는 '시가 행진', '시위', '농성' 이다. 그러나 이 세 경과어도 상황 전달일 뿐 구체적 경과어가 없다. 〈조선일보〉의 상황어는 '시위' 이나 경과어는 아예 없다.

〈제목 6〉

동아일보(89년 5월 19일)	조선일보(89년 5월 19일)
광주 추모 집회 충돌 없이 끝나	'그날 그 거리' 추모 행렬
12만 명 참가, 서울선 산발 시위	'5 · 18' 9주 망월동
1,298명 한때 연행	시민-학생 5만 참배
국민대 등 3개 대선 화염병 시위	건물마다 조기 … 상가 철시
	3만여 명 한밤 시위 자진 해산

(1) 범주어

〈동아일보〉의 범주어는 '추모(집회)' 이고 〈조선일보〉의 범주어도 '추모

(행렬)' 다.

(2) 대상 구조

〈동아일보〉의 행위어는 '집회', '시위', '연행' 이다. 그와 관련한 행위자는 (광주)12만 명, 서울 1,298명, (국민대 등)3개 대이다. 〈조선일보〉의 행위어는 '추모', '참배', '철시', '시위' 및 '해산' 이고, 행위자는 시민, 학생(5만), 상가(상인), 3만여 명이다. 〈동아일보〉의 경우 집회와 시위의 행위자가 불분명하고 행위의 대상도 없으며 연행의 주체가 빠져 있다. 〈조선일보〉는 철시와 시위, 해산의 행위자가 불분명하고 참배의 대상도 빠져 있다.

(3) 상황어와 경과어

두 신문의 상황어는 '추모(행사)' 다. 〈동아일보〉의 경과어는 '참가', '시위', '연행', '시위' 로 준 상황어에 속하는 추상적인 것들이다. 조선일보의 경과어는 '참배', '조기(게양)', '철시', '시위', '해산' 인데 역시 준 상황어들이다. 경과가 모호한 어휘들이다.

〈제목 7〉

동아일보(90년 5월 19일)	조선일보(90년 5월 19일)
금남로 10만 추모 집회	광주 금남로 10만 집회
어제 5 · 18 계승대회 …	'5 · 18' 10주 시민들 대회 뒤
일부 산발 시위	평화대행진
전남대 1만 명 집결 농성	한밤 산발 시위 … 경찰과 대치
오늘 전대협 4기 출범식	도심상가 철시 …
경찰 봉쇄로 충돌 예상	교회—사찰 등 추모행사
1천여 명 열차 세운 뒤 조선대로	줄이어

(1) 범주어

두 신문의 범주어는 '(추모)집회' 다.

(2) 대상 구조

〈동아일보〉의 행위어는 '집회', '대회', '시위', '출범', '(집결)농성', '봉쇄', '충돌' 이고, 행위자는 10만, 일부, (전남대)1만 명, 경찰, 1천여 명이다. 행위자나 행위의 대상자가 불분명하기는 마찬가지이나, 출범의 주체인 전대협과 봉쇄의 책임자인 경찰이 처음으로 명시되었다. 〈조선일보〉의 행위어는 '집회', '대회', '행진', '시위', '대치', '철시', '행사' 이고, 행위자가 불분명하다. 그러나 대치의 대상이 경찰로 밝혀져 있다(5 · 18 기사에서 전대협과 경찰이 행위자로 처음 명시된 것이 특색이다).

(3) 상황어와 경과어

두 신문의 상황어는 '(추모)집회' 다. 경과어는 〈동아일보〉의 경우, '계승대회', '산발 시위', '(집결)농성', '(전대협 4기)출범', '(경찰)봉쇄', '충돌(예상)' 등이고, 〈조선일보〉의 경우, '대회', '평화대행진', '(산발)시위', '(경찰과)대치', '철시', '(추모행사)줄이어' 등이다. 경과어가 좀더 구체화되고 있다.

〈제목 8〉

동아일보(91년 5월 19일)	조선일보(91년 5월 19일)
광주 10만 '5 · 18' 계승대회	광주 '5 · 18' 추모제 10만 운집 밤늦게 산발 시위

(1) 범주어

〈동아일보〉의 범주어는 '계승대회' 이고, 〈조선일보〉의 범주어는 '추모제' 다.

(2) 대상 구조

〈동아일보〉의 행위어는 '대회' 이고, 행위자는 '광주 10만' 이다. 〈조선일보〉의 행위어는 '추모제', '운집', '시위' 이고, 행위자는 '광주', '10만' 이다. 행위 주체가 모호하고 행위 대상자에 대한 언급도 전혀 없다.

(3) 상황어와 경과어

〈동아일보〉의 상황어는 '계승대회' 이고 경과어는 없다. 〈조선일보〉의 상황어는 '추모제' 이고 경과어는 '10만 운집', '산발 시위' 다. 상황어와 경과어 모두 실제 내용을 담은 어휘가 없다.

〈제목 9〉

동아일보(92년 5월 18일)	조선일보(92년 5월 19일)
'5 · 18' 잇단 추모제	'5 · 18' 12주 전국서 추모
어제 전야제 금남로 2만 명 평화집회	광주선 민자당사 한밤 화염병
음악제 등 다양한 12돌 행사	피습도

(1) 범주어

두 신문의 범주어는 모두 '추모(제)' 다.

(2) 대상 구조

〈동아일보〉의 행위어는 '추모', '집회', '행사' 이고 행위자는 '(금남로)2만 명' 으로만 되어 있다. 〈조선일보〉는 행위어 '추모' 의 행위자가 빠졌고, '(화염병)피습' 의 행위자도 없이 '광주' 라는 장소를 명기해 광주가 행위자로 되어 있다. 두 신문 모두 행위의 대상도 없다.

(3) 상황어와 경과어

〈동아일보〉의 상황어는 '추모제' 이고, 경과어는 '전야제', '평화 집회', '음악제', '(12돌)행사' 다. 그러나 이 경과어는 준 상황어 수준이다. 〈조선일보〉의 상황어는 '추모' 이고 경과어는 '화염병 피습' 이다.

【분석 요약】

6공기의 보도 행태 분석 내용 요점은 다음과 같다.

첫째, 〈동아일보〉와 〈조선일보〉 모두 5 · 18을 규정하는 범주어로 대부분 추모(집회 또는 행사)가 사용되고 있다. 그러나 추모의 성격을 말해주는 준 범주어로 시위가 계속 사용됨으로써 시위가 추모를 규정하고 있다.

둘째, 대상 구조에서 행위어는 주로 추모가 주 행위어로 나오고 시위는 준 행위어가 되었다. 따라서 주 범주어와 행위어가 바뀌기는 했으나, 시위라는 준 행위어가 계속 사용됨으로써 5공기의 '광주 = 5 · 18 = 데모'라는 등식을 벗어난 언어 구성은 아니었다. 그리고 행위 주체는 5공기와 마찬가지로 광주 또는 숫자로 집단화된 것이었고, 행위 대상이나 목표 역시 제목에 담지 못했다.

셋째, 두 신문 모두 주 상황어로 추모(행사 또는 대회)가 사용되고 시위는 경과어로 바뀌었다. 그러나 다른 경과어들이 대부분 시위 상황만을 나타내주는 것들이어서 추모 행사나 대회 및 시위의 내용이 무엇이었는지 알 수 없기는 5공기의 보도와 마찬가지였다.

전체적으로는 뉴스의 초점이 추모로 이동하는 현상을 보였다. 그러나 시위가 지속적으로 곁들여짐으로써 추모의 내용이나 추모를 바라보는 시각의 핵심은 시위에 있었다.

3) 1993~1997년(문민정부기)의 보도 행태

문민정부기의 〈동아일보〉와 〈조선일보〉의 보도 분석 대상은 5년 간 기사 제목 10개다. 분석 내용은 다음과 같다.

〈제목 10〉

동아일보(93년 5월 19일)	조선일보(93년 5월 19일)
광주의 그날	첫 관민 합동 추모식
연 10만여 명 추모 행사	5 · 18민주화운동 13주 …
13년 만에 첫 민관 합동	망월동묘역서
1만 명 심야 횃불행진	

(1) 범주어

두 신문의 공통된 범주어는 '추모' 다. 그러나 〈조선일보〉가 처음으로 '5 · 18민주화운동' 이라는 범주어를 달았다.

(2) 대상 구조

〈동아일보〉의 행위어는 '추모(행사)', '행진' 이고 행위자는 '(광주)10만여 명' 과 '(민관합동)1만 명' 으로 불분명하다. 〈조선일보〉는 행위어가 '추모' 이고 행위자는 '관민(합동)' 이다. 두 신문 모두 행위의 대상자는 없다.

(3) 상황어와 경과어

〈동아일보〉의 상황어는 '추모 행사' 이고 경과어는 '(민관 합동)심야 횃불행진' 이다. 〈조선일보〉는 상황어가 '(관민 합동)추모식' 이고, 그것이 망월동묘역에서 있었다는 것 외에 다른 경과어는 없다.

〈제목 11〉

동아일보(94년 5월 19일)	조선일보(94년 5월 19일)
숙연한 광주	광주서 5만 추모집회
어제 '5 · 18' 14주 망월동	5월 영령 정신 계승
추모제 1만여 명 참석	심야 촛불 행진 … 학생들 산발 시위
도청 앞선 '정신계승국민대회'	

(1) 범주어

〈동아일보〉의 범주어는 '추모제' 이고 〈조선일보〉는 '추모집회' 다. 그러나 〈조선일보〉의 경우 5 · 18 희생자를 '5월 영령' 으로 처음 표시했다. 범주를 구성할 수 있는 〈동아일보〉의 '숙연한 광주' 는 모호한 어휘다.

(2) 대상 구조

〈동아 일보〉의 행위어는 '추모(제)', '대회' 이고 행위자는 '1만여 명' 이다. 〈조선일보〉의 행위어는 '추모(집회)', '계승', '행진', '시위' 이고 행위자는 '(광주)5만', '학생들' 로만 되어 있다. 행위의 대상자는 없다.

(3) 상황어와 경과어

〈동아일보〉의 상황어는 '추모제' 이고, 경과어는 '1만여 명 참석', '정신계승국민대회' 로 가시적 상황 설명에 관한 것이다. 〈동아일보〉의 상황어는 '추모집회' 이고, 경과어는 '정신 계승', '촛불 행진', '산발 시위' 로 상황 지적 수준에 그쳤다.

〈제목 12〉

동아일보(95년 5월 19일)	조선일보(95년 5월 19일)
'그날' 을 기억하며…	'5 · 18' 15주 추모행사
광주 3만여 명 '5 · 18' 희생자 추모	광주 3만 명 시가 행진 …
	서울선 도심 시위

(1) 범주어

두 신문의 범주어는 '추모' 다. 그러나 〈동아일보〉의 경우 '5 · 18 희생자' 에 대한 추모로 범주어를 구체화하고 있다.

(2) 대상 구조

〈동아일보〉의 행위어는 '기억', '추모' 이고, 행위자는 '(광주)3만여 명' 이다. 〈조선일보〉의 행위어는 '추모', '행진', '시위' 이고, 행위자는 '광주 3만

명' 뿐이다. 행위자가 불분명하고 행위의 대상도 없다.

(3) 상황어와 경과어

〈동아일보〉의 상황어는 '추모' 이고, 경과어는 '희생자 추모', '그날을 기억' 이다. 경과어가 조금은 구체화되어 있다. 〈조선일보〉의 상황어는 '추모 행사' 이고, 경과어는 '시가 행진', '도심 시위' 다. 이 경우는 준 상황어 수준이다.

〈제목 13〉

동아일보(96년 5월 19일)	조선일보(96년 5월 19일)
광주 · 전남 조기 게양	'5 · 18' 16돌 … 숙연한 광주
'5 · 18' 16주년 추념식	첫 민관합동 추념식 …
	2만명 도청 앞 집회
	서울 도심 산발 시위

(1) 범주어

두 신문의 범주어는 '추념식' 이다. 〈조선일보〉의 경우 '숙연한 광주' 라는 모호한 준 범주어를 포함하고 있다.

(2) 대상 구조

〈동아일보〉의 행위어는 '추념(식)', '(조기)게양' 이고, 행위자는 '광주 · 전남' 이다. 〈조선일보〉의 행위어는 '추념(식)', '집회', '시위' 이고, 행위자는 '민관(합동)', '2만 명' 이다. 두 신문 모두 행위자가 분명하지 않고, 행위 대상자도 없다.

(3) 상황어와 경과어

〈동아일보〉의 상황어는 '추념식' 이고, 경과어는 '조기 게양' 이다. 〈조선일보〉의 상황어는 '추념식' 이고, 경과어는 '민관 합동 추념식', '도청 앞 집회', '산발 시위' 다. 모두가 준 상황어이다.

〈제목 14〉

동아일보(97년 5월 19일)	조선일보(97년 5월 19일)
'5 · 18 추모' 물결	그날의 아픔을 통일로 …
5천 명 참석 정부 주관 첫 기념식	'5 · 18' 17주년
광주	

(1) 범주어

두 신문의 범주어는 '추모' 다(단 〈조선일보〉는 범주어가 감추어져 있다). 〈동아일보〉가 쓰고 있는 또 하나의 범주어는 '(정부주관)기념식' 인데 이는 처음 나온 것이다.

(2) 대상 구조

〈동아일보〉의 행위어는 '추모', '참석', '주관', '기념(식)' 이고 행위자는 기념식 행위자만 '5천 명' 으로 되어 있다. 〈조선일보〉의 행위어는 '아픔', '통일' 이지만 구체적 행위자가 없다. 물론 두 신문 모두 행위 대상도 없다.

(3) 상황어와 경과어

두 신문의 상황어는 '추모' (〈조선일보〉는 가려져 있음)다. 경과어는 〈동아일보〉의 경우 '5 · 18 추모', '5천 명 참석', '정부 주관 기념식' 이고, 〈조선일보〉는 '아픔을 통일로' 이다. 그러나 상황을 구체적으로 알게 하는 경과어가 불투명하다.

【분석 요약】

문민정부기의 보도 행태 분석 내용을 요약하면 다음과 같다.

첫째, 〈동아일보〉와 〈조선일보〉의 5 · 18을 규정하는 범주어는 6공기와 마찬가지로 주로 '추모' (제 또는 행사)였다. 그러나 '시위' 라는 준 범주어는 5공기에 비해 빈도가 줄었다. 〈조선일보〉가 93년 기사에서 처음으로 '5 · 18 민주화운동' 이라는 범주어를 사용했으나, 단 한 번에 그쳤다.

둘째, 두 신문의 주 행위어 또한 '추모' 였다. 〈조선일보〉가 '시위' 라는 준행위어를 계속 썼지만, 앞의 5공, 6공기에 비해서는 '시위' 에 초점을 맞추지는 않았다. '추모' 행위 주체는 광주 10만 등의 숫자 위주의 집합적 표현을 사용했으나, 광주 5월 영령, 5 · 18 희생자 등 추모 행위 대상과 목표가 이전과는 달리 구체화되는 변화가 있었다. 그러나 기억이나 시위의 대상과 목표가 무엇인지를 적시해 주는 어휘는 없었다.

셋째, '추모' 라는 상황어를 구체적으로 알려주는 '정신 계승 국민대회', '5 · 18 영령 정신 계승', '5 · 18 희생자 추모' 등의 경과어가 사용되었다. 그러나 추모의 자리에서 무엇을 어떻게 기억하자는 것인지, 또 5 · 18의 어떤 정신을 어떤 식으로 계승하자는 것인지 등에 대한 내용을 보여주는 경과어는 없었다.

결론적으로, 문민정부기 5 · 18 보도의 초점도 6공기와 마찬가지로 '추모' 에 있었다. 달라진 점은 '추모' 를 규정했던 '시위' 라는 어휘 사용 빈도가 줄고, 단 한 차례였지만 '민주화운동' 이라는 범주어가 사용된 것이다. 추모의 대상도 '영령' 이라는 어휘로 좀더 구체화되었다. 그러나 추모의 본질적인 내용을 적시해주는 어휘는 역시 없었다. 5 · 18에 대한 보도에 가시적 변화가 있기는 했지만, 상황 위주였던 과거 보도의 틀을 벗어나지는 못했다.

5. 5 · 18에 대한 신문 보도의 특징

앞의 분석 결과에 따르면, 〈동아일보〉와 〈조선일보〉의 5 · 18에 대한 보도의 특징은 대체로 다음 몇 가지로 정리할 수 있다.

1) 5 · 18은 시위와 추모 모델의 틀 속에서 범주화되었다. 5 · 18의 민주적 주장이나 민중적 저항과 관련한 범주어가 배제됨으로써 5 · 18이 평범한 사회운동 또는 지역적 사건으로 단순화되었다.

2) 5 · 18과 관련한 행위도 시위나 추모의 가시적 면만을 알려주는 부분 행위어 위주가 되었다. 행위의 주체가 숫자 위주로만 애매하게 표현되고 행위의 대상과 목표 또한 철저히 감추어졌다. 5 · 18의 원인자들을 가려내 처벌하고 5 · 18의 본질을 되찾아야 한다는 저항 소구 행위가 매년 이어져왔음에도 이러한 내용들은 단 한 번도 제목으로 오르지 못했다. 따라서 5 · 18은 광주 사람들이나 학생들이 몰려다니면서 벌이는 시위나 추모로 축소되었다.

3) 5 · 18행사나 집회 등의 내용을 알게 해주는 상황어도 '시위가 있었다'거나, '추모 행사가 있었다'는 식의 단순 상황만을 묘사하는 어휘뿐이었다. 시위나 추모의 상황을 보다 구체적으로 알려주는 경과어도 준 상황어 수준에 그쳤다. 시위와 추모가 왜 있었고, 무엇이 어떻게 진행되었는가를 알려주는 경과어는 거의 없었다. 따라서 5 · 18의 내용이나 5 · 18과 관련한 집회와 행사 등의 본 내용들이 철저하게 제외되었다.

4) 〈동아일보〉와 〈조선일보〉의 이러한 보도 행태는 언론의 사회적 환경 변화와는 거의 관계가 없었다. 5, 6공 때의 보도나 언론 활동이 비교적 자유로웠던 문민정부하의 보도나 내용 면에서 이전과 큰 차이를 읽을 수 없었다. 따라서 사회의 상황이 언론으로 하여금 5 · 18에 대한 보도를 잘못되게 했다는 언론인들의 주장은 설득력이 없다.

물론 5공 정권으로부터 6공, 문민정부기로 진행하면서 5 · 18에 대한 보도의 초점이 시위 중심에서 추모 중심으로 이동하는 변화가 있었던 것은 사실이다. 그러나 앞의 요약에서도 지적했듯이 뉴스의 초점이었던 시위나 추모가 과연 무엇이었던가를 밝혀줄 수 있는 행위와 행위의 주체 및 대상, 상황어와 경과어의 수준들은 전혀 변하지 않았다. 시위와 추모의 목적과 대상 그리고 그 주체들은 불분명하게 제시되거나 아예 감추어져 버렸다. 따라서 5 · 18에 대한 언론의 왜곡 보도의 틀이었던 '광주=5 · 18=폭동'의 등식을 깨는 변화는 찾아볼 수 없다.

6. 5 · 18 보도의 이념적 함의 및 맺음말

비판언어학적 관점에서는 뉴스 보도를 포함한 모든 언어 기술에는 이론이 내포되어 있다고 본다. 다시 말하면 사물을 설명하고 사건들간의 관계를 밝히는 데는 개념 체계들이 작용한다는 것이다. 예컨대 뉴스의 선택과 언어적 구성은 이미 개인 또는 조직에 내재하는 이론적 도식이나 관행에 따라 이루어진다는 것이다(Kress, 1983 ; Fowler, 1991). 뉴스가 사회적으로 구성되고 그 결과는 필연적으로 이념적일 수밖에 없다는 인식은 그런 데서 나온 것이다.

이러한 전제 아래서 생각한다면, 〈동아일보〉와 〈조선일보〉의 5 · 18에 대한 보도가 시기에 관계 없이 피상적 수준에 머무르고 있는 것은 당연한지도 모른다. 우리 나라의 대표적인 보수 상업언론이 이념적이고 현실적인 한계나 조건을 뛰어넘어 진실을 추구할 수는 없을 것이다. 특히 5 · 18에 대한 진실 보도는 곧 두 신문을 지탱시켜 준 지배 구조를 부정하는 것이 되고, 나아가서는 자신을 부정하는 것이 되기 때문이다.

〈동아일보〉나 〈조선일보〉가 지배 구조의 틀 속에서 바라보는 우리 사회의 사건이나 문제들은 그 구조의 관점을 넘어설 수 없다. 그리고 혁명적인 방법이 아니고는 그들로 하여금 자신들이 의지하고 있는 구조 밖으로 나오도록 할 수도 없다. 80년 당시의 5 · 18 보도가 군부와 언론의 합작에 의해 '폭도와 난동자들의 폭동과 난동'으로 왜곡(김대중, 1997)되었다고 개인적으로는 자인하면서도, 언론이 아직도 그 잘못을 국민 앞에 공식적으로 시인하지 않고 있는 것은 보수 언론의 입장을 분명히 드러낸다.

보수 언론에 의해 5 · 18이 더 이상 훼손되지 않도록 하기 위해서는 그들에게 전혀 가당치 않는 진실 보도를 요구하는 게 우선은 아니다. 오히려 그들의 보수 이념을 자유롭게 표명하도록 하여, 5 · 18에 대한 왜곡이 그들의 세계관이나 이념에 부합하는 것임을 모두가 알게 하는 것이 낫다. 5 · 18에 대한 허위 의식의 틀 위에서 언론이 쏟아내는 보도들은 결국 허위일 뿐이기 때문이다.

〈참고문헌〉

김대중, 〈악연으로 만났지만 그래도 사랑하는 광주〉, 한국기자협회 편, 《5 · 18 특파원 리포트》, 풀빛, 1997.

나간채 편, 《광주민중항쟁과 5월운동 연구》, 전남대학교 5 · 18연구소, 1997.

Cohen, S. & Young, J. (ed.), *The Manufacture of News*, London: Constable, 1973.

Giltin, T, *The Whole World is Watching ; Mass Media in the Making and Unmaking of the New Left*, Berkeley : University of California Press, 1980.

Glasgow University Meia Group, *Bad News*(vol. 1), Loutledge & Kegan Paul, 1976.

Fowler, R., *Language in the News(Discourse and Ideology in the Press)*, 1991.

Hall. S., 'Culture, The Media and the Ideological Effect', in M. Gurevitch,(etc.), *Mass Communication and Society*, London: Edward Arnold, 1977.

Davis H. & Walton P. (ed.), *Language, Image, Media*, Basil, Blackwell, 1983.

Jalbert, P. L., 'Some Constructs for Analyzing News', in Davis & Walton (ed.), *Language, Image,* Media, Basil, Blackwell, 1983.

Kress, G., 'Linguistic and Ideological Transformation in News Reporting', in Davis & Walton (ed.), *Language, Image, Media*, Basil, Blackwell, 1983.

Tony, T., 'Theory and Ideology at Work', in R. Flower(etc.), *Language and Control*, London R. K. P., 1979.

Tuchman, G., *Making News : A Study in the Social Construction of Reality*, New York: Free Press, 1978.

5 · 18에 대한 역사 서술의 변천

이 용 기

(한국역사연구회 연구원)

1. 들어가며－5 · 18의 역사성

1980년 5월, 광주와 그 주변 지역에서 일어났던 국가 권력에 의한 민중 학살과 그에 대한 민중의 항쟁, 즉 5 · 18은 80년대에는 한국 사회의 모순을 인식하고 그것을 극복하려는 진보 세력에게 하나의 출발점이자 거점으로 존재했으며, 적어도 90년대 초반까지도 현재적 실천성을 담보하는 '살아 있는 역사' 였다. 80년대 한국의 진보운동 혹은 민족민주운동은 5 · 18의 힘(=혁명성)과 좌절의 의미를 되새기는 과정에서 '과학적 변혁운동' 이라는 자양분을 섭취했고, 5 · 18투사들의 희생 정신을 통해서 운동의 추동력을 확보했으며, 5 · 18의 진실과 책임 문제를 제기함으로써 학살의 주범들에 대항한 투쟁에서 부분적인 승리를 거둘 수 있었다. 한마디로 '80년대의 진보' 는 광주의 피를 먹고 자랐다고 할 수 있다.

그러나 90년대 초반, 기존의 '진보' 가 쇠퇴하고 이른바 문민정부가 출범하면서 5 · 18은 현재적 · 실천적 의미를 잃어갔으며, '역사 바로 세우기' 라는 요란하면서도 지루한 소동의 와중에서 '흘러간 과거의 역사' 로 화석화 된 감이 있다. 즉 5 · 18은 공식적으로는 국가기념일로 지정되어 민주주의의 상징으로 시민권을 획득했지만, 현실에서는 항쟁의 지향과 의미가 탈각된 채 '국민 화합' 을 선양하는 기념비 혹은 광주 · 전남 지역만의 기념 행사로 박제화되고 있다.

질풍노도의 80년대와 그 여진으로서의 90년대를 마감하고 새로운 진보의 패러다임이 모색되고 있는, 또 모색되어야 할 오늘, '5월 광주' 는 어떤 의미를 가지며 어떻게 되새길 수 있을까? 이제 5 · 18은 역사의 한 페이지에 기록될 뿐인 '과거의 역사' 일 수밖에 없는가? 그렇지 않다. 은폐와 왜곡에 맞서 5 · 18의 진실과 역사적 의미를 밝혀냈던 진보 세력의 5 · 18 서술이 90년대 초반 이후 변화된 상황에 탄력적으로 대응하지 못하고 오히려 이것과 어긋났기 때문에, 5 · 18의 현재성과 실천성을 새롭게 인식하지 못해서 문제가 되었을 것이다. 그렇다면 이러한 '어긋남' 은 무엇이고 그렇게 된 원인은 무엇인가? 여기에 대한 답변은 '80년대식 진보' 의 성취 및 한계와 관련되는 대단히 복잡한 문제인데, 이 글에서는 5 · 18의 진실과 의미를 어떻게 파악 · 정리 · 제시했는가 하는 부분에 초점을 맞춰서 이에 대한 답변의 한 단면을 제시해 보고자 한다.

본격적인 논의에 앞서 본 작업의 특성과 한계를 먼저 지적하고 싶다. 이 글은 5 · 18에 대한 인식 일반을 다루는 것이 아니라 '역사 서술' 의 변화 양상에 한정된 작업이다. 그런데 주지하듯이 우리 한국 사학계의 경우 아직도 동시대사를 '역사' 로 인정하는 것에 소극적이고 현대사 연구의 축적이 일천한 관계로 5 · 18은 한국사의 연구 영역으로 제대로 자리매김하지 않았다. 오히려 5 · 18은 실천활동가와 사회과학자들의 논의 대상이거나 정치와 언론 영역에서 다루어져왔고, 다만 한국 사학계는 이를 역사 서술에 '반영' 하는 정도로 취급해 왔다. 따라서 5 · 18의 진실과 의미에 대해 아직 자리매김하지 않았을 '역사 서술' 을 통해서 정리하기에는 대단히 제한적일 수밖에 없다.

그럼에도 여기서 5 · 18에 대한 역사 서술의 변천을 살펴보는 것은, 5 · 18이 진상 규명과 책임자 처벌이라는 현실적인 문제와 그 성격에 대한 사회과학적 논의 이외에도, 우리의 역사—적어도 현대사—속에서 어떤 위치와 의미를 갖는가의 측면에서도 중요하게 다루어져왔기 때문이다. 따라서 여기서 '역사 서술'이라 함은 역사책에 서술된 내용을 주축으로 하면서도, 실천가들의 팸플릿, 사회과학자들의 연구, 대중교양용 도서 등에 서술된 내용까지 포함한다. 그러면서도 5 · 18에 대한 구체적인 서술 내용을 포괄적으로 다루기보다는 그 성격, 역사적 위치와 의미를 어떻게 인식하는가에 초점을 맞춰 구성해 보겠다. 특히 5 · 18에 대한 논의와 인식의 지형이 변화하는 계기인 1987년 6월항쟁과 1993년 문민정부 출범을 염두에 두면서, 각 시기별로 5 · 18 서술의 기본적 대립축인 정권과 진보 세력의 입장을 중심으로 갈래를 잡고 그 주변에 위치하는 다양한 서술을 함께 살펴볼 것이다.

2. 제1기(1980~1986) : 은폐와 은밀한 되새김

그(10 · 26사태—필자) 이후 한때 혼란 상태가 계속되고, 이러한 혼란 속에서 북한 공산군의 남침 위기에서 벗어나고 국내 질서를 회복하기 위하여 정부는 국가보위비상대책위원회를 구성한 뒤, 각 부문에 걸쳐 과감한 개혁을 추진하였다(고등학교《국사》, 1982).

광주민중항쟁은 4월혁명이 달성하지 못했던 한국 사회 구조의 총체적 모순을 그간 내적 운동 역량들을 길러온 제반 노동권들의 연대를 통하여 타파하고자 했던 민중운동이다. (중략)광주항쟁은 해방 이후 전개되어 온 우리 운동의 여러 목표들을 결합하고 투쟁의 과정 속에서 확립하였으며, 민족 · 민주 · 민중이라는 성격을 우리 운동의 방향으로 규정해 준다(전국민주학생연합, 〈광주민중항쟁의 현대사적 재조명〉, 1985).

1980년 5월 27일 이후, 5 · 18에 대한 언급과 서술은 항쟁을 진압하고 사실상 권력을 장악했던 신군부에 의해 독점되었다. 이들은 5 · 18을 '불순 정치 집단'의 조종을 받은 '폭도'들이 사회 혼란과 국가 전복을 목적으로 지역 감정을 자극하는 '유언비어'를 퍼뜨려 일으킨 '광주폭동사태'로 규정하고,[1] 정부 발표 이외에는 이에 대한 보도와 논의를 일체 금지시킴으로써 5 · 18에 대한 단 하나의 입장만을 강요하였다. 그렇지만 5 · 18에 대한 신군부의 입장은, 그것이 국가 변란을 꾀한 폭동이었다는 점을 적극적으로 국민들에게 주지시키기보다는 그것에 대한 논의 자체를 봉쇄하는 것, 즉 '은폐'에 무게가 실려 있었다. 이는 정권측의 주장과는 달리 5 · 18의 진실이 무엇인지, 그리고 이 점에 대해서 그들 스스로가 어떻게 생각하고 있는지 역설적으로 웅변해 준다. 항쟁을 진압한 측에게 5 · 18은 역사에서 지워버리고 싶은 짐으로 인식된 것이다.[2]

집권 세력의 '은폐' 입장은 이들의 의도가 반영된 국정교과서 서술에서 잘 드러난다. 1982년에 발간된 중학교와 고등학교 국사교과서(제4차 교육과정)에는, 10 · 26사태 이후 '사회 혼란'과 '남침 위기'에서 벗어나 국내 질서를 회복하기 위해서 정부가 국가보위비상대책위원회를 설치하고 개혁을 추진했다는 주장이 서술되어 있지만, 그 어디에도 5 · 18에 대한 언급은 없다(국사편찬위원회, 1982a, 175~176). 제5공화국 성립의 정당성과 개혁

---

1) 5 · 18과 관련한 '유언비어론', '지역 감정론', '불순 정치 집단론', '폭도론', '폭동 사태론' 등의 담론은 최정운, 〈폭력과 언어의 정치 : 5 · 18 담론의 정치사회학〉, 한국정치학회, 《5 · 18 학술심포지움 발표문》, 1997을 참조.

2) 항쟁 진압 세력이 5 · 18을 '은폐'하고자 했던 점은 우리 사회가 '6 · 25사변'을 다루는 방식과 대비된다. 신군부측에게는 이 둘 모두 국가의 안위를 위태롭게 했다는 점에서 동일하지만, '6 · 25사변'이 끊임없이 교육되어야 할 대상이었던 반면에, 5 · 18은 망각의 대상이었다.

성을 주장하면서도 5 · 18에 대해서는 언급하지 않는 서술, 이것이 국정교과서 서술의 핵심이다. 이러한 서술은 국립방송통신대학 교재에도 동일하게 나타나는바, "1980년 말의 10 · 26사태로 공화당 정권은 물러가고 잠깐 동안의 제4공화국을 거쳐 1981년에 제5공화국의 탄생을 보았다. 이제 우리는 새로운 결의에서 새 역사 창조에 매진하고 있는 터다"라는 서술이 바로 그것이다.[3]

관변 · 보수학계의 서술도 여기서 거리가 멀지 않다. 국가 공식 기관인 국사편찬위원회가 발간한 《한국 현대사》(1982)와 '고시용 국사교과서'로 통용되던 변태섭의 《한국사통론》(1986)은 10 · 26 이후 사회 혼란과 대학생 시위의 과격화로 인해 '광주사태'가 발생했으며, 정부는 비상계엄을 통해 이를 '수습'하고 국보위를 설치하여 '대규모적인 정치 · 사회 · 문화의 개혁'을 추진했다고 서술하고 있다.[4] 여기서 5 · 18은 정치사회적 불안정을 가중시킨, 그래서 '수습'되어야 할 '사태'로 규정되고 있으며, 이에 반해 5공화국 집권층은 사태를 수습하고 일대 개혁을 단행한 '새 지도층'으로 묘사되고 있다. 결국 관변 · 보수학계는 5 · 18에 대해서 언급은 하지만 구체적인 내용을 담지 않고 있으며, 이를 '광주사태'로 파악하고 5공화국 성립의 정당성을 주장한다는 점에서 국정교과서의 시각과 동일한 맥락에 있다.

이처럼 정권측이 침묵을 강요하고 관변 · 보수학계가 진실을 외면하거나

---

3) 이원순 외, 《교양 국사》, 한국방송통신대학, 1985, 346쪽. 여기서는 10 · 26이 1980년의 사건으로 기술되고 최규하 과도 정권이 제4공화국으로 혼동될 만큼 현대사에 대한 부정확한 서술이 두드러진다.

4) 《한국 현대사》는 〈민주주의의 토착화〉 항목에서 "1980년 5월 유신 시대의 잔존 세력 퇴거를 요구하는 대학생들의 가두 데모가 과격화하자, 전국 비상계엄을 선포하고 광주사태를 수습한 정부는 6월 국가보위비상대책위원회를 만들어 (중략)대규모적인 정치 · 사회 · 문화의 개혁을 전개해 나갔다"(437쪽)고 서술했고, 《한국사통론》은 이를 이어받아 "1980년 5월 유신 잔존 세력의 후퇴를 요구하는 대학생들의 시위를 계기로 광주사태가 일어나자 정부는 비상계엄을 선포하여 이를 수습한 뒤, 국가보위비상대책위원회를 설치하여 대규모적인 정치 · 사회 · 문화의 개혁을 추진하였다"(524~525쪽)고 서술했다.

왜곡함으로써 5 · 18은 공식적으로는 은폐되고 있었다. 그렇지만 항쟁의 현장에서 살아남은 자들과 학생운동권을 중심으로 한 실천가들은 지하에서 은밀하게 광주를 되새기고 있었으며, 이는 광주의 진실을 말하려는 몸부림과 광주의 교훈을 통해 '변혁'을 꿈꾸기 시작하는 모습으로 나타났다.

5 · 18에 대한 항쟁 주체들의 시각은 1980년 6월에 작성된 작자 미상의 〈광주시민의거의 진상〉에서 처음으로 정리되었다. 이 문건은 5 · 18을 "10 · 26 이후 고조된 민주운동의 결정이며 박 정권 18년 독재하에 성장한 민주 역량의 구체적 표현"이자, "군사 독재 체제 강화에 대한 도전이고 자유민주주의 열망의 표현"인 '광주시민의거'라고 규정하였다(전남사회문제연구소, 1988, 193~208). '광주시민의거'라는 개념은 정권측이 주장하는 일부 불순분자들의 폭동이 아니라 광주 시민 모두가 주체가 되었던 반독재 민주화운동이라는 주장을 담고 있으며, 특히 그 규모와 전개 양태에 있어 일반적인 '운동'을 뛰어넘는 '의거'의 성격을 갖고 있음을 의미한다. 항쟁 직후부터 살아남은 투사들에게 5 · 18은 '돌발적 사태'가 아니라 4 · 19 이래 지속되어 온 반독재 민주화 투쟁의 연장선에 서 있으면서도 그것을 뛰어넘은 '획기적 사건'으로 인식되었던 것이다. 이러한 인식은 항쟁 1주기를 맞는 1981년 5월까지도 항쟁 주체들 사이에서 견지되고 있었던 것으로 보이지만,[5] 학생운동권은 이와는 다른 차원에서 5 · 18을 되새기기 시작했다. 이들은 5 · 18을 자유민주주의 수호를 위한 시민의거라고 파악하여 4 · 19 이래의 연속성을 강조하기보다는 '획기적 사건'이라는 단절성에 주목해서 5 · 18의 의미를 급진적으로 재해석해 나갔다.

1981년 9월에 전남대 교내 시위 도중에 살포된 유인물에는 항쟁을 경험한 학생운동권의 5 · 18 인식이 극명하게 드러나 있다. 이들은, 5 · 18은 단

5) '광주시민의거'라는 인식은 1981년 5월에 작성된 천주교 광주대교구 사제단의 〈광주사태 1주년을 맞는 우리의 주장〉과 전남 도민 일동 명의의 〈전남 도민 5월 시국선언문〉에서도 동일하게 나타난다(광주광역시, 1997, 210 · 218~220).

지 반독재 민주화 투쟁이 아니라 "적과 아의 계급적 모순이 폭발적으로 격화"되어 발생한 "5 · 18광주민중봉기"이며, 그 실패의 의미는 기존 운동의 "결정적 자기 한계"를 청산하고 "반제반파쇼 민족해방 투쟁"으로 "혁명적인 질적 전환"을 촉구하는 "피의 선언"이라고 주장했다(광주광역시, 1997, 235~246). 이 글은 항쟁의 실패를 '통한의 아픔'으로 되새기던 광주 지역 학생들의 투박하면서도 날카로운 인식을 드러내고 있지만, 대단히 급진적이고 선언적이다. 이러한 초기의 '변혁론적 해석'은 이후 학생운동권의 '과학적 혁명 이론' 모색 과정에서 점차 세련되어졌으며, 1985년에 이르면 민족 · 민주 · 민중이라는 이른바 '삼민 이념'과 결합되면서 '광주민중항쟁'으로 정식화된다.

1985년 5월에 작성된 전국민주학생연합의 〈광주민중항쟁의 현대사적 재조명〉과 전남대학교 총학생회 학술부의 〈5 · 18의 민중 혁명성 고찰〉은 그동안 학생운동권에서 논의되던 '변혁론적 해석'을 일차적으로 집대성하고 이후 진보 세력의 5 · 18 인식의 기초를 마련한 글이다. 이 단계에 이르러, 5 · 18은 "해방 이후 70년대 말까지 누적되어 왔던 반봉건, 신식민지로서의 정치경제적 모순", 즉 한국 사회 구조의 총체적 모순을 타파하고자 했던 '민중운동'이자 '혁명적 민중 봉기'로 규정되었다. 여기서는 모순의 총체성, 민중의 혁명성, 혁명운동의 합법칙성 등에 대한 강조가 두드러지며, 미국을 제국주의로 파악하는 인식이 정형화되어 나타났다. 결국 5 · 18은 "4 · 19의 자유민주주의 혁명으로 반독재 투쟁에 머물렀던 한계를 극복하고 그것과 결탁한 외세의 제국주의 침략까지 분쇄하고자 했던 민중해방운동"으로서 '현대사의 일대 분수령'이란 역사적 의미를 부여받게 된 것이다. 그리고 5 · 18의 계승은 민족 · 민주 · 민중이라는 삼민 이념에 입각한 과학적 혁명운동을 전개해 가는 것이라고 정리하였다(전남사회문제연구소, 1988, 269~289 · 389~405).

이처럼 지하의 학생운동권이 5 · 18을 급진적으로 되새기면서 '변혁'의

의지를 다져나가던 바로 그 1985년 5월에 《죽음을 넘어 시대의 어둠을 넘어》가 출간되고 나아가 서울 미문화원 점거 농성 사건이 터졌다. 《죽음을 넘어 시대의 어둠을 넘어》가 항쟁 주체들의 경험을 토대로 작성된 5 · 18 현장보고서로서 그동안 소문으로만 떠돌던 5 · 18의 진상을 처음으로 공개적으로 세상에 밝혔다면, 미문화원 점거 농성 사건은 미국에 대한 강렬한 문제 제기와 함께 5 · 18을 사회적 · 정치적 이슈로 부각시켰다. 이러한 분위기를 배경으로 5 · 18은 《한국민중사》(1986)를 통해 처음으로 역사책에 '광주사태' 가 아니라 '광주민중항쟁' 으로 기록되었다.

《한국민중사》는 젊은 역사학도들이 '민중적 입장에서 한국사를 정리' 하려는 취지하에 집필한 통사(通史)였는데, 여기서 5 · 18은 '광주민중항쟁' 이라는 제목으로 책의 마지막 절에 배치되었다. 이 책은 항쟁 주체들이 온몸으로 밝힌 항쟁의 진상과 학생운동권의 변혁론적 해석을 토대로 5 · 18의 전개 과정을 서술하고, 그 성격을 군부 독재의 재등장에 맞선 '광주민중항쟁' 으로 규정하였다. 또한 5 · 18의 역사적 의의는 "해방 이후 분단된 조국에서 민중이 주체가 되는 통일적 자주민족국가를 건설하기 위한 민족운동의 맥락"에서 이해될 수 있다는 전제 아래, "광주민중항쟁은 그 이전의 민족운동의 성과와 한계를 총괄"하면서도 "이후의 민족운동의 방향과 과제를 제시"한 '역사의 분수령' 이었다고 평가했다. 즉 우리 사회의 모순 구조의 실체를 드러내고 또 그것을 극복할 주체가 민중임을 확인시켜 준 동시에 "과학적 인식 아래 대중 속에 뿌리 박은 운동"의 방향성을 제시해 준 계기로 5 · 18을 자리매김한 것이다(한국민중사연구회, 1986, 367~376).

5 · 18은 《한국민중사》를 통해서 민족운동사에서 분수령적 의미를 갖는 민중항쟁으로 공개적으로 복권되었다. 그렇지만 이 책은 5 · 18의 성격과 역사적 의의에 대해서 대단히 추상적이고 선언적인 서술을 담고 있는 한계를 드러낸다. 모순의 실체가 무엇인가, '과학적 인식' 이 무엇인가, 이후 민족운동의 방향과 과제가 무엇인가, 그리고 이러한 점들이 왜 5 · 18을 통해

극명하게 드러났는가 등에 대해서 구체적인 내용을 담고 있지 않다. 특히 핵심적으로는, 왜 '민중항쟁' 인가에 대해서 설득력 있는 근거와 설명을 제시하지 못하고, '민중 주체' 의 역사 인식이라는 명제가 당위적으로 전제되어 있는 한계를 보인다.[6)]

진보 세력은 5 · 18의 진실과 역사적 의미를 드러내기 위해서 치열한 몸부림을 쳤음에도, 이들이 주장하는 5 · 18의 민중성 · 혁명성은 아직까지도 하나의 당위론이나 변혁의 열망 수준에 머무르고 있었다. 이처럼 급진적인 5 · 18 해석은 구체적인 근거와 논리를 갖춘 역사 서술이라기보다는 5 · 18을 역사적으로 복권시키고 현실 투쟁의 정당성과 방향성을 제시하려는 '열정' 에 의해 규정되고 있었다고 볼 수 있다. 이러한 한계를 극복하는 작업은 87년 대투쟁 이후 민족민주운동의 역량이 비약적으로 발전하고 그 논리가 체계화되는 것을 기다려야 했다.

3. 제2기(1987~1992) : 진실 공방과 변혁론적 자리잡기

> 10 · 26사태 이후, 위기를 수습하는 과정에서 12 · 12사태가 일어났다. 이를 전후하여 민주화를 요구하는 학생들의 시위가 계속되었고, 그 과정에서 5 · 18광주민주화운동이 일어났다. 한편, 개헌 작업이 추진되어 (중략)민주정의당의 전두환을 대통령으로 하는 제5공화국이 성립되었다(고등학교《국사》, 1990).

6)《한국민중사》의 '광주민중항쟁' 전개 과정에 대한 서술에서는, '민중' 이라는 용어가 19번이나 사용되고 있다. 그러나 '대부분 기층 민중으로 구성된 시민군' 이라는 서술 이외에는 '민중' 의 구성과 성격에 대한 설명이 없으며, 오히려 전반적인 서술 기조는 민중을 '일반 시민' 혹은 광주 시민 전체를 의미하는 개념으로 사용하는 경향이 강하다.

광주민중항쟁은 4 · 19 이후 최대의 반독재 민중항쟁이었다. 시민들의 자기 방어적 무장에 의해 시민전쟁의 상황으로까지 발전되었으나, 비조직적 시민군으로서는 막강한 물리력을 가진 지배 권력에 굴복할 수밖에 없었다. 민중들은 이 사건을 통해 군부 파쇼의 폭압적 성격과 그것을 지원한 미국의 본질에 대해 점차 분명한 인식을 갖게 되었다(한국역사연구회, 《한국사강의》, 1989).

우리 사회의 민주화에서 일대 획을 그은 87년 6월항쟁은 5 · 18 역사 서술에도 중대한 전환의 계기를 마련하였다. 광주의 피를 먹고 자란 진보 세력은 5 · 18의 진상 규명과 책임자 처벌을 주장했고, 정권측도 더 이상 이를 은폐할 수 없게 되었다. 5 · 18은 공개적이고 합법적인 논쟁의 장으로 뛰어올랐고, 이를 '과거완료형' 으로 처리하려는 정권 · 보수 진영과 이를 '현재진행형' 으로 지속시키려는 진보 진영 간의 전면적인 공방전이 전개되었다. 5 · 18에 대한 역사 서술의 갈래는 바로 이러한 지형 속에 놓여 있었다.

정권측은 더 이상 진실을 은폐할 수 없게 되자, 5 · 18을 '광주폭동사태' 에서 '광주민주화운동' 으로 말을 바꾸었다. 단 '이제 그만' 이라는 단서를 전제로. 노태우 정권의 '광주민주화운동' 론은 5 · 18을 "광주 시민 · 학생의 민주주의를 위한 노력의 일환" 으로 규정하면서도, 시위대와 군경 간의 충돌 과정에서 격화된 무력 충돌로 파악하는 쌍방책임론적 논리를 갖는다.[7] 이는 5 · 18을 '민주화운동' 이라고 말하면서도 그 진실에 대해서는 논의를 회피함으로써 그 역사성과 혁명성을 거세하고 우발적인 사건으로 만들려는, 그리하여 현재적 의미를 갖지 않는 '과거완료형' 의 역사로 해석하려는 입장

---

7) 노태우 정권의 5 · 18에 대한 입장을 사실상 규정한 민주화합추진위원회의 건의안은 5 · 18의 성격 재규정과 관련해서, '동기에 있어서는' '민주화를 위한 노력의 일환' 으로 인정하면서도, 결과적으로는 '폭동이나 폭거' 로 볼 수도 있다는 양면적 인식을 보여준다(〈동아일보〉, 1988년 2월 16일).

이다. '광주민주화운동' 론은 국정교과서와 보수학계의 역사 서술에 그대로 반영되어 나타난다.

1990년에 발간된 고등학교 국사교과서(제5차 교육 과정)는 "10 · 26사태 이후, 위기를 수습하는 과정에서 12 · 12사태가 일어났고, 민주화를 요구하는 학생들의 시위가 계속되는 과정에서 5 · 18광주민주화운동이 일어났다"고 서술하고 있다(국사편찬위원회, 1990a, 183). 이전 교과서에 비교할 때, 전혀 언급되지 않던 5 · 18이 '광주민주화운동' 으로 서술되고 있다는 점에서 진전된 측면이 있다. 하지만 문제는 '광주민주화운동' 이 무엇을 의미하는가에 대한 설명이 전혀 없으며, 5 · 18과 5공화국 성립의 상관 관계에 대한 언급도 없다. 또 교사용 지도서에는 "최규하의 과도 체제는 정치 발전을 활성화하고 정치 참여의 확대를 추구하면서 개헌 작업에 착수하였으나, 학원 사태와 노사 분규가 과열되어 갔으며, 잇달아 12 · 12사태, 광주민주화운동이 발생하였다"고 서술하여, '광주민주화운동' 이 마치 정치 발전의 걸림돌이 되었던 것처럼 표현하고 있다(국사편찬위원회, 1990c, 174). 더구나 중학교 국사교과서에는 아예 5 · 18에 대한 언급이 없다. 아직도 국정교과서에는 5 · 18을 진정 '민주화운동' 으로 평가하려는 입장보다는 이를 은폐하려는 기운이 감돌았다.

보수학계의 5 · 18 서술 역시 본질적으로는 크게 변한 것 없이 단지 기술적(記述的)인 측면에서의 말 바꾸기 정도에 그치고 있다. 변태섭의《한국사통론》개정판(1989)은 서문에서 "1987년은 한국 현대사에 있어서 확실히 큰 변혁의 계기"이며 "역사는 항상 새롭게 해석되고 다시 씌어져야 한다"고 전제하면서, 5 · 18 관련 부분을 '개정' 했다. 그렇지만 이 책은 초판(86년)의 서술을 그대로 유지하면서 단지 '광주사태' 를 '광주항쟁' 으로, '수습' 을 '진압' 으로, 그리고 국보위가 '대규모적인 정치 · 사회 · 문화의 개혁을 추진하였다' 를 '전권을 장악하였다' 로 고쳐썼다. 이것이 바로 새롭게 해석하고 다시 쓴 내용이었다(변태섭, 1989, 3 · 542).

이보다 한 해 먼저 발간된 대한민국사편찬위원회의 《대한민국사》는 여전히 '광주사태'라는 인식을 고수하고 있다.[8] 여기에는, 10 · 26 이후 우리 사회가 "노사 분규, 학원 사태의 과열, 5 · 18광주사태의 발발 등 격렬한 반정부 민주 세력의 도전에 직면하여 정치적 · 사회적 혼란에 빠져들었고 결국 새로 등장한 개혁 주도 세력에 의하여 사회 개혁이 광범하게 단행"되었다고 서술되어 있다. '5 · 18광주사태'는 "일부 시위 참여의 과열 경향에 대하여 출동한 계엄군의 과잉 진압"으로 발생한 민족적 비극이지만, "그 역사적 평가에 관해서는 현재로서는 유보할 수밖에 없다"는 입장을 취한다(대한민국사편찬위원회, 1988, 132~134). 정권측이 주장하는 쌍방책임론과 평가 유보 입장에 충실한 서술이다.

그렇지만 정권측과 보수학계의 5 · 18 서술은 현실적으로나 학술적으로 별다른 설득력을 갖지 못했으며, 오히려 5 · 18 서술의 주도권은 '학술운동'을 표방하며 기성학계의 권위와 보수적 시각에 도전하던 진보적 학술 진영에게 돌아갔다. 이들은 1988년 이후 급속하게 쏟아져나온 5 · 18 관련 자료집, 회고록, 수기, 증언록 등을 토대로 그동안 지하에서 실천가들이 경험적으로 다듬어온 '광주민중항쟁'론을 학술적으로 체계화시키는 작업을 펼쳐갔다. 주로 진보적인 사회과학계가 주축이 된 5 · 18 연구는 89~90년에 집중적으로 진행되어 몇 권의 단행본으로 출간되었으며, 여기서 5 · 18과 관련된 주요 쟁점에 대한 기본적인 사실 및 인식의 갈래가 정리되었다.[9] 이러한 연구 성과를 기반으로 5 · 18은 대학교재용과 대중교양용 한국역사서에 '광주민중항쟁'으로서 정당한 시민권을 획득하기에 이르렀다.

---

8) 대한민국사편찬위원회는 80년대를 풍미한 진보적인 현대사 인식인 이른바 '수정주의적 시각'의 대두에 대응하기 위한 보수학계의 시도로 1987년에 조직되어 《대한민국사》를 발간했다. 이 책의 정치사 분야는 김운태와 김학준이 집필했다.

9) 대표적인 연구 성과는 다음과 같다. 김세균 외, 《5 · 18광주민중항쟁과 한국민족민주운동》, 광주, 1989 ; 한국현대사사료연구소, 《광주5월민중항쟁》, 풀빛, 1990 ; 정해구 외, 《광주민중항쟁연구》, 사계절, 1990.

5 · 18이 학술적인 역사서에서 '광주민중항쟁'으로 처음 기록된 것은 한국역사연구회의 《한국사강의》(1989)에서였다.[10] 여기서 5 · 18은 4 · 19 이래 꾸준히 발전되어 온 민족민주운동의 연장선에 있으면서도, 유신 체제 붕괴 이후 전사회적으로 확산된 민주화운동을 진압하고 정권을 장악하려는 신군부에 대항해서 "시민 전쟁의 상황으로까지 발전"했던 "4 · 19 이후 최대의 반독재 민중항쟁"으로 서술되었다. 《한국사강의》는 5 · 18이 반독재 민주화운동의 내용을 가지면서도 민중운동의 성장을 배경으로 하며 "시민들의 자체 무장에 의한 저항"의 특징을 갖는다는 점에서 '광주민중항쟁'이라고 성격을 규정하였고, 이를 계기로 군사 파쇼와 미국의 본질을 새롭게 인식하게 되었다는 점을 5 · 18의 유산 · 교훈으로 평가했다(한국역사연구회 1989, 361~363). 그리고 한국역사연구회는 재차 《한국역사》(1992)를 통해서, 5 · 18은 유신 체제 붕괴 후 군사 파쇼 체제의 재편 음모에 정면으로 대항했던 민중항쟁이자, 이후 민족민주운동 세력에게 중요한 투쟁 경험과 인식 지평의 새로운 확대를 가져다준 역사적 사건이라고 서술했다. 특히 여기서는 '미국의 책임 문제'와 이로 인해서 '반미운동의 대중적인 고양을 예고'한 점을 중시하는 서술이 두드러졌다(한국역사연구회, 1992, 400~401).

이 시기에는 진보적 · 실천적 역사관에 입각해서 서술된 대중교양용 한국사 책이 다수 출간되었는데, 여기서도 5 · 18은 '광주민중항쟁'으로 현대사의 한 페이지를 장식하게 된다. 《바로 보는 우리 역사》(1990), 《일하는 사람을 위한 한국 현대사》(1990), 《다시 쓰는 한국 현대사》(1992) 등은 아카데미즘 역사서에 비해 훨씬 생동감 있고 때로는 선동적이기까지 할 정도로 5 ·

---

10) 《한국사강의》는 '과학적 · 실천적 역사학'을 표방하면서 결성된 학술(운동) 단체인 한국역사연구회가 발간한 대학교재용 한국 역사서다. 이 책은 '역사 발전의 주체인 민중을 중심으로 서술하며, 근현대는 자주적 민족통일국가 수립을 위한 민족민주운동을 중심에 두고 서술한다'는 서술 원칙하에서 집필되었으며, 1980년대 이후 급속하게 확산된 한국사에 대한 민중적 · 진보적 관점의 역사 서술을 대표한다고 볼 수 있다.

18의 진실과 역사적 의미를 일반 대중들에게 강렬하게 전달하고 있다. 특히 여기서는 민중의 '영웅적 투쟁' 과 '해방 광주' 의 도덕성이나 자치 역량 등이 크게 강조되고 있다.

이상에서와 같이, '광주민중항쟁' 론은 5 · 18을 우발적으로 발생한 사건이라거나 민주 헌정의 회복을 요구하는 반독재 민주화운동이었다는 해석을 뛰어넘어, 한국 사회의 근본적인 변혁을 추구하는 민족민주운동의 새로운 발전의 단초를 제시해 준 민중항쟁 혹은 민중봉기로 적극적으로 해석한다. 특히 이전과 같이 지하에서 경험적 · 선언적으로 변혁의 필요성을 외치던 수준에서 벗어나, 5 · 18의 역사적 맥락과 구조적 배경, 그 전개 과정에서 나타난 민중의 혁명성, 국가 권력(군사 파쇼)과 그의 배후 세력인 미국의 본질 등을 분석하여, 5 · 18을 사회변혁운동의 발전선상에 자리매김하려는 인식을 보여주고 있다.

그렇지만 이 시기의 '광주민중항쟁' 론 역시 왜 '민주화운동' 이 아니라 '민중항쟁' 인가에 대해서는 주장의 선명성에 비해서 충분한 설명을 제시하지 못하고 있다. 즉 '항쟁' 이라는 개념은 '무장 투쟁' 이나 '시민전쟁' 과 같은 고도의 운동 형태를 표현하는 것으로 이해할 수 있겠지만, '민중' 이라는 개념과 관련해서는 항쟁의 주체와 지향의 측면에서 민중적 특성이 어떻게 드러나는지 설득력 있게 설명되지 않는다. 오히려 주체의 측면에서는 계급계층을 초월한 전시민적 참여를 강조하여 계급연합적 의미의 민중 개념을 퇴색시키는 면도 보이며, 지향의 측면에서도 일반(혹은 시민적) 민주주의를 뛰어넘는 민중적 지향성을 거의 언급하지 않는 한계를 보인다.[11]

---

11) 《한국사강의》는 5 · 18 이전에 보수야당 · 중산층과 민중운동 세력 간에 차이가 있었음을 언급하는 정도이며, 《한국역사》는 오히려 '민중' 에 대한 특별한 언급이 없다. 또 《바로 보는 우리 역사》는 민중사관을 강하게 표방하면서도 '노동자 · 농민 · 청년학생 등 광주의 모든 애국 시민' 으로 항쟁의 주체를 서술하고 있어서 '민중' 이라는 개념을 무색케 하고 있다. 또 '해방 광주' 역시 대부분의 역사서에서 '시민 공동체' '시민 자치' '시민적 도덕성' 등으로 설명된다. 물론 《일하는 사람을 위한 한국 현대사》처럼 부분적으로는 항쟁 참가자의 계급 분

따라서 '광주민중항쟁' 론은 《한국민중사》와 마찬가지로 '민중 주체의 역사' 라는 인식이 당위론적으로 전제되어 있으며, 그것을 채워줄 서술의 구체성을 갖기보다는 '민주화운동' 론에 대한 차별화로서의 개념 규정이라는 느낌을 강하게 준다. 이러한 한계는 '광주민중항쟁' 론의 인식론적 기반인 80년대 진보 이념과 변혁론 일반이 안고 있던 한계, 즉 역사 · 운동 발전의 합법칙성의 신화, '모순과 저항' 의 이원항 속에서 파악되는 규범적인 민중 인식[12], 구조결정론적 · 필연주의적 · 본질환원론적 편향 등에서 기인한다.[13] 이런 인식틀에서는, 5 · 18이 민족 모순과 계급 모순의 총체적 모순 관계라는 구조적 배경에서 출발하며, '필연적으로' 그 모순의 집중적 체현자인 기층 민중이 중심이 된 항쟁으로 발전하였고, 따라서 민중의 의식적 · 조직적 한계에도 불구하고 '본질적으로' 사회의 근본적 변혁을 지향하는 민중해방운동 혹은 민족민주운동이라고 파악한다.[14]

이상과 같이 진보 세력의 5 · 18 서술, 즉 '광주민중항쟁' 론은 87년 이후 급격히 성장한 민족민주운동의 성취와 한계를 고스란히 반영하고 있다. 이는 5 · 18에 대한 역사 서술이, 실천가들의 인식을 진보적 사회과학계가 이

석을 통해서 기층 민중이 항쟁의 주도 세력으로 발전한 점을 지적하고 있지만, 여기서도 항쟁의 민중적 요구와 지향에 대해서는 별다른 서술이 없다.

12) 민중은 모순의 집중적 체현자로서 계기만 주어진다면 그 모순에 가장 전투적이고 완강하게 저항하는 존재로 설정된다. 또한 민중은 주체적인 한계로 인해 모순의 총체성을 인식하지 못하더라도 투쟁의 과정에서 그것을 인식하게 되며 올바른 지도와 결합될 때 사회의 근본적 변혁을 추구해 간다고 파악한다.

13) 80년대 진보 이념과 변혁론에 대한 비판적 성찰에 대해서는, 김동춘, 〈레닌주의와 80년대 한국의 변혁운동〉, 《역사비평》 겨울호, 1990 ; 최종욱, 〈지식인의 무책임성에 대한 자기 반성과 제안〉, 《한국 좌파의 목소리》, 민음사, 1998를 참조.

14) 이러한 편향은 특히 사회과학계의 5 · 18 서술에서 두드러지는데, 《청년을 위한 한국현대사》(1992)가 "비록 광주민중항쟁이 절차적 수준의 요구를 주도하는 민주화 투쟁에 머물렀음에도 불구하고 본질적으로는 반제국주의, 반독점자본의 지향을 내포한 민족민주운동이었다고 할 수 있다. 단지 지배 세력은 이미 항쟁의 본질을 알고 공세로 나왔던 반면, 항쟁 주체들은 역사적 한계로 그러한 투쟁의 성격을 보편화시키지 못했을 따름"(329쪽)이라면서, 5 · 18의 성격을 '반제반독점 민족민주운동' 으로 규정한 것이 대표적이다.

론적으로 체계화하고 이를 역사 서술에 반영하는 방식으로 이루어졌기 때문이었다. 따라서 '광주민중항쟁' 론은 5 · 18의 역사적 · 현실적 실천성을 담아낼 수 있는 역사 서술이라는 긍정성에도 불구하고, 구체적인 사실을 기반으로 한 역사학적 분석이 아니라 특정한 변혁론에 입각한 도식적인 서술이라는 한계를 갖는다. 그러므로 '광주민중항쟁' 론은 민족민주운동의 성장을 배경으로 쉽사리 우리 역사 혹은 현대사의 일대 사건으로 복권될 수 있었던 것만큼이나, 현실 운동의 성장 · 쇠퇴 여하에 따라서 또한 쉽게 그 활력을 잃어버릴 요소를 안고 있었다고 말할 수 있다.

4. 제3기(1993~현재) : '역사 바로 세우기' 와 '역사화'

1979년 12월 12일 이른바 신군부 세력이 일부 병력을 동원해서 군권을 장악하고, 정치적 실권도 장악하였다. 이 시기를 전후해서 민주화를 요구하는 시민과 대학생들의 시위가 거세게 일어났다. 민주화를 열망하는 국민의 요구는 5 · 18광주민주화운동으로 이어졌다(1980). 이때 민주주의 헌정 체제의 회복을 요구하는 시민들과 진압군 사이에 충돌이 일어났으며, 이 과정에서 다수의 무고한 시민들도 살상되어, 국내외에 큰 충격을 안겨주었다(고등학교 《국사》, 1996).

1980년대 민족민주운동

1. 변혁 이념의 확산과 운동의 절적 전환기

2. 부마항쟁과 광주민중항쟁

   1) 부마항쟁과 유신 체제의 종말

   2) 광주민중항쟁과 1980년대 민족민주운동의 출발

3. 민족민주운동의 흐름

1) 새로운 출발(1983년)
2) 민족민주운동의 변혁적 정립(1986년)
3) 6월민주화운동과 대중 투쟁의 발전(1987년)
4) 도약의 시기(1988~89년)

4. 민족민주운동의 성격과 특징
1) 변혁 운동으로서 총체성 획득 2) 기층 대중운동의 성장
3) 통일전선운동의 진전 4) 투쟁 형태상의 발전

(《한국사》 20, 〈1980년대의 민족민주운동〉 항목 목차, 한길사)

1993년 '문민정부' 출범을 계기로 5 · 18의 진실 공방과 역사 서술은 새로운 국면으로 접어들었다. 김영삼은 대통령 취임 후 처음 맞는 5 · 18을 며칠 앞두고 특별 담화를 발표하여 5 · 18에 대한 '문민정부'의 공식적인 입장을 천명하였다. 이에 따르면, 5 · 18은 군사 독재에 저항한 민주화운동의 연장이자 우리 사회 민주주의 발전의 밑거름이었으며, '문민정부'는 광주민주화운동의 연장선에 있는 민주정부였다.[15] 여기서 5 · 18은 노태우 시절과 마찬가지로 '광주민주화운동'으로 규정되었지만, 말로만의 민주화운동이 아니라 실제로 우리 사회의 민주화를 촉진시킨 주인공으로서 그 숭고한 의의를 인정받았다. 그렇지만 '문민정부'의 광주민주화운동론은 진정으로 5 · 18의 진실과 역사적 의미를 적극적으로 평가하려는 입장이라기보다는 군사 독재와 '문민정부'의 차별성을 부각시키기 위한 매개 장치로서 5 · 18을 활용하려는 의도였다. 김영삼은 풍요 속의 빈곤이라 할 만한 '역사 바로 세우기'의 요란한 소동을 통해서 문민정부의 정당성을 뒷받침하는 정치 논리로 5 · 18을 활용함으로써, 5 · 18의 혁명성과 현재적 실천성을 탈각시키고 '중요하지만 이미 끝나버린' 과거의 역사로 고정시키고자 했다.

15) 대통령 비서실, 《김영삼대통령연설문집 I》, 1994, 185~186쪽.

'문민정부'의 '광주민주화운동'론이 어떻게 역사 서술로 구체화되는지를 국정교과서의 5 · 18 서술을 통해 살펴보자. 1996년에 발행된 국사교과서(제6차 교육 과정)는 5 · 18을 10 · 26사태에서 '전두환 정부' 출범에 이르는 신군부의 정권 장악 음모에 반발한 '민주화운동'으로 자리매김하고, 시민군과 신군부의 충돌과 살상 등을 명시하였다. 이는 5 · 18을 단지 언급하는 정도로 넘어가던 노태우 정권 시절의 교과서 서술과는 분명하게 다른 모습이다. 그렇지만 위에서 예시한 아주 간략한 5 · 18 서술을 하나하나 뜯어보면, 문민정부가 주장하는 광주민주화운동론의 실체가 뚜렷이 드러난다. 교과서에 따르면, 항쟁의 주체는 '시민'이고 이들의 요구는 단지 '민주주의 헌정 체제의 회복'이었다. 또한 5 · 18투사들의 목숨을 건 항쟁 대신에 '무고한 시민들'의 살상이 언급되고, 항쟁이 남긴 것은 단지 '큰 충격'으로 제한되었다.

이러한 서술은 반독재 민주화 투쟁으로만 파악될 수 없는 항쟁의 혁명성과 역사적 의미를 거세하는 것임은 물론이고, 정권 스스로가 규정한 '민주화운동'의 실천적 의미조차 퇴색시키는 것이다. 즉 5 · 18을 통해서, 민주주의는 목숨을 걸고라도 지켜야 할 소중한 가치라는 메시지를 전달하는 것이 아니라, 다만 '무고한'(순진한) 시민들의 민주화 요구조차도 압살한 신군부의 폭력성과 불법성을 설명하는 것에 초점을 맞춘 서술이다. 결국 문민정부의 '광주민주화운동'론은 신군부=군사 독재와 대비되는 문민정부의 민주적 정통성을 주장하려는 논리이자, 문민정부 출범으로 이제 5 · 18은 곧 민주화운동이라는 지금까지의 진행을 멈추고 과거의 일로 고정되어야 한다는 논리라고 볼 수 있다.[16]

16) 고등학교《정치》교과서(1996)에 "독재 정권의 정통성 부족에서 비롯된 반정부적인 성향은 정치 발전에 부정적인 요인으로 작용하고 있다"(46쪽)고 서술한 것은 '민주화운동'을 바라보는 문민정부의 시각을 잘 보여준다. 이들에게 민주화운동은 단지 정통성이 부족한 독재 정권에서나 의미를 갖는다.

이처럼 정권측의 '광주민주화운동' 론은 문민정부의 정당성을 주장하려는 정치 논리 혹은 체제 논리라는 한계를 갖지만, 적어도 항쟁 주체와 진압 주체 중에서 '누가 과연 폭도인가' 에 대해서는 명확한 평가를 내렸다. 만족스럽지는 않아도 '가해자=신군부' 의 부당성과 '저항자=광주 시민' 의 정당성은 확인된 것이다. 이는 5 · 18의 진실 규명과 책임자 처벌을 요구해 온 민족민주운동 혹은 진보 세력의 승리를 의미했지만, 결코 이들이 주장한 '광주민중항쟁' 론의 승리를 말해주는 것은 아니었다.

진보 세력은 문민정부의 '역사 바로 세우기' 와 '광주민주화운동' 론의 한계를 비판하면서 광주민중항쟁론을 고수했지만, 이들의 5 · 18 서술은 교과서적으로 체계화되었다는 점 이외에는 이전에 비해서 진전된 면이 별로 보이지 않는다.

진보 세력의 '광주민중항쟁' 론은 《한국사》(1994)에서 가장 전형적으로 나타난다. 진보적 역사학계의 연구 성과에 기반해서 우리 역사를 전 26권으로 집대성한 이 방대한 한국 통사 중에서 '광주민중항쟁' 은 제20권 《자주 · 민주 · 통일을 향하여 2》 중 〈1980년대 민족민주운동〉 항목에서 다뤄졌다. 이 책의 5 · 18 서술을 보면, '발발 배경—전개 과정—교훈' 의 전형적인 서술 구조를 가지며, 서술의 내용 역시 이전 시기의 광주민중항쟁론을 체계적으로 정리한 정도다. 다만 두드러지는 점은, 목차에서도 얼핏 엿볼 수 있듯이 5 · 18은 항쟁 자체보다도 1980년대 민족민주운동의 새로운 출발의 계기라는 측면에서 주목하고 있으며, 따라서 배경 · 전개라는 사실보다는 교훈의 계승이 보다 중요하게 다루어지고 있다는 점이다(한국사편찬위원회, 1994, 66~72). 이는 5 · 18이 진보 세력에게는 더 이상 재론의 여지가 없는 명백한 역사적 사건, 즉 '광주민중항쟁' 으로 인식되고 있으며, 문제는 그것이 남긴 교훈—그것도 이미 잘 정리된 테제—을 실천해 가는 것이었다는 점을 말해준다.[17]

교과서적으로 체계화된 '광주민중항쟁' 론은 진보 사학계가 학술적 · 사회적 힘을 강화하는 것과 비례해서 그 파급 범위를 넓혀갔다. '광주민중항쟁' 론은 근현대사 강의 교재로 발행된 《강좌 한국근현대사》(1995)와 《한국현대사 강의》(1998)는 물론이고 방송대학교 한국사 교재인 《한국사의 이해》(1998)에까지 반영되어 대학 강단에서 권위 있는 역사 해석으로 자리매김하였다. 또한 중고등학생을 대상으로 한 일종의 대안교과서로 집필된 역사학연구소의 《교실 밖 국사여행》(1993)에서도 5 · 18은 '광주민중항쟁' 으로 해석되고 있으며, 이러한 서술은 진보적인 중등교사들의 노력으로 실제 수업에까지 반영될 수 있었다.[18]

이처럼 '광주민중항쟁' 론은 진보 세력에게는 정식화된 역사 해석으로 자리잡고 학술적 · 사회적으로도 그 전달 범위를 넓혀갔지만, 현실에서 5 · 18의 변질과 박제화를 극복하기에는 역부족이었다. 문민정부가 주장하는 '광주민주화운동' 론은 노태우 정권 시절과는 달리 사회적인 설득력을 확보해 갔으며, 더욱이 항쟁의 진원지인 광주에서까지 뚜렷한 하나의 5 · 18 해석으로 자리잡아 갔다. 특히 지역성이 강화되는 정각(正負) 효과의 양측면, 즉 지방자치제의 발전과 민주화운동의 지역적 분열이라는 모순적 현상을 통해서 '광주의 지역화' 양상이 강화되었다. '광주의 지역화' 는 두 가지 특성을 보이는데, 하나는 광주만의 투쟁이자 기념 행사로 축소되는 면과, 또 하나는 광주 시민 전체의 운동이나 '광주 시민 정신' 등으로 해석되면서 민중성 · 혁명성이 탈각되는 현상이었다.[19]

이는 90년대 초반 사회주의권의 붕괴와 문민정부 출범 등을 계기로 민족민주운동의 이념과 활동력이 쇠퇴하고 '대적 전선' 이 이완되면서 80년대

---

17) 다만 진보 세력의 '광주민중항쟁' 서술에서 차이가 있다면, 민족 모순을 강조하는 NL적 경향과 계급 모순을 강조하는 PD적 경향의 정파적 특성을 반영하여, 미국의 개입 문제를 강조하는 입장과 기층 민중의 주도성을 강조하는 입장의 차이 정도가 두드러진다.

18) 전국역사교사모임은 '선생님을 위한 역사 수업 지도안' 인 《우리 역사, 어떻게 가르칠까》(1995, 푸른나무)에서 모의 재판 방식을 이용한 '광주민중항쟁' 수업 지도안을 제시했다.

19) 정근식, 〈5 · 18광주항쟁〉, 《역사비평》 가을호, 1995.

진보 패러다임에 입각해 있던 '광주민중항쟁' 론의 호소력 혹은 설득력이 저하된 것에서 기인했다. 사실 5, 6공화국 시절에 민족민주운동이 대중적 지지를 받을 수 있었던 것은, 그 이념과 지향에 대한 동의보다는 반민중적인 정권에 대해서 비타협적인 투쟁을 전개한 것에 대한 도덕적 신뢰에서 비롯된 면이 강했다. '광주민중항쟁' 론 역시 그 사실적 · 논리적 정합성 때문에 설득력을 갖기보다는 정권측의 은폐 · 왜곡에 대한 선명한 안티테제로서의 실천성 때문에 사회적인 지지를 받을 수 있었다. 따라서 문민정부 출범 이후 변화된 5 · 18 담론의 지형에 능동적으로 대처하기 위해서는, '광주민중항쟁' 론은 80년대 진보 이념의 도식성과 당위론적인 한계를 극복하고, '왜 광주인가 혹은 왜 광주만일 수 없는가, 그리고 왜 민중항쟁인가' 에 대해서 좀더 설득력 있는 답변을 제시해야 했다.[20] 그렇지만 진보 세력은 교과서적으로 정리된 '광주민중항쟁' 론을 되풀이할 뿐, 이를 넘어서는 풍부한 설명이나 심화된 인식을 보여주지 못했다.[21]

이처럼 진보적 학술운동 진영의 '광주민중항쟁' 론이 탄력성을 상실해 가

20) 손호철은 5 · 18을 '시민항쟁' 으로 보는 관점을 비판하면서 실증적인 분석을 통해서 5 · 18이 기층 민중이 주도적으로 참여했고 또 단순한 절차적 민주화를 넘어서 좀더 근본적인 민주화와 해방을 지향했던 점을 밝혀내어 '민중항쟁' 이라는 개념을 구체화시켰다(손호철, 〈80년 5 · 18항쟁: 민중 항쟁인가 시민 항쟁인가?〉, 《해방 50년의 한국정치》, 새길, 1995). 그렇지만 그는 5 · 18이 광주 시민 '전체' 의 항쟁이 아니었다는 점, 즉 상층 부류는 항쟁에 소극적 혹은 부정적이었다는 점과 기층 민중이 주도적이었다는 '사실' 을 밝히고 있을 뿐, 그러한 원인과 의미에 대해서는 "항쟁의 주체는 이 같은 모순의 '담지자' 인 '민중' 일 수밖에 없었다는 점을 인식하는 것이 중요하다"(176쪽 : 강조는 필자)고만 말하는 규범적인 민중 인식에서 벗어나지 못한다. 또 항쟁의 지향이 '좀더 근본적인 민주화와 해방' 을 내포했다는 분석도 설득력이 떨어진다. 손호철의 진전된 연구도 논문 제목에서 드러나듯이 5 · 18을 '시민 항쟁' =민주화운동이 아니라 '민중항쟁' 으로 파악해야 함을 주장하는 것에 제한되어 있다.

21) 1990년을 전후해서 활발하게 전개된 진보적 사회과학계의 5 · 18 연구가 그 이후 급격하게 위축되었던 사실에 주목할 필요가 있다. 사회과학계의 침체는 곧바로 진보적 역사학계의 5 · 18 서술의 위축으로도 이어졌다. 한국역사연구회가 《한국역사입문》을 내면서 4 · 19까지만 정리하고 그 이후의 역사를 배제시킨 사실은 사회과학계의 논의가 식어버리자 역사학계가 '책임질 수 없는 부분' 에 대해서 부담감을 느꼈음을 시사한다. 동 연구회는 《한국현대사》(1991)에서는 사회과학계의 연구 성과를 적극 수용하여 '현재' 까지의 역사를 모두 포괄한 바 있다.

는 것과는 대조적으로 5 · 18에 대한 역사 서술은 오히려 기성 아카데미즘 영역에서는 다양한 방식과 관점으로 전개되었다.

우선 주목되는 부분은 진보적 성향의 역사학계 원로인 강만길의《고쳐 쓴 한국현대사》(1994)이다. 강만길은 해방 이후의 역사를 '민족통일운동'의 맥락에서 정리하면서, '5 · 18 광주민중항쟁'이 민주화운동인 동시에 궁극적으로는 민족통일운동에 연결되는 위치에 있음을 갈파하는 역사학적 통찰력을 보여주었다. 특히 갑오농민전쟁, 호남의병전쟁, 광주학생운동, 해방 후의 무장 투쟁으로 이어지는 민중항쟁의 역사적 전통 속에서 5 · 18의 '무장항쟁'적 성격을 적극적으로 파악하여, 독립운동상에서 무장 투쟁의 의의를 높이 평가하면서도 5 · 18의 무장항쟁적 측면에 대해서는 지극히 부정적이었던 보수적 시각의 표리부동과는 대조되는 일관성을 보였다(강만길 1994, 253 · 282~285).

한편 중도적 성향에서 한국사를 체계화한 한영우의《다시 찾는 우리 역사》(1997)는 5 · 18을 신군부의 쿠데타에 맞선 '광주민주화운동'으로 서술했는데, 정권측과 국정교과서의 '광주민주화운동' 론과는 몇 가지 다른 면을 보인다. 첫째는 5 · 18을 신군부의 불법성과 문민정부의 정통성을 설명하는 매개로서가 아니라 '민주화운동' 론 자체의 적극적인 의미를 부각시킨 점이고, 둘째는 5 · 18의 교훈과 계승으로서 미국 문제를 간략하게나마 서술하고 있는 점이다(한영우, 1997, 581~582).

이와는 다소 다른 맥락에서 서중석은 진보 세력의 변혁론적 인식과는 구별되면서도, 5 · 18의 혁명성과 계승성을 적극적으로 해석하려는 서술을 보인다. 그는 5 · 18을 민족운동사의 맥락에서 중요한 계기로 평가하면서도 '광주민중항쟁'이라고 성격 규정하여, 진보 세력이 당위론적으로 전제하고 있는 '민중 주체의 역사 인식'에 대한 비판적 시사를 던졌다(노태돈 외, 1997, 426~428).

위와 같은 서술을 통해서 5 · 18은 '학술운동'을 표방하던 소장학자들에만 제한되지 않고 아카데미즘 영역에서도 한국사의 중요한 계기로서 정당하게 자리잡을 수 있었다. 특히 보수적 성향의 원로학자들이 한국사를 통사적으로 정리하면서 여전히 5 · 18을 다루지 않거나 국정교과서식의 서술을 되풀이함으로써 현대사의 예민한 부분을 사실상 비켜가고 있는 것과 대비해 본다면,[22] 이러한 서술은 5 · 18을 역사학의 범위에 포섭해 냈다는 중요한 의미를 갖는다.

이제 5 · 18은 은폐와 왜곡의 굴레에서 벗어나 국가적 · 학술적 · 사회적으로 우리 사회의 민주화에 긍정적으로 기여한 역사적 사건으로 명확하게 자리잡았다. 물론 그 진실과 역사적 의미를 이해하는 방식은 상당한 편차를 보이지만, 5 · 18의 역사성을 인정하는 것은 거스를 수 없는 대세가 되었다. 이는 5 · 18을 복권시키려고 노력해 온 진보 세력의 투쟁의 성과이기도 했지만, 다른 한편으로는 이들의 '광주민중항쟁' 론이 선명성과 실천성만으로는 더 이상 5 · 18에 대한 유의미한 역사 서술로서의 독점적 권위를 인정받을 수 없다는 현실을 말해주기도 한다.

5. 나오며—5 · 18을 다시금 되새기는 길

5 · 18 자체가 항쟁이었던 것만큼이나 그것의 진실과 의미를 되새기는 과정 역시 가히 '항쟁' 이었다. 5 · 18을 세상에 밝히기 위해 많은 사람들이 목숨과 청춘을 바쳤으며, 5 · 18 투사들의 외침을 실천해 가는 과정에서 역시 많은 희생과 눈물이 뒤따랐다. 우리 사회의 근본적인 개혁과 진보를 꿈꾸었

22) 한국 사학계의 원로인 이기백의 《한국사신론》은 몇 차례의 개정 증보에도 불구하고 '4월혁명' 까지만 서술하는 원칙을 고수하고 있다. 아마도 4 · 19 이후의 역사는 아직 역사학적으로 다룰 수 없다는 인식을 갖고 있는 듯한데, 이런 태도는 1961년에 발간한 《국사신론》(제일문화사)에서 4 · 19를 서술했던 것과는 대비된다.

던 사람치고 5 · 18의 한(恨)과 의미를 마음속 깊이 되새겨보지 않은 이는 없었을 것이고, 바로 이러한 성과 위에서 우리의 민족민주운동은 비약적으로 발전했다. 그리고 이를 통해 적어도 5 · 18을 총칼로 억눌렀던 군부 독재 혹은 군사 파쇼 체제를 종식시킬 수 있었다. 그렇지만 5 · 18은 이제 그 진군을 멈추고 '과거의 신화' 로서 역사의 저편으로 넘어가고 있다.

5 · 18은 이미 20년 가까이 지난 '과거' 의 일이고, 현실적으로도 더 이상 우리 사회의 진보를 만들어가는 데 핵심적인 담론 · 쟁점일 수 없다. 그렇지만 '역사는 현재와 과거의 끊임없는 대화다' 라는 고전적이면서도 정곡을 찌르는 명제를 인정한다면 5 · 18은 잘 정리해서 역사책의 한 귀퉁이에 모셔두어야 할 박제화된 과거가 아니다. 오히려 새로운 현재적 관점에서 5 · 18을 끊임없이 재해석하고 또 그것을 통해서 현재를 바라보는 눈을 더욱 풍부하게 만들어야 한다. 우리는 5 · 18을 가장 진지하고 처절하게 되새겨왔던 진보 세력의 '광주민중항쟁' 론의 성취와 한계를 정확하게 인식하여, 그것을 더욱 풍부하게 하고 여기서 한 단계 뛰어넘는 인식의 지평을 열어야 한다. 필자는 이에 대한 체계적인 대안을 제시할 능력은 없고, 다만 여기서는 도식화된 혹은 교조화된 '광주민중항쟁' 론을 지양하기 위해서 몇 가지 재고점을 제시해 보고자 한다.

무엇보다도 진보 세력의 '광주민중항쟁' 론이 갖고 있는 과잉된 실천성과 도식주의적 편향을 극복해야 한다. 진보 세력은 5 · 18의 진실과 의미를 급진적으로 되새기는 과정에서 80년대 진보 패러다임의 핵심인 '변혁론' 을 이끌어냈고, 다시 이 변혁론을 매개로 5 · 18을 해석하여 '광주민중항쟁' 론을 정식화시켰다. 이 과정에서 진보 세력은 은폐되었던 5 · 18의 진상을 밝혀낼 수 있었지만, 학살자에 대한 '적개심' 과 투사들의 뜻을 계승해야 한다는 '사명감' 에 지나치게 사로잡혀, 5 · 18을 사실에 근거해 파악하기보다는 현실운동의 논리에 입각해서 그 성격 · 의미를 '규정' 해 버렸다. 현실운동의 논리에 맞게 5 · 18을 해석하는 것만이 '실천적' 관점이라고 여겼던 진보 세력은 그 운동 논리가 갖는 도식성만큼이나 광주민중항쟁을 도식적으로 이해했으며, 변혁적 관점의 해석이라고 규정한 '광주민중항쟁' 론에 의문을 제기하는 것에 대해서는 이를 '사상적 불철저성' 으로 치부하였다. 결국 진보 세력의 '광주민중항쟁' 론은 80년대 변혁론의 생명력이 고갈되어 가자, 애초의 실천성조차 퇴색한 채 끊임없이 되새겨야 할 원천이라기보다는 급진적으로 정식화된 과거형 서술로 화석화되었다.

이러한 한계를 극복하기 위해서는 '광주민중항쟁' 론에 담긴 '민중항쟁' 의 의미와 '광주' 의 지역성 문제를 전면적으로 재검토해야 할 것이다. 우선, 5 · 18은 과연 민중항쟁인가에 대해서 좀더 설득력 있는 분석이 필요하다. 기층 민중이 주도적인 역할을 했다고 민중항쟁으로 파악할 것이 아니라, 이들이 항쟁의 주도 세력으로 등장하게 되는 배경과 원인, 그리고 그 경로를 밝히고, 민중이 지키고자 했던, 또는 쟁취하고자 했던 바가 무엇인가를 다시금 생각해 볼 필요가 있다. 민중은 모순의 집중적 체현자이기 때문에 '필연적' 으로 항쟁을 주도했고, 본질을 정확히 이해하지는 못했지만 '본질적' 으로 사회의 근본적인 변혁을 지향했다고 이해하는 것은 지극히 도식적이고 규범적인 인식이기 때문이다. 특히 항쟁 과정에서 형성되었던 '민중공동체' 의 새로운 질서와 연대의 원리는 우리 사회의 새로운 진보를 고민하는 데 많은 시사점을 제공해 줄 수 있으리라 믿는다. 또한 광주의 특수성을 생각하는 것에 대해 구조적인 이해에서 벗어난 '자유주의적 관점' 이라고 비판할 것이 아니라, 왜 광주(혹은 광주 · 전남)에서만 항쟁이 발생했는가를 진지하게 돌아봐야 한다. 또 왜 광주였는가라는 질문을 바꿔서 왜 다른 지역은 침묵했는가라는 질문을 던져보는 것도 유의미할 것이다. 광주만의 항쟁이라는 사실은 광주 지역의 선진성이나 신군부의 '선택적 음모론' 으로만 해석될 수 없는 면이 있을 뿐더러, 현재 5 · 18이 지역화되는 현상을 이해하고 극복하는 열쇠를 제공해 줄 수도 있을 것이다.

5 · 18이 '살아 있는 역사' 라고 하는 것은 현실운동의 정당성과 지향을 말

해주는 원천으로서 5 · 18을 인식하는 것만이 아니라, 항쟁 주체들의 저항과 좌절의 의미를 사실 그대로 인식하고, 그것을 통해서 우리의 '진보'를 더욱 풍부하게 하는 것이다. 이제 우리의 위치에서 5 · 18에 다가가는 방식이 아니라 다시금 5 · 18에서 출발하여 우리의 미래를 전망하는 방식으로 되돌아가야 할 때다.

〈참고문헌〉

국사편찬위원회 제1종도서개발위원회, 《고등학교 국사》(하), 1982a.

국사편찬위원회 제1종도서개발위원회, 《중학교 국사》(하), 1982b.

국사편찬위원회 제1종도서개발위원회, 《교사용 지도서－고등학교 국사》(제4차 교육 과정), 1982c.

국사편찬위원회 제1종도서개발위원회, 《고등학교 국사》(하), 1990a.

국사편찬위원회 제1종도서개발위원회, 《중학교 국사》(하), 1990b.

국사편찬위원회 제1종도서개발위원회, 《교사용 지도서－고등학교 국사》(제5차 교육 과정), 1990c.

국사편찬위원회 제1종도서개발위원회, 《고등학교 국사》(하), 1996a.

국사편찬위원회 제1종도서개발위원회, 《중학교 국사》(하), 1996b.

국사편찬위원회 제1종도서개발위원회, 《교사용지도서－고등학교 국사》(제6차 교육 과정), 1996c.

국사편찬위원회, 《한국현대사》, 탐구당, 1982d.

강만길, 《한국현대사》, 창작과비평사, 1984.

______, 《고쳐 쓴 한국현대사》, 창작과비평사, 1994.

광주광역시 5 · 18사료편찬위원회, 《5 · 18광주민주화운동 자료총서》 2, 1997.

구로역사연구소, 《바로 보는 우리 역사》, 거름, 1990.

김인걸 외, 《한국현대사강의》, 돌베개, 1998.

노태돈 외, 《시민을 위한 한국역사》, 창작과비평사, 1997.

대한민국사편찬위원회, 《대한민국사》, 탐구당, 1988.

박세길, 《다시 쓰는 한국현대사》 3, 돌베개, 1992.

박현채, 《청년을 위한 한국현대사》, 소나무, 1992.

변태섭, 《한국사통론》, 삼영사, 1986.

______, 《한국사통론》(2판), 삼영사, 1989.

송찬섭 · 홍순권, 《한국사의 이해》, 한국방송대학교출판부, 1998.

역사학연구소, 《교실 밖 국사여행》, 사계절, 1993.

역사학연구소, 《강좌 한국근현대사》, 풀빛, 1995.

윤대원, 《일하는 사람을 위한 한국 현대사》, 거름, 1990.

전남사회운동협의회 편, 《죽음을 넘어 시대의 어둠을 넘어》, 풀빛, 1985.

한국민중사연구회 편, 《한국민중사》 2, 풀빛, 1986.

한국방송통신대학, 《국사》, 한국방송통신대학출판부, 1985.

한국사편찬위원회, 《한국사》 20, 한길사, 1994.

한국역사연구회 편, 《한국사강의》, 한울, 1989.

한국역사연구회, 《한국역사》, 역사비평사, 1992.

한국정치연구회, 《한국정치사》, 백산서당, 1990.

한영우, 《다시 찾는 우리 역사》, 경세원, 1997.

5 · 18과 김남주

나카무라 후쿠지*
(일본 리쯔메이칸대 교수)

1. 들어가며

필자는 지금까지 두 번에 걸쳐서 김남주론을 썼다. 한 번은 《역사비평》의 해방 50주년 기념 기획인 〈시로 본 한국현대사〉에 80년대를 대표하는 시인으로서 김남주가 꼽혔을 때 짧은 글을 기고한 적이 있다. 또 한 번은 일본에 김남주의 전체상이 알려지지 않은 점을 고려해, 전시기에 걸친 김남주의 시 가운데 되도록이면 많은 시들을 골라 번역 소개했다.[1] 이러한 작업들을 통해서 내 나름의 김남주의 이미지를 그릴 수는 있게 되었지만, 한편으로는 문제를 제한시켜 보다 깊이 연구해야 할 과제들이 많이 남아 있다는 느낌을 받았다. 남민전 피고로서 옥중 생활을 보낸 시기의 창작 방법 연구와 그 과

---

* 中村福治, 日本 立命館大.

1) 나카무라 후쿠지(中村福治), 〈1980년대 : 김남주—민중을 향한 시적 투혼〉, 《역사비평》 계간 31호, 역사문제연구소, 1995년 겨울호 ; 나카무라 후쿠지, 〈이데올로기 시와 그 운명—김남주론〉, 《葦芽》 제24호, 田畑書店, 1998.

정에서 하이네, 브레히트, 네루다의 시들과의 만남이 김남주의 옥중시 창작에 미친 영향 관계를 밝히는 것도 그러한 과제들 중 하나다. 또한 일본 프롤레타리아 문학운동에 있어 대표적 시인의 한 사람인 나카노 시게하루(中野重治)와 김남주를 보다 깊이 비교 검토하는 작업도 그런 과제였다.

본고는 5 · 18민중항쟁을 계기로 씌어진 옥중시를 검토하는 것이 주요 과제인데, 다음과 같은 세부 과제들을 통해서 살펴보고자 한다. 하나는, 1979년 10월 12일에 남민전 사건으로 체포되어, 1심(1980년 5월 2일 판결) · 2심(같은 해 9월 5일) · 최종심(같은 해 12월 23일)을 통해 징역 15년의 실형이 확정(출소는 88년 12월 22일)되기까지의 재판 과정과 김남주의 옥사 생활을 밝히는 일이다. 또 하나는 옥중에서 독서와 사색을 통해서 획득한 깨달음을 토대로 옥중시가 씌어지고 발표되는데, 그 창작의 전제가 된 창작 방법, 즉 리얼리즘론의 획득 과정, 그리고 옥중시와 하이네, 브레히트, 네루다 등 김남주가 애독하고 번역했던 시들과의 관련을 밝히는 일이다. 궁극적으로는 이러한 검토를 토대로 광주민중항쟁을 직접적으로 다룬 시를 고찰하고자 한다. 김남주와 나카노 시게하루라는 테마는 하이네와 관련시켜 언급하는 정도에서 그치고자 한다.

2. 남민전 사건 공판 투쟁 · 광주 교도소 시대의 김남주

김남주는 1979년 10월 4일, 잠실의 아지트에 대한 급습 당시 남민전 간부로서 체포되었다. 그리고 60일 정도의 구금 · 고문을 겪은 후, 기소되어 서대문 서울 구치소에 수용되었다. 공판에서 무기징역이 구형되었으나, 80년 5월 2일 제1심에서 징역 15년이 선고되었다. 그후 9월 5일의 제2심과 12월 23일의 최종심에서도 같은 형이 내려졌다. 제2심 판결이 내려진 직후인 9월 10일, 남민전 관련 피고인 대부분은 광주 교도소에 이감되어, 이후 1986년

9월에 전주 교도소로 이감될 때까지 광주 교도소에 수감되었다.

남민전 사건 제1심에서 집행유예로 석방된 남민전 사건 피고인 박광숙은 석방 후, 김남주에 대해서 구원 활동을 벌이고 싶다고 나섰고, 최종적으로 김남주는 그것을 받아들였다.[2] 이후 두 사람은 김남주가 장기수로 복역 중임에도 불구하고 약혼한다. 이 시기 김남주의 동향을 김남주 자신이 직접 기술한 것들과 박광숙에게 보낸 옥중 서간집인 《옥중연서》[3], 그리고 남민전 사건의 피고이며 광주 교도소에서 함께 있었던 문학상의 선배 임헌영(단, 임헌영은 2년 만에 출옥)의 회상 등을 토대로 검토하고자 한다.

우선 김남주는 출옥 직후의 인터뷰에서 "80년 5월 광주민중항쟁의 소식을 알고 계셨나요"라는 질문에 대해 다음과 같이 답했다.

> 형이 확정되기까지 서울 구치소에 있다가 1980년 9월에 광주로 이감되었고 다시 1986년 1월에 전주 교도소로 이감되었는데, 서울 구치소에 있을 때 누군가가 "광주에선 한 집 건너 울지 않은 사람이 없다"며 학살 소식부터 전해주었어요. 저는 광주 전체가 살육으로 초토화된 것으로 알고, 철창을 붙잡고 얼마나 울었는지 모릅니다. 제가 생각할 때 저의 시 세계가 변화했다고 느낀 것은 감옥 밖에서의 시, 감옥 안에서의 시가 분기점을 이룬 것 같았는데, 광주항쟁의 소식을 알게 된 얼마 후 광주 감옥으로 이감된 것도 적잖은 영향을 미쳤던 것 같아요.[4]

이상의 말을 통해 김남주에게 광주항쟁이 준 충격이 얼마나 컸었는가를

---

2) 김남주, 〈철창에 기대어〉, 《김남주 문학 에세이》, 시와 사회사, 1994, 129쪽.
3) 《옥중연서》, 삼천리, 1989. 또한 최근에 본서가 《편지》(이룸 출판사, 1999)라는 이름으로 재간행되었다. 본고에서는 항목은 생략하고 날짜만을 밝힌다.
4) 김남주, 〈시인은 사회 변혁의 주체〉, 《김남주 문학 에세이》, 시와 사회사, 1994, 236쪽. 초출은 《사회와 사상》 1989년 2월호.

엿볼 수 있다. 그리고 이 충격이 옥중시 가운데서도 가장 고조된 어조의 시들로 나타나게 되는데, 그 점은 후술하겠다.

한편 임헌영은 김남주와 옥사를 같이했는데, 이 시기의 김남주에 대해서 다음과 같이 얘기하고 있다.

> 1980년 9월 남민전 연루자들이 광주 교도소에 간 몇 달 뒤 광주항쟁 연루자들 중 중형 선고를 받은 사람들이 바로 특사로 들어왔고 이로써 남민전과 광주항쟁은 비로소 구체적으로 만나게 되었다. 광주에 밝은 남주는 유독 광주항쟁을 파고들어 육신의 한 부분으로 육화(肉化)시킬 수 있었다.[5]

광주 교도소에서 광주 사람들과의 만남이 김남주로 하여금 실태에 대한 보다 깊은 이해와 그에 기반한 시 창작에 적지 않은 영향을 끼쳤다는 점을 엿볼 수 있다.

또한 임헌영은 다른 글에서 김남주에 대해 다음과 같이 기술하고 있다.

> 광주에서 남주와 나는 방 두 개를 건너뛰어 있었다. 그러니 자연 운동이나 세면 등을 할 때면 한 조가 되어 다녔을 뿐만 아니라 저녁 시간이면 변소 벽에 기대어 온갖 이야기를 하게 되었다. 우리는 감방 밖에서는 도저히 입에 담을 수 없는 화두—자신의 생애 고백부터 사랑의 체험, 사상, 진로, 인생관 등등—를 서슴없이 토론했고, 식구들이 보내준 편지도 서로 큰소리로 다 읽곤 했다. 그의 아내인 박광숙 씨와는 내가 남주보다 더 먼저부터 알고 있던 터라 유독 관심을 가지고 그들의 사랑의 진행을 지켜보며 어쭙잖은 충고도 하곤 했다.
>
> 광주 교도소 시기의 김남주는 위대한 혁명시인으로서의 자질을 향상시키

---

5) 임헌영, 〈김남주의 시 세계〉, 《김남주 삶과 문학》, 시와 사회사, 1994, 231쪽.

는 계기가 되었다. 여기서 그는 하이네, 브레히트, 네루다, 푸시킨을 읽는 정도가 아니라 그들을 모방하여 엄청난 양의 시를 썼다. 나는 특히 남주에게 브레히트를 권장했는데, 세계 혁명시인 중 우리 나라의 대중들에게 가장 잘 먹혀 들어갈 만한 시인은 역시 브레히트가 아닌가 싶었기 때문이다. 사실 김남주 시의 서사 구조나 정치 의식의 단순화로 대중을 쉽게 감동시키는 기교는 브레히트로부터 배운 바가 많음을 부인할 수 없다. 광주 시절에 특별한 단속이 없는 날 밤이면 나는 거의 매일 변소 창문을 통해 남주가 낮 동안 일어로 읽었던 브레히트를 번역해 달라고 하고는 이상한 부분이 나오면 함께 번역하곤 했다. 브레히트에 익숙해지면 사실 하이네나 푸시킨은 좀 싱겁기조차 했다. 물론 네루다의 경우에는 몇몇 뛰어난 혁명시가 있긴 하지만 초기의 모더니즘 계열의 작품은 영 거리가 멀어지는 느낌이었다.

여기서 남주는 독일어와 스페인어에 손대기 시작했는데, 어찌나 진도가 빠른지 이내 하이네와 네루다, 로르카를 원서로 끙끙대면서 번역하여 밤이면 우리들에게 소개해 주곤 했다.[6]

이상으로 김남주 본인과 임헌영의 회상을 소개했는데, 이러한 부분을《옥중연서》에서 확인해 보자. 본서는 김남주의 출옥 후 편집 · 출판된 것으로, 서울 구치소 수감 당시부터 석방되기까지 박광숙에게 보낸 편지를 중심으로 하고 그외에 친족(부모, 형제), 박광숙의 오빠, 대학 선배인 박석무, 대학 동기 이강, 고등학교 후배 최권행, 소설가 황석영 등에게 보낸 편지들을 일부 수록하는 형식을 취하고 있다.

이 시기의 김남주에게서 다음의 두 가지 과제를 들 수 있다. 하나는 남민전의 총괄이랄 수 있는 변혁 이론 연구이고, 또 하나는 창작 방법, 곧 리얼리즘 연구를 통해 앞에서 소개한 외국 시인들의 시를 감상 · 번역하고, 그에

---

6) 임헌영, 〈내가 만난 김남주〉,《시와 시학》, 시와 시학사, 1995, 45~46쪽.

기반해서 시를 창작하는 것이었다. 때문에 김남주는 서울 구치소 시기부터 맹렬히 그 작업에 몰두한다. 이전까지는 투쟁의 나날들이었기에 차분히 공부할 수 있는 시간적 여유가 없었다. 본인도 스스로를 시인이라기보다는 혁명가로 자처했다. 김남주의 회상에 따르면(87년 1월 10일 편지) 학생 시절과 대학 중퇴 후 광주에서 실천 활동을 하던 시절에, 미문화원에 소장되어 있던 공산주의 문헌을 읽은 것이 자신의 성장에 큰 계기가 되었고, 그외에는 일본어 문헌 등을 다룬 독서회를 통해 이해를 넓히는 정도였다. 그리고 남민전 활동에 참가, 전위대 전사로서 활동했다. 그러한 가운데 옥중 생활은 아이러니컬하게도 김남주에게 많은 시간적 여유를 주었던 것이다. 광주로 이감된 직후, 김남주는 박광숙에게 다음과 같은 글을 보냈다.

> 난 문학 수업을 근본적으로 철저하게 새로 하려고 합니다. 그래서 체계를 세워 고전적인 위대한 리얼리스트들의 소설을, 시를 샅샅이 읽어야겠습니다. 내가 읽고자 하는 책들은 셰익스피어, 괴테, 발자크, 스탕달, 톨스토이, 푸시킨, 고골리, 고리키, 숄로호프(도스토예프스키는 위대한 작가이기는 하지만 썩 마음에 들지 않습니다. 그는 인간성 중에서 악성만을 너무 두드러지게 파내서 천재적으로 그려내고는 있습니다만, 글쎄 읽어보기는 보아야겠습니다) 이러한 사람들의 작품이 시중에 있으면 번역본이 되었거나, 영어본이 되었거나, 일어본이 되었거나, 스페인어로 되었거나 싹 모아놓기를 바랍니다(80년 11월 7일 편지).

이러한 말들을 보건대, 이 시기에 이미 루카치를 접하고 있었던 것으로 보인다. 아무튼 김남주는 잇달아 차입품으로 책을 의뢰한다. 제1심이 끝난 직후, 아직 서울 구치소에 있을 때, 상기의 작가들 이외에도 이미 네루다 시집과 브레히트 시집을 의뢰했다. 당시 한국의 출판 사정으로 일본어 번역본 주문이 두드러진다. 한편, 사회과학 관계 서적은 허가가 내려지지 않은 이유에서인지 모르간의 《고대 사회》, 만델의 《후기 자본주의(The late Capitalism)》, 《한국 현대사》 등으로 한정되어 있다. 그 대신 세계의 동향을 파악하기 위해서인 듯 일본의 종합잡지 《문예춘추(文藝春秋)》 최신호를 의뢰하였다. 하이네는 82년 이후에 보이기 시작한다(82년 6월 21일 편지). 85년에는 독일어판 하이네 전집을 가지고 있었지만 독일어 문제로 충분히 감상할 수 없었던지, 이노우에 쇼오조오(井上正藏)의 《하인리히 하이네》(岩波書店), 하이네의 《시가집》(井上正藏 譯, 岩波文庫), 《앗타토로루》(井上正藏 譯, 岩波文庫), 《독일 겨울 이야기》(井上正藏 譯, 岩波文庫), 《로만츠 에로》(井上正藏 譯, 岩波文庫), 그리고 루카치의 《하이네 연구》(青木書店), 《독일문학소사》(道家忠道 · 小場瀬卓三 譯, 岩波書店) 등 주요 작품과 연구서를 박광숙 및 후배 최권행에게 부탁하였다. 또한 83년에는 일본어판 《루카치 저작집》(白水社)을 의뢰했는데, 리얼리즘론은 루카치에 의거해 연구하고자 했던 것으로 여겨진다. 82년 6월 21일자 편지에서 《게오르그 뷔히너 전집》(河出書房)을 부탁한 것을 보면, 이미 이 시기에 루카치의 뷔히너론〔〈게오르그 뷔히너－파시즘에 의한 날조와 진실〉, 《루카치 저작집》(제5권)〕을 읽은 것으로 추측된다.[7]

84년에는 희곡에 대한 관심으로부터 체홉, 입센 등의 희곡을 차입품으로 의뢰하였다. 그런데 차입 서적에 변화가 보이는 것은 85~86년경부터다. 김남주는 80년대 초까지 국내 사회과학 서적을 거의 읽지 않았고(86년 9월 17일 편지), 범람하던 '사상 서적'을 모두 사이비 서적으로 배격해 왔지만(81

---

7) 유고 시집 《나와 함께 모든 노래가 사라진다면》에 실린 김남주의 서재 사진에 한국어판 《역사와 계급의식》과 나란히 하쿠스이샤(白水社)판 《루카치 저작집》 여섯 권이 보인다. 이번에 박광숙 씨의 호의로 옥중 장서(일부와 출옥 후) 조사를 할 수 있었다.
《루카치 저작집》은 하쿠스이샤판 원본 2, 3, 6, 7, 8, 13 각권 총6권이 소장되어 있었고, 제5권은 큐슈(九州)대학 도서관 소장본을 제본한 것이었다. 박광숙 씨에 따르면 김남주는 투옥되기 이전부터 루카치에 대해 관심을 갖고 위의 서적을 읽었다는 것이다. 김남주의 소장 서적에 대해서는 필요에 따라서 기술하도록 하겠다.

년 1월 27일), 이 시기부터 번역되기 시작하는 마르크스주의, 혁명문학 등을 통해 김남주는 옥중에서 한국 사회의 변화를 느끼고 있었다. 86년 9월 17일자 편지에는 "1, 2년 전부터는 세계를 바르고 깊게 객관적으로 보는 책이 많이 나오고 있소"라고까지 쓰고 있다. 그리고 86년 11월 9일 편지에 "최근에는 참으로 좋은 책이 파도처럼 밀려와서 감당하기가 벅차오. 미칠 듯이 이것저것 읽다 보면 머리가 뒤숭숭할 지경이라오"라고 쓰고서, 최권행에게 뷔히너, 하이네, 하인리히 만의 작품, 루카치 저작집, 브레히트 시집 등의 번역 · 출판을 권하고 있다(85년 6월 22일, 최권행 씨에게 보낸 편지). 박광숙에게는 최근 마르크스주의 원전이 출판되고 있으니 읽어보라고 권유하고 있다(88년 7월 18일 편지).

한편 한국 문학작품에 대한 시각에도 변화가 나타난다. 김남주는 82년 1월 12일자 편지에서 "국내에서 나온 시집은 일부러 사서 넣지 마시오. 낭비오"라고까지 말하고 있다. 82년 2월 9일자 편지에서는 국내시를 "이성과 합리주의가 아니라 순전히 생의 체험이라든가 그렇기 때문에 비합리주의가 시의 내용을 지배하여 버리고 뚜렷한 세계관이 없는 불투명한 색조의 저항"이며, 그 저항은 '공허' 하고 '무방비' 한 것이라고 지적하면서, '확고부동한 세계관' 을 지닐 필요가 있음을 피력하였다.

그런데 83년 4월 13일자 편지에서는, 《실천문학》을 읽고서 "감탄할 만한 글은 없었으나 열심히 살아가고자 하는 모습들이 보여 기뻤다"고 기술하고 있다. 동시에 "현실 참여적인 '삶의 문학' 내지는 '실천문학' 을 한다면서 자질구레한 사회적 현상들만을 지저분하게 나열해 놓음으로써, 좀더 좋게 말하면 분석함으로써 현실을 바르게 독자에게 보여"주지 못하고 있다는 우려를 표하고 있다(이 비판의 시점에 대해서는 후술). 85년 10월 18일자 편지에서는 80년대 한국에서 노동자의 시가 나타나기 시작한 것을 환영하면서, 민중문학에 대해 언급하고 있다. 민중문학은 민중 생활의 기록이며 민중 생활은 밝은 면과 어두운 면의 통일인데, 민중문학은 그 어두운 면만을 과장해서 확대 생산하고 있다는 점, 그리고 부정적인 면과 긍정적인 면의 통일인 민중 생활에서 부정적인 면만을 강조하고 있다는 점을 지적하였다. 더불어 대부분의 시가 자본주의적 분업의 소산인 인간의 비인간화 · 야수화를 지적하고 있지만, 그것을 자연주의적인 수법과 몽타주적인 수법으로 나열한 누더기 같다고 비판하면서, 그러한 현상은 '구체적'이라는 개념에 대한 오해에서 비롯된 것으로 이해하고 있다.

85년 2월 17일자 편지에서는 옥중에서의 독서를 총괄해서 고전, 문학, 사회과학 분야 등등 많은 책들을 읽었다고 기술하면서, 문학에서 관심을 가지고 읽은 것 중에서 마음에 들었던 작가를 나열한 후 "참된 문학을 내가 분별할 수 있도록 지도해 준 사람은 게오르그 루카치 선생입니다"라고 밝혔다.

이상과 같은 옥중 문학 연구의 궤적을 살펴볼 때, 루카치의 리얼리즘론과 외국 시인, 특히 하이네, 브레히트, 네루다의 시가 창작에 큰 영향을 주었음을 알 수 있다. 이하 각절을 통해 이러한 문제들을 보다 구체적으로 검토하고자 한다.

3. 창작 방법, 리얼리즘론 연구

앞에서 밝힌 바와 같이 김남주는 83년 4월 13일자 편지에서《루카치 저작집》6권을 차입품으로 외뢰하고, 85년 2월 17일자 편지에서는 "참된 문학을 내가 분별할 수 있도록 지도해 준 사람은 게오르그 루카치 선생입니다"라고 쓰고 있다. 이러한 점을 볼 때, 김남주의 옥중 '문학 수행'에 있어서 루카치의 리얼리즘론은 문학 이해의 견인차 역할을 했던 것으로 추측된다. 이 점을 검토해 보자. 김남주가 리얼리즘론 및 루카치에 대해 그다지 많이 언급하고 있는 것은 아니다. 먼저 리얼리즘론을 살펴보자.

김남주는 일찍이 80년 11월 7일자 편지(이 편지에서 본격적인 문학 수업을 시작하고 싶다고 쓰고 있다는 점은 앞에서 기술했음)에서 리얼리즘론을 전형론으로 받아들이고 있음을 보여주었다. 다음과 같이 쓴 부분이 있다.

> 인물의 묘사에 있어서 유의해야 할 것은 첫째 전형성입니다. 전형성이란 예를 들면 동시대의 모든 문제, 즉 모순, 갈등, 결점, 장점, 분노, 절망, 아픔 등등을 한몸에 체현하는 사람입니다. 작가의 머리가 조작해 내거나 이상화한 그런 인물이어서는 안 됩니다.

더불어 앞에서 언급한 85년 10월 18일자 편지에서는, 생산 현장에서 일하는 노동자의 시, 민중문학에 대해 평가하는 문장 속에서 다시 전형론에 대해 기술하고 있다. 민중문학에 속하는 시인들에 대해 "시인들이 시대의 중대한 문제와 그 본질적인 여러 특징들을 전형적인 상황에서 동적이고 응축된 형태로 그리지 못하고 자꾸만 피상적인 현상들만을 너저분하고 지루하게 길게 늘어놓는 데 그치고 있소"라고 비판하였다.

먼저, 전자에서 보이는 규정을 김남주는 어디에서 배웠을까? 이 규정은 "리얼리즘이란 내 생각으로는 세부적인 진실함 외에 전형적인 상황에 있어서의 전형적인 인물의 재현이라는 점을 품고 있다"[8]라는 엥겔스의 유명한 문장과 통한다. 가령 김남주가 '인물 묘사'라는 점에 제한하고 있다고 해도, 그것은 투옥되기 이전부터 읽었던 루카치로부터 배운 것은 아닐까? 그렇다면 후자는 어떠한가? 이것은 루카치로부터 직접 획득한 것이다. 85년 10월 18일자 편지의 문맥을 살펴보면, 이 사실은 분명하다. 이 편지에서 생산 현장 노동자의 시, 즉 "민중문학은 자본주의적 분업의 소산인 인간의 비인간화 · 야수화를 자연주의 수법 내지 몽타주 수법으로 나열한 누더기 같은 시"라고 비판하고, 그와 같은 현상은 '구체적인 것'에 대한 오해에서 비

8) 《마르크스 · 엥겔스 예술문학론》①, 大月書店, 1974, p.145.

롯된 것이라고 지적하고 있다. 그리고 "문학은 구체적인 현실의 직접적 · 감성적 반영이고, 그러한 현실의 예술적 반영의 확대 재생산 외 아무것도 아니"라고 규정하고, 구체적이라는 개념을 마르크스와 레닌의 규정을 빌려서 설명하고 있다. 이상과 같은 문맥을 볼 때, ① 자연주의적 수법, 몽타주 수법에 대한 비판, ② 문학(리얼리즘)의 규정, ③ '구체적인 것'의 규정, 이상의 세 가지는 루카치의 논문, 주로 〈예술과 객관적 진실〉(《루카치 저작집》 제8권)와 〈쉴러의 근대문학론〉(앞의 책, 제4권)에 근거한 것이다. 우선 ①의 경우, 루카치는 앞의 논문들 속에서 예술을 주관화하는 여러 경향의 하나로서 '몽타주 이론'을 비판(앞의 책, 제8권, p.61)하고 있다. 자연주의는 루카치에게 있어 리얼리즘의 반대 개념으로, 예를 들어 "본질을 상실한 직사(直寫)적이고 피상적인 자연주의"(앞의 책, 제4권, p.386)라든가 "자연주의는 점점 굴종적으로 현상의 표면에 집착해, 점점 직사적으로 되고 있다"(앞의 책, 제4권, p.365)라고 기술하고 있다. ②에 대한 루카치의 규정은 다음과 같다. "예술의 과제는 구체적인 것을 직접적 · 감각적으로 자명한 형태로 재건하는 것—앞에서 기술한 마르크스의 의미에 있어서—이다"(앞의 책, 제4권, p.44). 김남주는 이러한 부분을 그대로 답습해, 문학 및 시에 치환하여 구체화시키고자 했던 것이다. 다음으로 ③의 경우인데, 김남주는 '구체적'이라는 개념을 "사물을 전면적으로, 즉 그것을 형성하고 있는 모든 요소와 그것이 다른 사물과 관련하고 있는 모든 측면을 파악함으로써 얻어지는 개념"[9]으로 규정하였다. 즉 헤겔 · 마르크스의 변증법 개념의 맥락에서 파악하였다. 그리고 이러한 규정은 앞에서 언급한 루카치의 〈예술과 객관적 진실〉의 머릿부분에 전개되어 있는 마르크스와 레닌의 '구체적인 것'의 규정에 전면적으로 의거하고 있다. 마르크스의 규정은 〈경제학 비판 요강〉의 서설(序說), 〈경제학의 방법〉에 기술된 상향법(上向法) = '학적 방법'에 관한 규정이며, 레닌의 규정은 《철학 노트》의 〈헤겔의 저서 《논리학》 적요〉에 보인다. 이러한 규정은 88년 7월 30일자 편지에 재등장한다. 다음과 같은 내용이다.

진실은 구체적입니다. 이 말은 누구나 알고는 있습니다. 그러나 실은 모르는 사람이 태반입니다. 진실이 구체적인 것은 틀림없지만 그것은 다양성의 통일이라는 것을 잊어서는 안 됩니다.

진실은 또한 사물과 인간에 대한 첫인상이 아닙니다. 그것도(첫인상) 자연주의이고 신즉물주의이고 표현주의입니다. 현상과 본질을 혼동해서는 안 됩니다. 소위 직관을 통해서 사물의 본질을 꿰뚫는다고 합니다만 그것은 자기과신이고 기만입니다. 진실은 첫인상도 아니고 사실의 나열도 아닙니다. 진실은 부단한 실천의 행로 속에 있습니다.

이와 같은 견해도 루카치의 영향이다. 자연주의, 신즉물주의, 표현주의의 비판 등에 이러한 점은 나타나 있다.

위 편지에서 또 하나의 논점은, 형상화란 다양성의 통일이며, 그것은 보편성과 일반성, 특수성과 보편성, 구체성과 추상성의 통일이라고 하는 점이다. 보편성과 일반성의 통일이라는 부분은 이해하기 힘든데, 추측컨대 루카치가 아리스토텔레스의 《시학》에 언급된 문학과 역사 기술의 차이에 대해서 기술한, "시는 작중인물, 상황, 행위에 있어 개별적인 인물, 상황, 행위를 모방할 뿐만 아니라, 동시에 그 속에서 합법칙적인 것, 보편적인 것, 전형적인 것을 표현한다"(앞의 책, 제8권, pp.42~43)라는 문장 속에 포함된 보편성과 개별성의 통일에 의거한 것으로 생각된다.

이외에도 김남주의 자본주의 비판 시점(물상화)도 루카치로부터 배운 부분이 많다고 생각한다.

---

9) 森宏一 編集, 《철학사전 증보판(哲學辭典 增補版)》, 青木書店, 1976, p.105. 본서도 김남주의 장서에 있었다.

한편, 김남주가 루카치에 대해서 조심스럽게 의문을 제시한 부분이 있다.

그(루카치－인용자)의 리얼리즘론에서 작중인물의 목적 의식적인 측면이 강조되어 있지 않은 점에 불만이 있기는 하지만 문학작품에서 작중인물이 어떤 이데올로기를 의식적으로 들고 나올 경우의 약점도 생각해 보았습니다. 아직은 나로서는 해결되지 않은 문제입니다(85년 2월 17일 편지).

이것은 무엇을 의미하는 것일까? "뛰어난 작가는 잘못된 주관적 견해에도 불구하고 현실＝객관의 변증법적 발전을 묘사한다"라고 하는 '리얼리즘의 승리'라는 견해에 대한 비판 · 의문을 의미하는 것인가? 아무튼 김남주도 해답을 찾지 못한 듯하다.

이상으로, 김남주는 자본주의 비판 시점, 문학의 거시적 파악, 리얼리즘론 등 다방면에 걸쳐서 루카치로부터 배운 부분이 많다. 하지만 이러한 문학 이론은 실제 창작에 얼마나 도움이 되었을까? 아마도 김남주는 루카치로부터 관심 있는 리얼리즘 작가의 조감도를 얻어 그러한 작가들의 작품을 보다 깊이 이해하는 데 도움을 얻었던 것은 아닐까? 그러한 의미에서 시 창작에 직접적인 영향을 받았다기보다는 간접적인 영향을 받았다고 보아야 할 것이다.

3. 옥중시와 하이네, 브레히트, 네루다

광주민중항쟁을 주제로 한 시에 대한 검토 이전에, 김남주가 옥중에서 시를 쓰는 데 있어 시의 기법, 주제 등에서 많은 영향을 받은 것으로 여겨지는 하이네, 브레히트, 네루다의 시와 김남주의 시를 비교 · 검토할 것이다. 김남주의 번역시는 앞의 시인들에 그치지 않는다. 사후 출판된《아침 저녁으로 읽기 위하여》(푸른숲, 1995)와 《은박지에 새긴 사랑》(푸른숲, 1995, 이하 《은박지》) 두 권을 보면, 앞의 세 시인을 포함해, 호치민, 아라곤, 마야 코프스키, 로르카, 푸시킨, 오드예프스키, 루이레예프의 시가 번역되어 있다. 그리고 김남주 스스로 이 시인들로부터 배운 것을 〈그들의 시를 읽고〉(《저 창살에 햇살이 2》, 창작과비평사, 1992, 258~259쪽, 이하 《저 창살》)라는 시에서 솔직히 토로하고 있다.

그런데 앞에서 언급한 바와 같이 김남주는 자신의 시 세계는 옥외와 옥중이 분기점이 되고, 동시에 광주민중항쟁과 광주 교도소 수감 등에서 큰 영향을 받았다고 언급하였다.[10] 그리고 이것을 실현시킨 것은 옥중에서 이루어진 앞의 시인들의 시와의 만남과 번역 작업이었을 것이다. 이 점은 85년 2월 17일자 편지와 염무웅에게 보낸 편지 속에서 확인된다. 염무웅에게 보낸 편지에는 다음과 같이 씌어 있다.

> 제가 시에서 제 나름의 길을 찾게 된 것은 순전히 이들 시인들의 작품을 읽고 번역한 덕분이 아닌가 싶습니다.[11]

또한 김남주와 가까웠던 사람들, 예를 들어 신경림은 "여기에는 김남주 문학의 발자취가 있고 그의 시의 문을 여는 열쇠가 있다"[12]고 기술하고 있으며, 임헌영은 앞에서 언급한 바와 같이 "(그들의 시를—인용자)읽는 정도가 아니라 그들을 모방하여 엄청난 양의 시를 썼다"[13]라고 회술하고 있다. 염무웅도 앞의 편지 인용에 이어서, "내 생각에 이것은 상당 부분 진실이며

---

10) 김남주 전집, 〈시인은 사회 변혁의 주체〉, 236쪽.
11) 김남주 번역시집 《아침 저녁으로 읽기 위하여》의 해설(염무웅)에서 인용한, 김남주가 염무웅에게 보낸 편지.
12) 위의 책, 발문.
13) 앞의 책, 45쪽.

앞으로 김남주의 문학을 연구하려는 사람들은 이 점에 특히 유의해야 할 것이라고 나는 믿는다"[14]라고 쓰고 있다. 그러나 지금까지 이 부분을 구체적으로 검토한 연구는 나오지 않고 있다. 이 글에서는 옥중 생활 말기에 출판된 초판《아침 저녁으로 읽기 위하여》(남풍, 1987)가 앞의 세 시인(하이네, 브레히트, 네루다)의 시를 번역하고 있다는 점에서, 아니 그 이상으로 이 세 시인은 김남주의 시 세계와 직접 관련되는 부분이 많다고 생각하기 때문에, 세 시인의 시에 한정시켜 검토할 것이다.

그런데 이 세 시인은 각각 독자적인 시 세계를 지니고 있기 때문에 일괄해서 논하는 것은 곤란하다. 따라서 다음과 같은 순서로 검토할 것이다.

1) 하이네

김남주는 하이네의 시를 번역하는 데 있어서《하이네 시집》(井上正藏 譯, 旺文社文庫, 1969)을 바탕으로 삼고, 일부는《앗타토로루》(井上正藏 譯, 岩波文庫)와《시가집》(井上正藏 譯, 岩波文庫),《독일 겨울 이야기》(井上正藏 譯),《노봐리스 하이네》(세계명시집 제7권, 平凡社, 1969)로부터 보충한 것으로 생각된다.[15] 김남주가 하이네에게서 배운 것 중 가장 중요한 것은 전투성일 것이다. 번역 시집《아침 저녁으로 읽기 위하여》에 수록된 시들 가운데, 〈경향〉, 〈찬가〉, 〈교의〉, 〈결사적인 보초병〉의 작품군이 주목된다. 〈경향〉에

14) 앞의 염무웅 씨 해설, 301쪽.

15) 기술한 책 가운데, 현재 보관되어 있지 않은 것은《독일 겨울 이야기》뿐이다. 상기의 저작 이외에 하이네 관련 서적으로 보관되어 있는 것은 일본어판《하이네 신시집》(番匠谷英一 譯, 岩波文庫, 1965, 26쇄),《하이네 시집》(大木惇夫 譯, 金園社, 1967),《하이네 시집》(片山敏彦 譯, 新潮文庫, 1987), 하이네,《독일 낭만파》(山崎章甫 譯, 未來社, 1984, 4쇄), 이노우에 쇼오조오(井上正藏)《하인리히 하이네》(岩波新書, 1956, 본서는 복사본도 있음), 키니와 히로시(木庭宏),《하이네와 유태인 문제》(松社, 1981) 등이 있다. 영어 문헌으로는 *The Complete Poems of Heinrich Heine*(Hal Proper, Oxford, 1982)가 있고, 독일어 문헌으로는 *Heines Werke* 시집 3권(복사본)이 있다.

대해서 김남주는 박광숙에게, "시인은 그들과 함께 행동할 뿐입니다. 그들의 행동을 독려하는 나팔소리가 되어야 하고 북소리, 징소리가 되어야 합니다. 다시 말해서 원군의 역할을 해야 하는 것입니다. 이런 의미에서 하이네의 시 〈경향〉을 한 번쯤 읽어봄 직하다고 여겨지는군요"(85년 2월 17일 편지)라고 쓰고 있다. 이 〈경향〉의 기법이 현저하게 나타나 있는 김남주의 작품으로 〈바람에 지는 풀잎으로 오월을 노래하지 말아라〉를 꼽을 수 있는데, 이 점에 대해서는 후술하도록 하겠다. 〈결사적인 보초병〉의 첫머리, "삼십 년 동안 나는/자유를 위한 결사전의 최전선을 충실하게 지켜왔다/나는 승리할 가망이 없는 줄 알면서도 싸웠다/무사히 귀국하리라고는 꿈에도 생각하지 않고"라는 부분과 김남주의 〈혁명은 패배로 끝나고〉의 "자본과의 싸움에서 내가 이겨 금방 이겨/혁명의 과일을 따먹으리라고는/꿈에도 생시에도 상상한 적 없었고/살아남아 다시 고향에 돌아가/어머니와 함께 밥상을 대하리라고는 생각지도 않았다"라는 부분은 발상 · 표현 · 내용에 있어서 유사하지 않은가. 〈찬가〉의 "나는 검이다 나는 불꽃이다"로 시작하는 전투성, 게다가 〈교의〉의 "쳐라 북을 두려워 말고/그리고 키스하라 주보(酒保) 아줌마에게/그것이 학문의 모든 것이다/그것이 책 속의 깊은 뜻이다/북을 쳐 만인을 일깨워라/기상 나팔과 함께 청춘의 힘으로/둥둥 북을 치며 앞으로 나아가라/그것이 학문의 모든 것이다 그것이 헤겔 철학이다/그것이 책 속의 깊은 뜻이다/바보가 아니기에 나는 알고 있다 그것을/나는 뛰어난 고수(鼓手)이기에"라는 래디컬한 모습은 〈나 자신을 노래한다〉(《저 창살 1》, 42쪽)와 〈자유에 대하여〉(《저 창살 1》, 46쪽)의 끝머리, 그리고 〈시인이여〉(《저 창살 2》, 251쪽)의 끝머리에 보이는 전투성과 통한다.

하이네와 김남주의 관계를 생각할 때, 서정시에 대해서도 검토해야 하지만, 여기서는 전투성이라는 요소가 가장 큰 부분임을 지적하는 데 그치고자 한다.

2) 브레히트

앞에서 기술한 바와 같이 임헌영은 광주 교도소 시기에 김남주에게 브레히트를 권했고, 이후 김남주의 시는 "브레히트로부터 배운 바가 많음을 부인할 수 없다"고 기술하고 있다. 필자도 임헌영이 지적하는 바와 같이 하이네보다 브레히트로부터 더 친근감을 찾을 수 있었으리라고 생각한다. 김남주는 일본어판 《브레히트의 시》(베르톨트 브레히트의 작업3, 長谷川四郎 · 野村修 譯, 河出書房新社, 1972)를 바탕으로 번역했다. "이것은 브레히트 시 작업의 4분의 1 정도"(앞의 책, 〈해설에 대신해서〉, 391쪽)라고 한다. 이 번역시집은 브레히트의 전시기에 걸쳐서, '브레히트 시 작업의 전모를 엿볼 수 있도록 심혈을 기울'인 것으로, 뛰어난 번역이다.[16]

김남주가 브레히트로부터 배운 것으로 다음과 같은 부분을 꼽을 수 있다. 하이네의 경우와 마찬가지로, 서정시와 정치시의 관계라는 문제가 그중 하나다. 특히 정치적인 격동하에서 서정을 거부하는 점이다. 이와 관련된 브레히트의 대표적인 작품은 〈서정시가 어울리지 않는 시대〉(《아침 저녁》, 138~139쪽), 〈다름아닌 혼란이 확대되어 가서〉(《아침 저녁》 미수록) 등이 있다.

이하 김남주와 브레히트의 유사점을 몇 가지 지적하고자 한다. 하나는 혁명운동에 있어 알려지지 않은 사람의 역할에 주목(〈비합법 활동을 찬양한다〉, 《아침 저녁》, 180~181쪽), 민중의 범죄와 지배층의 범죄에 대한 처벌이 다른 것에 대한 분노(〈조사〉, 《아침 저녁》 미수록), 시인을 어둠의 촛불에 비유한 브레히트(〈알파벳〉, 《아침 저녁》 미수록)와 스스로를 반딧불에 비유한

---

16) 브레히트 관계로 보관된 것에 상기의 《브레히트 시》 이외에 일본어 문헌은 없고, John Willett, *Brecht an Theatre*, 1978이라는 연구서와 Bertolt Brecht, *Gessammelte Werke* 8, 9, 10(Gedichtel 1, 2, 3)이 있다.

김남주, 혁명운동에서 살아남은 이의 자책(〈살아남은 나〉, 《아침 저녁》 미수록). "현명해지고 싶다고 생각하지 않는 것은 아니다.……무엇하나, 나에게는 가능하지 않다, 정말이지 내가 사는 시대는 어둡다!"(〈이후에 태어나는 이들에게〉, 《아침 저녁》 미수록)에 나타나 있는 세속적인 삶과 처세술을 거부하는 자세, 그리고 김남주의 "돈 앞에서 ……걷어올리지 않는 치마 없지요"(〈돈 앞에서〉, 《나와 함께 모든 노래가 사라진다면》, 창작과비평사, 1995, 53쪽)이라는 표현과 "돈 때문이지 아니면 예쁜 손질된 엉덩이를 들어 올리지 않는 것을"(〈사랑의 퇴락에 대해서〉, 《브레히트 사랑의 시집》, 野村修 譯, 晶文社, 1984, p.277)이라는 브레히트의 표현은 동공이곡(同工異曲)이다.

다음은 브레히트와 김남주의 차이점으로 두 가지를 지적하고자 한다. 하나는 여성관이다. 브레히트는 성에 있어서 매우 자유로웠다. 생애를 통해 많은 여성과 성관계를 가졌으며, "일부일처제의 시민 사회 도덕으로부터는 일탈해" 있었다(谷川道子, 《성모와 창부를 넘어서—브레히트와 여성들의 공생》, 花傳社, 1988, p.8). 그 때문인지 시에 있어서도 흥미 있는 표현들이 보인다. 몇 가지 예를 들어보자. 〈《도덕형이상학》에 있어서의 칸트의 결혼 정의에 대해서〉의 첫머리는 다음과 같다. "결혼이란 상대의 재산과 섹스 도구를 서로 자유롭게 사용할 수 있게끔 하는 계약이라고 칸트 선생은 말한다. 그래서 나는 생각했다—엄밀히 조사해 보자고, 계약 이행의 실상을." 그리고 〈귀납적 사랑에 대해서〉의 끝머리에는 "같이 잠자리에 들 수 있음을 누군가가 인정했을 때 상대도 갖게 된다, 결혼하지 않는 자유"라고 씌어 있다. 한편 김남주는 어떠한가? 이와 유사한 표현은 〈성에 대하여〉 속의, "상품처럼 사고 팔고 할 수 있는 성의 시장은 이제 성은 더 이상/성스러운 것이 아니라네/자본주의에는 성역이 없다네 범하지 못할/안방의 성도 실은 결혼 때 계약한/성의 사유에 대한 합의일 뿐이라네"(《조국은 하나다》, 실천문학사, 1993, 251~252쪽)이라는 귀절에서 볼 수 있다.

김남주는 남성의 측면에서 성의 사적 소유를 문제 삼고 있다. 그런 점에서는 김남주의 문제 지적은 정당할 것이다. 그러나 이렇게 얘기하는 김남주이지만, 남녀의 성별 역할 분업 의식에서 완전히 빠져나오지는 못하고 있다. 이 점은 이전에도 논한 적이 있지만, 그때 언급하지 않았던 〈세월〉 (《저창살에 2》, 246~247쪽)이라는 시를 살펴보도록 하자. 그 끝머리에, "나는 보고 싶습니다 아침에 일어나/행주치마 허리에 두르고 밥상을 차리는 주부의 모습을/나는 듣고 싶습니다 잠자리에서/늦잠꾸러기 남편에게 바가지를 긁는 마누라의 잔소리를/나는 보고 싶습니다 먼 훗날/바람에 날려 대지에 씨를 뿌리는 농부와 그 뒤를 따라오면서/흙으로 씨를 덮는 농부의 아내를"이라는 귀절이 있다. 이것은 긴 옥중 생활 속에서 일상 생활에 대한 갈망을 표현한 것이기는 하지만, 여기서 문제를 느끼는 것은 나뿐일까? 브레히트는 다르다. 어디까지나 여성과 남성을 대등한 곳에 놓고 있다. 소유 의식에서 해방되어 있다고 말할 수 있다.

또 하나는 혁명운동에 대한 비판적 시각이다. 브레히트의 〈인민은 무참한가〉에는 당시 스탈린의 숙청 재판에 대한 회의가 나타나 있고, 〈의심할 것을 찬양한다〉에서는 지도하는 자와 지도 받는 자의 관계를 고찰하고 있다. 그리고 〈그러나 누구인가, 당이란〉에서는 관료주의에 대한 비판적 시점이 엿보인다. 근본적으로 김남주에게는 이러한 시점이 보이지 않는다고 하면 혹독한 비판일까. 한국 현실에서 당 활동이 거의 전무하고, 실체가 존재하지 않는 점을 고려할 때, 그것을 테마로 한 시가 보이지 않는 것은 당연하다. 여성 문제도 마찬가지일 것이다. 아무튼 브레히트는 보다 깊은 부분을 파헤치고 있다고 생각한다.

3) 네루다

김남주가 네루다 번역에 있어 바탕으로 삼은 것은 무엇인가? 《옥중연서》에 따르면 김남주의 네루다 및 스페인어 관련 차입품 의뢰는 다음과 같다.

80년 6월 21일자 편지에서 일본어판 《네루다 시집》을 부탁하고, 같은 해 10월 27일자 편지에서는 스페인어판으로 네루다의 《Canto General》 및 라틴아메리카의 모든 시집, 아스트리아스의 《대통령 각하》를, 82년 1월 12일자 편지에서는 일본어판 《라틴아메리카 소설집》을, 같은 해 6월 21일자 편지에서는 《로르카 시집》을, 같은 해 11월 9일에는 《서영사전》을, 83년 4월 13일자 편지에서는 스페인어로 씌어진 역사책을, 그리고 88년 4월 22일자 편지에서는 네루다의 《Obras Completas》 등을 부탁하고 있다.[17] 김남주 스스로 옥중의 외국어 학습에 대해서 "제가 이곳에 와서 한 외국어는 스페인어 하나밖에 없습니다. 그것도 밖에서 후배가 스페인어 교과서와 사전을 넣어주어서이고 그 실력 또한 초보 단계에 머무르고 있습니다"(《아침 저녁》, 299쪽)라고 기술하고 있는 점으로 미루어보아, 바탕으로 삼은 책은 《네루다 시집》(大島博光 譯, 角川書店, 1972)과 원서인 것으로 생각된다.[18]

김남주와 네루다의 연관성은 어떤 의미에서 앞의 두 사람보다 더 강할지도 모른다. 네루다는 칠레의 시인인 동시에 외교관으로서 세계를 돌았고, 스페인전쟁 때는 스페인에서 영사로 근무했다. 그것을 계기로 전투적 민주주의자, 공산주의자로 변모해 가며, 전쟁 후에는 칠레 공산당원으로 활동하지만, 공산당의 비합법화로 인해 어쩔 수 없이 지하 활동을 하게 되며, 결국에는 망명한다. 그후 유럽 각지를 돈 후 귀국한다. 이 과정에서 씌어진 네루다의 시는 스페인의 학살, 스페인에 의한 라틴아메리카 침략, 미 제국주의에 의한 라틴아메리카 지배와 수탈, 괴뢰 정권에 의한 탄압, 지하 활동, 망명 등을 다루고 있다. 이러한 것들은 김남주에게 있어 타인의 일이 아니다.

17) 네루다 관계로, 일본어판으로는 《네루다 사랑의 편지》(東邦出版, 1977), 《네루다 최후의 편지》(大島博光 譯, 新日本文庫, 1979)뿐이고, 그외에는 스페인어를 중심으로 영어판, 독일어판 네루다 시집이 합계 10권 가까이 보관되어 있다. 그리고 한국어 《네루다 시집》이 한 권 있다.

18) 이번 장서 조사에서는 상기 일본어 《네루다 시집》은 찾을 수 없었다.

한국 근현대와 그 속에서의 민족해방운동, 남민전에서의 활동, 광주항쟁 등과 오버랩이 되어 다가오는 부분이 적지 않았을 것이다.

네루다의 시 가운데 우선 다음과 같은 점들을 지적하겠다. 먼저 '나무'에 주목하는 점이다. 김남주는 나무를 자유의 상징으로 보고 자유를 나무로 표현한다. 그것은 키움으로써 성장하는 것이었다(〈나의 칼 나의 피〉, 《저 창살에 1》, 83~84쪽). 나무를 통해서 사회의 변혁과 자유의 획득을 상징화하는 이러한 수법은 만년까지 계속되어, 〈나와 함께 모든 노래가 사라진다면〉에서도 씌어지고 있다. 네루다의 《위대한 노래》 속의 〈해방자〉 첫머리, "보아라/이 나무를/꿈틀거리는 혁명의 나무다/인민의 나무다 … 보아라/이 나무를/이 나무를 키운 것은/알몸으로 버려진 죽은 이들이다/보아라/이 나무를/튼튼하게 뿌리내린/이 나무를/순교자의 골을/빨아들이고/저 뿌리로/흘려진 피를 삼켜/땅에 스며든 눈물을 빨아올려……" (《은박지》 미수록)에 대응하는 것이 〈나의 칼 나의 피〉(《저 창살에 1》, 83~84쪽)다. 또한 〈아아 나는 얼마나 보잘것없는 녀석인가〉 속에서 "자유의 나무는 피를 먹고 산다"라는 표현이 눈에 띄고, 〈전사2〉의 "보아다오 이 나무를/민족의 나무 해방의 나무 민족해방 투쟁의 나무를 보아다오/이 나무를 키운 것은 이 나무를 이만큼이라도 키워낸 것은/그들이 흘리고 간 피가 아니었던가" (같은 책1, 88쪽)와, 〈뿌리〉(같은 책1, 247쪽)의 "겨우 뿌리를 내렸다/민중의 나무 민족해방 투쟁의 나무는/언제 다시 뽑힐지 모른다 그래서"라는 표현, 〈사실이 그렇지 않느냐〉(같은 책2, 88~90쪽)의 "1980년 5월의 영웅들이 민족해방의 나무로 일어섰을 때"라는 표현 등이 있다.

또한, 스페인전쟁의 학살과 광주민중항쟁이 오버랩되는 부분이 있다. 네루다의 〈그 이유를 말해주지〉(《은박지》, 209~212쪽)와 〈죽은 의용병의 어머니들에게 바치는 노래〉(같은 책, 214~217쪽)가 스페인전쟁의 학살을 다룬 대표적인 시인데, 특히 전자는 〈학살〉 및 〈바람에 지는 풀잎으로 오월을 노래하지 말아라〉와 통한다. 김남주가 〈학살 1〉 끝머리에서 "아 게르니카의 학살도 이렇게는 처참하지 않았으리"(《저 창살에 2》, 14쪽)라고 전율한 것도 네루다의 시를 염두에 둔 것인지도 모른다.

그리고 강력하게 반미를 주장한 《위대한 노래》 속의 〈배반당한 모래〉(《은박지》 미수록), 〈나무꾼이여 깨어나라〉(《은박지》, 260~261쪽), 그리고 도피생활을 노래한 〈도망자〉(앞의 책, 273~281쪽)도 남민전에서의 김남주의 경험과 겹치는 부분이 있었을 것이다.

이와 같이 살펴보았을 때, 김남주에게 있어서 네루다는 매우 친근한 존재였던 것으로 생각된다. 또한 네루다 초기의 분방한 성애를 읊은 장편시 〈스무 편의 사랑의 시〉도 《은박지에 새긴 사랑》에 수록되어 있는데, 이 시로부터 착상한 작품으로 〈파도는 가고〉(《저 창살에 2》, 203쪽)와 〈고뇌의 무덤〉(같은 책, 214쪽) 등의 작품이 있다.

4. 광주민중항쟁과 옥중시

앞에서 기술한 바와 같이 김남주 시 세계의 전기가 된 것은 투옥과 광주민주항쟁이었다. 그것은 너무나도 큰 충격을 김남주에게 안겨주었지만, 그 속에서 김남주는 많은 훌륭한 시들을 써냈다. 그것은 네루다가 스페인전쟁 당시 프랑코 정권에 의한 학살을 고발했던 것과 대비된다. 네루다가 일찍이 《마음 속의 스페인》을 간행하고, 그것이 루이 파로와 아라곤의 공역(共譯)으로 프랑스에서 출판되었을 때, 그 서문에서 아라곤이 "……전쟁의 불꽃 속에서 시라는 보석은 핏방울로 변했다. 생은 파블로 네루다와 시를 인도해서, 시 자체가 영원히 상실되고 시인 자체가 죽어가는 광경 앞에 놓았다. 그때 기적이 일어났다. ……사람들은 결국 그의 말들을, 살과 피를 지닌 인간의 말 그 자체로서 인정하고 감탄한 것이다"[19]라고 쓰고 있는데, 김남주의 광주민중항쟁에 관한 시들은 네루다에 필적할 만하다.

김남주가 광주항쟁을 주제로 삼은 시, 혹은 그것을 삽입시킨 시는 많은 수에 이른다. 주제로 삼은 시에는, 〈피여 꽃이여 이름이여〉(《저 창살에 1》, 56쪽), 연작시 〈학살〉(같은 책 2, 12~20쪽), 연작시 〈오월 그날이 다시 오면〉(같은 책 2, 38~42쪽), 〈아직 끝나지 않았다 오월의 싸움은〉(같은 책 2, 43~45쪽), 〈산〉(같은 책 2, 57~58쪽), 〈바람에 지는 풀잎으로 오월을 노래하지 말아라〉(같은 책 2, 269~270쪽) 등이 있다. 그리고 시 세계의 일부를 이루는 시에는, 〈언제 다시 아〉(같은 책 1, 53~55쪽), 〈길1〉(같은 책1, 57~60쪽), 〈정치범들〉(같은 책 1, 181~182쪽), 〈달〉(같은 책 2, 21~22쪽), 〈사실이 그렇지 않느냐〉(같은 책 2, 88~90쪽), 〈남도의 피바다 앞에서〉(같은 책2, 92~93쪽), 〈시궁창에 대갈통 처박고〉(같은 책 2, 94쪽) 등이 있다. 이처럼 많은 시가 있다. 게다가 위에 언급한, 광주항쟁을 주제로 한 시들은 대부분 장시다. "압축과 긴장이야말로 시의 생명"이라고 주장하던 김남주에게 있어서 그것은 예외라고도 할 수 있다.

김남주는 이러한 시들을 통해, ① 광주에서의 처참한 시민 학살 묘사, ② 그 참극을 만든 미 제국주의와 괴뢰 정권의 고발, ③ 죽은 이들에 대한 애도와 일체화, ④ 굴하지 않는 투쟁의 결의 등을 그려내고 있다. 당시 광주를 흐르던 영산강과 배후의 무등산이 의인법을 통해 효과적으로 묘사되고 있다. 이러한 문제들과 더불어 이 일련의 시에는 서정을 거부하는 자세가 드러나 있다. 여기에서는 이 문제에 한정해서 검토하고자 한다. 우선 시는 〈바람에 지는 풀잎으로 오월을 노래하지 말아라〉로 한정하고 싶다〔연작시 〈학살〉과 네루다의 〈그 이유를 말해주지〉(《은박지》209쪽)와의 비교 검토도 중요하지만, 여기서는 다루지 않겠다〕.

일찍이 나는 김남주의 시를 접했을 때, 〈바람에 지는 풀잎으로 오월을 노래하지 말아라〉와 일본 프롤레타리아 문학운동의 대표적 시인의 한 사람인

19) 오오시마 히로미츠(大島博光), 《파블로 네루다》, 新日本出版社, 1996, p.68.

나카노 시게하루의 〈우타(歌)〉에 나타나 있는, 서정에 대한 거부라는 공통점에 주목했다. 이번에 본 논문을 준비하는 과정에서 하이네 연구 논문을 보던 도중, 일본의 대표적 하이네 연구가인 이노우에 쇼오조오가 나카노의 〈우타〉와 하이네의 〈경향〉의 유사성에 착안한 논문을 썼다는 사실을 알게 되었다.[20] 이노우에는 "유명한 나카노의 〈우타〉 등은 하이네의 〈경향〉의 세계와 너무나도 통하지 않는가. 나카노가 하이네를 흉내내었다고 생각될 정도"라고 기술하면서, 두 작품을 비교 검토하고 있다. 또한, 나카노가 1927년에 발표한 〈하인리히 하이네를 단편한다〉[21]라는 소논문을 높이 평가하면서, "'북을 울려라 그리고 두려워마라 북을 울리면서 멈춤 없이 전진하라.' 이것은 하이네가 노래한 독트린이다. 오늘날 하이네를 사랑하는 이들은 단지 북을 울리고 있을 것이다"라는 끝머리의 문장을 소개하고 있다. 나카노가 하이네에게 심취한 것과 마찬가지로, 하이네에 대한 김남주의 심취가 〈바람에 지는 풀잎으로 오월을 노래하지 말아라〉를 쓰게 했다고 생각한다. 김남주가 이 시에 특별한 애착을 갖고 있었다는 사실은 88년 3월 12일자 편지에서 박광숙을 격려하면서 "바람에 지는 풀잎이어서는 안 돼요. 흔들리는 버들가지여서도 안 되고 이놈 저놈의 손에 꺾이는 꽃이 되어서는 더욱 안 돼요. 부패와 타락이 그 본질인 부르주아 사회에서 깨끗한 사람은 좀 거만하게 굴어도 돼요"라고 말하는 부분에서 추측할 수 있다.

그러면 〈바람에 지는 풀잎으로 오월을 노래하지 말아라〉의 내용에 들어가도록 하겠다. 여기서 주장하고자 하는 것은 바람에 지는 풀잎이든 바람에 일어서는 풀잎이든, 풀잎 그 자체가 5월 광주민중항쟁을 형상화하는 데 결

---

20) 이노우에 쇼오조오, 〈나카노 시게하루와 하이네〉, 《하이네 서설》, 未來社, 1967. 초출(初出)은 〈나카노 시게하루와 하이네 연구〉, 《나카노 시게하루 전집》 제9권 월보(月報), 筑摩書房, 1959.

21) '단편한다'란 말은 일본어로서도 이상한 말인데 나카노는 여기서 하이네를 전체적으로 취급하는 것이 아니고 단편적으로 취급하는 것을 단편한다고 표현하고 있다.

맞지 않는다는 점이다. 즉 광주민중항쟁에서 죽어간 사람들과 맞서 일어난 사람들을 풀잎으로 그려내어서는 안 된다는 점이다. 풀잎, 즉 서정에 대한 거부이다. 이 점은 하이네가 〈경향〉에서 "롯테 하나에 가슴을 불태운 베르테르처럼 탄식하지 마라 …… 이제 약한 풀피리는 그쳐라 목가를 부르는 마음을 떨쳐버려라"라는 부분으로 통한다. 나카노의 "너! 노래하지 말아라/너! 개여뀌의 꽃과 잠자리의 날개를 노래하지 말아라/바람의 속삭임과 여인의 머리칼의 향기를 노래하지 말아라/모든 갸냘픈 것/선명하지 않은 모든 것/모든 우울한 것들을 쓸어버려라/모든 서정을 배척하라"라는 세계와 통한다. 그리고 브레히트의 "더 이상 읊조리지 않겠다/항구 지붕의 눈 여인 따위는/저장고 안 사과의 향이나 육감 따위는/무릇 사람을 모지지 않게 인간적으로 만드는 것들은 철저히/그리고 이야기하리라, 단지 혼란만을/결국 일면적으로 되는 것이다/윤기와는 결별이다 정치 작업에 몸을 던져/변증법 경제학이라는 메마르고 천한 말로 몸을 감싸라"(〈다름아닌 혼란이 확대되어 가고〉)라는 세계에 보다 가깝다.

그리고 "풀잎은 학살에 저항하는 피로 물든 전투에는 어울리지 않는 어법(語法)이다"라는 구절은 브레히트의 "나의 시에 운율을 맞추면 나에게는 그것이/겉멋을 부리는 것처럼 생각되기까지 한다/나의 내부에서 싸우고 있는 것은/꽃으로 만발한 사과나무에 대한 도취와/저 칠쟁이의 연설에 대한 분노다/그러나 후자만이 나로 하여금/당장에 펜을 잡게 한다"(〈서정시가 어울리지 않는 시대〉, 《아침 저녁》, 139쪽)과 통하며, 네루다가 〈그 이유를 말해주지〉의 끝머리에서 부르짖는 "그래도 당신들은 물을 것인가—왜 나의 시는/꿈에 관해서 나뭇잎에 관해서 노래하지 않느냐고/내 조국의 위대한 화산에 관해서 노래하지 않느냐고 와서 보라 거리의 피를/와서 보라/거리에 흐르는 피를/와서 보라 피를/거리에 흐르는!"(《은박지》, 212쪽)이라는 세계에 보다 직접적으로 통한다.

맺으면서

이상으로 80년대 김남주의 옥중시를, 루카치의 리얼리즘 이론과 하이네 · 브레히트 · 네루다의 만남과 번역을 매개로 시 창작 방법 · 기교라는 측면에서 검토함으로써 옥중시의 특징을 조명해 보았다. 옥중이라는 극도로 곤란한 상황 속에서 김남주는 실로 많은 시를 썼다. 그 가운데는 고개를 갸우뚱하게 하는 시들도 있지만 뛰어난 시들도 많다. 그러한 시들을 세 사람의 혁명시인을 매개로 살펴본 결과 다음과 같이 정리해 볼 수 있다. 하이네로부터는 전투성을, 네루다로부터는 그의 스페인전쟁과 미 제국주의 및 괴뢰 정권의 경험에서 오는 친근감을 확인했다. 그리고 네루다는 기질적으로 김남주에 가장 가깝다. 김남주 자신도 가장 마음에 들어하지 않았을까. 실제로, 네루다에게 가장 친화적이다.

이에 반해 브레히트는 미묘한 부분이 있다. 이 점과 관련해서 86년 가을에서 87년 초반에 걸쳐 박광숙이 김남주의 시에 좇아가지 못하면서, 두 사람이 심각한 갈등을 겪은 시기가 있다. 박광숙은 김남주의 시에 대해 '불만' 을 갖게 되어, "남주의 시가 무섭다(85년 10월 18일 편지)" 라든가, "교조주의, 훈계 일변도, 교양강좌적" 이라는 등등 견디기 힘든 절망감에 휩싸인다(87년 1월 23일 편지). 그리고 "후진적인 노동자와 일반 독자는 거부감을 느끼고 있다, 너무나도 교조주의적이다" 라고 비판하고 있다(88년 10월 4일, 11월 13일 편지). 이 비판에 대한 김남주의 반론은 공식주의적인 동시에 고압적이다. 필자는 박광숙의 비판이 타당하다고 생각한다. 일반적으로 김남주의 정치시는 자신의 교조의 직접적인 표출이 두드러진다. 광주민중항쟁을 주제로 한 작품은 사건 자체가 현실적 · 구체적이기 때문에 이러한 결점에서 벗어나 있다. 하지만 정치시의 표현에서는 브레히트와 김남주는 다르다. 브레히트의 시는 어떤 심각한 문제라도 독특한 표현 때문인지 독자의 감정이 솔직하게 움직인다. 그리고 매우 지적이다. 독특한 시니시즘이 있다. 그리고 앞에서 기술한 바와 같이 자기가 속해 있는 운동 진영에 대해서도 냉정하고 침착하게 비판적 태도를 잃지 않고 있다. 이 점에 있어 김남주는 브레히트에 미치지 못한다.

김남주는 "외국문학을 번역함으로써 자기 민족 문제의 내용을 보다 구체적으로 알고 그 내용을 민족적 형식에 결합시키면 뛰어난 민족문학이 될 수 있다"[22]고 기술하고 있으며, 시 창작은 그의 시도였다. 그리고 그러한 과정에서 김남주는 위의 세 사람의 혁명시인을 알게 되었고, 특히 네루다의 경험이 직접적으로 김남주의 경험 · 과제와 접촉했던 것이다. 이러한 점에서 네루다의 시야말로 김남주의 옥중시 창작에 가장 큰 영향을 끼쳤다고 말할 수 있을 것이다.

22) 김남주, 〈노동해방과 문학이라는 무기〉, 《노동해방문학》, 1989년 4월호.

푸른숲의 시

요즈음엔 버리는 연습을 한다
이시연 시집/신4 · 6판/132쪽
자연과 만난 경험을 나지막한 목소리로 노래해온 이시연 시인의 네 번째 시집.

밥보다 더 큰 슬픔
김선옥 外/신4 · 6판/180쪽
한국방송공사(KBS)를 일터로 삼고 있는 8명의 시인들의 시편을 모은 시집.

그대 굳이 사랑하지 않아도 좋다
이정하 시집/신4 · 6판/104쪽
이루어질 수 없는 사랑에 때론 아파하고 때론 절망하는 마음을 서정적인 감성으로 그린 시집.

너는 눈부시지만 나는 눈물겹다
'96 '97 '98 시부문 전국 베스트셀러
이정하 시집/신4 · 6판/104쪽
사랑의 애잔한 아픔과 그 속에 깃든 사랑의 힘을 섬세하게 풀어쓴 시집.

그대가 곁에 있어도 나는 그대가 그립다
8년 연속 전국 베스트셀러
류시화 시집/신4 · 6판/112쪽
뛰어난 서정성과 환상적 이미지로 삶의 비밀을 섬세하게 풀어낸 류시화 시집.

그대에게 가고 싶다
7년 연속 전국 베스트셀러
안도현 시집/신4 · 6판/98쪽/값 3,000원
가슴 아픈 사랑의 마음을 그린 서정시집.

그대 거침없는 사랑
5년 연속 전국 베스트셀러
김용택 시집/신4 · 6판/108쪽
〈섬진강〉의 시인 김용택이, 소박하고 꾸밈없는 목소리로 사랑의 경건함과 따사로움, 사랑의 순정함을 노래한다.

아름다운 사람 하나
'97년 시부문 베스트셀러
고정희 시집/신4 · 6판/144쪽
고통스러우면서도 절실한 사랑의 감정을 통해 성숙해가는 이를 그린 서정시집.

푸른숲의 소설

세상에서 제일 잘생긴 익사체
마르케스 外/신국판/300쪽
지난 반세기 서구 단편문학의 풍성한 줄기를 한눈에 살필 수 있는 소설집. 〈플레이 보이〉지에 실렸던 수백 편의 작품들 중 문학성과 재미를 두루 갖춘 열 편을 엄선하여 실었다.

봉순이 언니
공지영 장편소설/신국판/216쪽
60~70년대 고도성장의 뒷골목에서 한없이 추락하면서도 삶에 대한 낙관을 포기하지 않는 주인공을 통해 끝끝내 포기할 수 없는 '희망'의 메시지를 건져올린 공지영의 장편소설.

무소의 뿔처럼 혼자서 가라
공지영 장편소설/신국판/332쪽

더 이상 아름다운 방황은 없다
공지영 장편소설/신국판/364쪽

그리고, 그들의 아름다운 시작
공지영 장편소설/신국판/전2권

허삼관 매혈기
여화(余華) 장편소설/신국판/348쪽
《살아간다는 것》에 이어 소개되는 중국 제3세대 소설가 여화의 장편소설. 출간 직후부터 지금까지 중국 최고의 베스트셀러가 된 문제작으로 독일 · 이탈리아 · 프랑스 등에서 출간돼 격찬을 받았다.

살아간다는 것
여화(余華) 장편소설/신국판/312쪽

광야에서
윤영수 장편소설/신국판/전3권
1920~1940년대, 항일단체 송백단의 요인 암살, 만주 · 도쿄 주식시장을 뒤흔드는 주인공들의 숨가쁜 장면과 감추어졌던 사건들, 그리고 예고된 새로운 대결이 독자의 가슴을 뛰게 한다.

하얀 새
'96년 한국 간행물윤리위원회 청소년 권장도서
송우혜 장편소설/신국판/354쪽

황홀한 반란
이경자 장편소설/신국판/296쪽

푸른숲의 에세이

김동수의 핸드백엔 먹을 것이 가득하다

김동수 지음/신국판/268쪽

패션모델 김동수의 맛있는 웃음이 담긴 요리 에세이. 미국인 남편과 결혼하여 전세계를 돌아다니며 경험한 흥미로운 요리 체험과 열량을 팍팍 줄인 아이디어 요리법, '그 나물'에 '그 밥'으로 만드는 김동수식 퓨전 푸드 등을 공개하고 있다.

인간적인 것과의 재회

박호성 지음/국판 양장본/268쪽

박호성 교수의 새벽 산책같이 맑고 신선한 수상록. 익숙한 일상과 결별하고 있는 시대에 우리가 다시 만나야 할 것은 무엇인가를 자신의 체험과 사색을 통해 맛깔스럽게 그려내고 있다.

성격대로 살아가기

김정일 심리 에세이/변형 국판 양장본/280쪽

현대인들의 정신병리와 심리 문제를 진단하고, 자아의 소중함을 일깨워온 저자가 타고난 성격, 혹은 다른 사람들과 맞지 않는 성격차이로 고민하는 사람들에게 전하는 심리 에세이.

지상에서 사라져가는 사람들

김병호 外/국판 양장본/280쪽

오랫동안 현대 문명과 단절된 채 민족 고유의 생활방식을 따르며 살아온 소수민족의 삶과 죽음, 종교와 제의, 성의식과 결혼 풍습 등을 문화 인류학적인 관점에서 조명한 문화 탐사기.

영혼을 위한 닭고기 수프

잭 캔필드 · 마크 빅터 한센/류시화 옮김/신국판/전2권

살아가면서 잃어버리기 쉬운 꿈과 행복을 어떻게 지키며 살아가야 하는가를 보여주는 1백여 편의 감동적인 이야기. 이 책은 역경을 딛고 일어선 사람들, 생활 속에서 만나는 작은 감동들, 인생의 의미와 철학이 담긴 우화 등으로 구성되어 있어 깊은 감동을 준다.

괴테의 이탈리아 기행

괴테 /박영구 옮김/변형 4 · 6판 양장본/720쪽

저명한 작가이자 바이마르 공국의 정치가로서 명성을 떨치고 있었던 독일의 대문호 괴테가 자신의 문학적 상상력을 옭죄는 궁정생활을 탈출하여, 베네치아 · 피렌체 · 로마 · 나폴리 · 시칠리아 등 이탈리아 전역을 여행하며 남긴 기록.

삶이 나에게 가르쳐준 것들

류시화 명상 에세이/국판 양장본/228쪽

삶을 찾아 끊임없이 헤매어다닌 긴 여행길의 이야기들을 내적인 체험과 다양하고 재미있는 우화 사이를 넘나들면서 류시화 특유의 바람결 같은 문체로 이끌어가고 있다.

여성이여, 느껴라 탐험하라

전여옥 · 임정애 에세이/신국판/372쪽

우리 사회의 성차별과 남성 우위의 의식구조에 문제의식을 갖고서, 억압되어 온 여성의 성(性)문제를 조명하였다.

여성이여 테러리스트가 돼라

전여옥 에세이/신국판/384쪽

일과 결혼 사이에서 갈등하는 현대 여성들을 위한 에세이.

심리를 알면 궁합이 보인다

최창호 심리 에세이/신국판/368쪽

심리학의 대중화에 힘써온 심리학자 최창호가 결혼을 앞둔 연인들과 부부를 위해 쓴 심리 에세이.

아하, 프로이트

김정일 심리 에세이/신국판/전2권

어떻게 태어난 인생인데!

김정일 심리 에세이/신국판/340쪽

상처 없는 영혼

공지영 산문집/변형 신국판/320쪽

푸른숲의 인문 · 사회과학

아서 니호프 교수의 사람의 역사

아서 니호프/남경태 옮김/신국판/전2권

인류학적 상상력과 역사적 사실, 흥미로운 공상 과학을 넘나들며 입체적으로 재현한 인간의 문화와 역사. 선사시대에서 우주시대까지 5백만 년의 시간을 살아온 인간들의 생생한 삶과 마음을 읽는다.

진화의 미래

크리스토퍼 윌스/이충호 옮김/신국판/408쪽

2백만 년 전 인류가 현재의 인류로 어떻게 진화해왔고 또한 미래엔 어떻게 진화해갈 것인지를 다양한 분야의 과학적 사실과 설득력 있는 실험을 통해 제시하는 진화학서.

2000년, 이 땅에 사는 나는 누구인가

이진우 外/신국판/324쪽

2000년을 눈앞에둔 전환의 시기에 한국의 지식인 23명의 자기성찰과 메시지를 담은 책.

모래땅의 사계

알도 레오폴드/윤여창 · 이상원 옮김/신국판/292쪽

초기 환경운동의 선구자이자, 환경학자, 생태학자로서 현장에서 헌신적으로 운동을 추진했던 알도 레오폴드의 자연 에세이. 미국 환경보호운동의 이론적 기초를 제공한 고전으로 자리잡은 책.

츠바이크의 발자크 평전

슈테판 츠바이크/안인희 옮김/변형 4 · 6판 양장본/692쪽

소설보다 더 극적이고 파란만장한 발자크의 삶과 문학을 생생하게 그려낸 슈테판 츠바이크 최후의 걸작. 자기 시대 인간 군상의 모습을 가장 적나라하게 보여준 위대한 작가의 내면세계가 입체적으로 그려져 있다.

이야기 세계의 신화

에이미 크루즈/배경화 편역/신국판/320쪽

문명의 시작을 설명해주는 고대의 암호이며, 현재 인류의 생활 속에 생생히 남아 있는 역사의 출발점인 신화를 통해서 각국의 문화와 역사의 특성을 살펴볼 수 있는 입문서.

도도의 노래

'98 언론노동조합연맹 선정 올해의 책

데이비드 쾀멘/이충호 옮김/신국판/전2권

진화와 멸종을 연구하는 섬 생물지리학의 모든 역사와 진화의 비밀, 지구상에서 일어난 멸종의 사례, 그리고 자연 파괴의 현장에서 멸종을 막으려는 사람들의 노력을 흥미진진하게 풀어간 책.

히틀러 평전

한겨레신문 '98 상반기 추천도서

요아힘 C. 페스트/안인희 옮김/변형 국판 양장본/전2권

히틀러 평전의 결정판. 철저한 고증, 균형잡힌 시각으로 서술한 평전의 모범으로, 한 인물의 전기를 넘어서 그 시대의 역사를 폭넓고 깊이 있게 다루고 있다.

권력장

곽존복/김영수 옮김/신국판 양장본/484쪽

중국 역사 속에 나타난 다양한 권력행사 유형을 통해 권력의 본질과 올바른 권력행사 방법을 제시하는 역사서.

한반도 30억 년의 비밀

'98 한국 간행물윤리위원회 청소년 권장도서 / 과학문화재단 추천도서
'98 문화관광부 추천도서 / '98 교보문고 '좋은책' 선정도서

유정아 지음/변형 국판/올컬러/전3권

KBS에서 3부작으로 방영한 다큐멘터리와 동시에 제작한 것으로 과학, 특히 지질학과 고생물학을 통해 한반도 30억 년의 역사를 최초로 복원한 책.

1부-적도의 땅:5억 년 전 한반도는 적도 아래 있었다.

2부-공룡들의 천국:한반도의 가장 오랜 지배자는 공룡이었다.

3부-불의 시대:발해의 멸망은 백두산 폭발 때문이었다.

박정희를 넘어서

한국정치연구회 편/신국판/416쪽

한국정치연구회의 젊은 소장학자들이 그 동안의 연구 성과를 토대로 집필한 이 연구서는 박정희 신드롬, 박정희 시대의 정치, 박정희 시대의 산업화, 박정희 시대의 외교를 객관적 · 역사적으로 다루고 있다.

문명의 기둥

'97 교보문고 '좋은 책' 선정도서

곤도 히데오 外/양억관 편역/신국판/268쪽

전설 속의 대륙 아틀란티스와 레무리아에서부터 수메르, 메소포타미아, 이집트, 고대 에게해의 문명국들, 아메리카의 잉카 제국, 중국의 황허 문명, 인도의 갠지스 문명에 이르기까지 세계의 고대 문명을 총괄, 정리한 고대 문명 입문서.

인간속의 악마

장-디디에 뱅상/유복렬 옮김/신국판/360쪽

인간 안에 존재하는 악마의 존재를 통해 인간을 더욱 깊이 있게 이해하려는 독특한 관점의 인문교양서. 진화론을 바탕으로 인간의 두뇌 속에서 우리의 행동과 언어를 이끌고 인식능력을 지배하는 악마의 존재를 추적한다.

최초의 인간 루시

'96 한국 간행물윤리위원회 서평도서

도널드 요한슨 · 메이틀랜드 에디/이충호 옮김/신국판/464쪽

1974년 에티오피아에서 발견된 '최초의 인간 루시'를 통해 인류진화 과정을 설명하는 이 책은, 고인류학의 태동에서부터 인류학사에 중요하고 재미있는 사건을 총망라하여 상세하고도 흥미롭게 다루고 있다.

한 권으로 읽는 융

E. A. 베넷/김형섭 옮김/신국판/240쪽

인간의 감정, 사고, 행동의 근원이 되는 무의식의 정신 활동과 내적 세계의 탐구에 몰두했던 정신의학자 융의 사상과 생애를 한 권으로 정리한 융 심리학 개설서.

한 권으로 읽는 프로이트

D. S. 클라크/최창호 옮김/신국판/276쪽

프로이트가 전 생애에 걸쳐 남긴 20여 편의 저서를 중심으로 그의 정신분석 이론이 생성, 수정, 발전해가는 과정을 총망라하여 보여주는 정신분석 해설서.

우리 역사를 읽는 33가지 테마

'97 교보문고 청소년 권장도서

우윤 지음/신국판/360쪽

정치 · 문화 · 학문 · 생활 등 33가지 주제를 통해 우리 역사 전반을 분석한 책. 역사학자로서의 전문성과 흥미로운 서술방식을 갖춘 역사서.

반일 그 새로운 시작

'97 한국 간행물윤리위원회 권장도서

이규배 지음/신국판/372쪽

소크라테스 최후의 13일

'97 한국 간행물윤리위원회 청소년 권장도서

모리모토 데츠로/양억관 옮김/신국판/346쪽

푸른숲 필로소피아 총서

탈주의 공간을 위하여

서울사회과학연구소 편/신국판 양장본/388쪽

야만적 별종

안토니오 네그리/윤수종 옮김/신국판 양장본/472쪽

근대적 시 · 공간의 탄생

이진경 지음/신국판 양장본/180쪽

니체와 해석의 문제

앨런 슈리프트/박규현 옮김/신국판 양장본/356쪽

분자 혁명

펠릭스 가타리/윤수종 옮김/신국판 양장본/468쪽

반항의 의미와 무의미

줄리아 크리스테바/유복렬 옮김/신국판 양장본/472쪽

푸른역사

역사의 길목에 선 31인의 선택

'99한국 간행물 윤리위원회 청소년 권장도서

우리 시대의 역사학자 18인 씀/신국판/340쪽

삼국시대부터 해방 공간까지 역사적 전환기를 이끌어 간 31인의 선택과 행적을 재평가하여 우리의 현재와 미래를 비추어 본 역사서.

일본주의자의 꿈

김용범 지음/신국판/296쪽

시바 료타로에서 후지오카까지-일본국수주의자의 정체.

여성적인 동양이 남성적인 서양을 만났을 때

이옥순 지음/신국판/204쪽

식민지의 상흔과 오리엔탈리즘을 딛고 홀로서기를 시도하는 인도의 어제와 오늘.

내 아들 딸들에게 아버지가 쓴다

허경진 편역/신국판/292쪽

이규보에서 김대중까지, 감동과 지혜가 담긴 43편의 편지.

누가 왕을 죽였는가

이덕일 지음/신국판/292쪽

조각난 역사

프랑수아 도스/김복래 옮김/변형 국판/420쪽

진휜이라 불러다오

이도학 지음/신국판/344쪽

사도세자의 고백

이덕일 지음/신국판/348쪽

누가 역사의 진실을 말했는가

'98 중앙일보 좋은 책 100선 선정도서

크리스티안 마이어/이온화 옮김/신국판/500쪽

영조와 정조의 나라

'98 중앙일보 좋은 책 100선 선정도서 / '98 한겨레 신문 상반기 추천도서

박광용 지음/신국판/340쪽

금관의 비밀

김병모 지음/4 · 6배판/214쪽

정도전을 위한 변명

조유식 지음/신국판/382쪽

새로 쓰는 백제사

이도학 지음/변형 신국판/644쪽

5·18은 끝났는가

첫판 1쇄 펴낸날 · 1999년 5월 13일

지은이 · 학술단체협의회
펴낸이 · 김혜경
편집주간 · 김학원
기획실 · 김수신 조영희 선완규 지평님
편집부 · 한예원 임미영 고연경
디자인 · 김진 이열매
영업부 · 이동흔 엄현진
제　작 · 김영희
관리부 · 권혁관 임옥희 윤혜원
인　쇄 · 백왕인쇄
제　본 · 대흥제본

펴낸곳 · 도서출판 푸른숲
출판등록 · 1988년 9월 24일 제 11-27호
주소 · 서울시 서대문구 충정로 3가 270번지
　　푸른숲 빌딩 4층, 우편번호 120-013
전화 · (기획실) 362-4457~8 (편집부) 364-8666
　　(영업부) 364-7871~3
팩시밀리 · 364-7874

ISBN 89-7184-239-3　03300

* 잘못된 책은 바꾸어 드립니다.
* 본서의 반품기한은 2003년 5월 31일까지 입니다.